Le devoir d'indignation

© Présence Africaine 2012
ISBN 978-2-7087-0828-0

Ambroise Kom

Le devoir d'indignation

Éthique et esthétique
de la dissidence

Présence Africaine

Ambroise Kom

... est l'auteur de :

La Malédiction francophone. Défis culturels et condition postcoloniale en Afrique, Hamburg/Yaoundé, Lit Verlag/Clé, 2000.

Éducation et démocratie en Afrique, le temps des illusions, Paris, L'Harmattan, 1996.

Le Cas Chester Himes, Paris, Nouvelles du Sud, 1994.

George Lamming et le destin des Caraïbes, Montréal, Didier, 1986.

Le Harlem de Chester Himes, Sherbrooke, Naaman, 1978.

... a dirigé plusieurs collectifs dont :

Fabien Eboussi, l'audace de penser, Paris, Présence Africaine, 2010.

Fabien Eboussi, la philosophie du Muntu, Paris, Karthala, 2009.

Jalons pour un dictionnaire des œuvres littéraires des pays du Maghreb, Paris, l'Harmattan, 2006.

Remember Mongo Beti, Bayreuth African Studies series, n° 67, 2003.

Mongo Beti parle, Bayreuth, Bayreuth African Studies Series, n° 54, 2002; réimpression sous le titre *Mongo Beti parle, Testament d'un esprit rebelle*, Paris, Homnisphères, Collection Latitudes Noires, Paris, 2006.

Francophonie et dialogue des cultures, Québec, Grelca, Essais 17, Université Laval, 2000.

Dictionnaire des œuvres littéraires de langue française en Afrique au sud du Sahara, Volume II, 1979-1989, London, San Francisco, Bethesda, International Scholars Publications, 1996; réimpression : Paris, L'Harmattan, 2001.

Dictionnaire des œuvres littéraires négro-africaines de langue française. Des origines à 1978, Sherbrooke, Naaman, 1983; réimpression : London, San Francisco, Bethesda, International Scholars Publications, 1996; réimpression : Paris, L'Harmattan, 2001.

« Mongo Beti, 40 ans d'écriture, 60 ans de dissidence », *Présence Francophone*, n° 42, 1993.

Littératures africaines, Paris, Nouvelles du Sud, 1987.

Sommaire

Quatrième partie : Passages-partages : voix/voies transatlantiques

Cinquième partie : Réinventer l'avenir

Postface – Romuald Fonkoua

Index des auteurs

Avant-propos

En attendant le messie

J'ai longtemps médité et hésité, voire littéralement langui sur la forme que devait prendre l'introduction à la présente collection d'essais représentatifs d'une trentaine d'années d'activité intellectuelle. Fallait-il, comme de coutume et à l'instar d'un Bernard Mouralis dans *L'Illusion de l'altérité, Études de littérature africaine* (Paris, Champion, 2007), écrire une introduction générale, en plusieurs mouvements, chacun expliquant dans les détails les problématiques de chaque chapitre, ou plutôt rester fidèle à la ligne qui avait déjà été la mienne dans *La Malédiction francophone* (Yaoundé/Hamburg, Clé/Lit Verlag, 1999) par exemple ? Dans ledit ouvrage, mon approche avait consisté essentiellement à rédiger, en guise d'introduction, un petit texte permettant simplement d'expliquer ma démarche intellectuelle et de laisser au lecteur le soin de découvrir chacun des essais et de lire celui ou ceux qui pouvaient l'intéresser. En y regardant de près, il m'a semblé que l'approche de Mouralis se justifie parfaitement du fait même de la perception qu'il a de sa propre carrière universitaire. En tant que pionnier de la recherche littéraire africaniste dans les universités de l'Hexagone, on lui doit d'avoir contribué largement à donner ses lettres de noblesse aux études africaines. Il s'en explique d'ailleurs pertinemment : « Les essais réunis dans le présent ouvrage […] traduisent, non une quelconque passion pour l'Afrique subsaharienne, mais plus simplement un intérêt intellectuel pour cette partie du continent africain, pour son histoire, pour le rôle qu'y joue l'écrivain comme acteur de la littérature » (9). Pourrais-je en dire autant ? Difficilement !

Autant je suis admiratif devant la distance et le modèle de professionnalisme qu'affiche Mouralis, autant il me faut reconnaître qu'au-delà des préoccupations de recherche scientifique qui peuvent être les miennes, peu de mes prises de position sur l'Afrique sont innocentes et totalement dénuées de *passion*, mais une passion qui est essentiellement le fruit de l'indignation et dont l'effet aura été de nourrir une certaine résistance[1]. Comme il l'explique lui-même par ailleurs, Mouralis a également contribué à faire progresser l'enseignement de la littérature africaine dans les universités françaises et même européennes. Il le résume en ces termes :

---

1. À ce propos, lire Sylvie Vidal, « Qu'est-ce que résister ? ». Commentant *De la résistance* (1997) de Françoise Proust, elle écrit notamment : « La résistance n'est donc ni l'effet de la volonté, ni le fruit d'un raisonnement ; elle [est] avant tout passion, mais au sens premier du terme, au sens d'affect, en ce qu'elle est un acte, une conduite, un geste qui est mû par autre chose que lui-même. Ce "mobile qui la mobilise et la meut", F. Proust le désigne comme étant l'indignation » (http://www.revue-lebanquet.com/reposoir/docs/c_0000296.html).

J'ai tenu également à évoquer la place faite aux littératures africaines au sein de l'institution universitaire française. Comme on le constatera, un certain progrès a été accompli depuis les années 1970 dans la reconnaissance de celles-ci, mais leur statut reste encore fragile et leur enseignement, en dépit d'un nombre croissant de thèses soutenues en ce domaine, demeure trop souvent dispensé à titre d'option (18).

Alors que mon public virtuel est africain et que ma démarche essaie d'isoler le canonique, de m'en tenir à bonne distance, sinon de lui tourner résolument le dos, celui de Mouralis inclut certes l'Afrique, mais l'auteur souhaite, me semble-t-il, engager un dialogue avec l'*establishment* universitaire français et autres, pour les convaincre de l'intérêt des études africaines. Comme on pourra aussi s'en rendre compte, ma recherche transcende les études littéraires pour s'intéresser aux divers autres problèmes d'essence culturelle auxquels l'Afrique doit faire face. De ce point de vue, je pourrais même me hasarder, à la suite de Nietzsche, à caractériser mes propos d'intempestifs. Citant justement Nietzsche, Françoise Proust précise :

> Être intempestif, c'est penser (et agir) non comme son temps, mais au contraire à l'encontre de son temps. [...] Geste de méfiance et de soupçon, de vigilance et de mise en garde, ce type de critique invite à n'accepter comme juste et vrai aucun argument d'autorité, aucune proposition, du seul fait qu'elle émane d'une autorité quelconque (publique ou privée, philosophique ou politique, médiatico-intellectuelle ou institutionnelle) et à en examiner par dévers [*sic*] soi les raisons avant d'y céder ou de les contrer (« Nouvelles considérations intempestives » : http://multitudes.samizdat.net/Nouvelles-considerations).

Mais il me faut revenir au concept de résistance, entendue donc comme fille de l'indignation, pour mieux situer mon itinéraire. Pour avoir passé ma tendre enfance (1950-1960) de fils de paysans dans un environnement (montagnes de l'Ouest Cameroun et Mungo dans le littoral) où les luttes pour l'indépendance du Cameroun faisaient rage et mettaient chaque jour en péril notre improbable existence, j'ai dû intérioriser un certain goût du risque et dû aussi apprendre très tôt que l'autonomie a un coût. Grâce à un oncle maternel, je suis inscrit tout à fait accidentellement à l'école coloniale et les études que j'y fais me prédestinent tout naturellement au statut d'agent de relève, c'est-à-dire un cadre du pouvoir postcolonial « bénéficiant des avantages de toute nature » pour emprunter une expression courante dans l'administration publique camerounaise. Mais mon initiation aux études africaines avec Thomas Melone à ce qu'on appelait à l'époque Université Fédérale du Cameroun de Yaoundé à la fin des années 1960 et au début des années 1970 marque un virage dans mon histoire intellectuelle. Au-delà de tous les textes et auteurs auxquels nous sommes exposés (Césaire, Senghor, Fanon, Cheikh Hamidou Kane, Achebe, Mongo Beti, Oyono, etc.), je retiens qu'en dépit du statut d'État indépendant, notre condition de marginalisés, ou de subalternes comme on dira plus tard, relève pour ainsi dire de l'incurable. Voilà qui a dû contribuer à m'indigner profondément.

Par la suite, les travaux que j'entreprends sur les Africains américains et les Caribéens semblent confirmer que la dialectique de Hegel sur l'Afrique pouvait aussi s'appliquer à tous les fils et filles du continent noir sans égard à leur lieu d'installation dans le reste du monde. Évidemment, je ne me sens point investi d'une croisade ou même engagé dans la moindre mission pour rétablir l'honneur de l'homme noir. Mais à mon humble niveau, je comprends assez tôt que pour être fidèle à moi-même et à mon *background* culturel, ma carrière d'enseignant chercheur ne pourra se faire qu'en guérilla, c'est-à-dire en marge de ce qu'on pourrait appeler l'« orthodoxie » critique. Ainsi que le suggère Sylvie Vidal, en effet,

> chez les penseurs de la guerre, la résistance est une « posture », qui n'a pas pour but de remporter une victoire, de gagner la guerre (car la résistance n'est jamais que le fait des vaincus, ceux du moment, et nul ne sait si elle sera victorieuse), mais d'empêcher la victoire de l'ennemi, sa victoire immédiate, de gagner du temps et de l'espace et, surtout de déplacer les règles du jeu initial (« Qu'est-ce que résister ? », http://www.revue-lebanquet.com/reposoir/docs/c_0000296.html).

L'un des projets majeurs de recherche que j'entreprends me conforte dans cette « posture ». Organiser le *Dictionnaire des œuvres littéraires de langue française en Afrique au sud du Sahara, Volume 1, des origines à 1978* (1983) en refusant le diktat du canon est incompréhensible et passablement mal accepté. Quelques éditeurs parisiens qui s'intéressaient au projet en sont interloqués. Certes, la littérature africaine de langue française est une émanation de la littérature française. Mais l'assujettir en quelque sorte à l'« odeur du père », c'est-à-dire s'engager à la juger à l'aune d'un canon défini sous d'autres cieux, équivaut aussi à lui méconnaître une partie de son originalité et la construction d'une identité propre. En refusant résolument à penser par procuration, ma démarche revient à « présenter non seulement les ouvrages d'écrivains dont la notoriété n'est plus à faire, mais aussi des auteurs peu connus qui se contentent des éditions de fortune et dont la diffusion des œuvres n'a parfois jamais franchi les frontières nationales et même régionales » (Paris, L'Harmattan, 2001, 7). En choisissant délibérément de ne pas faire du *Dictionnaire...* « un panthéon où figureront seulement les titres qui ont fait ou font la gloire de la littérature négro-africaine de langue française » (Ambroise Kom, « Dictionnaire des œuvres littéraires de l'Afrique noire francophone », *Présence Francophone*, n° 20, printemps 1980, 182), il s'agit en définitive de « produire un document pouvant servir de point de départ à une histoire générale et complète des littératures du continent noir » (*Dictionnaire...*, *op. cit.*, 7). L'objectif n'est donc nullement d'opposer les créations littéraires en question aux productions venues d'ailleurs, mais plutôt de les mettre en contexte de manière à légitimer, au besoin, leur statut d'écritures marginales.

Avec le temps, pareil engagement se manifestera dans presque tous mes projets de recherche, qu'il s'agisse des collectifs ou des initiatives individuelles. Ainsi en va-t-il des huit textes de diverses origines qui forment *Littératures africaines* (Paris, Nouvelles du Sud, 1987), ouvrage préparé à l'Université Mohamed v de Rabat (Maroc) en 1982. Dans la postface (« Qui a peur de la littérature africaine ? », 99-105) qui accompagne l'édition définitive, je m'interroge sur les enjeux de l'aliénation intellectuelle qui conduit nombre d'enseignants chercheurs africains tant au nord qu'au sud du Sahara à ne jurer que par les canons littéraires métropolitains au détriment des créations culturelles naissantes de leurs pays respectifs. Le volume 2 du *Dictionnaire des œuvres littéraires de langue française en Afrique au sud du Sahara* (1996) ainsi que les *Jalons pour un dictionnaire des œuvres littéraires de langue française des pays du Maghreb* (Paris, L'Harmattan, 2006) s'inscriront dans la même veine. Le plaisir n'était pas simplement de voguer à contre-courant, mais aussi et surtout de doter ces littératures émergentes de quelques instruments d'analyse pour en faciliter la lecture aux non-initiés. Car c'est ainsi, me semblait-il, que ces littératures pouvaient en arriver à s'instituer et s'inscrire durablement dans divers programmes d'enseignement tant à l'intérieur qu'à l'extérieur du continent.

Mon retour au Cameroun et le poste que j'occupe à l'Université de Yaoundé à partir de 1984 m'amènent cependant à réaliser à quel point un pouvoir postcolonial passablement autoritaire et l'instauration de la pensée unique auront gangréné la vision du monde d'une bonne frange de la classe intellectuelle locale. En l'absence d'une politique définissant les enjeux d'une identité et d'une culture nationales, le Département de littérature africaine qui m'emploie est perçu comme une impasse face aux départements d'Anglais et de Français qui offrent des cours de « littératures classiques et fondamentales ». Et voilà qui va aussi m'amener à prendre un peu de recul par rapport aux enseignements de type classique – approches esthétiques et narratologiques du texte littéraire –, qui avaient été les miennes jusque-là pour m'orienter vers des travaux plus sociologiques, visant à mieux cerner l'évolution et le fonctionnement des sociétés des textes, souvent transpositions de l'univers postcolonial africain. C'est dans cette veine que vont s'organiser nombre de mes cours et de mes recherches, comme ce fut le cas pour mon travail sur les institutions littéraires, mais aussi et surtout sur la folie dans le récit africain. À la suite de Roland Jaccard, Thomas Szasz, Michel Foucault, Shoshana Felman et nombreux autres théoriciens, j'explique qu'en Afrique postcoloniale, normalité et folie peuvent être synonymes tant il est vrai que ce qui peut être perçu comme anormal ailleurs – inertie, corruption et autres filouteries liées à l'exercice mafieux du pouvoir d'État – peut passer pour normal dans notre environnement[2]. Le travail sur le sujet avec plusieurs groupes d'étudiants fut passionnant et on ne peut plus fructueux[3]. Mais ce ne fut pas sans risque.

Vivre ainsi à contrepied dans un pays monolithique et fortement répressif, fut considéré comme irrévérencieux et même qualifié de défi à l'autorité. Et voilà qui m'attire une attention peu désirée et totalement inattendue. La police politique scrute à la loupe mes enseignements, mes sujets d'examens et nombre de devoirs remis aux étudiants. À une époque où les échanges avec le monde extérieur passent encore par les services postaux, mon courrier est mis sous surveillance et mon abonnement à la revue *Peuples noirs–Peuples africains* que dirige Mongo Beti atterrit directement dans les officines de la police secrète[4]. On finira par me demander d'en répondre dans les locaux de la Brigade Mixte Mobile (BMM) sise au quartier Kondengui[5]. Visiblement, les contacts que j'entretiens avec Mongo Beti causent de sérieux soucis au pouvoir en place. Alors que mon lien et ma sympathie avec un compatriote, écrivain de renom et militant de toujours de la cause africaine, sont avant tout intellectuels et professionnels, les tenants du pouvoir redoutent notre relation et la perçoivent plutôt comme une cinquième colonne en formation. La levée de boucliers qu'engendre le retour d'exil de Mongo Beti que j'organise avec Célestin Monga en février 1991[6] confirme nos appréhensions et montre la fébrilité du régime.

Qu'à cela ne tienne. C'est avec la même obstination et même une certaine hardiesse que se poursuivent mes objectifs d'enseignement et de recherche. Ainsi s'expliquent les travaux sur Mongo Beti. Il s'agit essentiellement d'engager un travail d'appropriation d'une production culturelle qui transpose

---

2. Pour Roland Jaccard, le concept de folie n'a rien d'universel car, écrit-il, « [o]n est fou par rapport à une société donnée » (*La Folie*, Paris, PUF, 1979, 34).

3. Outre de nombreux mémoires de maîtrise dûment soutenus, voir aussi André Djiffack, *Sylvain Bemba : récits entre folie et pouvoir*, Paris, L'Harmattan, 1996 ou Alexie Tcheuyap, *Esthétique et folie dans l'œuvre romanesque de Pius Ngandu*, Paris L'Harmattan, 1998, qui sont des émanations de mes séminaires.

4. Sous le titre « Les tribulations d'un intellectuel (Bamiléké) », Mongo Beti publiera quelques spécimens des documents relatifs à cet épisode dans *Peuples noirs–Peuples africains*, nᵒˢ 55-56-57-58 (1987), 131-148.

5. Lire David Ndachi Tagne, *Ethnofascistes : La Vérité du sursis. Récit*, Paris, Ateliers Silex, 1987. Voir aussi « 20 ans des lois des libertés : Historique », http://www.cameroonvoice.com/news/article-news-2736.html?sms_ss=email&at_xt=4da32b5e79b08e8a%2C0.

6. Cet événement a été raconté de plusieurs manières à divers moments. Voir à ce propos Ambroise Kom, « Mongo Beti Returns to Cameroon: A Journey into Darkness », *Research in African Literatures*, Columbus USA, hiver 1991, vol. 22, nᵒ 4, 147-153 ou Célestin Monga, « Économie d'une créance impayée », dans Ambroise Kom (dir.), *Remember Mongo Beti*, Bayreuth, Bayreuth African Studies, nᵒ 67, 2003, 151-168.

notre histoire collective et pose avec une inédite acuité les problèmes de notre identité en tant que peuple postcolonial. Son expérience de l'exil et sa double culture (africaine et européenne), son inlassable et farouche quête d'autonomie, son engagement artistique, intellectuel et bien d'autres aspects de son parcours apparaissent comme autant de repères susceptibles d'interpeller ou même d'inspirer tout sujet postcolonial. Mais il s'agit une fois de plus de poursuivre l'heureuse initiative de Thomas Melone et d'animer, à l'intérieur d'une institution universitaire nationale et africaine, un discours critique sur les créations prenant en charge les événements endogènes. C'est aussi dans cette même perspective que s'inscrivent mes recherches sur l'émergence et les spécificités du roman policier en Afrique ou sur les problématiques d'une littérature des immigrés africains en France. En réaffirmant ainsi les capacités de l'université africaine à participer à la production d'un savoir critique sur l'Afrique, on augmente également les chances du continent d'être mieux représenté dans les librairies et les bibliothèques, aussi bien nationales qu'internationales.

Pareille affirmation d'une subalternité consciente en même temps que la recherche résolue de l'émancipation d'une voie/voix propre à l'université africaine conduit fatalement, ou peu s'en faut, à décrocher de l'Occident (lire à ce propos Jean-Loup Amselle, *L'Occident décroché. Enquête sur les postcolonialismes*, Paris, Stock, 2008) pour épouser, presque inconsciemment, la démarche postcoloniale qu'étaient en train d'élaborer de nombreux théoriciens asiatiques et autres ressortissants des pays anciennement colonisés. N'en déplaise donc à Jean-François Bayart, qui traite les études postcoloniales de carnaval académique (*Les Études postcoloniales. Un carnaval académique*, Paris, Karthala, 2010), l'approche postcoloniale, en dépit des controverses qu'elle a pu créer, a permis de renouveler de manière précieuse les recherches sur les cultures et les institutions des nations postcoloniales. Ainsi en va-t-il de mon travail sur l'Afrique, les Caraïbes et l'Amérique noire, qui montre non seulement l'impérieuse nécessité de déconstruire les enseignements qui nous sont venus d'Occident, mais aussi l'importance de remettre en question les principes éducatifs de notre jeunesse et en définitive le devoir de nous réinventer, pour emprunter un concept cher à V. Y. Mudimbe (*The Invention of Africa, Philosophy and the Order of Knowledge*, Bloomington, Indiana University Press, 1988).

De ce point de vue, le projet de l'Université des Montagnes[7] dans lequel je me suis investi sans réserve dès le départ peut être considéré comme le point d'orgue de cette recherche ou plutôt de cette réinvention. Initiative endogène se voulant indépendante de tout pouvoir, l'Université des Montagnes demeure

---

7. Voir, entre autres, les deux textes sur l'Université des Montagnes inclus dans la cinquième partie du présent ouvrage ainsi que « Le tandem AED-UdM expliqué », http://www.udesmontagnes. org/udm.comm/Udm_comm_2.htm#une2.

certes une utopie dont rien ne dit qu'elle s'enracinera durablement et survivra, comme il est souhaitable, à ses inventeurs. Toujours est-il qu'il s'agit d'une quête qui donne sens à la vie. Entreprise intellectuelle d'essence associative, elle rejoint par bien des côtés les travaux collectifs que j'ai conduits et qui m'ont appris à toujours croire en les autres et à composer avec eux.

L'Université des Montagnes, faut-il le rappeler, n'est pas une génération spontanée. Tout commence au lendemain de la chute du mur de Berlin en 1989 et de la renaissance du multipartisme au Cameroun. Un groupe de citoyens auquel j'appartiens s'organisent en chercheurs indépendants pour mettre au service des politiques des études faisant le bilan de nos trente ans d'indépendance dans divers domaines. Un ensemble de quatre ouvrages sera ainsi produit[8]. Chemin faisant, survient la crise universitaire qui aboutit en 1993 à la balkanisation de l'Université de Yaoundé d'alors. La dévaluation du franc CFA de 1994 suivie de la fermeture des frontières des pays européens du fait de la restriction des visas d'entrée compromet durablement les chances des jeunes Camerounais de poursuivre à l'étranger des études dans un certain nombre de filières, surtout en sciences de la santé et en technologie.

L'Université des Montagnes germe donc dans l'effervescence des idées qui jaillissent autour de la rédaction des ouvrages du Collectif Changer le Cameroun (C3). Au regard de l'accueil plutôt indifférent que la classe politique locale réserve au bilan que nous offrons des trente ans de gestion postcoloniale peu inspirée, notre retrait du champ politique pour organiser une résistance purement intellectuelle s'impose de ce fait comme une nécessité, et même comme l'ultime recours. L'ambition de l'Université des Montagnes est non seulement de former autrement une nouvelle génération de Camerounais et d'Africains, mais aussi de nous permettre d'exister autrement, pas seulement en sortant concrètement de l'impasse hégélienne, mais d'organiser ou de reconstruire notre être dans le monde, en procédant au besoin à des ruptures, si douloureuses soient-elles.

Ainsi se déclinent, on l'aura compris, quelques-unes des postures qui ont jalonné le parcours ayant donné naissance aux textes qui suivent. À l'instar de ce qui se vit au quotidien à l'Université des Montagnes où l'on reçoit du soutien et des contributions des quatre coins du monde, aucune main tendue, aucune bonne volonté n'aura jamais été ignorée tout au long de ce cheminement. Mais à aucun moment, il ne s'est agi d'attendre une manne qui tomberait d'un improbable ciel ou d'un messie qui viendrait nous sauver d'une quelconque malédiction. L'objectif aura toujours été de décrypter les enjeux qui nous

---

8. Il s'agit de *Changer le Cameroun, pourquoi pas ?* (1990), 400 p. ; *Le Cameroun éclaté ? Anthologie des revendications ethniques* (1992), 596 p. ; *Le 11 octobre 1992, autopsie d'une élection présidentielle controversée* (1993), 222 p. ; *Ethnies et développement national*, Actes du colloque de Yaoundé 1993 (1994), 280 p.

interpellent, d'affirmer l'existence d'une africanité susceptible de maîtriser lesdits enjeux et de participer d'une manière ou d'une autre à la construction de ce qu'on appellerait aujourd'hui une (post)modernité alternative.

En définitive, l'enjeu aura été d'affirmer une démarche de dissidence ou de résistance si l'on préfère en en assumant tous les écueils. Pareille stratégie implique une conscience claire des risques au sens où l'indique Sylvie Vidal, à la suite de Françoise Proust :

> La résistance est, par essence, une posture risquée. [...] [U]ne attitude à la fois absolue et relative : absolue, parce qu'elle ne connaît que la loi du Tout ou Rien ; relative[,] parce qu'elle est stratège, parce qu'elle calcule sa marge de manœuvre, pour se tenir dans les marges du réalisable maintenant, qu'elle joue toujours « à la fois sur le court terme et sur le long terme, sur le présent et sur le messianique, [...] qu'elle marche toujours sur deux pieds, le présentement possible et l'éperdument impossible », qu'elle est ce mixte donc de folie et de raison (« Qu'est-ce que résister ? », *op. cit.*).

Ainsi pourra s'expliquer ce qui a pu paraître aux yeux d'un certain entourage comme une attitude sans cesse nimbée de scepticisme, de mise en question ou de défi vis-à-vis de l'autorité ou des pouvoirs établis. Il en va pareillement d'un mode de vie qui peut s'être apparenté à un refus déraisonnable d'honneurs, de privilèges et de positions de puissance permettant d'accéder aux avantages que l'élite intellectuelle, méritante ou non, considère comme un dû dans la plupart des pays de l'Afrique postcoloniale. Mais qu'on ne s'y trompe guère. Il ne s'agissait point de vanité, mais plutôt d'une recherche de conditions pouvant fonder la construction d'une identité personnelle en essayant, autant que faire se peut, de se libérer du poids d'encombrantes « traditions » d'ici ou d'ailleurs puisqu'elles tentent toujours de nous dicter telle ou telle autre ligne de conduite. Sans doute ne serait-il même pas trop prétentieux d'admettre avec le philosophe italien Giorgio Agamben que « la profanation de l'improfanable est la tâche politique de la génération qui vient » (*Profanations*, Paris, Rivages Poche, 2005, 122). Car telle est en définitive la posture théorique qui aura guidé mes réflexions et toute mon activité de recherche. Située à l'intersection de l'esthétique et d'une vision politique du monde, ma trajectoire intellectuelle aura, je l'espère, contribué, ne serait-ce que symboliquement, à restituer au libre usage la potentialité des études littéraires et culturelles africaines.

Ambroise Kom

Première partie :
Pensée unique ou ordre pluridimensionnel ?

Entre traîtres et fous :
les deux romans de Bernard Nanga[1]

Un jour, les biographes de Bernard Nanga (1934-1985) diront lequel des *Chauves-souris* (1980) ou de *La Trahison de Marianne* (1984) fut écrit en premier. En tout état de cause, l'ordre de publication correspond peu à la chronologie des événements. Non pas qu'il faille chercher à établir un quelconque rapport entre l'histoire des deux récits, mais l'espace, le temps, les personnages et même les procédés énonciatifs incitent plutôt à penser que *La Trahison de Marianne* précède *Les Chauves-souris*. Écrit à la première personne, *La Trahison de Marianne* s'apparente à un roman d'apprentissage. Il met en scène un je-narrant anonyme dont la jeunesse et le milieu d'évolution, celui d'un campus universitaire français, transposeraient l'adolescence d'un étudiant africain confronté aux dures réalités de la métropole. En revanche, *Les Chauves-souris* s'inspire des réalités de l'Afrique postcoloniale. Totalement désabusé par son aventure à l'université française, le je-narrant de *La Trahison de Marianne* choisit, sans se faire trop d'illusion, le retour au pays natal.

L'Afrique d'aujourd'hui n'a plus grand rapport avec celle d'hier. Des fous ayant succédé aux administrateurs des colonies, comment le je-narrant qui se sent trahi par la métropole pourra-t-il survivre dans le nouvel espace social ? Ma démarche ne suivra pas l'ordre chronologique apparent de l'action des deux récits. Encore que la singularité de chacun des textes incite plutôt à analyser d'abord les différences qui les caractérisent.

Avec *Les Chauves-souris*, en effet, on a affaire à un récit de type hétérodiégétique, c'est-à-dire que le narrateur ne figure pas comme acteur dans l'histoire qu'il raconte. Cette vision essentiellement omnisciente permet au narrateur, on le sait, de laisser le lecteur juge des événements qu'il présente. Ainsi, même si des interprétations sont suggérées, l'aventure de Bilanga avec Marie, par exemple, est décrite selon un mode objectif. Qui plus est, la narration est ultérieure, en ce sens que le temps de l'histoire ne correspond pas au temps du récit.

Dans *La Trahison de Marianne*, en revanche, le narrateur prend totalement en charge l'acte narratif, non seulement pour relater son « moi » et la genèse de sa personnalité, mais aussi pour révéler une certaine histoire sociale et politique de la France et de l'Afrique. Le je-narrant, actant principal, se trouve au centre des événements du récit. Même s'il subit davantage certains événements qu'il n'en prend l'initiative, le je-narrant essaie de remplir en

1. Publié dans *Romanisches Jahrbuch*, Band 41 (1990), Walter de Gruyter, Berlin-New York, 1991, 147-153.

même temps les fonctions de narrateur et d'acteur. En fait, *La Trahison de Marianne* s'apparente à un long monologue intérieur. L'histoire est racontée au présent et l'écart entre le temps de la narration et le temps de l'histoire est souvent inexistant. Comme l'écrit Jaap Lintvelt, le « je-narrant » s'annule souvent « au profit du je-narré qui, sans aucun intermédiaire, exprime le cours spontané de sa pensée » (« Pour une typologie de l'énonciation écrite », dans *Cahiers roumains d'études littéraires*, n° 1, 1977, 4).

Dans *La Trahison de Marianne*, c'est le je-narrant qui détermine lui-même l'organisation temporelle. Il lui est donc possible de faire à son gré des retours en arrière. Mais, respectueux de son expérience temporelle, il évoque des souvenirs de son enfance en Afrique. Il n'anticipe pourtant pas, ignorant qu'il est de ce que l'avenir lui réserve. La narration ultérieure des *Chauves-souris* (Paris, Présence Africaine, 1980²) donne une vue d'ensemble des événements et permet des retours en arrière et des anticipations. Qu'on en juge : « Mon fils, ton père va être député. J'espère que cette nouvelle va accélérer ton rétablissement. Mais il y a des choses que tu ne peux pas encore comprendre. J'ai été comme toi intransigeant, n'acceptant pas les compromis. Mais nous vivons dans un monde où il faut savoir jouer des coudes pour survivre » (*CS*, 175).

On le voit : sur le plan énonciatif, *Les Chauves-souris* et *La Trahison de Marianne* adoptent des points de vue différents. Mais dans un cas comme dans l'autre, il s'agit d'une narration personnelle. Alors que *La Trahison de Marianne* est une autoanalyse subjective du je-narrant, qu'il y a coïncidence du narrateur avec le personnage focal et que la vie intérieure est perçue et formulée par le personnage lui-même, il y a, dans *Les Chauves-souris*, dissociation entre le narrateur et Bilanga, le personnage focal. La vie intérieure et surtout la vision du monde de Bilanga sont formulées par le narrateur. Analysant par exemple la situation sociopolitique d'Eborzel au lendemain de l'indépendance, le narrateur commente :

> L'instauration d'un parti unique avait depuis une quinzaine d'années ramené la paix et donné à la jeune République un essor que beaucoup de pays nouvellement indépendants lui enviaient. L'instauration du régime qui était au pouvoir avait exigé la force, et parfois la contrainte. L'état d'urgence avait fait régner le couvre-feu sur les paysans pendant une dizaine d'années. Pour circuler d'une région à une autre, les voyageurs, avant de prendre le taxi de brousse, devaient être munis d'une carte du parti et d'un laissez-passer que des postes contrôlaient à toute heure du jour et de la nuit. Les abus n'avaient pas manqué. La délation avait été, pendant des années, le seul moyen de se faire bien voir des nouveaux dirigeants et de se faire une place dans le régime. De nombreux innocents avaient ainsi été conduits en prison, où certains avaient

---

2. Toutes mes citations renverront à cette édition. J'y ferai référence dans le texte par *CS*.

péri à la suite des mesures arbitraires prises contre eux. Les élections avaient été parfois truquées. Une certaine censure de l'opinion continuait à s'exercer, comme dans tous les États. Mais *c'était là, selon Bilanga, un mal inéluctable* (*CS*, 87 ; je souligne).

Ici, la narration homodiégétique personnelle neutralise le personnage focal, lui enlève la parole, mais livre au lecteur une analyse et une information beaucoup plus riche qu'on aurait pu attendre de Bilanga. À cet égard, on peut dire que le parti pris narratif qui caractérise *Les Chauves-souris* prépare la narration homodiégétique de *La Trahison de Marianne*. Bilanga, personnage focal des *Chauves-souris*, s'est en quelque sorte révélé trop grossier pour mériter l'attention soutenue du lecteur. Il a donc fallu changer de perspective et choisir un narrateur plus réfléchi, capable de poser les questions fondamentales qui hantent l'Afrique contemporaine. Bilanga n'étant qu'un « fou mégalomane » (*CS*, 157), l'auteur s'est tourné vers un narrateur-lecteur aux structures mentales relativement plus saines dans *La Trahison de Marianne*.

Le passage d'une narration hétérodiégétique à une narration homodiégétique semble ainsi obéir à un dessein précis de l'auteur. Du fait de son incapacité de penser, de son impréparation et de sa folie, la génération d'Africains qui a hérité de l'indépendance a trahi son historique mission. Le narrateur-héros de *La Trahison de Marianne* (Dakar-Abidjan-Lomé, NEA, 1984[3]) semble, quant à lui, tout à fait conscient du rôle qui lui incombe, à lui et aux individus de sa génération. Mais réussira-t-il mieux que ses devanciers ? Rien n'est moins sûr. Et que le comportement du je-narrant relève de la psychopathologie à la fin de son itinéraire s'explique donc : non seulement il se sent trahi par le comportement de Bell, son compatriote résidant en France, mais il est incompris des Français qui s'étaient présentés comme un modèle à suivre : « Si je devais agir, affirme-t-il, je le ferais avec une violence inouïe, je décapiterais à coup de dynamite tous les crustacés qui étouffent l'âme du pays le plus civilisé du monde et que nous aimons, nous autres étrangers, au point de nous sentir capables de la sauver d'elle-même, sans elle, à n'importe quel prix » (*TM*, 235).

On peut retenir deux définitions de la folie. Citant l'article « Folie » de l'*Encyclopédie*, Shoshana Felman écrit : « *S'écarter de la raison* le sachant, parce qu'on est esclave d'une passion violente, c'est être faible ; mais s'en écarter *avec confiance*, et avec *la ferme persuasion qu'on la suit*, voilà [...] ce qu'on appelle être *fou* » (*La Folie et la chose littéraire*, Paris, Le Seuil, 1978, 37 ; les italiques sont de Felman). Et elle ajoute : « Raison et folie sont liées ; la folie est essentiellement un phénomène de la pensée : d'une pensée qui

---

3. Toutes mes citations renverront à cette édition. J'y ferai référence dans le texte par *TM*.

dénonce, en la pensée de l'autre, l'Autre de la pensée. La folie n'est possible que dans un monde en conflit de pensées » (*ibid.*, 37).

Si nombre de personnages des *Chauves-souris*, tels Bilanga, Montengui, Avala et même Chauvin, nous paraissent répondre à la première définition de la folie, on verra que c'est un conflit de pensées qui caractérise l'univers de *La Trahison de Marianne* ; la vision sociale des Lemaire, Bruno, Christine, Dany et même Bell est passablement différente de celle du je-narrant. Dans un cas comme dans l'autre cependant, « le fou, écrit Roland Jaccard, représente [...] le négatif qui, par contraste, fait apparaître la normalité sociale ou individuelle » (*La Folie*, Paris, PUF, 1979, coll. « Que sais-je ? », 14).

En ce sens, la trahison se révèle être le corollaire de la folie. En effet, si l'on est fou par rapport à un individu ou par rapport à une société donnée, quiconque n'est pas fou sera généralement traître par rapport à tel ou tel autre antagoniste. Dans *Les Chauves-souris*, Bilanga et son fils Roger sont à la fois fous et traîtres l'un par rapport à l'autre. Dans *La Trahison de Marianne*, le je-narrant qui est un fou par rapport à la norme sociale française se croit trahi par la France, son modèle.

Encore enfant, en effet, le Tigre, le maître d'école du je-narrant, s'est chargé de modeler sa perception du monde. Pour le Tigre, il fallait exalter la société française dont ils étaient, d'après lui, les dignes descendants :

> Les Gaulois et les Francs, les grandes figures de l'histoire ancienne et moderne de la France, pour nous, n'étaient pas du passé. Ils faisaient partie de nos ascendants immédiats et nous habitaient. Ils étaient bien plus vrais que ceux dont les noms n'étaient inscrits nulle part et que les anciens du village nous avaient appris à connaître en comptant avec les doigts le nombre de générations et de saisons qui nous en séparait. Nous chantions en les mimant leurs hauts faits (*TM*, 265).

> Bastonnade, intimidations et violences physiques interviennent pour convaincre le jeune écolier que « La France est belle, [et que] ses destins sont bénis [...] » (*TM*, 16).

Le je-narrant grandit donc avec une âme sœur et un cœur français. La France dont il s'agit n'est évidemment qu'une construction de l'esprit, un pur fantasme. Le maître qui n'a aucune possibilité de faire goûter aux jeunes enfants les délices de la mère patrie se révèle pourtant comme un excellent manipulateur. Il réussit aisément à leur faire croire que la France est le passage obligé pour quiconque veut accéder au bonheur. Il méprise les modèles culturels africains et s'habille « comme à Paris ». Après un stage en France, il revient complètement transformé, ébloui qu'il a été par les mirages de la métropole. Résultat : le je-narrant, extrêmement sensible à l'image qu'offre son maître, se fixe pour objectif d'aller, un jour, quérir son bonheur où il se trouve, en France. Et il sera d'autant plus déterminé que les manuels scolaires entretiennent sans relâche les illusions dont les nourrit le maître. Aussi dormaient-ils, lui et ses camarades, les « yeux pleins de sommeil, mais la tête lourde d'une moisson de rêves sur l'avenir merveilleux que [leur] promettaient [leurs] livres » (*TM*, 27).

On le voit, l'avenir après lequel court le je-narrant est, du fait de son éducation, un monde fantasmagorique. La rupture entre le milieu familial, le passé africain et l'avenir rêvé est totale : « Nous nous rendions compte à chaque saison, affirme-t-il, du fossé infranchissable qui se creusait entre les tenants de notre tradition et nous » (*TM*, 25). Et plus loin, il ajoute : « Qu'importait mon histoire ? Qu'importaient mon milieu et ma culture ? Je me laisserais dévorer par ce que j'aimais » (*TM*, 29). Seuls comptent désormais les grands maîtres de la littérature classique et moderne française. Le je-narrant tourne le dos au terroir. Ainsi fabrique-t-on des déviants, des fous par rapport à la norme sociale ou communautaire : « Même parmi les miens, je me sentais, d'année en année, devenir étranger. [...] Je passais des heures au milieu de mes parents, isolé, sans pouvoir trouver un sujet commun de conversation » (*TM*, 35).

Le je-narrant se replie donc sur lui-même et s'installe dans l'imaginaire. C'est l'exil intérieur qui aboutira à l'exil en France. Déjà envoûté par l'art, la littérature et le système social français, le je-narrant aurait dû atteindre la félicité en rencontrant Marianne (c'est-à-dire la France), cette femme de rêve. Sa désillusion sera malheureusement à la hauteur de son attente. Pris individuellement, les Français se révèlent aussi décevants les uns que les autres. Avec Mme Bruno, sa voisine de palier, il se heurte à un insurmontable problème de communication. Il préférera sympathiser avec le chat de cette voisine. Mme Lemaire, sa logeuse, ne le voit qu'à travers le prisme des stéréotypes. Il en va de même de M. Bleu auprès de qui il postule un emploi ; de M. Comte, l'oncle de Dany, sa future épouse ; et même de Christine, la tenancière du café Le Petit Chasseur. Pour ces individus et pour les Français en général, le Noir est sale, le Noir n'est qu'une force brute. Le Noir est un pauvre qu'il faut prendre en pitié, un analphabète qu'il faut tenir par la main. Le Noir est un homme de la danse et par-dessus tout, un sexe-machine.

Alors, constate le je-narrant, « [l]a France, reine de l'humanisme, n'a peut-être jamais existé que dans les livres. À moins que son élite ne soit retirée dans les catacombes » (*TM*, 28). Du coup, l'Afrique se révèle à lui. Pas l'Afrique des safaris, mais « [u]ne Afrique sans histoire, mais sans ruse ni mensonge, humiliée tout au long des siècles, saignée, mais toujours vivante et fière, confiante dans l'homme et sans rancune » (*TM*, 151). Mais que faire puisque pareille Afrique a été depuis longtemps trahie non seulement par des Européens, mais aussi par des Africains de la trempe de Bell, un inconscient, un être de chair et non de raison ? Bell est un immigré qui vit en France comme poisson dans l'eau. Il accepte sans sourciller le rôle dont la communauté l'a investi. Il est devenu le consolateur des bourgeoises éplorées. Christine n'a qu'éloge pour lui ; M. Bleu également. Bell s'est constitué amant de toutes les femmes de la ville qui veulent bien de lui : « Il y a, dit-il au je-narrant, des poules qui raffolent de notre peau, de notre force, de notre joie de vivre […]. Et ça paie, une poule bourgeoise, à tous les points de vue » (*TM*, 180-181). Bell, le Nègre danseur, viril et surmâle, est l'amant *nocturne* de la ville : « Il était mêlé à toute la vie de la ville, en incarnait en quelque sorte les manifestations inconscientes, les pulsions refoulées » (*TM*, 190).

L'attitude de Bell, il faut encore le souligner, correspond à une fonction sociale. Tout comme Christine, tout comme M. Comte ou même M. Lange, Bell est névrosé, un pur produit de la société française. En réalité, le comportement de Bell répond à un désir d'intégration. Faire plaisir à ses partenaires sociaux dans l'espoir de se faire accepter et apprécier, telle semble être la véritable raison d'agir de Bell. Il n'est donc que la victime innocente de « la trahison de Marianne ». Et le je-narrant de s'interroger : « Était-il possible que la France se soit trahie ? qu'elle ait trahi sa mission et ses idéaux ? » (*TM*, 64). Ayant été amené dès son enfance à regarder avec mépris les valeurs culturelles africaines, le je-narrant se sent alors profondément meurtri. Désabusé, il constate : « Toute la somme de culture que j'ai dû emmagasiner : de la mousse, un peu comme cette mousse qui me blanchit superficiellement, me tient à mi-chemin entre deux mondes » (*TM*, 36). La trahison sociale engendre une sorte de folie individuelle. Et nous savons depuis les travaux du psychanalyste Thomas Szasz (voir *Idéologie et folie*, Paris, PUF, 1976 ; *L'Âge de la folie*, Paris, PUF, 1978) et du psycho-sociologue Roland Jaccard que même « si les individus peuvent être malades, la société, elle, est toujours nécessairement malade » (Jaccard, *op. cit.*, 33).

En d'autres termes, l'idéologie dominante qui sème la folie tente toujours de se maintenir au-dessus de tout soupçon. Est fou quiconque ne se soumet pas aux normes sociales, quelles qu'elles soient. Mais le diktat de la société n'enlève pas à l'individu sa faculté de juger : « Il y a, affirme le je-narrant, une raison qui est folie et une folie répandue qui se veut raison » (*TM*, 13). La relativité de la notion de folie révèle la conscience malheureuse de l'Occident et ses conséquences sur l'être humain : « La civilisation souffrait d'une maladie. Croissance ou décrépitude ? […] Les diagnostics changeaient suivant les spécialistes qui se penchaient sur le grand corps malade » (*TM*, 202).

Bien que le je-narrant choisisse de quitter la France dès la première occasion, il ne fait aucun doute que la maladie de la société métropolitaine l'a déjà atteint. Et c'est un peu ce qui explique son mariage avec Dany, qu'il identifie à Marianne, la femme (c'est-à-dire la France) mystérieuse. Épouser Dany équivaut à choisir de poursuivre un mirage et correspond aussi à un goût achevé du paradoxe, autre legs de la civilisation occidentale : « Je suis […] heureux, affirme-t-il, de ce bonheur voisin du désespoir que l'on connaît dans le dénuement » (*TM*, 36). Le je-narrant semble tout à fait conscient que Dany est un amour impossible. Il sait pertinemment qu'aucun de ses parents africains n'acceptera Dany, mère célibataire et héritière de famille bourgeoise.

Renoncer à Christine qui se serait volontiers donnée à lui pour courtiser Dany correspond à une quête de l'absolu et à un essai de réconciliation des cultures antagonistes. En dépit de la trahison de Marianne, il demeure vrai que, pour le meilleur et pour le pire, Marianne fait irréversiblement partie de l'identité de tout Africain autrefois colonisé par la France. Comment renier la France ? Peut-on aimer la France ? Il s'agit d'un problème de culture, de société et de communication interpersonnelle, tout à la fois.

L'Afrique que révèle *Les Chauves-souris* a malheureusement hérité de maux[4] semblables à ceux qui caractérisent la société française. Les perturbations inhérentes au passage d'une Afrique précoloniale à une Afrique colonisée et enfin aux indépendances sont telles que les rapports entre les individus eux-mêmes et entre les individus et leur environnement relèvent également de la pathologie clinique. Il en va ainsi de liens qui unissent Bilanga et Clotilde, sa femme. Élevée par les bonnes sœurs, Clotilde s'était mariée vierge. La morale qui est la sienne n'a donc rien de commun avec les tricheries et les extravagances de son mari.

Timide et maladroite, Clotilde ignore tout des mondanités de Bilanga et ne comprend rien aux aspirations de celui-ci. Alors que Bilanga se dit trahi par celle qui, d'après lui, devait l'aider à accéder « aux postes haut placés », Clotilde se sent frustrée du fait de son mariage manqué et du mur d'incompréhension qui la sépare de son époux. Entre Clotilde et Bilanga, le conflit de pensées est insurmontable. Pour Bilanga, la naïveté de Clotilde est pure folie, tandis que pour Clotilde, son mari, atteint de la folie des grandeurs, n'est que monstre et déraison.

On retrouve le même type de conflit entre l'Afrique des progressistes et celle des opportunistes. D'un côté, on a Biyidi, professeur agrégé au

---

4. Voir Ambroise Kom, « Folie et révolution : *Sahel : Sanglante sécheresse* de Mande-Alpha Diarra et *Les Chauves-souris* de Bernard Nanga », *Peuples noirs–Peuples africains*, n° 37, janv.-fév. 1984, 88-100.

lycée Locklock ; son élève Roger, fils de Bilanga, et l'assistant technique Markowski, imprimeur de son état. De l'autre côté, on a affaire à Bilanga, Avala, Montengui, Chauvin et les autres. Les rapports qu'entretiennent les deux groupes sont de même nature que ceux qui lient Bell et le je-narrant de *La Trahison de Marianne*. Tout comme le je-narrant, en effet, Biyidi, Markowski et leurs disciples sont des êtres de raison qui mettent tout en œuvre pour faire, chacun, son devoir. Tous semblent avoir une conscience aiguë de leurs responsabilités dans l'évolution sociale, culturelle et économique de leur environnement. Bell, on se souvient, se laisse aisément guider par son instinct. Il n'hésite pas à trahir la dignité d'un peuple dont on le considère comme le représentant. Bell et Bilanga apparaissent tous les deux comme des êtres de chair, à l'écoute de leurs sens.

On se rend d'ailleurs compte que l'opposition entre individus ou entre groupes d'individus tourne assez rapidement en conflit de classe. Le petit peuple sera trahi par les héritiers du pouvoir colonial tandis que la femme le sera par le fait de l'homme. N'est-ce pas le sens profond de la révolte des habitants de Vémelé qui, en s'en prenant au puissant Bilanga, croient ainsi détruire le symbole du nouveau pouvoir africain, un pouvoir dont la caractéristique essentielle est d'être à la merci des sollicitations du corps ? Clotilde, Marie, Arlette peuvent, chacune à sa façon, témoigner du caractère désemparé et irresponsable des dignitaires locaux. Pour ces derniers, seuls comptent l'acquisition des biens matériels et le pouvoir que procure l'argent : « Avec ce que M. Chauvin lui avait promis, Bilanga se sentait capable d'acheter les consciences les plus honnêtes et les plus désintéressées d'Eborzel » (*CS*, 131). Et ses dépenses de prestige sont sans limites : « Il lui arrivait parfois de claquer un million en une soirée de jeu à Sansanboyville, qui était le grand port du pays » (*CS*, 104). Autant il se laisse corrompre par M. Chauvin, autant il corrompt Avala et laisse entendre aux paysans de Vémelé « qu'il y avait de l'argent, beaucoup d'argent, pour ceux qui en voulaient » (*CS*, 194). La vie de Bilanga, Avala, Montengui et autres Chauvin se réduit ainsi à une lutte pour accumuler les richesses pouvant assouvir leurs passions, les sollicitations de leurs sens.

On comprend alors que l'une des problématiques qui traversent *Les Chauves-souris* et *La Trahison de Marianne* d'un bout à l'autre soit la connaissance et la définition de l'homme. Le je-narrant de *La Trahison de Marianne* affirme : « J'ai été acculé à beaucoup de choses ces derniers temps, entre autres à chercher la définition de l'homme que je croyais jusqu'ici évidente, à savoir que l'homme était un animal doué de raison » (*TM*, 13). Voilà sans doute qui explique pourquoi le je-narrant évoque une pléthore de créateurs, comme s'il était en quête d'un maître à penser. Sont tour à tour cités : Mao, Auguste Comte, Valéry, Proust, Karl Marx, Montesquieu, Molière,

Musset, Voltaire, Descartes, Camus, Pascal, Rabelais, Chopin, Joyce, Zola, Mallarmé, Tocqueville, Nerval, Gide, etc.

Mais Gide revient souvent et *Les Nourritures terrestres* apparaissent comme le livre de chevet du je-narrant. Pourquoi Gide, pourrait-on se demander ? Sans doute parce que, ici et maintenant, Gide propose des réponses aux questions que pose le narrateur-héros :

> Il [Gide] voyait trop bien les limites dans les plus nobles entreprises. On ne sort d'une société que pour rentrer dans une autre. Je ne sache d'ailleurs pas qu'il n'ait jamais prêché une sagesse résignée. [...] Il comptait sur la jeunesse, de quelque pays qu'elle fût, pour faire sauter par ses forces vives, la carapace pétrifiée de notre monde qui, de plus en plus, tente de réduire l'esprit : « Le monde sera ce que vous en ferez ». Signé Gide (*TM*, 234).

Le choix de Gide et des penseurs occidentaux pourrait cependant être perçu comme une trahison de la pensée africaine. D'autant que le je-narrant ne semble pas faire grand cas de la littérature africaine qu'il juge avec sévérité :

> J'ai été tenté l'une ou l'autre fois d'écrire. Je m'arrêtais au bout de quelques lignes. J'avais la main aussi paralysée que le cerveau. Je me relisais. C'était ce ton geignard et sans humour que je reprochais à la jeune littérature africaine. Une littérature qui, à mes yeux, manquait de sérénité, reflétait les sentiments d'hommes à jamais enfermés dans l'expérience de leur peau, stérilisés par la colonisation et le regard de l'Occident. Poètes et romanciers africains se débattaient, comme s'ils n'avaient pas d'autres richesses, une contribution propre à apporter au patrimoine humain de l'art, d'un art désintéressé, cultivé pour lui-même. L'Occident n'avait pas eu à combattre une aliénation semblable à celle de la colonisation. Il avait ainsi pu vaquer, se livrer à la conquête de la nature, l'esprit dégagé. Il n'avait pas eu à reconquérir son humanité, à dissiper des énergies. Allions-nous, nous autres « jeunes nations », gémir indéfiniment sur les malheurs du passé ? Quand allons-nous enfin nous mettre à construire, à nous bâtir un visage nouveau, propre à notre vitalité que rien n'avait réussi à ternir au cours du temps, indifférents aux réactions des attardés devant la certitude que nous aurions désormais de notre humanisme, de notre patrimoine retrouvé ? (*TM*, 158).

Cette réflexion qui se poursuit sur le mode du « stream of consciousness », révèle à quel point le je-narrant comprend lui-même les difficultés de l'Africain à échapper aussi bien à la trahison qu'à la folie. Le conflit de pensées entre l'univers africain et l'Occident (relire *L'Aventure ambiguë* (1961) de Cheikh Hamidou Kane) est tel que l'on peut s'expliquer les perturbations psychologiques d'un Bilanga, mal préparé à assumer les responsabilités qui lui incombent à Eborzel.

Même le je-narrant de *La Trahison de Marianne*, en dépit de sa vaste culture et de sa forte personnalité, n'est pas à l'abri d'une vision totalement déraisonnée du monde. Ainsi, lorsqu'il envisage son mariage avec Dany, la fille fatale que l'Afrique rejettera à coup sûr, il se voit fiancé pendant au moins trente ans, à cause, dit-il, des « vicissitudes » (*TM*, 211). Leur mariage, qui passerait pour « le mariage du siècle, de l'histoire » (*TM*, 211), aurait l'allure d'un mythe. Et l'on pourrait ajouter : voilà ce qui arrive lorsqu'on essaie de concilier à tout prix deux mondes aux valeurs antagonistes. On trahit tout le monde et on sombre dans l'onirisme.

Les deux romans de Bernard Nanga sont des « textes en folie », des discours sur la folie au sens où l'entend précisément Shoshana Felman lorsqu'elle écrit :

> Que ce discours sur la folie soit une façon de dire « je », un cri du sujet qui se disant « fou », revendique un sens à sa propre folie et se revendique un statut d'exception [exemple du je-narrant de *La Trahison de Marianne*], ou une façon de dire « il », d'esquisser le geste du diagnostic par lequel, rejetant la folie du dehors, on la situe dans l'Autre [exemple des *Chauves-souris*], la rhétorique de la folie s'avère être toujours mystifiée ; mystifiante : parler de la folie, c'est toujours, en fait, dénier la folie ; quelle que soit la façon dont on puisse représenter la folie et se la représenter, (se) représenter la folie c'est toujours (qu'on le sache ou non, qu'on le veuille ou non) se jouer la scène de la dénégation de sa propre folie (*op. cit.*, 347).

En ce sens, l'œuvre de Bernard Nanga, en se présentant comme de la folie en textes, se révèle être une thérapeutique de la folie. En effet, si l'Afrique, à l'instar du je-narrant de *La Trahison de Marianne*, ne peut aimer l'Occident, elle doit se résoudre à ne pas le renier. Et si l'Occident ne peut accepter l'Afrique telle qu'elle est, il doit, néanmoins, tenir compte de ses besoins spécifiques et de son identité pour ne plus la contraindre à se renier ou à se complaire dans l'anonymat comme le narrateur-héros de *La Trahison de Marianne*.

Mongo Beti :
théorie et pratique de l'écriture en Afrique noire francophone[5]

Peu d'écrivains africains ont, autant que Mongo Beti, traité des problèmes de l'écriture en Afrique et de la condition d'être écrivain africain. Certes, on peut, à l'occasion, citer des noms tels que Ngugi wa Thiong'o, Chinua Achebe, L. S. Senghor ou V. Y. Mudimbe qui, du fait de leur formation idéologique ou de leur militantisme, ont eu, à des moments donnés, à réfléchir sur le métier et le statut de l'écrivain africain. Mongo Beti a commencé il y a un peu plus de dix ans à produire un ensemble de textes à partir desquels il est aujourd'hui possible d'établir qu'il est l'auteur d'un discours programmatique suffisamment fourni pour que l'on puisse en dégager les constantes. D'autant que l'élaboration dudit discours correspond à la phase adulte de sa production littéraire.

En effet, lorsqu'il publie *Ville cruelle* (1954), *Le Pauvre Christ de Bomba* (1956), *Mission terminée* (1957) et *Le Roi miraculé* (1958), Mongo Beti peut déjà être identifié comme un écrivain militant. Mais à l'époque, il n'avait pas encore systématisé sa pensée théorique comme *Peuples noirs-Peuples africains (PNPA)* lui a permis de le faire depuis le début des années 1980. La présente étude se propose de montrer que Mongo Beti a mis au point une sorte de doxa susceptible d'éclairer non seulement sa propre démarche créatrice, mais aussi nombre de textes de littérature africaine, d'hier et d'aujourd'hui. Après avoir dégagé ce qui me paraît être les axes essentiels du discours théorique de Mongo Beti, je procéderai, simultanément, à l'examen de la mise en pratique de ladite doxa dans la production du romancier camerounais.

Une littérature de combat

Dès le début de sa carrière, Mongo Beti consacre son écriture à la réhabilitation des peuples noirs, trop longtemps exploités et opprimés. Dans un texte qui devait servir de préface à la réédition du *Pauvre Christ de Bomba* en 1976 chez Présence Africaine, Mongo Beti expose les mobiles de sa prise de parole initiale. À la suite de Mark Twain et surtout de Richard Wright qui, dit-il, « a été le premier prophète fulminant, au moins en France, de la révolte des ghettos, mais surtout le Cicerone inlassable de leur effarante misère morale et matérielle, conséquence de l'oppression des Blancs » (« Le Pauvre Christ de Bomba expliqué », *PNPA*, n° 19, 1981, 117), Mongo Beti constate :

---

5. Publié dans *Présence Francophone*, n° 42, 1993, 11-24.

> Le destin des Noirs d'Afrique et celui des Noirs d'Amérique se rencontrent et seul le décalage historique nous dérobe cette identité [...] dépossédés, sans trop savoir comment, de nos terres, puis de nos femmes et de nos enfants, enfin parqués dans des réserves exiguës d'où nous ne serons autorisés à sortir que de temps en temps, pour le service de l'homme blanc, le maître (*ibid.*, 119).

À partir de cette affirmation, Mongo Beti tire les résolutions qui s'imposent : « Les Africains n'accepteront plus désormais d'être les sujets, ni les protégés, ni les évangélisés de personne » (*ibid.*, 132). Voilà qui, a posteriori, explique le cheminement de certains protagonistes du *Pauvre Christ de Bomba*, de nombre de personnages des trois premiers récits de l'auteur et même la tonalité des textes tels que *Remember Ruben* (1974) et *La Ruine presque cocasse d'un polichinelle* (1979). Dans *Mission terminée* (Paris, Buchet-Chastel, 1957), l'une des préoccupations essentielles de Jean-Marie Medza consiste à se débarrasser du syndrome du dominé. Et sa conquête de la liberté aura une portée psychologique puisqu'il symbolise l'intellectuel dont les attitudes et les prises de position doivent avoir une incidence certaine sur le petit peuple qui l'observe.

Malgré l'échec de sa mission à Kala, Medza croit s'être affranchi « au contact des péquenots de Kala » (*Mission terminée*, 250). Son parcours quasi initiatique l'amène effectivement à découvrir le rôle messianique de l'intellectuel dans une société dominée. C'est bien le sens des conclusions qu'il tire à la fin de son parcours : « Le drame dont souffre notre peuple, c'est celui d'un homme laissé à lui-même dans un monde qui ne lui appartient pas, un monde qu'il n'a pas fait, un monde où il ne comprend rien. C'est le drame d'un homme sans direction intellectuelle, d'un homme marchant à l'aveuglette, la nuit, dans un quelconque New York hostile » (*ibid.*, 251). Pour Mongo Beti cependant, la domination dont il s'agit n'est pas seulement le fait du colonisateur. Elle dérive aussi de l'organisation même de la société africaine traditionnelle. Pour être complète, la quête de la liberté doit donc se faire aussi bien par rapport aux Africains eux-mêmes que par rapport à la société qu'ont créée les Européens.

On sait combien Banda, dans *Ville cruelle*, lutte contre les deux forces qui entravent son épanouissement : il y a d'un côté les colonisateurs blancs et de l'autre les vieux, gardiens des traditions africaines. Certes, comme il le souligne lui-même, Banda rêve de la forêt qui représente l'innocence perdue. Mais le nouveau type d'interaction qu'il a connu en ville le fascine tout autant. D'ailleurs, Banda se rend bien compte que les valeurs traditionnelles sont en perte de vitesse. Raison pour laquelle il se rebelle en revendiquant son droit à l'autodéfinition et à la recherche d'une nouvelle identité. Banda rejette l'autorité des vieux du village et la tyrannie de sa mère. Voilà qui semble bien indiquer que pour Mongo Beti, les structures de la société africaine traditionnelle ont énormément facilité la tâche du colonisateur. Et pour réussir à se dégager du diktat de l'occupant blanc, il convient avant tout de tourner le dos à certaines structures mises en place par les Africains eux-mêmes.

En ce sens, Mongo Beti s'inscrit en faux contre les thèses de nombre d'écrivains africains de l'époque, en particulier les auteurs de la Négritude qui ont eu tendance à idéaliser l'Afrique précoloniale. Pour lui, la conquête de la liberté ne saurait s'embarrasser des mystifications. Or, vénérer le passé de l'Afrique risque de nous empêcher de rechercher les véritables causes de l'oppression du Noir et de lutter contre elles. *Le Roi miraculé* est tout aussi significatif à cet égard. Passablement ignorants du nouveau contexte sociopolitique, les vieux du village cherchent à pérenniser leur autorité aux dépens des femmes et des jeunes. Ce faisant, les intérêts du colonisateur sont saufs tant il est vrai que la lutte s'organisera entre Africains. L'auteur suggère à ses congénères de ne jamais oublier l'oppression qui vient d'ailleurs pour s'occuper des querelles internes.

Vers une théorie de la libération

Dans les récits publiés à partir des années 1970, la quête des libertés individuelles et collectives n'est plus simplement implicite, mais très explicitement exprimée, et même programmée. Les situations créées, les événements vécus par les protagonistes révèlent constamment en toile de fond les problèmes inhérents aux luttes de libération nationale et individuelle. À partir de la publication de *Perpétue et l'habitude du malheur*, en effet, Mongo Beti s'attache à créer des personnages-symboles et à attirer l'attention du public sur la mémoire historique des peuples noirs. Ruben, Toussaint Louverture deviennent ainsi des socles référentiels qui doivent permettre au lecteur de se resituer pour développer de nouvelles stratégies de la reconquête de son être dans le monde.

Ainsi que l'a souligné Bernard Mouralis dans *Comprendre l'œuvre de Mongo Beti* (Issy-les-Moulineaux, Saint-Paul, 1981), *Perpétue...* dérive étroitement de *Main basse sur le Cameroun* (1972), pamphlet qui dénonce les acteurs du néocolonialisme au Cameroun en même temps qu'il fait l'apologie des martyrs des luttes africaines de libération. Avec *Remember Ruben* et *La Ruine presque cocasse d'un polichinelle*, l'auteur met son imaginaire au service des mouvements populaires qui, inéluctablement, donneront forme au destin du pays à construire. À bien des égards, l'on peut considérer *Remember Ruben* et *La Ruine presque cocasse d'un polichinelle* comme le point culminant de la mise en pratique des préceptes théoriques qu'énonce Mongo Beti.

C'est bien avec cette deuxième série de récits, qui ont surgi après un silence de plus de dix ans, silence qu'explique Mouralis dans les pages 65 à 68 de son ouvrage, que Mongo Beti confirme son option résolue pour la production d'une littérature de la résistance qui n'hésitera pas à prêcher le recours à la violence. Il n'aurait d'ailleurs pu en être autrement. Pour gagner la lutte contre les oppresseurs, il convient d'utiliser les mêmes armes que ces derniers. Mongo Beti s'explique : « Le corollaire de la violence de l'envahisseur devenu occupant, c'est la violence légitime de l'Africain opprimé sur la terre ancestrale, spolié de son bien et de lui-même, avili, réduit au rang de la bête [...] La violence de l'Africain opprimé n'est pas un choix, mais une fatalité. L'Africain est condamné à user de violence, à moins de se résigner éternellement à l'esclavage » (« Comment on devient écrivain africain », *PNPA*, n° 15, 136).

Soulignons en passant l'étroite parenté entre la pensée de Mongo Beti et celle de Frantz Fanon. Pour Fanon, on le sait, la reconnaissance de l'identité pleine et entière du Noir passe nécessairement par l'action violente. Or, dans son écriture, Mongo Beti cherche à intégrer la violence comme donnée inconditionnelle de la reconquête de la dignité pour l'Africain. Certes, la violence sera dirigée contre l'occupant étranger, mais ses collaborateurs plus ou moins déguisés ne seront guère épargnés. D'ailleurs, la violence est inscrite en bonne place dans la démarche de l'Européen tant il est vrai que son action, y compris l'évangélisation, est une conquête brutale. Dans *Le Pauvre Christ de Bomba* (1956) (Paris, Présence Africaine, 1976), le révérend père supérieur (RPS) Drumont se comporte comme un homme d'affaires. Sa mission évangélisatrice fonctionne à bien des égards comme une entreprise à but lucratif. L'Église catholique, on s'en rend compte, est intégrée au vaste système colonial et fonctionne comme un comptoir commercial, avec son réseau d'exploitation : « Avec les seuls chrétiens de la route et les ressources de leur denier du culte, le RPS pouvait agrandir sa mission tant qu'il voudrait : construire une nouvelle école en briques ; acheter un orgue, des camions, un tracteur, une machine à extraire l'huile d'arachides, etc. Il arriverait facilement à tout, avec les seules ressources des gens qui sont sur la route » (*Pauvre Christ...*, 133-134). Pareil système comporte en son sein les germes d'une révolte de la part des évangélisés. Et c'est justement ce qui se produit dans *Le Roi miraculé*, où le Père Le Guen est responsable d'un conflit ouvert entre les villageois d'Essazam et l'Église catholique. C'est la riposte on ne peut plus violente de Makrita, le redoutable rejeton des Ebibot, qui amène Le Guen à mettre au point un stratagème pour éviter le pire, c'est-à-dire un embrasement incontrôlable impliquant l'Église, les Ebibot et les Essazam. L'éclipse de Le Guen, qui met en partie fin au conflit, est significative du type de victoire que doit viser la communauté africaine. Sans oublier que nombre de leaders africains eux-mêmes devraient, à terme, subir un traitement semblable à celui qui est infligé aux missionnaires du *Roi miraculé* et du *Pauvre Christ de Bomba*.

D'après Mongo Beti, en effet, il ne faut pas perdre de vue le fait que des individus de la trempe du chef Essomba Mendouga dans *Le Roi miraculé* ont prêté le flanc à l'instauration de la violence coloniale. Aux uns et aux autres, il convient donc d'appliquer une thérapeutique identique.

Rubenisme et violence

La violence que révèlent les premiers récits de Mongo Beti s'apparente pourtant à une révolte tant elle est brutale et spontanée. Qu'il s'agisse de Koumé ou de Banda dans *Ville cruelle*, des paroissiens du RPS Drumont dans *Le Pauvre Christ de Bomba* ou des villageois de la « Chronique des Essazam », l'on a affaire à une violence épidermique qui ne participe pas d'une stratégie de lutte froidement élaborée. Toujours est-il qu'à partir de *Perpétue et l'habitude du malheur*, la violence mise en exergue procède d'un apprentissage longuement mûri. Dans *Remember Ruben*, dans *La Ruine presque cocasse d'un polichinelle* et même déjà dans *Perpétue...*, le romancier travaille à la création d'une conscience historique qui intègre la nécessité d'une lutte armée contre les oppresseurs de toutes origines. Désormais, les héros se posent en héritiers de Ruben et arborent fièrement leur nationalisme militant. Mor Zamba suit un long parcours qui le fait passer de sa vie de pauvre orphelin à celle d'un leader révolutionnaire complètement aguerri. Alors que son aventure le mène du ghetto de Toussaint Louverture à Kola-Kola et à Fort-Nègre, son compagnon Abena, engagé dans l'armée française, s'exerce dans les batailles en Europe, en Indochine et en Afrique du Nord. L'un détient la logistique du milieu de lutte, tandis que l'autre s'est initié aux techniques de guerre et de la guérilla urbaine. Lorsque l'un et l'autre se retrouveront, toutes les conditions seront réunies pour aller à l'assaut d'Ekoumdoum.

Avec *Les Deux Mères de Guillaume Ismaël Dzewatama, futur camionneur*, Mongo Beti compare la prise de l'initiative historique à un match de football dans lequel la victoire se situe nécessairement du côté de celui qui maîtrise la balle. Il n'empêche que la métaphore la plus significative des *Deux Mères...* demeure celle du camion que rêve de piloter Guillaume Ismaël. Il ne fait aucun doute que le métier de camionneur sur les routes et pistes africaines est d'une virilité particulière. Et quiconque conduit un poids lourd se croit investi d'une puissance et d'une force de frappe qui lui permettent d'effrayer tout usager qui oserait le gêner au passage. L'ambition de Guillaume, on le voit, semble cacher un réel désir d'aller à la maîtrise totale de l'espace, une maîtrise qui n'exclut pas le recours à une certaine violence.

Il est ainsi permis de penser que de *Ville cruelle* aux *Deux Mères*..., Mongo Beti conçoit, affine et distille dans ses récits ses points de vue idéologiques : « Qui dit création littéraire, affirme-t-il, dit d'abord production d'idéologie » (« Choses vues au festival de Berlin-Ouest », *PNPA*, n° 11, 1979, 65). Lorsqu'un écrivain prend la plume, on le sait, il choisit nécessairement dans l'histoire ou dans les événements qui surgissent autour de lui ce qui peut servir à moduler son dire. Mongo Beti semble s'être particulièrement attaché à donner un contenu au principe ci-dessus énoncé. Non seulement il écrira pour, dit-il, « combattre le mensonge » (*ibid.*, 70), mais il fera tout pour « ne jamais placer les querelles fratricides avant le combat anti-impérialiste, les luttes intertribales avant la formidable menace d'asservissement que l'Occident fait peser sur nous depuis tant de siècles » (*ibid.*, 87).

Pourtant, il lui arrive de mettre en scène nombre de personnages impliqués dans des querelles interpersonnelles familiales ou villageoises. Dans *Mission terminée*, l'intrigue se noue autour de l'épouse Niam qui a abandonné le domicile conjugal. *Le Roi miraculé* donne à voir une rixe généralisée entre deux clans. Même Banda, malgré son passage à l'école occidentale, alimente des querelles avec tous ceux qu'il soupçonne d'avoir rendu la vie difficile à sa mère depuis la mort de son père. Mais il faut le dire : ces événements ne constituent jamais l'aspect essentiel du récit qui nous est donné à lire.

À partir de *Perpétue et l'habitude du malheur* (Paris, Buchet-Chastel, 1974), Mongo Beti donne forme à une philosophie qu'on peut clairement identifier comme le rubenisme. Ruben incarne un idéal de justice et d'égalité. Il symbolise aussi le courage et la dignité. Tout en intégrant le devoir de violence précédemment analysé, le rubenisme exclut l'individualisme et engage le militant dans la lutte collective pour la libération nationale et l'instauration de la justice sociale. Le rubenisme prescrit une conception jalousement indépendante de l'Afrique et des Africains : « Personne, écrit Mongo Beti, n'est en droit de se prétendre investi d'une mission civilisatrice en Afrique, excepté les Africains » (*Perpétue...*, 84). Cela signifie aussi que les Africains qui comptent sont ceux qui sont prêts à s'engager dans la lutte révolutionnaire. D'un bout à l'autre de son œuvre, Mongo Beti assigne aux jeunes et à quelques femmes une mission prophétique.

Le rubenisme bouscule nombre d'idées reçues et d'institutions qui paraissent entraver la marche de l'Afrique vers la libération. Il récuse les vieux dans leur règne et ignore le droit d'aînesse. La création de nouvelles organisations telles que le PPP (Parti Progressiste Populaire) dans *Le Roi miraculé* et dans *Perpétue et l'habitude du malheur* permettra de former des individus capables de dénoncer les anti-modèles tels qu'ils nous étaient apparus dans *Mission terminée* avec l'hédoniste Johannès Le Palmipède. Dans

Perpétue et l'habitude du malheur se dégage un plaidoyer pour la création d'un système social qui enrayerait l'institution de la dot. Et si Perpétue est elle-même une victime par excellence des archaïsmes africains, Essola est un symbole d'espoir et un modèle de résistance. En effet, bien qu'il ait renoncé au PPP, il demeure un pédagogue de talent et un leader révolutionnaire convaincu.

Pour Mongo Beti et pour les rubenistes, la lutte anticoloniale ou anti-impérialiste ne peut se concevoir sans le soutien d'une opinion publique éclairée. Tel semble être le sens de la présence de Marie-Pierre dans *Les Deux Mères de Guillaume Ismaël Dzewatama*. L'engagement de la jeune Française permet de mettre en relief les tourments d'une femme blanche prise dans le guêpier néocolonial en Afrique. Son action aura pour finalité de sensibiliser le public européen, complice inconscient parce que mal informé, de l'exploitation de l'Afrique et de l'oppression des Noirs.

Et c'est ici qu'il convient d'évoquer d'autres thèses de Mongo Beti pour éclairer davantage sa création artistique et pour mieux préciser les contours du rubenisme. L'aventure romanesque de Mongo Beti participe globalement de la démystification du continent noir : « Le jeune roman africain, écrit-il, [est] résolu à poser très brutalement s'il le faut, les grands problèmes du destin de nos peuples c'est-à-dire au fond à déchirer le voile mystificateur tendu par une mythologie de domination invétérée » (« Le Pauvre Christ de Bomba expliqué », *op. cit.*, 110). Par ailleurs, les prises de position du théoricien-écrivain frisent parfois l'invective. On connaît quelques-unes de ses cibles préférées : Camara Laye, Ahmadou Kourouma, L. S. Senghor et l'école de la Négritude. Il s'agit d'une vaste entreprise de désacralisation qui a commencé assez tôt dans la carrière de l'auteur. *Peuples noirs–Peuples africains* semble ainsi se présenter comme un médium consacré à la défense et à l'illustration du rubenisme.

Du bon usage de la communication

La création et l'animation de *Peuples noirs–Peuples africains* sont l'aboutissement d'un long mûrissement au terme duquel Mongo Beti conclut qu'en Afrique francophone, la censure est une forme insidieuse de l'apartheid :

> Les espérances politiques de nos peuples ont été le plus souvent soit trahies, soit mystifiées : pour la plupart d'entre nous, c'est un devoir quasi quotidien de le crier très fort, de stigmatiser les dirigeants noirs qui ont accepté de se faire l'instrument du désespoir de notre continent. Mais c'est a fortiori aussi notre devoir de dévoiler la dénaturation en Afrique francophone, de la mission que l'histoire semblait avoir assignée à la littérature africaine moderne. Une

menace mortelle pèse sur la création littéraire en Afrique francophone : cette menace mortelle, c'est la censure (« Afrique francophone, la langue française survivra-t-elle à Senghor ? », *PNPA*, n° 10, 1979, 134-135).

Mongo Beti conçoit sa revue comme une tribune de la libre expression. On y traite des questions littéraires certes, mais aussi des problèmes d'ordre politique, économique ou même linguistique. À y regarder de près, l'on se rend compte que *Peuples noirs–Peuples africains* est le lieu d'élaboration et de médiatisation d'un discours théorique sur les cultures et la création artistique en Afrique. Pour Mongo Beti, il n'est pas possible de défendre la culture africaine sans s'approprier la langue française pour en faire une langue de libération et non de la censure comme c'est le cas en ce moment. On en arrive à se rendre compte qu'un dépouillement préalable de *Peuples noirs–Peuples africains* devient incontournable pour une approche cohérente de l'œuvre romanesque de l'écrivain camerounais. L'intrigue des *Deux Mères de Guillaume Ismaël Dzewatama* se saisit plus aisément lorsqu'on connaît les démêlés que l'auteur a eus avec la section française d'Amnesty International, démêlés relatés dans les numéros 7-8 (1979) de la revue.

Mongo Beti pourrait difficilement se défendre de produire une littérature didactique. Car il est évident que pour lui, la littérature, ainsi que le souligne Susan Suleiman, est « un acte de communication entre celui qui écrit et celui qui lit » (*Le Roman à thèse ou l'autorité fictive*, Paris, PUF, 1983, 28). Aussi est-il aisé d'établir que Mongo Beti milite pour une écriture réaliste tant il est vrai que ses récits épousent l'un des éléments fondamentaux de ce type de production : « Un des éléments de l'impulsion réaliste, souligne encore Suleiman, c'est le désir de faire voir, de faire comprendre quelque chose au lecteur à propos de lui-même, ou de la société ou du monde où il vit » (*ibid.*, 29). Justement, le désir de « faire voir » et de « faire comprendre » conduit le romancier à multiplier des indices référentiels. Au-delà de l'histoire du nationalisme camerounais et des faits publiés dans *Main basse sur le Cameroun*, faits qui constituent, avons-nous dit, la pierre d'angle de *Perpétue et l'habitude du malheur*, de *Remember Ruben* et de *La Ruine presque cocasse d'un polichinelle*, *Les Deux Mères de Guillaume Ismaël Dzewatama* se lit et se comprend à l'aide de quelques clés. Marie-Pierre est une transposition de Marie-José Protais dont le portrait apparaît dans « Quelle aventure, mes enfants » (*PNPA*, n°s 7-8, 1979, 110-125). De même, Hergé Xourbes est une caricature à peine voilée d'Hervé Bourges qui fait l'objet d'une critique au vitriol dans « La dormeuse et les flibustiers » (*PNPA*, n° 17, 1980, 73-100).

Loin d'être une occurrence incidente, cette démarche créatrice correspond à un projet idéologique conscient. Et l'auteur s'en explique :

J'aime bien le roman franc et massif à propos duquel l'exégèse n'a pas à s'exercer. Par exemple, je trouve que dans ce genre-là, les grands romanciers français, tels que Balzac et Flaubert, sont [...] d'une lecture absolument claire.

Pour moi, je préfère ce style combatif parce que cela convient à mon tempérament et parce que, quand on est opprimé, on ne s'exprime jamais trop clairement. [...] Compte tenu que le colonisé peut être mystifié, dépossédé de la portée de ses romans par les commentateurs, il faut dire les choses massivement avec clarté pour que le lecteur ne soit pas abusé, qu'il sache exactement ce que veut dire l'auteur (« Afrique francophone, la langue française survivra-t-elle à Senghor ? », *op. cit.*, 117-118).

Voilà aussi qui justifie qu'à une époque où, en Occident, se renouvelle de manière fondamentale l'écriture romanesque, nombre de critiques se soient interrogés sur la littérarité de l'œuvre de Mongo Beti et de la littérature africaine en général. Aujourd'hui, l'on se méfie énormément d'une littérature qui « veut dire » quelque chose et de toute critique qui lit la littérature comme un « vouloir dire » (*Le Roman à thèse...*, *op. cit.*, 1983, 28). Mais il faut souligner que l'orientation vers la communication qui caractérise nombre de textes littéraires africains, et l'œuvre de Mongo Beti en particulier, n'exclut nullement un travail sur le langage. Toujours est-il que pour Mongo Beti, le traitement du langage, la poésie du texte africain est inséparable des problèmes inhérents à l'appropriation de la langue française en Afrique dite francophone.

D'après Mongo Beti, la langue française s'est imposée en Afrique noire comme le meilleur instrument de domestication des esprits : « Outil par excellence d'un impérialisme multiforme, elle [la langue française] favorise et même comble le sentiment de supériorité des agents de la domination française » (« Les langues africaines et le néocolonialisme en Afrique francophone », *PNPA*, n° 29, 1982, 107). L'écrivain africain doit donc avant tout se libérer de la tutelle de la langue du maître. Ahmadou Kourouma y est parvenu dans une large mesure dans *Les Soleils des indépendances* (1968). Mais Mongo Beti croit que

[i]l est impossible de séparer le problème des langues africaines [donc de l'avenir de la langue française] en Afrique dite francophone du problème plus vaste et un peu mieux élucidé maintenant de la domination politico-économique, car il est clair qu'il y a domination linguistique et culturelle, plus ou moins voyante, là où il y a domination politico-économique (*ibid.*, 113).

Pour Mongo Beti, le véritable enjeu semble être la décolonisation du français. Car il en résultera nécessairement une création poétique plus libre et plus riche en jeux de langage :

> La création totalement libre par les Africains d'œuvres en français est le moyen idéal pour plier à leurs aspirations, à leur fantaisie, à leur génie, à leur mentalité, aux tendances naturelles de leur prononciation une langue qui, autrement, demeurerait un idiome étranger, un simple instrument de mise en condition, un prétexte nouveau de leur séculaire esclavage (*ibid.*, 116).

Qui plus est, dès que ces conditions seront réunies, l'Afrique pourra alors se doter d'institutions – maisons d'édition, journaux et revues, réseaux de distribution, bibliothèques, etc. – susceptibles de soutenir et d'animer sa production littéraire. Car il va de soi que

> [t]oute communauté qui ne s'est pas dotée d'institutions littéraires qui lui appartiennent en propre, qu'elle soit en mesure de contrôler à l'exclusion de tiers étrangers si bienveillants soient-ils, doit s'attendre à ce que ses écrivains se mettent d'une façon ou d'une autre au service d'organisations mieux pourvues, certes, mais en dernière analyse hostiles (« Conseils à un jeune écrivain francophone » ou « Les quatre premiers paradoxes de la francophonie ordinaire », *PNPA*, n° 44, 1985, 58-59).

Conclusion

De *Ville cruelle* à *La Revanche de Guillaume Ismaël Dzewatama*, on le voit, l'écriture de Mongo Beti s'élabore autour d'une idéologie tiers-mondiste : le rubenisme. Dans ses quatre premiers récits, l'on a affaire en quelque sorte à un rubenisme avant la lettre. Car tous les ingrédients de cette doctrine semblent déjà présents, mais par touches successives : devoir de violence, iconoclasme, etc. Le rubenisme est donc latent dès la première prise de parole de l'auteur. Mais sa formulation ne prend corps qu'à partir de 1972, avec la publication de *Main basse sur le Cameroun*.

Ainsi, bien que le nombre de personnages féminins soit relativement important dans l'univers romanesque de Mongo Beti, il convient de noter qu'en dehors de *Mission terminée* et de *Ville cruelle*, dans une moindre mesure, ses récits donnent peu à voir des scènes idylliques et pittoresques. À l'instar de Perpétue dans le roman qui porte son nom, les femmes que Mongo Beti met en scène symbolisent une Afrique trahie, spoliée, violée :

> Je pense, affirme-t-il, que le nom Perpétue contient quelque chose de la fatalité, de la continuité dans la condition féminine, et aussi dans la condition africaine. […] Les deux conditions se ressemblent d'ailleurs ; il y a une espèce de fatalité qui fait que tous les efforts de Perpétue et de la femme africaine ainsi que de la femme en général – de même que tous les efforts des Africains pour se libérer – avortent toujours. Le personnage revient toujours à son point de départ. C'est cette espèce de désespoir que j'ai voulu signifier dans le mot

et dans le monde de Perpétue (« Afrique francophone, la langue française survivra-t-elle à Senghor ? », *op. cit.*, 1979, 104).

Parmi les écrivains d'Afrique noire de langue française, Mongo Beti apparaît de plus en plus comme un patriarche militant. C'est un intellectuel auquel nombre de jeunes Africains aimeraient s'identifier et à qui ils aimeraient se confier. Certes, les trente-deux ans d'exil l'ont maintenu physiquement hors du continent et des remous politiques qui ont secoué l'Afrique. Assez paradoxalement, il est resté très près de ses congénères en raison de ses écrits. Raison pour laquelle il bénéficie aujourd'hui d'une aura incontestée. La création et l'animation de *Peuples noirs–Peuples africains*, au prix de sacrifices énormes, l'ont institué comme l'un des plus grands diffuseurs d'idées de ces dix dernières années et comme l'un des théoriciens les plus prodigieux de l'art d'écrire en Afrique contemporaine.

Anormalité, violence et identité : l'exemple de Ben Jelloun, Nanga et Sony Labou Tansi[6]

En psychosociologie, la notion d'anormalité se réduit à celle de folie. Si être normal, c'est être adapté à son entourage, être en parfait accord avec les mœurs, les techniques et l'idéologie dominante de la société à laquelle on appartient, être anormal, c'est en quelque sorte vivre en porte-à-faux. Dès lors, on comprend qu'anormalité et violence aillent de pair. L'anormalité découle d'un état de violence – violence psychologique ou physique – et la violence engendre une certaine anormalité. Car entre le normal et l'anormal, il s'engage bien souvent une lutte sans merci pour le contrôle de la légitimité sociale. Le raté du groupe, le fou apparaît alors comme un individu sans humanité, sans unité personnelle, sans personnalité, c'est-à-dire en définitive sans identité ; celle-ci étant entendue comme l'ensemble des principes et des opinions qui fondent la vision du monde d'un groupe social.

Assez paradoxalement cependant, on peut établir que l'identité du groupe, loin d'être l'apanage de l'individu normal ou prétendu tel, est aussi élaborée par celui qui peut apparaître comme le raté de l'espèce. Si d'après Thomas Szasz l'enjeu social revient à « définir ou [à] être défini » (cité par Roland Jaccard, *La Folie* (1979), Paris, PUF, 1984, 35), la notion d'identité engage l'individu dans une lutte implacable où chacun, au risque de se voir étiqueté, exclu du groupe ou réduit au rôle de victime ou d'esclave, déploie toutes ses énergies pour en sortir victorieux. Le problème de l'identité entraîne ainsi la société dans une bataille au bout de laquelle le vainqueur aura pour ainsi dire droit de vie ou de mort sur le vaincu ; ce dernier qui ne s'appartient plus est obligé de se soumettre aux prescriptions du maître.

Autrement dit, dans le bras de fer qu'engagent les individus pour le contrôle de l'ordre social, l'anormal, le fou est nécessairement celui qui ne porte pas l'identité du groupe dominant. L'identité, on le voit, devient une notion tout à fait relative puisqu'elle découle de la lutte pour le triomphe de la raison du plus fort. Le groupe dominant, le vainqueur, impose son éthique au groupe dominé, au plus faible. Si celui-ci se rebelle, il est traité d'anormal. C'est du moins ce que révèlent quelques récits africains de l'époque contemporaine.

Ainsi, dans *Les Chauves-souris* (1980) de Bernard Nanga, le pouvoir est détenu par des individus dont la valeur et l'importance se mesurent au nombre de femmes courtisées. Dès lors, les conquêtes féminines deviennent pour certains responsables le signe d'une santé indéniable et un incontestable

6. Publié dans *L'Identité culturelle dans les littératures francophones*, actes du colloque de Pècs, 24-28 avril 1989, Pècs, 1989, 195-201.

paramètre d'identité. Avec *Moha le fou, Moha le sage* (1978) de Tahar Ben Jelloun, Moha est exclu de la société parce qu'il se refuse « à vénérer la pierre », c'est-à-dire les billets de banque. La société maghrébine à laquelle appartient Moha lui dénie toute identité et « folklorise » sa parole. Pour sauver la normalité sociale, il faut discréditer l'Autre, celui qui constitue un danger pour la « sage » évolution de la communauté. Ce faisant, on perd de vue que l'anormalité est loin d'être exclusivement négative.

L'anormalité ne fait-elle pas partie de l'identité collective ? Oublie-t-on qu'à travers la folie, bien des paroles sensées sont dites ? Le discours de Moha est loin d'être un discours de « fou » au sens psychiatrique du terme. À la suite de Pierre Jacerme, on peut dire que Moha « est un être qui refuse de se laisser détruire en devenant "normal" et qu'[il] s'engage, par sa "folie", sur la voie de la véritable santé » (*La Folie*, Paris, Bordas, 1984, 31). Il en va ainsi de *L'Anté-peuple* (1983) de Sony Labou Tansi, où Dadou est considéré comme fou du fait de sa rigueur morale et intellectuelle. Il lui faudra se réfugier derrière son identité de fou pour tromper la vigilance des autorités et sauver sa peau.

La présente analyse consistera essentiellement à montrer la nature multidimensionnelle de la notion d'identité telle que la révèlent les textes ci-dessus évoqués. On comprendra aussi que l'identité est fondamentalement évolutive, car il est possible que l'anormal, le « sans-identité » d'aujourd'hui ne le soit plus demain et inversement. Il lui suffit de se saisir du pouvoir du verbe. On le verra, en effet, l'identité est avant tout affaire de pouvoir.

« En Afrique, affirme Tahar Ben Jelloun, il n'y a pas longtemps encore, on pouvait parler de cultures où la folie était l'expression d'une grande sagesse. Le fou était en quelque sorte l'élu de Dieu et de la vérité dans les sociétés africaines et arabes » (cité dans *ibid.*, 25). Avec *Moha le fou, Moha le sage* (Paris, Seuil, 1978[7]), le fou n'est plus l'original qu'il était, mais l'anormal. À temps nouveau, valeurs nouvelles. Le récit se déroule dans un univers de vice, de terreur et d'isolement. La bestialité sexuelle du Patriarche et le traitement inhumain qu'il inflige à Dada s'inscrivent dans l'ordre normal des choses : « Dada était belle. Esclave, elle appartenait entièrement au maître. Il la déplaçait comme un sac à plaisir. Il l'installait sur son sexe en érection comme on déposerait un objet à la mécanique parfaite » (*Moha*, 54). Pour le Patriarche, « la femme est un champ à cultiver » (*Moha*, 48). Il se fait sourd à tout discours qui ne serait pas conforme à sa vision du monde. Le Directeur de banque pense, quant à lui, qu'il est « normal » que la corruption existe pour « sauver » l'économie. Savoir vivre, d'après ce dernier, c'est comprendre que la morale ne fait pas l'économie. L'anormal, le fou, c'est

---

7. Toutes mes citations renverront à cette édition. J'y ferai référence dans le texte par *Moha*.

plutôt Moha et ses semblables qui se nourrissent de chimères et pensent changer le monde en proférant des discours poétiques. Cinglant, le grand-père d'Aicha affirme : « Je suis fou. Comme je suis seul à être fou, c'est que je dois avoir raison. L'unanimité m'inquiète » (*Moha*, 45). Et Moha paiera cher son anticonformisme. Car le pouvoir ne recule devant aucune violence pour faire entendre raison à quiconque ose penser autrement : « Attaché. Inutile. Ouvert par des mains gantées. Des doigts métalliques ont fait des trous dans ta poitrine. Le sang est la rosée de l'innocence » (*Moha*, 13).

Être normal dans le récit de Tahar Ben Jelloun revient à s'aligner sur le discours du pouvoir en place. L'identité se définit alors en termes d'unanimisme et d'absence quasi totale de contradiction. Georges Devereux écrit justement à ce propos :

> Tout homme suffisamment rationnel pour s'adapter extérieurement à une société malade, *sans pour autant en intérioriser les normes,* éprouvera un tel malaise et connaîtra un tel isolement qu'il cherchera éventuellement à échapper à cette double vie, soit en se lançant dans une rébellion inopportune et donc autodestructrice, soit en se *forçant* à se conformer à des normes qui lui répugnent absolument (*Essais d'ethnopsychiatrie générale* (1970), Paris, Gallimard, 1977, 3 ; souligné dans le texte).

Refusant d'intégrer l'ordre des choses, Moha se fera laminer par l'infernale machine du système établi. Alors que la folie de Moha lui permet de préserver son identité, la société s'acharne à lui en imposer une nouvelle. Comme elle n'y réussit pas et comme elle se rend compte que l'audience de Moha croît avec le temps, on l'envoie à « l'abattoir ». À l'hôpital psychiatrique, Moha est torturé, violenté, charcuté, anéanti. À sa mort, on interdit aux populations d'aller se recueillir sur sa tombe.

L'identité, on le voit, est affaire de pouvoir. L'anormal est celui qui ne pense pas comme « tout le monde ». Et penser comme tout le monde ici signifie s'adonner à la violence sexuelle, intégrer la corruption et n'émettre aucune vérité qui pourrait paraître insupportable pour le corps social.

Dans *Les Chauves-souris* de Bernard Nanga (Paris, Présence Africaine, 1980[8]), le professeur Biyidi subit un sort en tous points semblable à celui de Moha. Avec Nanga, l'on se trouve dans un espace où une néo-bourgeoisie, arriviste et parasitaire, s'est emparée du pouvoir et s'est arrogé le monopole de la vérité. La méritocratie est sacrifiée au profit d'une médiocratie érigée en norme. L'intégrité morale et intellectuelle est devenue un délit et un signe évident d'anormalité.

---

8. Toutes mes citations renverront à cette édition. J'y ferai référence dans le texte par *CS*.

Bilanga, qui incarne les aspirations de la classe dirigeante, est passé maître dans la débauche sexuelle, la corruption, les concussions de toutes sortes, le gaspillage, la violence politique, le mensonge médiatique et les assassinats politiques. Rien de plus normal que les hommes, affirme Marie, « cherche[nt] moins à aimer qu'à se prouver à eux-mêmes leur propre virilité » (*CS*, 13). Ici aussi, la promotion sociale passe avant tout par le sexe. La carrière de Bilanga « eût plafonné dans des postes subalternes de secrétaire d'administration s'il n'avait pas fait la connaissance de Louise. Grâce à sa maîtresse, Bilanga avait pu franchir quelques barrages périlleux et s'était hissé [...] jusqu'au bureau des Affaires économiques, dont il était le grand responsable » (*CS*, 103).

Si l'on considère la promotion sociale comme une aspiration normale de l'individu, on comprendra qu'à Eborzel, la valeur d'un homme soit fonction du nombre de femmes qu'il peut entretenir. Chaque nouveau riche n'avait-il pas sa garçonnière dans les studios de la Cité des Palmiers ? Bien plus, le statut social de la femme est également fonction de sa capacité à se livrer au petit commerce de la chair. Tandis que Clotilde et Marie passent pour des idiotes du fait de leur retenue, Louise et Rose, qui se vendent au plus offrant, sont dignes de considération. Quiconque, comme le tente Marie, s'inscrit en faux contre la débauche sexuelle ambiante est étiqueté d'anormal et risque l'exclusion de la communauté.

À côté du délire sexuel, la corruption apparaît aussi comme un indice d'identité. À Eborzel, en effet, « se servir et non servir » semble être la devise des agents de l'État. Au cours d'un dîner d'affaires où l'ordre du jour est la saignée d'un État déjà exsangue, Chauvin rappelle à Bilanga que « la plupart de [leurs] ministres placent leur argent dans des affaires en Europe » (*CS*, 164). Voilà une affirmation qui met Bilanga en condition pour accepter de fermer les yeux sur dix années de taxes douanières impayées contre vingt-cinq millions de francs en pot-de-vin. Voilà aussi qui explique l'étonnement de Bilanga et de ses semblables devant le refus de Moussa, médecin à l'Hôpital Central, de prendre de l'argent en échange des soins prodigués à Roger Bilanga.

Moussa et tous ceux qui, à Eborzel, s'avisent de penser par eux-mêmes, apparaissent comme des anormaux. Dans l'univers des *Chauves-souris*, la recherche de l'unidimensionnalité dans la pensée et dans l'action constitue l'objectif ultime du pouvoir en place. Les médias se livrent à un travail de sape et de rectification des consciences sous prétexte d'informer. La radio d'Eborzel et la *Tribune du peuple*, porte-parole de l'idéologie dominante, cherchent à s'imposer comme distributrices exclusives d'identité. Vérité en deçà des Pyrénées, disait Pascal, erreur au-delà. Les responsables d'Eborzel ont fait leur cette formule du philosophe. Le professeur Biyidi se permet de poser un diagnostic des « chauves-souris » : « Biyidi traitait les bureaucrates d'Eborzel de schizos, de machines désirantes périphériques, sans sans cerveaux, mal connectés à la mystérieuse machine centrale du dont elles étaient des excroissances détraquées, consommatrices ma improductives » (*CS*, 164). Traité d'agitateur, le professeur sera arrêté et emprisonné. À la suite de Marie, on pourrait dire que « Bilanga était un fou mégalomane, un inconscient. On laissait circuler librement les fous à Eborzel [...] Il n'était pas exclu qu'il y ait de vrais fous chargés de responsabilités dans les bureaux administratifs » (*CS*, 157).

On peut diviser les personnages des *Chauves-souris* en deux factions qui se jettent mutuellement la pierre. Quiconque fait prévaloir sa vision du monde, sa conception de l'identité étiquette le voisin de rebelle ou d'anormal. À ce propos, on se souvient aussi que dans *Les Soleils des indépendances* (1968) d'Ahmadou Kourouma, Fama fait de la prison pour complot contre la sécurité de l'État. Simplement parce qu'il refuse de chanter la chanson du pouvoir, c'est-à-dire d'être chèvre et de brouter là où on l'a attachée.

Dans l'univers littéraire africain, le pouvoir apparaît très souvent comme une machine à emboutir. Sur son passage, il broie tout ce qui fait obstacle. C'est dire qu'ici, la notion de bouc-émissaire qui voudrait que l'individu soit sacrifié pour que vive la collectivité est on ne peut plus actuelle.

C'est au nom de ce principe inavouable qu'on persécute Dadou, le directeur de l'École normale des institutrices de Lemba-Nord dans *L'Anté-peuple* (Paris, Seuil, 1980[9]). Au pays de Nitu Dadou, tout comme à Eborzel, la sexualité est érigée en système de valeur. Les dirigeants vivent davantage avec leur corps qu'avec leur esprit. Parfaitement maître de lui, Dadou est étiqueté comme un lâche et surtout comme un « Directeur pas tout à fait dans les normes » (*AP*, 37). Alors que les intellectuels de la trempe de Dadou étaient jadis recherchés et vénérés, ses vertus, son intransigeance et sa rigueur morale dans une Afrique où « tout commence par les jambes » (*AP*, 63) sont considérées comme un défi à l'ordre établi. Époux et père modèle, fonctionnaire intègre et citoyen exemplaire, Dadou est pourtant un paria de la société. Simplement parce qu'il s'obstine à s'inscrire en faux contre l'irrationalité du milieu. Alcoolisme, corruption et irresponsabilité vont de la base au sommet de la hiérarchie gouvernante. Nioka Musamar vit et s'enrichit grâce au favoritisme ambiant. À l'occasion du sommet de l'OUA, de belles femmes sont réservées aux présidents invités. Dès lors, on comprend que tout manquement à la réalisation de l'instinct sexuel constitue le point de départ d'un processus qui, pour Dadou, débouchera sur une catastrophe.

---

9. Toutes mes citations renverront à cette édition. J'y ferai référence dans le texte par *AP*.

Sexualité et anormalité sont les deux principaux pôles de *L'Anté-peuple*. Voilà pourquoi Dadou sera revêtu du masque de fou et jeté en prison. Pour le tirer d'affaire, son amie Yealdara n'hésite pas à jouer le jeu du système. Entre autres choses, il lui faudra passer trois week-ends à Courteza dans la villa de Martin Mouyabas pour obtenir les papiers nécessaires au séjour de Dadou en Angola. Désormais, Dadou assume son identité de fou. Pour que les autorités parlent en paix, il le sait, d'autres doivent être écartés et jetés sur la natte, en prison. Mais pour Dadou, il s'agit d'un repli stratégique. Pour rétablir l'identité de ceux qui, comme lui, étaient jusque-là chassés de la société, Dadou-le-fou assassine Martin Nzoma Mouyabas dit Prosondo, premier secrétaire chargé de la coordination, presse et propagande, membre permanent du Parti. Et l'auteur de conclure :

> Pendant des mois on fit la chasse aux fous. Les faux. Les vrais. On avait même fait passer par les armes les trois cent treize internés de l'asile Saint-Lazare. On chassait aussi les catholiques et leurs messes qui nous avaient mangé notre regretté Premier, fils bien-aimé de la misère du peuple. On brûlait les livres de prières, jusqu'au jour où Mouyabas était venu dire en rêve au Premier qui l'avait remplacé : « Mon cher, cesse de déconner : le temps appartient au peuple et à Dieu. » Et ce rêve fut publié au journal officiel (*AP*, 189).

Le pouvoir, suggère sans doute l'auteur, devrait renoncer au monopole et se résoudre à écouter le peuple. Car même si le peuple ne détient pas nécessairement la vérité, ses diverses attitudes reflètent davantage l'identité collective.

L'identité est affaire de point de vue. Et en Afrique contemporaine, le vrai est tellement occulté qu'anormalité semble rimer avec identité. Moha, Dadou, Biyidi tentent de faire triompher une anormalité positive, tandis que Bilanga, Mouyabas, le Patriarche et leurs acolytes luttent pour que vive une normalité totalement négative. L'homme, peut-on affirmer, est essentiellement cannibale. Et tout indique qu'il ne peut vivre sans chercher des victimes sacrificielles. Tout indique aussi que dans l'Afrique contemporaine, la norme des groupes dominants relève de l'application de la terrible loi de la jungle. Notre identité devient alors insaisissable tant elle est liée à l'évolution des structures sociopolitiques qui, pour le moment, se distinguent par une incurable fragilité.

Mongo Beti, écrivain atypique[10]

Dans le paysage littéraire de l'Afrique francophone, Mongo Beti présente un visage d'une étonnante singularité. Divers mais point ondoyant, il fut à la fois romancier, essayiste, éditeur, éditorialiste, libraire et militant politique. Agrégé de lettres classiques et très imprégné de la culture française et occidentale – il passa plus de quarante ans (1951-1994) de sa vie en France –, Mongo Beti revendiquait farouchement son africanité. Bien que nombre de diplômés de sa génération aient succombé aux délices du pouvoir néocolonial, il refusa avec véhémence de se ranger et consacra une bonne partie de sa vie à lutter pour l'avènement d'une Afrique véritablement indépendante et respectueuse des droits et libertés de la personne. Par-dessus tout, Mongo Beti fut un professionnel de la plume, le véritable dénominateur commun de ses multiples visages. Son œuvre couvre les grands moments de la littérature africaine contemporaine depuis la période coloniale jusqu'à l'après guerre froide survenue avec la chute du mur de Berlin en 1989.

Ses quatre premiers récits transposent des aspects de la vie en période coloniale et mettent en jeu une typologie qui traduit l'aspiration du peuple africain à l'indépendance. Banda, le jeune vendeur de cacao dans *Ville cruelle* (1954), symbolise la duperie dont est victime le paysan qui cherche à faire affaire dans la ville coloniale. Jean-Marie Medza, dans *Mission terminée* (1957), traduit l'écartèlement d'une jeunesse prise dans le piège des savoirs africain et européen. *Le Pauvre Christ de Bomba* (1956) célèbre l'animisme africain et montre dans un ton satirique la collusion entre le missionnaire et l'administrateur des colonies, tandis que *Le Roi miraculé* (1958) relate le conflit entre la civilisation judéo-chrétienne et les mœurs africaines qu'incarne l'agonisant chef, Essomba Mendouga.

Le deuxième moment de l'œuvre de Mongo Beti survient après un silence de quatorze ans qu'il attribue à des impératifs professionnels et familiaux. C'est d'ailleurs un imprévisible événement historique, la très scandaleuse parodie de procès Ouandié-Ndongmo de 1970 à Yaoundé, qui met fin à ce silence. *Main basse sur le Cameroun, Autopsie d'une décolonisation* (1972), explique-t-il, est le fruit de l'indignation (voir *Mongo Beti parle*, interview réalisée et éditée par Ambroise Kom, Bayreuth African Studies Series, n° 54, 2002, 57[11]). Il s'agit d'un pamphlet dans lequel l'auteur tire pratiquement dans

---

10. Publié dans *Notre Librairie*, n° 150, avril-juin 2003, 54-58.
11. L'auteur y affirme notamment : « Il y a un poète latin [...] qui dit : "Si la nature ne t'a pas donné le génie, l'indignation te rendra génial". J'étais tellement indigné ! [...] On commentait les événements du Cameroun. On voyait bien avec la presse que ce n'était vraiment pas normal. Tout ce qui se passait au Cameroun à l'époque était vraiment scandaleux. J'ai écrit le livre sans beaucoup de difficulté » (*ibid.*).

le tas, autant sur la sinistre dictature d'Ahidjo que sur les autorités françaises qui la parrainent ; autant sur une certaine presse parisienne prétendument progressiste que sur une classe politique dite de gauche qui ne défendent que les droits de l'homme blanc. Comme une réponse du berger à la bergère, le gouvernement camerounais, par la voix de Ferdinand Oyono, alors ambassadeur du Cameroun à Paris, saisit Raymond Marcellin, alors ministre de l'Intérieur, pour interdire l'ouvrage (*ibid.*, 79). Ce n'est qu'au terme d'une longue procédure judiciaire que le livre est mis en vente. Et Mongo Beti échappe de justesse au charter qui aurait pu l'envoyer, comme Ernest Ouandié, au poteau d'exécution du tyran qui gouvernait alors le Cameroun.

Les récits qui suivent, qu'il s'agisse de *Perpétue et l'habitude du malheur* (1974), de *Remember Ruben* (1974), de *La Ruine presque cocasse d'un polichinelle* (1979) et même dans une certaine mesure de *Les Deux Mères de Guillaume Ismaël Dzewatama, futur camionneur* (1983) ou de *La Revanche de Guillaume Ismaël Dzewatama* (1984), s'inspirent directement du matériau accumulé dans *Main basse sur le Cameroun*. Mongo Beti procède en quelque sorte à une mise en fiction de *Main basse...* pour poursuivre la mise en question du régime néocolonial qui étouffe le peuple africain dans la plus grande indifférence de ce qu'on appelle désormais la communauté internationale. Se réfugier dans le romanesque sans jamais s'éloigner des réalités historiques de l'Afrique et de son pays lui permet aussi de narguer les censeurs qui avaient mis *Main basse...* à l'index et l'avaient obligé à recourir à des manœuvres souterraines pour commercialiser son ouvrage (*ibid.*, 59-60).

Toujours est-il que les solidarités nées autour de l'affaire *Main basse...* lui font « croire qu'il y avait un public militant anticolonialiste non seulement africain, mais européen » (*ibid.*, 60). D'où la création de *Peuples noirs– Peuples africains (PNPA)*[12], présentée comme la « tribune de langue française des radicaux noirs », bimestrielle qui fonctionne de 1979 à 1991 et publie près de soixante-dix numéros d'environ 160 pages chacun. À l'instar de *Main basse...*, chaque numéro de *PNPA* est une mini-autopsie de la condition postcoloniale en Afrique. La revue s'inspire des *Temps modernes* de Jean-Paul Sartre et institue Mongo Beti comme l'intellectuel africain de l'heure, un distributeur de parole. Ses éditoriaux, tous plus tonitruants et plus incendiaires les uns que les autres, sont autant de réquisitoires d'un romancier-essayiste qui passera sans doute dans l'histoire comme l'un des plus impitoyables procureurs de quiconque exploite l'Afrique et opprime les peuples noirs.

Lorsqu'il prend sa retraite et s'installe au Cameroun, on le retrouve dans les colonnes des journaux locaux débattant avec la même impétuosité des sujets

---

12. Jean-Marie Volet, chercheur à l'Université de Western Australia, a mis en ligne l'ensemble de cette revue. Il s'agit d'un travail titanesque qui a pris plusieurs années mais qui est désormais à la portée de tous les internautes à l'adresse suivante : http://mongobeti.arts.uwa.edu.au.

politiques, économiques, sociaux ou culturels les plus divers (voir Ambroise Kom, « Mongo Beti and The Responsibility of The African Intellectual », *Research in African Literatures*, vol. 34, n° 4, hiver 2003, 42-56[13]), sujets dont les jalons étaient d'ailleurs posés dans *La France contre l'Afrique : retour au Cameroun* (1993), qui marque justement son retour au pays natal après 32 ans d'exil ininterrompu. Même la Librairie des Peuples noirs qu'il crée à Yaoundé est moins une entreprise commerciale qu'un espace où il se plaît à organiser la résistance politique et culturelle en mettant à la portée du public des ouvrages militants et en accueillant les dissidents de tous bords pour réfléchir aux stratégies de luttes, présentes et à venir. Ainsi, lors du sommet France-Afrique de janvier 2001 à Yaoundé, il tente d'organiser un contre-sommet, et la Librairie des Peuples noirs est le théâtre d'échauffourées avec la police en raison d'une banderole qu'il accroche à l'entrée de son établissement et sur laquelle on pouvait lire : Chirac=forestiers=corruption=déforestation.

Mais au-delà de son engagement à un moment donné dans la politique active au sein du Social Democratic Front (SDF) de John Fru Ndi, malgré son militantisme tous azimuts, même pour des « causes que le strict examen des rapports de force, et les enseignements suggérés par l'empirisme, donnaient perdues d'avance » (Valentin Siméon Zinga, « Une certaine idée de l'insurrection citoyenne », *Remember Mongo Beti*, mémorial réalisé par Ambroise Kom, Bayreuth African Studies Series, n° 67, 2003[14], 236), malgré ses va-et-vient à Akométam, son village natal où il avait créé nombre de micro-entreprises agro-industrielles pour améliorer les conditions de vie de la communauté villageoise, malgré ses voyages de plus en plus nombreux un peu partout dans le monde pour diverses conférences, il a tout de même réussi à poursuivre sa production romanesque et à publier des textes qui l'inscrivent en bonne place parmi les conjurateurs des échecs des indépendances. *L'Histoire du fou* (1994), *Trop de soleil tue l'amour* (1999) et *Branle-bas en noir et blanc* (2000) « sont comme des scalpels dans une société corrompue, vermoulue, désespérante » (*L'Humanité*, 11 oct. 2001).

Du début à la fin de sa carrière, on l'aura compris, Mongo Beti est resté un écrivain farouchement protestataire, un défenseur acharné des libertés et un infatigable porte-parole des sans-voix. Aussi n'a-t-il jamais hésité, dans ses interpellations des responsables du marasme africain, à utiliser des termes à la virulence inouïe. Ainsi, le président Biya, pour lui « otage d'une secte mystique étrangère », ne serait que le « Résident d'Elf-Aquitaine » (« Tribalisme quand tu nous tiens... », *Le Messager*, 11 sept. 1998), alors que son homologue de São Tomé est « un trou du cul de chefaillon d'avorton d'État croupion », « un hurluberlu » qui « ne mérite aucune considération »

---

13. Cet article se trouve un peu plus loin dans le présent ouvrage.
14. J'y ferai référence dans le texte par *RMB*.

(« Monsieur Biya, laissez-nous travailler », *Le Messager*, 21 juin 2000). Par ailleurs, dans un débat qui l'oppose à ses compatriotes Hogbe Nlend et Pierre Ngijol, tous enseignants, il traite ceux-ci de

> vaniteux comme des gigolos, plus m'as-tu-vu qu'une starlette à Cannes pendant le festival de cinéma, aussi mal élevés que des hooligans, bavards et irréfléchis comme des perroquets, plus tribalistes que Le Pen, mythomanes comme Tartarin de Tarascon, arrogants comme un journaliste formé par Famé Ndongo, plus imprudents qu'un poulet somnambule, et pour finir, même pas fichus d'être compétents dans leur propre domaine (*Le Messager*, 11 sept. 1998).

Selon lui, pareille incompétence explique que les institutions et les infrastructures mises en place dans le pays se comparent si mal à celles de l'ancienne métropole :

> Le lycée camerounais est au lycée français de France ce qu'est Paul Biya à Jacques Chirac, Peter Musonge à Lionel Jospin, la Régifercam [Régie Ferroviaire du Cameroun] à la SNCF, c'est-à-dire le balbutiement du nourrisson à la parole articulée, l'ersatz au produit naturel, le simulacre à la réalité, le placebo au médicament, le fantôme à l'être de chair [...] Il y a fagot et fagot (*ibid.*).

Dirigée par des « incapables rédhibitoires, voire des animaux franchement nuisibles », « des managers mercenaires [...] et autres syndiqués de la franc-maçonnerie sournoise » (« Non aux privatisations façon Biya », *Le Messager*, 21 déc. 1998), la société camerounaise, rien de surprenant à cela, respire « l'enculage permanent, l'arnaque à tous les coins de rue, la magouille à tous les étages. Dans quel autre pays, les assureurs sont-ils des escrocs, les avocats des racketteurs, les curés des violeurs de confessionnal, les prélats des sorciers ? Où, quand vient la nuit, le policier se fait-il braqueur, la mère de famille pute, l'ami intime sycophante ? » (*Le Messager*, 21 janv. 2000).

Mais en pédagogue confirmé, Mongo Beti va toujours au-delà des constats et des invectives pour suggérer des actions concrètes. Pour résister aux privatisations, il préconise des associations patriotiques, des comités populaires d'ouvriers, de paysans, d'intellectuels et de leaders d'opinion. Face à la pénurie des produits de première nécessité comme le gaz domestique et la carence des services essentiels, il invoque la manière dont certains autres peuples ont organisé la protestation : les mères de la Plaza de Mayo, les Serbes de Belgrade, les dissidents sur la Place Tiananmen, les grévistes de Séoul (*Le Messager*, 5 févr. 1997). Pour Mongo Beti, la passivité des opprimés est aussi condamnable que l'incurie des « paltoquets » (des médiocres et des couards) qui les gouvernent. Sans pour autant dédouaner l'Occident de l'esclavage et des pratiques néocoloniales, il trouve que les faiblesses structurelles des sociétés africaines les condamnent à la stagnation. Aussi n'hésite-t-il pas à remettre en question la vision quasi manichéenne qu'il avait de l'Afrique : « Quand je suis venu ici, [...] j'avais une lecture très idéaliste de la réalité africaine : d'un côté les bons Africains, éternelles victimes, de l'autre leurs bourreaux, les méchants néocolonisateurs blancs et leurs acolytes » (*Le Messager*, 21 janv. 2000).

Comme on le constate, Mongo Beti est une figure complexe que l'on a, souligne Maryse Condé, « trop figé dans l'attitude du rebelle, de l'écrivain engagé avec toutes les limitations que le terme suppose » (« Propos de la "Scarlet O'Hara" de banlieue », *RMB*, 122). Comment d'ailleurs s'empêcher d'évoquer ici quelques-uns des traits de son portrait qui se dégagent du mémorial qui lui est consacré. D'après Rose Nia Ngongo Tekam, Mongo Beti est un militant qui a du mal à travailler en équipe, car il est avant tout un écrivain dont le propre « est la solitude dans la production » (« Ma troisième lumière », *RMB*, 179). « Comme Hippocrate », suggère Jean Métellus par ailleurs, « il se défie des systèmes, des idéologies et ne fait confiance qu'à l'observation » (« Un imprévisible sceptique », *RMB*, 95-96). Et Tierno Monénembo de renchérir : « Mongo Beti est un cas à part : c'est le loup solitaire, le dernier des Mohicans, le plus beau de nos factieux, la fraction saine de notre cerveau malade. Il émerge d'une autre galaxie, répond d'une autre ère géologique » (« L'énigme », *RMB*, 29). Pour Célestin Monga, il faudra retenir du « fauve » « son extraordinaire courage, la puissance et l'authenticité de son engagement en faveur des opprimés de toutes origines, la brutalité de son exigence éthique, son humanisme fondamentaliste et son intransigeance sur la qualité des sentiments qui devraient exister entre les citoyens des sociétés africaines » (« Économie d'une créance impayée », *RMB*, 158, 165). Guy Ossito Midiohouan trouve que Mongo Beti « gêne par ses convictions et ses prises de position » (*RMB*, 213-214). Bessora, quant à elle, pense qu'il « était un corps et un cœur blessés par l'histoire, un exilé enraciné » (*RMB*, 48). Et l'on pourrait conclure ce bref panorama avec les remarques de Gustave Massiah, un ami qui l'accompagna au pays natal lors de son mémorable voyage de février 1991, après 32 ans d'exil ininterrompu : « Il était un polémiste redoutable, bretteur, engagé et dans le même mouvement un ami fidèle, disponible, fragile. Un grand écrivain, universel parce qu'africain et noir. Un des grands résistants de l'Afrique moderne ouvert à toutes les formes d'engagement, des initiatives locales aux débats politiques africains, européens et internationaux » (« Une conscience noire, africaine, universelle », *RMB*, 131).

Disciple de Ruben Um Nyobé, l'intransigeant initiateur de la lutte pour l'indépendance du Cameroun, apôtre de la non-violence et exempt d'ambition comme Martin Luther King[15], leader noir américain dont l'action modifia radicalement la condition de ses congénères, Mongo Beti accède, comme ce dernier, au rang de prophète[16] et nous laisse un monumental héritage intellectuel qu'il faudra prendre le temps de décrypter pour une éloquente appropriation.

---

15. Voir l'entrée « King, Martin Luther (1929-1968) » dans Mongo Beti et Odile Tobner, *Dictionnaire de la négritude*, Paris, L'Harmattan, 142-143.
16. Dans *Remember Mongo Beti*, Célestin Monga et Thomas Mpoyi Buatu abondent dans le même sens. Voir également Ambroise Kom, « Mongo Beti, prophète de l'exil », *Notre Librairie*, nº 99, oct.-déc. 1989, 129-134, publié dans la deuxième partie du présent ouvrage.

Mongo Beti et la responsabilité de l'intellectuel africain[17]

Un jour, il faudra bien se résoudre à écrire l'histoire de l'intellectuel africain. La confusion que crée ce mot dans nombre de débats sur le continent est telle qu'il ne sera pas aisé à quiconque voudra se lancer dans ce projet de démêler aisément l'écheveau. Élites dirigeantes, cadres divers et diplômés de tous ordres s'arrogent les attributs d'intellectuel du fait sans doute du prestige que recouvre le mot. Comme l'a montré Michel Winock dans *Le Siècle des intellectuels* (Paris, Seuil, 1997), le terme *intellectuel* fait fortune en France à partir de l'affaire Dreyfus et le procès Émile Zola : « Les deux maîtres mots du combat intellectuel au cœur de l'Affaire sont lâchés : justice et vérité. Les antidreyfusards leur opposent, à l'instar de Barrès, préservation sociale, défense de la nation, raison supérieure de l'État. Valeurs universalistes contre valeurs particularistes » (30-31).

Par ailleurs, Jacques Julliard, dans *La Faute aux élites* (Paris, Gallimard, 1997), montre que des « trois critères universels pour sélectionner les élites – la naissance, l'argent, le mérite –, les Français continuent, en principe de préférer le troisième. Ils n'aiment pas le modèle bourgeois qui repose sur la fortune. Depuis la Troisième République au moins, ils sont attachés au modèle mandarinal, à base de concours » (73).

En raison du modèle colonial qui encombre les mentalités africaines, la confusion entre les notions d'élite et d'intellectuel s'explique assez aisément. Bien souvent, ce sont les mêmes individus qui, ayant bénéficié des rudiments de l'enseignement colonial ou son dérivé postcolonial, détiennent le pouvoir, l'argent et se croient autorisés à définir les catégories sociales. Or un intellectuel n'est pas nécessairement une élite d'autant qu'en Afrique, écrit J.-B. Placa, les hommes de culture ou politiques sont souvent des « stars aussi artificielles qu'éphémères, des gloires acquises à bon marché par une élite prompte au reniement, à la compromission » (*L'Autre Afrique*, n° 20, 8-14 oct. 1997). Parfois on attribue le rôle de l'intellectuel aux individus qui sont de simples agents de médiation entre les sources de la connaissance et les consommateurs dudit savoir. De ce fait, de nombreuses catégories de diplômés sont facilement et souvent assimilées à des intellectuels.

Certes, Mongo Beti peut être classé dans plus d'une de ces catégories. À la fois élite au sens mandarinal du terme – il est agrégé de lettres classiques – et agent de transmission du savoir (il pratique avec succès le journalisme

---

17. Paru sous le titre de « Mongo Beti and The Responsibility of The African Intellectual » dans *Research in African Literatures*, vol. 34, n° 4, hiver 2003, 42-56.

d'opinion), il est également un défenseur acharné de la justice et un diseur de vérité. C'est ce dernier sens qui nous interpelle avec une urgence particulière du fait de sa dimension éthique, ainsi que l'explique Noam Chomsky lorsqu'il écrit :

> En ce qui concerne le devoir de découvrir la vérité et de la dire, il n'est pas nécessaire d'insister. Rappelons seulement que c'est une mission souvent compliquée et qui peut s'avérer périlleuse. C'est vrai dans les sociétés dites « libres », mais les risques sont évidemment plus importants dans les autres. [...] De quelles vérités s'agit-il ? [...] Certains problèmes sont d'une importance tout intellectuelle. Par exemple, le problème des rapports entre le fonctionnement du cerveau et les activités de l'esprit. [...] Que sommes-nous en mesure d'affirmer ?, etc. Ces questions nous intéressent moins ici que celles qui possèdent une dimension éthique évidente, du fait de leur impact direct sur des vies humaines. Dans ce cas, la responsabilité de l'intellectuel en tant qu'agent moral [...] est de tenter de révéler la vérité à des interlocuteurs à même d'intervenir. Il est difficile d'imaginer une proposition éthique moins sujette à controverse que celle-ci (*Responsabilités des intellectuels, Démocratie et marché, Nouvel ordre mondial, Droits de l'homme*, Marseille, Agone Éditeur, 1998, 16).

À la suite de l'énoncé de Noam Chomsky et de ses prédécesseurs, on peut montrer qu'en dépit des périls encourus, Mongo Beti assume gravement et de manière permanente le difficile rôle de l'intellectuel africain. Rôle qui, paradoxalement, réduit presque à néant ses chances de jouer un rôle politique dans son espace d'élection. En tant qu'agent moral, en effet, ses exigences éthiques lui enlèvent toute marge de manœuvre, toute possibilité de « ruse » à laquelle l'homme politique a parfois recours, ne serait-ce que pour des raisons de stratégie. Pour Mongo Beti, en effet, l'intellectuel dans l'Afrique d'aujourd'hui doit descendre dans l'arène et assumer sa part de combats dans la société, contrairement à ce qu'il appelle l'« intelligentsia en peau de lapin » qui, « douillettement installée dans [l']apocalypse rampante, s'ébat, festoie, folichonne, compte et recompte ses diplômes réels ou supposés, comme fait un avare de son or ou un champion de ses trophées sportifs, – les astique pour les faire reluire, les met en rang d'oignons pour les mieux contempler » (*Le Messager*, nᵒ 809, 2 sept. 1998, 3).

C'est que, pour Mongo Beti, le savoir est avant tout une question d'appropriation et non de clinquant comme c'est souvent le cas, malheureusement, pour nombre d'intellectuels africains. Car quiconque s'approprie véritablement un savoir est finalement libre de le légitimer. Et il est évidemment difficile de s'approprier et de légitimer un savoir tant et aussi longtemps que l'on vit enserré dans le piège de l'aliénation. Le clin d'œil à Frantz Fanon n'est pas un hasard, mais je ne voudrais pas m'y attarder. L'itinéraire de Mongo Beti prouve qu'au-delà de la Négritude, il y avait effectivement une autre manière d'appréhender l'irruption de l'Occident dans l'espace africain et de construire un savoir légitime et autonome, c'est-à-dire de bâtir une Afrique nouvelle, inscrite dans une modernité qui lui soit propre. Mongo Beti nous l'a prouvé tant au niveau conceptuel que dans la praxis.

Rompant avec les comportements de nombre de congénères de sa génération, Mongo Beti a résolument choisi la cause des dominés. De ce point de vue, il est aussi aisé de le saisir, en partant des analyses que nous propose Edward Said qui, à la suite de Gramsci, écrit précisément :

> I think the major choice faced by the intellectual is whether to be allied with the stability of the victors and rulers or – the more difficult path – to consider that stability as a state of emergency threatening the less fortunate with the danger of complete extinction, and to take into account the experience of subordination itself, as well as the memory of forgotten voices and persons (*Representations of the Intellectuals*, New York, Vintage Books, 1996, 35).

***

J'aurais pu revenir sur le militant rubeniste tel que je l'ai présenté ailleurs, notamment dans « Mongo Beti : Théorie et pratique de l'écriture en Afrique noire francophone » (*Présence Francophone*, n° 42, 1993[18]), mais je préfère articuler la démarche intellectuelle de Mongo Beti autour de quelques repères essentiels. *Main basse sur le Cameroun* (1972), *Peuples noirs–Peuples africains* (1978-1991), *La France contre l'Afrique : retour au Cameroun* (1993) et la Librairie des Peuples noirs (1994). Ce faisant, Mongo Beti nous apparaîtra sous sa double identité, celle d'un intellectuel occidental dont « la responsabilité [...] est de dire la vérité sur les "exactions du monde occidental" à un public susceptible d'y réagir et d'y mettre fin effectivement et rapidement » (Chomsky, *op. cit.*, 23) et celle d'un intellectuel africain activement engagé dans les luttes pour l'avènement des libertés démocratiques et du progrès économique, social et culturel dans son pays natal et en Afrique de manière générale.

En tant qu'écrivain, critique et militant upéciste/rubeniste, Mongo Beti avait certes eu l'occasion avant 1972 de montrer ses affinités idéologiques. Mais c'est avec la publication de *Main basse sur le Cameroun* que le grand public découvre toute la dimension de l'intellectuel et mesure sa capacité de résistance. En 1972, le monde vit sous la politique des blocs et des zones d'influence. La France a les mains entièrement libres dans son pré carré africain et peut y faire la pluie et le beau temps. Bien qu'il soit fonctionnaire du gouvernement français, Mongo Beti n'est pas encore citoyen à part entière et ne bénéficie que du statut reconnu aux ressortissants des anciens

---

18. Cet article figure au début du présent ouvrage.

territoires d'outre-mer. Mais intellectuellement, il revendique l'héritage du Siècle des Lumières, prêt à mettre à l'épreuve les hommes et les institutions de la République. C'est bien dans ce sillage que s'inscrit *Main basse sur le Cameroun*, qui interpelle les dirigeants français en soulignant comment le soutien apporté aux dictatures du pré carré contredit les principes républicains et l'idéal de liberté, d'égalité et de fraternité.

En fait d'autopsie, Mongo Beti brosse certes un portrait d'Ahidjo et procède à une déconstruction de son régime, mais il analyse aussi le fonctionnement des réseaux qui, depuis Paris, tirent les ficelles. De ce fait, le peuple français est appelé à témoin. Il écrit à ce propos :

> Les théoriciens du lobby colonial de Paris avaient fait pour leur part, des découvertes très originales, auxquelles le fantastique revirement politique du 13 mai 1958 allait donner un essor inespéré. Dès lors va l'emporter en Afrique française, dans la coulisse d'un décor resplendissant de générosité, ce qu'on a appelé par euphémisme réalisme, et qui n'est que l'esprit de guerre froide. Les amères expériences d'Indochine et d'Afrique du Nord ayant montré ce que valaient les vieux rêves d'une République libératrice, égalitaire et fraternelle, la nouvelle perspective est celle des zones d'influence à conserver à tout prix à l'Occident, contre les Russes ou (variante apparue vers 1965) les Chinois.
>
> Si l'accord se réalise sur la personne d'Ahmadou Ahidjo entre l'administration coloniale, le puissant lobby colonial et le gaullisme, c'est que les mêmes stratèges règnent souvent dans ces trois sphères qui du reste se croisent, si même elles ne se confondent pas. La partie la plus intelligente de l'administration coloniale bascule dans le gaullisme, avec l'espoir qu'un gouvernement fort et stable à Paris va enfin permettre de donner un coup de pouce définitif en faveur des hommes politiques africains disposés à servir les intérêts de la France. Pour le lobby colonial dont les calculs sont identiques, l'expression « intérêts de la France » signifie toutefois exclusivement maintien des formes et accroissement des bénéfices d'une exploitation effrénée et incontrôlée des hommes et des ressources de l'Afrique (*Main basse sur le Cameroun*, Paris, Maspero, 1972, 47).

Cette approche à la fois dénonciatrice et fortement pédagogique devient plus énergique et certainement plus efficace encore lorsque Mongo Beti se tourne vers d'autres partis qu'intéresse la situation camerounaise. Il passe au peigne fin l'ensemble de la presse française et constate qu'en dehors de *La Croix* et de la presse d'extrême gauche, malheureusement trop marginale pour peser de quelque poids dans la balance, c'est le sauve-qui-peut partout ailleurs. Un examen approfondi des articles du quotidien *Le Monde* au sujet du Cameroun l'amène à se demander, au regard de son antipathie pour l'Union des Populations du Cameroun (UPC), le parti progressiste camerounais, si « l'intelligence française [n'est pas] malade de l'Afrique gaullienne » (*ibid.,*

202). Et il conclut : « Il faut bien convenir que, dans le monde comme il va, toute la vaillance révolutionnaire des peuples opprimés sera peut-être vaine si, en même temps, ne s'établit pas solidement en Occident un minimum de vraie démocratie et s'il ne s'y développe une véritable information » (*ibid.*, 217).

Il aurait même pu ajouter la nécessité de créer aussi en Occident un véritable corps judiciaire, puisque les avocats qui furent dépêchés à Yaoundé comme observateurs se contentèrent de servir de simples agents de la normalisation :

> S'il fallait encore une preuve du grave malaise que suscite dans les esprits en France même la décolonisation manquée de l'Afrique noire, on la trouverait dans l'épisode des procès de Yaoundé, où l'on a vu entrer en scène, tels les rois mages, les trois observateurs internationaux annoncés à son de trompe, mais arrivés à pied d'œuvre avec deux jours de retard – et, parmi eux, surtout Mᵉ Louis Pettiti, avocat à la cour d'appel de Paris, représentant le Mouvement international des juristes catholiques et le Centre de la paix mondiale par le droit. La raison d'État, qui devait exercer tant de ravages au cours de cette affaire, opéra du moins une conversion miraculeuse en ce grand bourgeois libéral : Mᵉ Pettiti y trouva sans doute son chemin de Damas, car, rompant soudain avec tous les principes qui, selon toute probabilité, avaient jusque-là gouverné sa vie, il prit fait et cause pour l'organisateur d'un des plus détestables procès politiques qu'on ait observés depuis longtemps, et pas seulement en Afrique (*ibid.*, 168).

La stratégie consiste, on le voit, à informer le public, à l'intéresser à la cause, car, écrit encore Chomsky, « le "bon" public est celui qu'une meilleure compréhension des situations doit pousser à agir efficacement, afin de soulager la souffrance et le désespoir » (Chomsky, *op. cit.*, 23). L'accueil que le public réserve à *Main basse sur le Cameroun* et la saisie dont l'ouvrage fait l'objet de la part du ministère français de l'Intérieur prouve, si besoin était, que l'ouvrage a levé un terrible lièvre. Pendant un temps, Mongo Beti va être au cœur d'un débat impliquant aussi bien le public français, les milieux avisés tout au moins, que les gouvernements camerounais et français. Il s'agit d'une grande première dans les relations franco-africaines de la post-indépendance. Désormais, les pouvoirs camerounais et français ne pourront plus ignorer le romancier-essayiste et son statut d'intellectuel africain résidant en France. Comme l'a souvent expliqué Mongo Beti, la gestion de l'interdiction de *Main basse sur le Cameroun* et du procès qui s'ensuit ne sera pas de tout repos. Toujours est-il que cet incident lui permet de saisir encore davantage l'enjeu d'un texte interpellateur. Et c'est pour cette raison qu'il va s'attacher à réunir les moyens pour lancer une revue des plus iconoclastes :

> La leçon de l'affaire Ouandié-Ndongmo est de celles qu'un homme de cœur, et à plus forte raison un militant, n'oublie pas. Et les Camerounais

qui, de Paris par exemple, se démenèrent pour arracher Ernest Ouandié au peloton d'exécution tramé de longue main par les fantoches de Yaoundé, se souviendront toujours que des journaux français communément classés à gauche, tels *Le Monde* et *Le Nouvel Observateur*, ne se gênèrent pas pour les éconduire (*PNPA*, n° 1, janv.-fév. 1978, 3).

La revue *Peuples noirs–Peuples africains* (*PNPA*) veut mettre au service de l'Afrique l'expérience des luttes intellectuelles de certains milieux occidentaux. Elle s'inspire ouvertement des *Temps modernes*, revue fondée par Jean-Paul Sartre. Mais il ne s'agit pourtant pas de faire du sartrisme sans Sartre, mais simplement de s'inspirer de la démarche et de l'esprit de l'équipe mise sur pied par le célèbre philosophe pour animer la vie culturelle en Afrique francophone.

La revue veut prendre à contre-pied tous ceux qui, sous prétexte d'africanisme, censurent la parole africaine et freinent l'émancipation des peuples noirs. Mongo Beti ambitionne donc de créer « un lieu de rencontre idéal de militants, de leaders, de chercheurs venant de tous les horizons du progressisme radical noir et africain, à l'exception des adeptes du senghorisme et d'autres idéologies confusionnistes qui n'ont fait que trop de mal à l'Afrique et aux Noirs » (*PNPA*, n° 1, janv.-fév. 1978, 24). S'inspirant de son expérience dans le milieu parisien de l'édition et des manipulations idéologiques qui ont cours dans les milieux africanistes de la grande métropole française, l'auteur entend tout mettre en œuvre pour favoriser la recherche des concepts permettant d'opérer sur le réel africain, de manière endogène et autonome. Les résultats sont connus : plus de dix ans d'intense activité éditoriale ayant abouti à la publication de plus de soixante numéros et des milliers de pages d'une revue qui a libéré la parole africaine.

On sera sensible au fait qu'en dépit d'un exil de plus de quarante ans en France, Mongo Beti ne s'est pour ainsi dire jamais préoccupé de la condition de la communauté africaine de France. Ni ses romans, ni aucun de ses essais ne prennent en charge la vie de l'immigré qui, on le sait, est devenue un thème récurrent de la nouvelle littérature africaine. Ainsi que le suggère Said d'ailleurs, l'exil de Mongo Beti est vécu par bien des aspects de manière métaphysique, car exilé en France, il ne le sera pas moins lorsqu'il retournera dans son pays natal. Said écrit à ce propos :

> The pattern that sets the course for the intellectual as outsider is best exemplified by the condition of exile, the state of never being fully adjusted, always feeling outside the chatty, familiar world inhabited by natives, so to speak, tending to avoid and even dislike the trappings of accommodation and national well-being. Exile for the intellectual in this metaphysical sense is restlessness, movement, constantly being unsettled, and unsettling others (Said, *op. cit.*, 53).

Comme je l'ai indiqué dans l'introduction à *Mongo Beti parle* (Bayreuth African Studies Series, n° 54, 2002, 13-21), les quelques années que Mongo Beti a passées au Cameroun avant sa disparition soudaine en octobre 2001 confirment parfaitement les analyses de Said. Bien qu'adulé par une bonne frange de la population, il a vécu étonnamment en marge de la société camerounaise. Pareille posture était déjà perceptible dans la ligne éditoriale de *Peuples noirs–Peuples africains*, qui se publie en France mais se penche presque exclusivement sur l'analyse des causes de la stagnation du continent noir. Raison pour laquelle la revue avait pour ainsi dire consacré Mongo Beti comme l'intellectuel africain « de permanence », du fait qu'il s'était organisé pour « développer une véritable information » et pour apostropher, avec véhémence, quiconque pouvait menacer les intérêts essentiels des peuples noirs.

***

À bien des égards, chaque numéro de la revue *Peuples noirs–Peuples africains* s'élabore sur le modèle de *Main basse sur le Cameroun,* aussi bien dans la forme que dans le fond. Les textes que Mongo Beti y publie sont des autopsies qui gardent leur accent voltairien. Voilà qui explique, en plus des éditoriaux tonitruants (« Camerounais, votre pétrole f... le camp », n° 12, 1979), les innombrables lettres ouvertes (à Biya, n° 39, 1984 ; à Béchir Ben Yahmed, n° 40, 1984 ; à Mitterrand, n° 40, 1984 ; etc.), les titres interrogatifs (« La France de Giscard, ennemi principal des peuples africains ? », n° 4, 1978 ; « Ahmadou Mahtar M'bow, l'oncle Tom francophile de l'UNESCO ? », n° 18, 1980 ; « Mourir pour Simon Malley ? », n° 17, 1980 ; « Le PS contre *Peuples noirs–Peuples africains* ? », n° 35, 1983 ; « Les Français peuvent-ils être francophones ? », n° 52, 1986 ; etc.) et la pratique des dossiers spéciaux : « Négritude, Francophonie, Langues africaines... Les jeunes générations africaines contre Senghor !... » (n° 3, 1978) ; « Amnesty International section française : ou la défense des droits de l'homme blanc ??? » (n°ˢ 7-8, 1979) ; « Diplômes blancs + étudiants noirs = pouvoir pâle ou l'affaire Traoré Biny » (n° 10, 1979) ; « Spécial Côte d'Ivoire, 1960-1984 » (n°ˢ 41-42, 1984) ; « La francophonie contre la liberté des peuples africains » (n°ˢ 59-62, 1987-1988) ; « Le Cameroun de Paul Biya, autopsie d'un chaos annoncé » (n°ˢ 55-58, 1987) ou « L'Afrique francophone naufragée ; à qui la faute ? » (n°ˢ 63-66, 1988).

De plus, la revue se veut un espace de dialogue entre sympathisants de la cause des opprimés. La manière dont Mongo Beti aborde les divers pouvoirs et ses agents montre bien qu'il n'en attend rien, et pour cause. Les régimes en question n'ignorent rien des analyses proposées même s'ils ne font rien pour remédier à la situation qu'ils ont créée. Ainsi, lorsqu'il écrit « Contre M. Robert Cornevin et tous les pharisiens de l'Afrique de Papa » (*PNPA*, n° 4, 1978), il s'agit avant tout de démystifier l'institution que représente Cornevin, mais surtout de mettre les jeunes Africains en garde contre ce vieil administrateur des colonies reconverti dans un africanisme problématique. Son attitude se justifie d'autant plus que des étudiants africains à l'instar de Traoré Biny se plaignent d'être les victimes de quelques mandarins, qui se disent experts en africanisme, mais dont le rôle se réduit à mener une véritable guerre « contre le courant politico-littéraire progressiste d'Afrique francophone, au bénéfice du senghorisme » (*PNPA*, n° 10, 1979, 7).

La mission que s'assigne *PNPA* est de regrouper autour d'elle, comme le suggère encore Chomsky, « une assemblée, unie par des intérêts communs et à laquelle on se doit de participer activement ». Par ailleurs, précise Chomsky, « il ne s'agit pas de "s'adresser à" mais de "discuter avec". C'est une seconde nature pour n'importe quel bon enseignant et ce devrait l'être aussi pour tout écrivain ou intellectuel » (Chomsky, *op. cit.*, 24). *Peuples noirs–Peuples africains* répond à ce double besoin : rallier les progressistes africains et échanger avec eux le plus largement possible sur les affaires qui les concernent, car « unis, les Africains bouteraient immédiatement hors du continent noir leurs oppresseurs esclavagistes et colonialistes » (*PNPA*, n° 1, janv.-fév. 1978, 31). Raison pour laquelle Mongo Beti semble choisir avec soin ses collaborateurs et les sujets à traiter, question de circonscrire une audience précise. Les jeunes et les problèmes qui entravent leur évolution paraissent au centre des préoccupations éditoriales de la revue. En plus de la retentissante affaire Traoré Biny que traite Odile Tobner et dans laquelle elle dénonce les attitudes ambiguës des enseignants français face aux étudiants africains, les numéros 17 et 18 (1980) contiennent un long entretien entre Mongo Beti et Shanda Tonme, « Le décret Imbert contre la jeunesse africaine », entretien dans lequel Shanda Tonme révèle les désastreuses conséquences des méthodes malthusiennes des agents de la coopération française dans l'enseignement au Cameroun. Détaché comme recteur à l'Université de Yaoundé dans les années 1970, Imbert y puise l'expérience qui lui permettra par la suite de réglementer par décret l'inscription des étudiants étrangers dans les universités françaises.

Le souci pédagogique de Mongo Beti est encore plus évident lorsqu'il publie ses « Conseils à un jeune écrivain francophone » (n° 44, 1985) pour étaler les écueils qui guettent tout écrivain qui a eu le malheur de naître dans un pays francophone d'Afrique : « [E]ntraîne-toi à ne jamais traiter ce qui te tient à cœur ; ne t'attends point à être fêté, surtout si tu viens de publier ; attends-toi à être toujours le jeune écrivain africain quel que soit ton âge ; attends-toi à mendier ta reconnaissance en tant que créateur auprès de ceux-là mêmes qui sont tes ennemis naturels » (*PNPA*, n° 44, 1985, 53-59).

La revue est aussi le lieu d'expression des revendications sociales et politiques les plus diverses émanant d'Afrique. Mémorandums d'étudiants et communiqués d'hommes politiques s'y disputent l'espace. « Communiqué du FPO-PT du professeur Abel Goumba » (n° 35, 1983) ; « Lettre ouverte à tous les parents anglophones (du Cameroun) » (n° 48, 1985) ; « FEANF : Déclaration : Dénonçons la mesure fasciste de dissolution de la FEANF » (n° 17, 1980) ; « Étudiants béninois, Lettre ouverte à M. Mathieu Kérékou, président de la République du Bénin » (n° 18, 1980) ; « Gorgi Dinka, Appel aux forces armées camerounaises » (n° 49, 1986).

Mais au-delà de la recherche inlassable de la vérité et l'analyse des problèmes cruciaux de l'heure, Mongo Beti s'acquitte d'un autre devoir essentiel, celui de recruter les plus fidèles collaborateurs de la revue parmi les jeunes universitaires africains de l'époque. Ainsi en va-t-il de Guy Ossito Midihouan, de Thomas Mpoyi Buatu, d'Ange Sévérin Malanda, etc. La démarche est hautement pédagogique tant elle permet une dissémination des préceptes de la résistance et d'assurer en même temps une relève efficace.

***

Le retour de Mongo Beti au Cameroun, suivi de la création de la Librairie des Peuples noirs à Yaoundé obéissent à une logique semblable à celle qui a présidé à la fondation de *Peuples noirs–Peuples africains*. Loin d'être un projet purement commercial, la Librairie des Peuples noirs est une initiative culturelle et hautement fanonienne en ce sens que le romancier devient libraire surtout pour continuer d'être le « réveilleur de peuple » (Frantz Fanon, *Les Damnés de la terre* (1961), Paris, La Découverte, 1985, 162). En devenant distributeur du livre, il pose les jalons de la naissance d'une nouvelle culture nationale tant il est vrai, écrit Fanon, que « la culture nationale est l'ensemble des efforts faits par un peuple sur le plan de la pensée pour décrire, justifier et chanter l'action à travers laquelle le peuple s'est constitué et s'est maintenu. La culture nationale dans les pays sous-développés doit donc se situer au centre même de la lutte de libération que mènent ces pays » (*ibid.*, 170-171). D'ailleurs, la manière dont fonctionne la Librairie des Peuples noirs montre bien que l'aspect librairie n'est que la partie visible d'une institution beaucoup plus ambitieuse.

Hormis le fait qu'il s'agit d'une librairie générale qui, pour la première fois dans la capitale camerounaise, distribue des ouvrages et des journaux africains et étrangers sans égard à la censure, l'espace s'est rapidement transformé en lieu de rencontre pour de nombreux acteurs socioculturels contraints de vivre en marge des affaires du pays. Ainsi en va-t-il des enseignants, des syndicalistes, des militants des causes les plus diverses et surtout des jeunes de toutes les couches qui, pour la plupart, considèrent Mongo Beti comme un interlocuteur digne d'être écouté et même comme un porte-parole de choix.

C'est à la Librairie des Peuples noirs que les journalistes viennent recueillir le point de vue du militant chevronné sur les événements sociaux, politiques, culturels et même économiques qui interpellent le Cameroun, l'Afrique et même le monde. C'est ici qu'il élabore articles et lettres ouvertes au vitriol publiés dans les journaux locaux. Il s'agit de textes qui souvent font des vagues pendant des semaines au sein de l'opinion camerounaise. Citons « Lettre ouverte à mes sœurs et à mes frères beti » (*Génération*, hors série n° 1, 25-31 janv. 1995) ; « Lettre ouverte au prochain Président de la République du Cameroun » (*Génération*, n° 87, 21-27 oct. 1996) ; « Lettre ouverte à Andze Tsoungui, Grand-prêtre autoproclamé de la camerounité » (*Génération*, n° 105, 24-30 mars 1997) ; « J'accuse Ngijol » (*Le Messager*, n° 862, 8 janv. 1999) ; « Calixthe Beyala, Mongo Beti dénonce et accuse... » (*Galaxie*, n° 204, 26 mars 1997). On imagine aisément l'effet d'un texte contre Beyala, mais ses sorties contre les professeurs Hogbe Nlend et Pierre Ngijol et autres acteurs de la scène sociopolitique ont également un énorme retentissement auprès du public.

Ngijol, par exemple, est le spécimen du cadre néocolonial, l'aujoulatiste[19] avéré. Agrégé de grammaire, il fut longtemps professeur à l'Université de Yaoundé et occupa de nombreux postes de responsabilité dans l'administration universitaire. Mais, comme Mongo Beti dit de lui, il manque de sérieux et fait partie de ce que l'auteur appelle les « phalanges des mercenaires tribalistes » (*Le Messager*, 18 sept. 1998). Maladivement narcissique et farouchement arriviste, Ngijol n'aura été qu'une boîte aux lettres, sa vie durant. Mongo Beti écrit :

> Ngijol ne possède pas un être autonome ; il n'existe qu'à travers le regard du père. Il n'est jamais véritablement sorti de l'enfance. Il se voit toujours assis en culottes courtes sur le banc d'une salle de classe, attendant sagement les bons points et les bonbons du maître, – Aujoulat, Ahidjo, Biya, tous avatars du père. J'observe d'ailleurs qu'il ne dit jamais « j'ai accompli ceci », « j'ai créé cela », « j'ai publié tel ouvrage », mais toujours « on m'a classé... », « on m'a nommé », « on m'a admis », « on m'a nommé chef », etc. C'est ce que l'on appelle en bon français une baudruche (*Le Messager*, www.wagne.net/ gmessager).

En connaisseur, Mongo Beti dit tout haut ce que pas mal d'étudiants et même nombre de collègues de Ngijol ont toujours pensé de lui. Mais l'impitoyable machine répressive sur laquelle s'était appuyé l'ancien doyen

---

19. Louis-Paul Aujoulat, médecin missionnaire au Cameroun pendant la colonisation ; il passe pour être l'un des pères du néocolonialisme dans ce pays.

de la Faculté des lettres de Yaoundé pour sévir ne permettait à personne de lui tenir tête. Et c'est à la joie d'un peu tout le monde qu'on voit ainsi crever le ballon de baudruche. Au-delà du caractère purement polémique de pareils échanges, le romancier donne aux Camerounais un *background* et pas mal d'éléments qui lui permettent de juger de la valeur de ses élites ou des individus qui se sont présentés comme telles pendant de nombreuses années.

La Librairie des Peuples noirs s'apparente aussi à un espace de rassemblement où s'organisent des campagnes de tous ordres et où se forment des comités pour défendre toutes sortes de causes : syndicalisme, écologie, droits de la personne, affaires politiques, etc. Les prises de position de Mongo Beti au sujet de l'exploitation forestière sont connues puisqu'il s'est heurté à des obstacles insurmontables lorsqu'il a voulu exploiter le bois du domaine familial. Au Cameroun, les lois sont faites de telle sorte que les forêts du pays – comme les autres ressources naturelles d'ailleurs – ne profitent en grande partie qu'aux exploitants étrangers.

C'est donc dire que la librairie voulait avant tout fonctionner comme un lieu d'éducation civique. Pari d'autant plus réussi du vivant de Mongo Beti que le vaste local de la librairie était en passe de devenir non seulement le lieu des réunions militantes et de mise au point des nouvelles stratégies de lutte, mais aussi et surtout un espace où il était désormais possible pour le public de transcender la censure des tyrans et d'accéder au savoir sur tout sujet social et politique. Convaincu, comme l'écrit Jean-François Lyotard, du « principe humaniste selon lequel l'humanité s'élève en dignité et en liberté au moyen du savoir » (*La Condition postmoderne*, Paris, Les Éditions de Minuit, 1979, 58), Mongo Beti mettait son expérience dans le domaine du livre et sa réputation d'intellectuel engagé au service de quiconque voulait participer à la lutte contre le pouvoir obscurantiste qui sévit au Cameroun depuis plus de quarante ans.

La postérité devra réfléchir sur les résistances que Mongo Beti a rencontrées sur son chemin. Des résistances qui l'ont usé prématurément et ont sans doute contribué à sa disparition. À la Librairie des Peuples noirs comme d'ailleurs au village où il a créé diverses activités génératrices de revenus pour essayer de sortir ses congénères de la misère, Mongo Beti voulait surtout former l'esprit et donner aux uns et aux autres le sens de l'initiative et de l'appropriation du savoir. Il se présentait essentiellement comme un pourvoyeur d'idées et surtout comme un éducateur des usagers du savoir. S'inspirant du modèle des pays développés à l'ère postmoderne et de la mondialisation des échanges, il voulait faire en sorte que le savoir devienne une véritable « force de production ». Lyotard écrit pertinemment à ce propos : « Le savoir est et sera produit pour être vendu, et il est et sera consommé pour être valorisé dans une nouvelle production : dans les deux cas, pour être échangé. Il cesse d'être à lui-même sa propre fin, il perd sa "valeur d'usage" » (14). Nous voilà bien loin des élites nourries de parisianisme qui se pavanent dans les capitales africaines avec leurs beaux et multiples diplômes en bandoulière en quête d'une reconnaissance que le pays leur doit.

***

À dose homéopathique, Mongo Beti développe dans les journaux locaux les thèses qu'il avait annoncées dans *La France contre l'Afrique* (Paris, La Découverte, 1993). Ici, il avait déjà procédé à une analyse serrée et lucide des mécanismes qui ont mené le Cameroun et l'Afrique à l'impasse actuelle. Il avait stigmatisé l'État central prédateur, critiqué l'État national et passé au peigne fin une administration castratrice qui paralyse le continent du fait de la corruption instituée ; des fraudes, du pillage organisé ; des guerres, des oppositions et des émeutes tribales artificiellement fomentées par le pouvoir ; de l'impunité des dirigeants ; bref de l'anarchie rampante.

En dépit des multiples discours sur la démocratisation, l'auteur trouve que le dysfonctionnement caractérisé de certains services essentiels – médias de service public, postes et télécommunications en l'occurrence – démontre que les pratiques de la dictature de parti unique demeurent vivaces et sévissent avec une rigueur non entamée. Le favoritisme et le népotisme se sont à jamais substitués à la compétence et les autorités politiques ont fait du régionalisme la stratégie majeure de leur maintien au pouvoir.

La responsabilité de la France dans les violences institutionnalisées, la complicité de la presse occidentale et des experts internationaux dans le pillage des ressources naturelles africaines sont clairement établies. La finalité du pétrole africain, « c'est d'assurer l'indépendance énergétique de la France » (Beti, *La France contre l'Afrique*, 127).

> La stratégie du pré carré est de tenir l'Afrique, la tête sous l'eau, tout en développant de magnifiques discours d'apparat sur les thèmes du Nouvel Ordre Mondial et de la Solidarité Nord-Sud. À travers ses sociétés transnationales et ses hommes de paille, l'homme blanc se nourrit joyeusement de sang des petits enfants noirs (*ibid.*, 122).

Pour Mongo Beti, le pacte qui lie Biya à Elf-Aquitaine et Total, à l'Elysée, à la Banque Mondiale et au FMI a pour finalité de maintenir le pays dans la misère et le chaos par l'entremise d'une pseudo-classe dirigeante noire complètement décervelée. Au passage, Mongo Beti nous offre un portrait au vitriol du Résident d'Elf, Paul Biya, épiphénomène des chefs d'État du pré carré. Biya, dit-il, s'est révélé un sphinx, n'ouvrant la bouche que pour articuler des énigmes à l'occasion des conférences de presse tenues à l'étranger. C'est un personnage timoré, faible, sans énergie, dépourvu d'imagination, passablement borné, caricaturalement docile à l'Élysée et en même temps dominé par un entourage qui n'écoute que sa cupidité.

Volontiers psychanalyste, Mongo Beti fait une autopsie de l'ethnomanie. Comme la dictature haïtienne, la dictature camerounaise offre à l'observateur tous les traits d'une mafia, d'un clan qui règne par la terreur, le sang, le mensonge, la prévarication. Pour lui, Biya n'est pas un président, mais le parrain du clan, un parrain sans influence certes, le vrai parrain étant dans les coulisses, invisible comme toujours, se contentant de tirer les ficelles. Malheureusement, l'opposition n'est pas meilleure et ne donne pas des raisons d'espérer : « Le Chairman John Fru Ndi du Social Democratic Front (SDF) n'est plus que le faire-valoir de Biya alors que l'UPC se déchire entre upécistes autoproclamés, upécistes traîtres, upécistes ambulants, upécistes bidon, upécistes pour rire et upécistes fidèles » (*Le Messager*, n° 856, 21 déc. 1998). Dans ce contexte il ne reste plus au peuple qu'à s'organiser en comités, en associations pour résister aux oppressions diverses. Et l'on sait que Mongo Beti créa et anima plusieurs comités et associations.

L'une des causes dans laquelle Mongo Beti s'est engagé et qui a fait le plus de vagues et suscité pas mal de commentaires est assurément le Comité pour la Libération du Citoyen Edzoa (COLICITE). Titus Edzoa est un dignitaire du régime Biya. Médecin personnel et confident du président au départ, il en vint à occuper plusieurs postes importants au gouvernement dont ceux de ministre de l'Enseignement supérieur, de secrétaire général à la Présidence de la République et de ministre de la Santé. Kleptocrate comme nombre de dignitaires du régime camerounais, Edzoa était connu pour ses frasques comme la construction d'une somptueuse résidence dans la banlieue de Yaoundé, ses exactions comme la désintégration de l'université et le rôle ambigu qu'il joua dans la disparition de Jeanne-Irène Biya.

Sans doute par avidité, Edzoa décide à quelque temps de l'élection présidentielle de 1997 de démissionner du gouvernement et de briguer le poste de président de la République. Du coup, la machine répressive du régime se met en branle, l'accuse de détournement de deniers publics, l'inculpe et, au terme d'un procès expéditif, il écope d'une lourde peine de prison. Les droits de Titus Edzoa sont ouvertement bafoués et Mongo Beti a raison de défendre, précise-t-il, le CITOYEN Titus et de revendiquer une justice équitable pour lui et pour tous les prévenus du même genre. Évidemment, il s'agit là des subtilités éthiques et idéologiques que le petit peuple camerounais n'apprécie pas à sa juste mesure. Pour une grande partie de l'opinion, Edzoa est victime du monstre qu'il a contribué à créer et ne devrait s'en prendre qu'à lui-même.

L'affaire Edzoa montre bien la difficulté de la tâche de l'intellectuel conscient de sa responsabilité éthique et de son statut comme agent moral. Certes, au cours de sa longue carrière de militant, Mongo Beti a eu à faire face à de nombreux malentendus et des incompréhensions de tous genres. Mais la tâche qui l'attendait au Cameroun était immense et d'autant plus ardue qu'ici, peu de gens séparent l'activité politique du rôle de l'intellectuel. Mongo Beti étant connu pour ses prises de position anticoloniales et en faveur des partis de l'opposition, tout acte public qu'il posait était perçu comme ayant une motivation politique. Le public perdait souvent de vue qu'il demeurait un intellectuel en parfaite conformité avec l'une des prescriptions essentielles de Chomsky, à savoir, « rechercher et dévoiler la vérité au sujet des problèmes qui importent vraiment » (*op. cit.*, 24). On observe là les limites du rôle de l'intellectuel dans le contexte africain où on oublie souvent que penser est un acte hautement politique au sens noble du terme et qu'intellectuel ne rime pas nécessairement avec apolitique. Il y a donc là une zone d'ombre qui mérite d'être élucidée. C'est dire qu'en Afrique il ne faut rien tenir pour acquis. Ici, la fonction pédagogique de l'intellectuel est plus sollicitée que jamais !

Coups de pilon,
poésie de la libération[20]

L'unité est l'un des éléments fondamentaux de l'art, qu'il s'agisse de la poésie, de la peinture ou de la musique. Aussi le créateur doit-il souvent sacrifier tout ce qui est accessoire et qui ne s'accorde pas à la thématique centrale de son œuvre. En poésie, langage, style et structure seront dépouillés pour garantir le maximum d'effet sur le lecteur. C'est sans doute du principe d'unité qu'il s'agit lorsque, dans « Suite du débat autour des conditions d'une poésie nationale chez les peuples noirs », David Diop écrit que « la forme n'est là que pour servir l'idée » (*Coups de pilon*, Paris, Présence Africaine, 1973[21], 72). L'essentiel, d'après lui, consiste donc à rendre son message dans un style approprié. Il faut pétrir la langue et plier la forme pour la mettre au service de l'idéologie, c'est-à-dire de la libération des exploités. Violence des mots, style tranchant, mouvements éclatants sont autant de « coups » qui doivent se répercuter dans la conscience du lecteur et le pousser à la révolte.

Coups de pilon s'organise autour de trois lignes de force : dénonciation du colonialisme, réhabilitation du continent noir et appel des opprimés à la lutte. Chez Diop, les trois moments de la démarche correspondent aussi aux divisions du temps : le passé, le présent et l'avenir. L'évocation du *passé* prend fin avec l'arrivée des colonisateurs qui font subir le *présent* à l'Afrique. Pour Diop, *l'avenir* ne commencera que le jour où l'homme noir aura triomphé de l'oppression et retrouvé son identité. Autrefois, l'Afrique n'était point, contrairement aux prétentions de ceux qui l'ont transformée en enfer, une terre de péché peuplée de primitifs. Sans verser dans le romantisme ou dans un sentimentalisme excessif, Diop affirme les valeurs originales du continent noir, continent dont les problèmes donnent force et vitalité à sa poésie. Afrique, source de l'identité de l'homme noir, où qu'il se trouve : « Auprès de toi j'ai retrouvé mon nom / Mon nom longtemps caché sous le sel des distances » (« Auprès de toi »). Afrique, mère patrie de tous les Nègres, « Ô mère mienne qui est celle de tous » (« À ma mère », 19) ; mère souriante et paisible, gardienne de l'amour, Afrique, mère protectrice qui, comme un arbre, protège de son ombre les valeurs ancestrales :

> Cet arbre là-bas
> Splendidement seul au milieu de fleurs blanches et fanées
> C'est l'Afrique qui repousse
> Qui repousse patiemment obstinément
> Et dont les fruits ont peu à peu

---

20. Publié dans *David Diop. Témoignages-Études*, Paris, Présence Africaine, 1983, 213-219.
21. Toutes mes citations renverront à cette édition.

L'amère saveur de la liberté
(« Afrique »).

Robuste et fort, on le voit, l'arbre résiste aux forces de destruction, déploie ses ressources régénératrices et, inlassablement, fait naître de nouvelles pousses.

L'Afrique, mère nourricière aux fruits convoités de tous, est aussi synonyme d'humanité, de respect de la vie et de sécurité (« Celui qui a tout perdu »). L'arbre est également la source distributrice de l'énergie nécessaire à l'émergence du peuple noir bafoué, peuple dont Diop révèle l'essence dans « À ma mère », « À une Danseuse noire » et « Rama Kam, beauté noire ».

Pourquoi donc tant de figures féminines ? Le sourire paisible et réconfortant ainsi que la patience de la mère sont symbole d'amour, de dignité et de confiance en soi. La beauté sensuelle de la femme n'a rien à envier à une quelconque race supérieure. La jeune fille est *danse*, pur mouvement, expression passionnée de la joie de vivre et de la chaleur humaine.

Est également symbole de vie l'inaltérable beauté de Rama Kam, beauté naturelle et sans artifice : « Me plaît ton regard de fauve / Et ta bouche à la saveur de mangue / Rama Kam ». Les nombreuses sonorités en « am » (Rama Kam, tam-tam) connotent sans doute une vie qui se déroule au rythme sourd du tam-tam. Les trois poèmes créent un climat particulièrement chaud et sensuel. Le vocabulaire est minutieusement choisi à cet effet : chair, bouche, hanche, seins, reins, etc. « La vérité, la beauté, l'amour / C'est la femme qui passe sensuelle et grave. » (« La Route véritable »). Diop se dit né pour se battre, mais aussi pour « [c]aresser le bronze mouvant des Négresses » (« Témoignage »).

Dans l'Afrique d'autrefois, amour, lumière et rythme s'associaient constamment. C'est dans des « cases de lumière » que l'on aime. Et la lumière des cases appelle la chaleur, une chaleur des plus maternelles. Musique, danse et rythme se fondent dans un univers lumineux et chaud. On dirait que les mots de Diop dansent à ce même rythme que ressent le corps nègre dans son sang et dans sa chair.

« À une danseuse noire » résume les trois ordres de relation – individuel, social et cosmique – qu'entretient l'individu avec son entourage. À la manière de la danseuse qui « par la magie des reins recommence le monde », l'individu se situe en dehors des frontières de l'espace et du temps. On sait qu'en Afrique, l'individuel et le social sont intimement liés. La mère, la danseuse et Rama Kam symbolisent l'Afrique d'autrefois, terre de beauté, de joie et de paix.

Soulignons cependant que si Diop s'attarde à l'évocation du passé, c'est surtout pour mieux l'opposer à la situation qui prévaut *maintenant*, à l'heure des colonies, c'est-à-dire des assassinats, des viols, des tortures, du vandalisme. L'homme blanc renverse totalement l'ordre naturel des choses : adieu à la tranquillité, adieu au bonheur, adieu à la vie. C'est le sens de « Celui qui a tout perdu », poème dont la structure (2 strophes) traduit bien la rupture entre les deux époques. La première strophe est entièrement consacrée à l'heureux passé, tandis que la deuxième, introduite par l'adverbe « puis » décrit l'enfer créé par la situation coloniale. Aux éclats de joie succède le silence ; le soleil s'éclipse ; l'uniforme de guerre couvre la beauté nue des enfants ; le grincement des chaînes remplace le son du tam-tam. On détruit, on asservit pour mieux piller. Hommes sans cœur, les colonisateurs se vautrent dans la rapacité matérielle, le ravage spirituel, le carnage et les barbaries de toutes sortes. On a affaire à des vautours, des hyènes, des monstres qui disent posséder la science et la technologie, mais qui sont dépourvus de sentiment : « Hommes étranges qui n'étiez pas des hommes / Vous saviez tous les livres vous ne saviez pas l'amour. » (« Les Vautours »). Mais il y a plus anachronique encore : ces « savants » qui transforment le continent en gigantesque abattoir tiennent entre les mains un « livre » qui prêche l'amour. S'agit-il de l'amour de faire des martyres ?

> Le Blanc a tué mon père
> Car mon Père était fier
> Le Blanc a violé ma mère
> Car ma mère était belle
> (« Le Temps du martyre »).

Mots concrets, syntaxe simple, langage économique et style clair accentuent la brutalité des oppresseurs. Dans « Souffre pauvre nègre », le poète revient sur les droits sexuels illimités que s'arroge l'occupant :

> [...] ta case branlante est vide
> Vide de ta femme qui dort
> Qui dort sur la couche seigneuriale
> (« Souffre pauvre nègre »).

Les anadiploses – le dernier mot d'un vers devient le premier du vers suivant – symbolisent sans doute le maillon de la chaîne des négriers. Du reste, les mots qui reviennent sans cesse sont « sang, sueur, travail, esclavage », tous des termes qui se rapportent à l'exploitation physique ; exploitation qui paraît normale aux yeux du colonisateur tant il est convaincu d'avoir affaire à un être inférieur et attardé, à un sauvage qu'il faut domestiquer. On retrouve là l'essentiel du mythe du nègre paresseux, malhonnête, médiocre et laid que Diop reprend avec ironie dans « Un Blanc m'a dit ». Le Noir serait la personnification du péché et l'esclavage, une pénitence qui ne pourra pourtant pas le racheter compte tenu de l'énormité de ses fautes. D'ailleurs, l'esclavage, tout comme le péché, est lié à la pigmentation de la peau. L'esclavage fait donc partie du destin du Nègre et il convient que celui-ci l'assume totalement :

> Et ta couleur emprisonne ton sang
> Dans l'éternité de l'esclavage [...]
> Et ton avenir, monstre, damné, c'est ton présent de honte
> (« Un Blanc m'a dit »).

En somme, qu'est-ce que le peuple noir à ce moment précis de l'histoire ? Diop répond : « Le peuple que l'on traîne / Traîne et promène et déchaîne » comme un chien en laisse. Un peuple-objet qu'on fait travailler jusqu'au sang pour faire vivre grassement les autres ; un peuple-otage, victime innocente des ruses, des méchancetés et des conspirations des nantis.

Mais c'est aussi un peuple qui peut « hurler ». Et c'est précisément pour l'inviter à hurler avec énergie et à refuser irrévocablement la soumission que Diop offre au lecteur une vision « rouge », un tableau macabre et accablant des méfaits de l'esclavage, du colonialisme et des mystifications des exploiteurs. Révolte et libération : telle est la voie de l'avenir. Voie pleine d'embûches certes, mais combien exaltante ! N'est-ce pas le sens du cri de ralliement que lance Diop dans « Écoutez camarades... » ? À noter la valeur de l'impératif et le langage gauchisant qu'utilise le poète pour inviter les Noirs de tous les coins du monde à s'unir dans la cause commune.

Malgré les multiples arrestations, les brutalités et les révoltes avortées telles que celles de Martinsville et de Madagascar ; malgré les sévices physiques et les tortures déjà subies, le maître mot de l'opprimé doit être « persévérance ». Le choix du vocabulaire est particulièrement judicieux dans « Écoutez camarades... ». Dès les premiers vers, Diop parle d'incendie, de crépitement, donc de feu, élément destructeur par excellence. De plus, le poème gronde comme un ouragan dévastateur, ou comme le cœur d'un volcan prêt à cracher ses laves.

Courbé, écrasé, le peuple noir s'éveillera comme un volcan en éruption. Aux termes tels « par-delà », « ardente clameur », « lumière » qui soulignent tous une sorte d'élévation, suivent des verbes comme « éclater » et « écraser » qui accentuent le mouvement ascendant. Le moment venu, le peuple noir dévastera autant que les laves du cratère. Mais à l'inverse du volcan dont l'éruption constitue la fin de l'activité, l'explosion du Nègre correspondra à la phase *purificatrice*. Elle le libérera du joug colonial, étape importante dans la reprise en main de sa destinée.

On retrouve la flamme purificatrice dans « Liberté ». Le Noir brûle les traces de la domination pour revivre et pour mettre fin à la hantise de l'angoisse. Vive le renouveau : « Voici que s'élève grave / flamme multicolore de la Liberté Nègre ». Liberté *nègre* car il s'agit d'une liberté tout à fait spéciale, conquise au prix de nombreux « cadavres amoncelés ».

Diop ne doute point, on le voit, qu'une action positive et collective amènera des lendemains heureux. Se relever et crier NON, voilà la condition essentielle à laquelle l'homme noir retrouvera sa dignité. Le peuple noir se définira dans la violence, car il a toujours été violenté. Justement, la poésie de Diop plonge le lecteur dans un univers où la violence du vocabulaire et le style incisif et dépouillé, à l'image même du dépouillement de l'Afrique, semblent le conditionner à un soulèvement général. Thèmes et style fusionnent, se conjuguent et se renforcent.

L'œuvre de Diop fait appel aux sentiments et invite à une prise de conscience des enjeux fondamentaux. On pourrait comparer sa poésie à un vaccin. À la manière des anticorps qui nous immunisent contre telle ou telle maladie, Diop nous injecte la violence pour nous préparer à mieux y résister. *Coups de pilon* est une œuvre percutante qui développe une logique sans faille. Son but : regrouper les opprimés, singulièrement le peuple noir, pour l'inciter à amorcer, sans plus tarder, sa longue marche vers la libération, condition essentielle de la prise en main de son avenir. À ce titre, *Coups de pilon* est d'une vibrante actualité !

Nouveaux enjeux, nouvelles écritures; Collectif Changer le Cameroun ou le maquis urbain[22]

Le récit de vie n'est pas un genre que j'affectionne particulièrement. Dans certains milieux universitaires pourtant, ce genre a fait recette, surtout lorsqu'il s'est agi du monde dit postcolonial. Le succès des ouvrages comme ceux de Manthia Diawara, *In Search of Africa* (1998), *We Won't Budge. An Exile in The World* (2004), est significatif à cet égard. Je m'en suis méfié d'autant plus qu'on pourrait avoir affaire à une forme déguisée de collecte et de diffusion d'informations, le subalterne se plaisant soit à s'exposer comme objet exotique, soit à raconter son expérience en continuant de laisser le soin à quelqu'un d'autre d'en faire l'analyse, des analyses dont les conclusions, bien souvent, peuvent être utilisées pour gérer le destin de l'informateur initial. En tout cas, encourager l'Africain à se raconter semble suggérer qu'on lui dénie la capacité à se penser, à repenser son histoire et donc à transformer son expérience de la vie en concepts opérationnels pour se projeter dans l'avenir. Évidemment, on peut m'opposer qu'en Occident aussi, les récits de vie sont à la mode et que les travaux d'un Michel de Certeau (voir *L'Invention du quotidien*, 1990) théorisent le genre et encourage son expansion. Sans céder à la tentation essentialiste de ceux qui font croire que l'Afrique est un espace à part et qu'il faut une approche spécifique pour l'appréhender, j'aurais tendance à dire que tous les concepts qui surgissent en Occident, même pour ce qui est des milieux scientifiques et universitaires, doivent parfois être appliqués avec pas mal de discernement au réel africain.

Ce léger détour me permet simplement d'exprimer avec quelle hésitation j'ai accepté de parler de l'aventure que fut et qu'est le Collectif Changer le Cameroun. En effet, pour répondre avec un minimum de clarté à la demande qui m'a été faite, je dois nécessairement me soumettre à la loi du récit de vie, pour satisfaire un tant soit peu l'attente du public.

C'est sans doute mon séjour au Canada dans les années 1970 qui pourrait le mieux expliquer la démarche du groupe Changer le Cameroun, qui s'est mis en place à Yaoundé au lendemain de la chute du mur de Berlin et qui, entre autres choses, a publié les quatre volumes qu'il a signés, à savoir *Changer le Cameroun, pourquoi pas ?* (1990), *Le Cameroun éclaté ? Anthologie des revendications ethniques* (1992), *Le 11 octobre 1992, autopsie d'une élection présidentielle controversée* (1993) et *Ethnies et développement national, actes du colloque tenu le 23 septembre 1993* (1994).

---

22. Communication présentée au colloque de l'African Literature Association (ALA), Boulder, Colorado, en avril 2005.

En effet, du temps où j'y étais, le Canada m'était apparu comme un pays où l'on pratique avec un certain plaisir l'art des grands débats. Les grandes mises en question y donnaient lieu à des commissions d'enquête, à des groupes d'étude et à la publication de livres blancs sur les sujets les plus divers. Lorsqu'en 1976, le Parti Québécois prend le pouvoir au Québec, ses leaders multiplient les études, et presque rien ne se fait dans la province, que ce soit sur le plan social, culturel, économique ou politique, sans une analyse préalable, analyse généralement suivie de publications. On se souviendra en particulier du travail de Camille Laurin sur les questions de la langue française ou de celui de Bernard Landry sur l'économie. Le Parti Québécois, mouvement souverainiste, voulait tourner résolument le dos aux aliénations subies pour donner au « pays » un nouveau départ. Le recours aux experts de tous bords et la mise en commun des intelligences lui permettaient donc de prendre des décisions politiques les plus avisées. Et comment ne pas rappeler que *La Condition postmoderne* (1979) de Jean-François Lyotard, qui est devenu un ouvrage de référence abondamment cité, est le produit d'une commande québécoise ? Dans l'introduction à son ouvrage, Lyotard écrit notamment : « Le texte qui suit est un écrit de circonstance. C'est un Rapport sur le savoir dans les sociétés les plus développées qui a été proposé au Conseil des Universités auprès du gouvernement du Québec, à la demande de son président » (Paris, Les Éditions de Minuit, 9).

Mais qu'on s'entende bien : l'ambition du groupe Changer le Cameroun était moins la prise du pouvoir que le désir de suggérer aux éventuels hommes ou partis politiques précédemment enfermés dans la sclérose du parti unique, des instruments de travail ou tout au moins une nouvelle manière d'appréhender le réel. Tout à fait naïvement, nous pensions que la chute du mur de Berlin avec les conséquences qu'il n'est plus besoin de rappeler donnait aux divers acteurs politiques une formidable occasion de se réinventer et de poser véritablement les jalons de la construction d'une société camerounaise résolument tournée vers la modernité. Raison pour laquelle nous croyions bien faire en mettant sur pied une équipe multidisciplinaire solidement expérimentée pour produire des études de qualité : « Au sein de l'équipe, écrivions-nous alors, on trouve des démographes, des économistes, des enseignants/chercheurs de diverses spécialités, des ingénieurs de tous bords, des administrateurs, des juristes, des journalistes, des professionnels de la santé, des travailleurs sociaux, bref des hommes et des femmes de sciences » (*Ethnies et développement national...*, 3).

Il suffit d'ailleurs de lancer un coup d'œil à la table des matières du premier volume justement intitulé *Changer le Cameroun*, suivi d'une question à l'accent gaulliste, « Pourquoi pas ? », pour comprendre le désir de remuer toutes les pierres de l'édifice national. Les titres des chapitres sont eux-mêmes assez suggestifs et quelques exemples suffiront à éclairer le lecteur : « Pour une République des citoyens » ; « De la déconcentration à la décentralisation » ; « Du système tentaculaire à une administration de service » ; « Une armée au service du développement » ; « Bâtir un système monétaire africain » ; « Sus à l'économie de rente » ; « Santé, sortir du coma » ; « Culture et communication, au-delà du folklore » ; « Sport, en finir avec l'improvisation » ; « Politique internationale, assumer notre vocation », etc. Plus de quinze ans après sa publication, on se rend d'ailleurs compte, en relisant ses titres, que Changer le Cameroun est encore d'une brûlante actualité tant il est vrai que notre système de santé est plus comateux que jamais, qu'en sport triomphe encore l'improvisation et que la décentralisation se fait toujours attendre.

Au sein du groupe, le travail se faisait par spécialité et en équipe. Mais le travail de chaque équipe était relu et commenté par chacun des membres avant d'être soumis aux fourches caudines des réviseurs. Il n'y a évidemment rien d'extraordinaire dans la démarche ainsi décrite. Sauf qu'il faut se dire que nous étions là dans un contexte où était inconnue l'habitude du travail intellectuel en équipe, que nous travaillions sans le moindre financement, qu'il nous faudrait d'ailleurs nous cotiser pour faire imprimer l'ouvrage et que quelques-uns d'entre nous passeraient des nuits blanches à en faire la mise en page à une époque où l'accès à l'ordinateur n'était pas donné au premier venu.

L'un des temps forts de la publication de ce premier volume fut tout de même celui de l'appropriation, de l'*authorship* ! Publier les noms des collaborateurs était hors de question. Et pour cause ; certaines personnes qui y avaient contribué ne voulaient pas courir le risque de perdre leur emploi eu égard au système répressif ambiant. Jean Fochive, qui fut pendant plus de trente ans le redoutable responsable de la répression politique, était encore vivant et continuait de sévir ! D'un autre côté, nous voulions, autant que faire se pouvait, éviter de publier sous anonymat même si nous avions plaisir à flirter avec la théorie de l'anonyme. L'idée nous était alors venue de coopter quelqu'un qui n'avait pas nécessairement participé à la préparation du volume, mais qui nous paraissait nanti d'une certaine autorité morale et voulait bien se « sacrifier », c'est-à-dire assumer l'*authorship* en en signant la préface. Nous nous sommes donc mis en quête de l'homme providentiel ou de l'agneau ! C'est ainsi que nous sommes tombés sur quelqu'un que nous croyions être notre *jackpot*. Il s'agissait d'un professionnel de haut niveau, bien connu et appartenant à la génération et même à la promotion de Biya au Lycée Leclerc. Il se targuait de pouvoir interpeller personnellement le président de la république en cas de besoin.

Notre stratégie était de lui servir de souffleur dans la gestion potentiellement tumultueuse de l'ouvrage. Nous étions conscients qu'il pouvait évidemment en tirer des retombées, autant positives que négatives. L'essentiel pour nous était que le message passe. Mais tout en acceptant l'*authorship* qu'on lui proposait, notre « ami » nous opposa que la préface telle que nous l'avions pensée ne lui convenait guère et qu'il lui fallait la récrire. Malheureusement, il nous proposa un texte de son cru, passablement confus, et refusa tout remaniement que l'équipe lui suggéra. Au terme d'un échange particulièrement tendu, nous comprîmes qu'il valait mieux ne pas se lancer dans une aventure à haut risque avec un personnage qui avait sans doute une certaine disponibilité et pas mal de bonne volonté, mais qui ne semblait pas comprendre tous les contours de la stratégie mise en place. Raison pour laquelle nous préférâmes inventer Emmanuel Akika, le préfacier de l'ombre à qui nous confiâmes la paternité de notre produit.

De nombreuses autres anecdotes ont entouré la distribution du volume et une au moins mérite d'être racontée. Une fois l'ouvrage publié, nous avions ciblé un certain nombre de cadres susceptibles, d'après nous, de s'intéresser au texte. Un jour, l'un d'entre nous déposa le volume auprès de l'épouse d'un de ses amis, alors absent de son domicile. Lorsque l'ami revint et se fit donner l'ouvrage par sa femme, il fut saisi de panique et courut aussitôt rendre le brûlot au porteur en lui expliquant qu'il ne voudrait pas avoir à en répondre si jamais on le soupçonnait de détenir pareil document ! Qu'à cela ne tienne, l'ouvrage s'est pas mal vendu. À telle enseigne que nous avons pu, sans peine, payer pour l'impression du volume 2, *Le Cameroun éclaté ? Anthologie commentée des revendications ethniques* (1992).

Ce volume de près de 600 pages est un recueil de textes réglementaires, des articles de journaux et des tracts ayant trait aux questions ethniques au Cameroun. L'équipe a accompagné ces textes de quelques commentaires, d'études critiques et même de quelques tableaux statistiques indicatifs. La recherche des documents pour confectionner ce document fut passionnante. Chacun mettait un point d'honneur à dénicher ce qu'il croyait être la perle rare et se trouvait presque toujours battu par quelqu'un d'autre. De ce point de vue, le savoir accumulé est particulièrement édifiant et nous nous disions qu'il s'agissait d'un véritable trésor pour quiconque voulait un jour penser au développement harmonieux d'un pays aussi divers que l'est le Cameroun. La préface d'Emmanuel Akika était claire à ce propos :

> Au Cameroun, stéréotypes, préjugés, exclusions, condamnations à base ethnique se multiplient et installent des comportements d'ethnocide, voire de génocide dont les séquelles risquent de perdurer.

Il nous faut pourtant défendre et illustrer un autre type de rapports interindividuels dont la dynamique devra prendre appui sur la convivialité entre les différents groupes qui peuplent notre pays. La volonté de s'appuyer sur l'interethnicité pour sauver notre avenir à tous ne doit voiler ni les ambiguïtés, ni les limites de cette démarche.

L'interethnicité, pour être opérationnelle, doit se fonder sur l'échange, la réciprocité, la reconnaissance et le respect de la différence entre les divers acteurs et groupes sociaux. Les relations interethniques deviennent problématiques lorsqu'une des parties veut se proposer ou s'imposer comme modèle à suivre.

Il importe de promouvoir la pluralité des valeurs, la pluralité étant elle-même une valeur en soi (vi).

À la lecture de l'extrait ci-dessus, écrit en 1992, on pourrait presque penser que nous voyions venir le génocide rwandais de 1994. Encore peut-on se demander si le Cameroun est à l'abri du génocide et si, comme le suggère Fabien Eboussi, le Rwanda n'est pas toujours en nous ! Quoi qu'il en soit, *Le Cameroun éclaté ?* est un ouvrage qui, lui aussi, s'est pas mal vendu et il reste à espérer que les experts en affaires politiques camerounaises sauront en faire bon usage le moment venu.

Avant de tourner la page du *Cameroun éclaté*, je me dois de souligner qu'il ne faut pas penser qu'au sein du groupe, tout baignait dans l'huile et que nous avions réussi le miracle de constituer du jour au lendemain une équipe cohérente et productive à souhait. Ce serait croire à la génération spontanée ! Un incident survenu au cours de la rédaction de l'ouvrage montre à quel point il fallait être vigilant pour contenir les tentatives d'infiltration et de détournement. Une fois la documentation de l'ouvrage rassemblée et le premier tirage effectué, un membre du collectif attira notre attention sur le fait que dans « certains milieux », on pensait que quelques-uns des textes rassemblés étaient très délicats ou plutôt « sensibles » comme on le dirait aujourd'hui, et ne devraient donc pas être publiés, au risque de nous attirer d'énormes ennuis. Sommé de nous dire de quels milieux il s'agissait et de quels ennuis il était question, le collaborateur avala sa langue. Malheureusement, nous lui avions remis le document pour en faire le premier tirage et il nous a fallu faire preuve de tact et même recourir à des menaces pour récupérer la totalité du dossier.

Voilà une attitude qui pourrait expliquer le cheminement des uns et des autres par la suite. Nombre de personnes qui gravitaient autour du collectif, ignorant ou oubliant le pacte non écrit de l'anonyme, estimaient, et c'était tout à fait légitime, qu'elles pouvaient personnellement capitaliser sur le savoir accumulé pour s'insérer sur le marché politique particulièrement florissant de l'heure. C'est dire que nous ne devions pas être très nombreux à croire sincèrement qu'on pouvait se mettre de manière désintéressée au service de l'intérêt général et travailler ainsi à produire des dossiers pour de potentiels acteurs de changement. Nombre d'intervenants se sont effectivement précipités dans l'action politique. Ils en avaient parfaitement le droit. Il y en a malheureusement qui se sont auto-investis leaders politiques en comptant sur le loyalisme des membres du groupe pour adhérer à leur chapelle politique. De la sorte, les leaders en question pouvaient profiter au maximum de l'expertise des uns et des autres. Cela aussi n'a pas manqué.

Toujours est-il qu'il restera un nombre suffisamment important d'irréductibles pour poursuivre les réflexions et produire *Le 11 octobre 1992, autopsie d'une élection présidentielle controversée* (1993). Cette troisième publication, de 220 pages, comporte environ 100 pages de documents divers ayant trait auxdites élections. En plus d'une genèse qui campe le lecteur en lui donnant un aperçu de l'environnement sociopolitique qui prévalait, les cinq chapitres suivants traitent de l'organisation et du déroulement de ladite élection, brossent un portrait de l'électorat et des candidats en lice, analysent le vote et le dépouillement, dressent les conséquences politiques, économiques et diplomatiques de l'événement et tirent quelques leçons de l'exercice. Au terme de cette élection qui fut le premier scrutin pluraliste du Cameroun postcolonial, l'une des conclusions retenues est encore valable, près de quinze ans plus tard :

> Le gouvernement semble condamné à des fuites en avant perpétuelles, ne pouvant engager un réel dialogue avec la population qui ne se termine par sa remise en cause pure et simple. L'exemple du « grand débat » annoncé par le porte-parole du gouvernement en mars 1993, redevenu « large débat » un mois plus tard, lequel s'avérera ne même pas être un débat du tout, mais une mise en scène pour élaborer, adopter et imposer une nouvelle Constitution, est à ce titre bien édifiant. Le sort réservé à ce débat par correspondance témoigne une fois de plus d'une peur profonde que le gouvernement a de tout vrai dialogue. Ce qui n'est en définitive que l'expression de la conscience de son illégitimité et de sa volonté d'occuper le pouvoir par la force et le fait accompli (144).

À ce stade de notre démarche, pas mal de personnes, pour des raisons parfaitement compréhensibles, commençaient à brûler d'envie de paraître en public, question de faire montre de leur savoir. C'est dire que le groupe vivait un peu comme dans une marmite infernale, prête à éclater si aucune précaution n'était prise. Au terme de longues délibérations, il fut alors décidé d'organiser un colloque national. L'argument et un commanditaire furent trouvés. Le colloque donnera lieu à *Ethnies et développement national, Actes du colloque tenu le 23 septembre 1993* (Éditions C3, Fondation Friedrich Ebert, et Éditions du CRAC, 1994), au Yaoundé-Hilton avec le concours de la

Fondation Friedrich Ebert. Il s'agit d'un ensemble de dix-sept communications auquel on a ajouté une synthèse des débats qui ont suivi les présentations. Organisé en trois ateliers, le colloque fut un forum où étaient représentées la plupart des ethnies camerounaises.

Et l'occasion fut belle pour le collectif de se donner une espèce d'identité :

> Qu'est-ce que le Collectif Changer le Cameroun ? Le C3, comme il s'appelle, n'est pas une nouvelle secte ou un cercle mystique, il n'est ni un parti politique, ni un lobby, ni une ONG, ni même une association dûment constituée. Il s'agit d'un groupe de patriotes que préoccupe au plus haut point le devenir du Cameroun.

> Le groupe se donne pour objectif de contribuer en analyses précises et documentées au débat en cours sur la transition démocratique dans notre pays (3).

Aujourd'hui, le groupe s'est dispersé. Il y en a parmi eux qui sont devenus des professionnels de la politique. D'autres, parmi les plus redoutés, se sont taillé une place de choix dans la haute administration du pays. Pas mal d'entre eux sont simplement retournés dans leur secteur initial d'activité. Quelques-uns se sont expatriés pour des raisons qui leur sont propres. Mais eu égard aux objectifs qui étaient les nôtres, à savoir l'exclusion de toute manœuvre de positionnement individuel ou collectif, le destin personnel ne faisait pas l'objet de préoccupation. La conclusion qu'il convient de tirer ne peut donc être que d'ordre conceptuel. Aussi étonnant que cela puisse paraître, on se retrouve, au terme de ce cheminement, confronté à la vieille dialectique entre le même et l'autre. Qu'est-ce à dire ?

Le Cameroun, on le sait, a connu la politique d'assimilation propre au système colonial français. Or, qui dit assimilation dit tendance à ignorer les différences. Au lendemain de ce qu'il est convenu d'appeler indépendance, les héritiers du pouvoir colonial vont continuer à ignorer les diversités, au nom de la promotion de l'unité nationale. Alors va se développer, à l'ombre du discours sur l'unité nationale, ce que Daniel Castillo Durante appelle « une logique stéréotypale [qui] fait de l'autre une copie dégradée afin de l'intégrer au marché des échanges symboliques. Figé dans une formule toute faite, l'autre n'y opère que pour autant qu'il se conforme aux sommations du stéréotype ; c'est dans ce contexte que l'ethnique fait son apparition comme copie de l'autre » (*Les Dépouilles de l'altérité*, Montréal, XYZ éditeur, 2004, 47). Or, poursuit Durante, « le propre de l'altérité serait [...] de *rendre autre*, d'altérer, en somme [...] l'autre est altéré par le stéréotype » (48). Or, le niveau ultime « d'altération » de l'autre peut consister à développer un langage qui professe son élimination. Au Cameroun, les ethnies sont virtuellement en pied de guerre puisqu'elles rivalisent de manière permanente et s'accusent mutuellement de tentations hégémoniques. Comme l'ont montré les diverses protestations et l'abondante littérature causées par les nominations des évêques Gabriel Simo et André Wouking respectivement à Douala et à Yaoundé, on sait désormais que même l'Église catholique qui est au Cameroun, pour universelle qu'elle prétende être, n'est pas épargnée et qu'il s'y mène une lutte à mort, sur la base de l'ethnicité.

Le Cameroun semble se gouverner par atomisation des groupes en présence. Le pouvoir s'intéresse peu à la fédération des énergies, mais se comporte plutôt comme un pompier pyromane qui laisse naître des foyers de tension susceptible de transformer l'altérité en bombe à retardement. Les violences postélectorales d'octobre 1992 ont prouvé à suffisance que notre altérité excluait tout droit à la différence. Faute de pouvoir homogénéiser le corps social, le groupe hégémonique, renonçant à faire l'effort requis pour gérer la diversité, mise plutôt sur les « dépouilles de l'altérité ». En clair, seule la forme inerte de l'altérité paraît acceptable pour le moment !

Deuxième partie :
Défaites provisoires

Mongo Beti,
prophète de l'exil[1]

Mis à part les récits de Bernard Nanga et peut-être les deux textes (*Africapolis* et *Choc anti-choc*) vite épuisés de René Philombe, les œuvres qui ont le plus marqué la littérature camerounaise depuis le début des années 1970 jusqu'à présent sont le fait des auteurs de la diaspora. Qu'il s'agisse du *Bal des Caïmans* (1980) de Yodi Karone, des recueils de poèmes de Paul Dakeyo, du récit de Calixthe Beyala et de tous les textes produits par Mongo Beti depuis *Perpétue et l'habitude du malheur* (1974) jusqu'à *La Revanche de Guillaume Ismaël Dzewatama* (1984), en passant par *Remember Ruben I* et *II*, on a affaire à des ouvrages qui occupent une place de choix dans l'histoire de la littérature camerounaise contemporaine. Encore qu'en donnant une acception plus large au terme littérature, on pourrait tout aussi bien évoquer les ouvrages brûlants d'un Achille Mbembe, *Cameroun, quel avenir ?* de Célestin Monga, *Main basse sur le Cameroun* et autre *Lettre ouverte aux Camerounais* de Mongo Beti. Toujours est-il qu'en ce qui concerne les essais d'ordre politique, les analystes de l'intérieur (Bassek, Kamga, Mbock, Pokam, etc.) rivalisent bien avec les auteurs de la diaspora.

Trente ans d'exil

Parmi les écrivains camerounais de la diaspora, Mongo Beti apparaît cependant comme un cas limite. Avec plus de trente ans d'exil ininterrompu, il est incontestablement le doyen d'âge des exilés. Il est aussi le plus productif de tous. En plus de ses récits et de ses essais, il anime depuis dix ans *Peuples noirs–Peuples africains* (*PNPA*), une importante revue culturelle qui se veut aussi une arme de combat. Dans le présent essai, je me propose de dévoiler l'homme qui se cache derrière cette intense production littéraire. Il s'agirait donc d'esquisser le portrait intellectuel de Mongo Beti tel que le révèlent quelques-uns de ses textes de *PNPA*, et de souligner les idées-forces qui se dégagent des articles qu'il a publiés dans ladite revue. Bien qu'on puisse présumer que nombre de textes signés *PNPA* sont du directeur de la publication, je m'en tiendrai presque exclusivement aux articles dûment signés « Mongo Beti ». L'entreprise sera périlleuse, car les articles de Mongo Beti, qui sont d'ailleurs le fondement de certains de ses récits, sont omnidirectionnels. Nanti d'une vaste culture, Mongo Beti passe avec virtuosité de l'Antiquité grecque à l'époque contemporaine, de l'Afrique à l'Orient, du Nord au Sud. Qui plus est, au-delà du talent qu'on lui reconnaît volontiers, Mongo Beti a été, surtout

---

1. Publié dans *Notre Librairie*, n° 99, oct.-déc. 1999, 129-134.

depuis qu'il publie *PNPA*, traité de tous les noms : paranoïaque, diffamateur public, fou furieux, etc. J'y reviendrai.

Une virulente diatribe

Aucun doute que la passion qui l'habite, passion de son pays, passion du continent africain, passion du monde noir éternellement exploité, l'amène à des prises de position d'une violence inattendue. Bien plus, les attaques personnelles qu'il profère sont si nombreuses que plusieurs de ses amis ont fini par regretter le jour de leur rencontre. En dehors même des hommes politiques qui constituent sa cible préférée, il dénonce avec véhémence quiconque compose avec l'ennemi. Ainsi s'expliquent ses diatribes contre certains dignitaires culturels et politiques d'Afrique, d'Europe et d'ailleurs. Ses démêlés avec ses amis, éditeurs, imprimeurs et autres collaborateurs se règlent tôt ou tard sur la place publique.

En fait, Mongo Beti se présente comme un individu d'une exigence qui pousse au bout de l'intolérance. Exigeant pour lui-même, il s'impose un rythme de travail proprement exténuant. Il ne comprend donc pas et ne tolère pas que ceux qui ont accepté la responsabilité de gérer des hommes, de présider au destin des peuples noirs et qui ont les moyens de le faire, osent faillir à leur tâche. Évidemment, les adversaires du *Beti-militant* ont vite fait de l'accuser de n'avoir pas autant de courage qu'il veut le faire croire puisqu'il préfère le confort de l'exil aux risques (tracasseries policières, prisons, torture et assassinat) de la vie quotidienne sur le terrain. Et même si, comme dirait l'autre, il faut aux Noirs des martyrs, le statut de martyr, tout compte fait, ne profite qu'à ceux qui survivent pour poursuivre la lutte. Mongo Beti en est convaincu.

Faut-il vendre son frère ?

Il a donc choisi le parapluie français, même s'il semble plus présent que quiconque sur le champ de bataille en Afrique. Mais que l'on ne s'y méprenne pas. Mongo Beti affirme qu'il n'a jamais été le dirigeant d'un mouvement d'opposition contre quelque régime que ce soit en Afrique. Le combat qu'il mène n'est donc pas une entreprise visant à la conquête du pouvoir politique. Son engagement doit être toujours compris comme une réprobation sans détour des monocraties qui, en Afrique, en Amérique latine, nuisent à l'émancipation sociale, économique et culturelle des populations trop longtemps victimes de l'exploitation occidentale. À terme, son but est de créer un contexte favorable à un dialogue entre dominants et dominés. Mais pour lui, le dialogue ne peut avoir lieu qu'entre égaux, qu'entre individus libres. Autrement dit, dialoguer avec un pouvoir, c'est nécessairement négocier : « Puisqu'il n'a rien et qu'il n'est rien, que peut monnayer l'esclave devant son maître, si ce n'est le prix de vente de ses frères ? » (*PNPA*, n° 28, 6).

S'agissant des problèmes de la liberté et sur bien des questions du reste, Mongo Beti est un maximaliste. Il ne tient à aucune relation privilégiée avec aucun pouvoir – qu'il soit blanc ou noir –, ni avec aucune idéologie. Ni marxiste, ni chrétien d'extrême gauche, ni *black power*, il s'inspire pourtant des idéologies (de gauche) qui ont pour finalité l'émancipation et le progrès des Noirs du continent africain. Bantu animiste, Mongo Beti s'est toujours insurgé contre toute évangélisation et toute christianisation qu'il considère comme une déportation morale, « tactique de cette immense stratégie blanche, la ruse [...] la plus satanique d'une guerre millénaire » (*PNPA*, n° 19, 120). Africain libre, Mongo Beti a résolument pris parti pour les pauvres, les humiliés, les exilés et les paumés de toutes les origines. Et c'est sans doute à force de penser aux déshérités dont le sort aurait bien pu être différent qu'il perd son sang-froid et accuse l'Occident d'avoir instauré et entretenu en Afrique, « défouloir de l'homme blanc », « bordel fantastique », le règne du vide, de la nuit, du néant morne et gris. Pour pérenniser le silence du continent noir, on l'a livré à un capitalisme sauvage, aux fins spéculateurs de la relativité du Bien et du Mal. Des armées de coopérants, tous prosélytes d'une nouvelle théorie des climats, ont succédé aux hommes qui, pendant la période coloniale, ont infligé aux populations noires les sévices les plus cruels sous prétexte de les humaniser.

Seul contre tous

On l'a souligné, la fureur qui se dégage de la plume de Mongo Beti lui attire plus d'une réplique de la part de ses adversaires qui le traitent d'insolent, d'agitateur, de mégalomane, de pamphlétaire, de névrosé, d'extrémiste excité, d'iconoclaste, etc. Convaincu qu'il exprime le point de vue de la grande majorité des populations africaines francophones, Mongo Beti n'a pas peur d'être seul contre tous et surtout de susciter la colère des spoliateurs de l'Afrique. Ce qui ne revient pas à dire qu'il croit qu'il a toujours raison. Il ne recule pas devant le débat d'idées et se tient toujours prêt à réviser ses positions si l'adversaire lui démontre ses torts. Militant de l'opposition camerounaise pendant de longues années, il n'a pas hésité à rompre avec l'Union des Populations du Cameroun (UPC) du jour où les objectifs de ce parti ne lui ont plus paru conformes aux principes de départ. Mongo Beti sait aussi reconnaître aux individus leurs mérites et va jusqu'à la jubilation lorsqu'il trouve sur son chemin des Occidentaux, peu nombreux il est vrai, qui partagent ses points de vue sur l'Afrique et le Tiers-Monde. Il en va ainsi de Pierre Péan avec ses *Affaires africaines* ou de Jacques Vergès avec *Le pré aux clercs*. Beti s'explique mal que l'Europe s'agite autant qu'elle le fait lorsqu'il est question des droits de l'homme en Pologne, en Afghanistan, au Salvador, mais hésite à lever le petit doigt quand il s'agit de l'Afrique et des droits de l'homme noir.

Il lui revient donc, croit-il, de faire un effort quasi héroïque pour offrir au public une information objective et courageuse sur un continent qui risquerait de sombrer à jamais sous le voile mystificateur de l'Occident chrétien. Sa mission est d'autant plus ardue qu'elle se réalise, explique-t-il, sous le signe d'une indépendance personnelle totale. Dans sa croisade, en effet, Mongo Beti rejette toute subvention pour demeurer parfaitement indépendant de tous les gouvernements, de toutes les organisations politiques de quelque inspiration qu'elles soient : « Je n'ai jamais, écrit-il, touché aucune subvention d'aucun pouvoir, ni africain, ni français, ni américain, ni soviétique, ni chinois... Et ceci parce que je n'ai jamais entrepris que ce que j'étais assuré de pouvoir financer moi-même, avec l'aide de mon épouse. » (*PNPA*, n°s 7-8, 114). On devine aisément à quelle philosophie politique il préfère se rattacher, mais à aucun moment il ne veut voir se créer des rapports de dépendance entre lui et un pouvoir extérieur.

Francophone malgré tout

On sait quelles sont ses idoles : T. Louverture, B. Boganda, Um Nyobé, Lumumba, Ouandié, etc. Mais il sait qu'il ne sert à rien d'ajouter son nom à la liste déjà longue de martyrs noirs alors qu'un discours radical peut, à court, à moyen et à long terme, avoir une portée salutaire. La témérité n'exclut donc pas la prudence. Paradoxe ? Sans doute. Et ce n'est pas le seul. Mongo Beti est un écrivain africain qui ne réside pas en Afrique. Il préfère d'ailleurs l'expression « écrivain noir » à celles d'écrivain camerounais ou d'écrivain africain. Défenseur acharné des cultures africaines, il s'affirme pourtant comme *francophone* et n'hésite pas à défendre l'appropriation de la langue française par les Africains pour une littérature africaine authentique. Paradoxale aussi l'admiration que voue Mongo Beti à l'anglophonie africaine. Lui qui confesse ne pas parler anglais et qui n'épargne ni le Kenya ni la Zambie dans ses diatribes. En somme, Mongo Beti est un être de l'imaginaire, un idéaliste qui interpelle le lecteur et lui fait prendre conscience de ses limites.

Mais il a un souci extrême de la documentation et un sens aigu de l'observation. Voilà qui l'amène à soupeser nombre de ses points de vue et à se laisser émerveiller par de nouvelles aventures. À ce propos, lire « Pièges en Amérique » (*PNPA*, n° 21, 8-39). Homme d'orgueil et d'allègre arrogance, Mongo Beti donne de lui-même un portrait sans cachotterie. On comprend alors qu'il donne des autres des portraits sans complaisance et parfois cruels.

La nounou noire des blonds garnements

Entrons dans la galerie des portraits par la lecture d'une peinture qu'il donne de l'Afrique. Pour Mongo Beti, l'Afrique n'est qu'une « nounou noire des blonds garnements, mère nourricière des ratés de l'Occident, dépotoir, souillon, catin…, l'Afrique, c'est cela » (*PNPA*, n° 15, 68). Et c'est l'image qu'en ont les coopérants techniques que Mongo Beti croque à belles dents : « L'assistance technique, c'est pire que la colonisation ; c'est une volsterisation insidieuse, l'amorce d'une sowétoisation à l'échelle continentale » (*PNPA*, n° 15, 68). Pour lui, l'assistance technique est une dangereuse imposture. Elle occupe, étrangle et déforme l'Afrique. Elle aide les analphabétocrates sadiques, les tyrans charismatiques et autres dictateurs à royalties à accélérer la bantoustanisation du continent.

Comment pourrait-il en être autrement ? Les grands défenseurs et les principaux chefs de la coopération sont pour la plupart de véritables zombies, hommes au passé ténébreux, colonisateurs mal repentis qui, hier encore, étaient des agents directs et zélés du colonialisme en Afrique.

Je ne m'attarderai pas sur le vocabulaire particulièrement cruel et fourni avec lequel Mongo Beti désigne nombre de chefs d'État africains. Ce sont des sanguinaires, des réactionnaires, des obscurantistes, etc. Il faut surtout souligner avec quelle causticité de langage Mongo Beti juge nombre de ses confrères, écrivains africains. À la suite d'un entretien qu'il a avec Ahmadou Kourouma à Berlin Ouest en juillet 1979, il accuse le romancier ivoirien d'être « le fourrier de thèses froidement racistes » (*PNPA*, n° 11, 86). En effet, Mongo Beti s'explique mal que Kourouma ose faire passer les querelles interethniques entre Africains avant le combat anti-impérialiste et bien avant la menace d'asservissement que l'Occident fait peser sur l'Afrique. Quant à Camara Laye, rencontré à la même occasion, Mongo Beti le trouve trop naïf et sans grande conscience politique. Il reconnaît cependant les difficultés d'être écrivain en Afrique : « René Philombe, qui est pourtant infirme, écrit-il, est constamment ballotté entre case misérable et un cul-de-basse-fosse merdeux d'une prison […] parce qu'il persiste à ne vouloir pas se séparer de son modeste stylo » (*PNPA*, n° 11, 56-57). Il en arrive à un jugement global sur les Africains et constate leur trop médiocre inclination pour la lecture, condamnés qu'ils sont par une culture traditionnelle trop introvertie. Repliés sur eux-mêmes, les Africains, constate Mongo Beti, se sont laissé assiéger par les étrangers : « Nos ancêtres furent surpris par la colonisation […] nous avons été nous-mêmes pris au dépourvu par le néo-colonialisme » (*PNPA*, n° 36, 2).

Toussaint ou Sitting Bull

Mongo Beti donne de l'Afrique une image laide et n'hésite pas à projeter du Noir une image des plus négative. Ce faisant, il s'en tient à un accablant constat historique. La spoliation des Noirs qui a commencé avec la traite s'est poursuivie sans relâche, tantôt ouvertement, tantôt hypocritement jusqu'à nos jours. Lorsque Mongo Beti compare l'histoire des peuples noirs à celle des autres peuples opprimés de la terre, il en arrive à la conclusion que ni les Peaux-Rouges d'Amérique, avec leurs héros (Sitting Bull, Red Cloud, Crazy Horse, Spotted Tail, Cochise, Geronimo, etc.), ni les Arabes, ni les Philippins, ni les Algonquins n'ont accepté de dialoguer avec le maître blanc et d'être traités en nègres.

Certes, il y a Toussaint Louverture dont le nom est lié à l'épisode le plus sanglant et le plus héroïque de la tragédie des Noirs. Force est pourtant de constater qu'aujourd'hui, l'Africain, qu'il vive en Europe ou dans son propre pays, est avant tout un individu qui a peur, peur pour sa sauvegarde physique et peur pour son avenir. L'image que les médias occidentaux donnent de lui est des plus négatives. En Afrique francophone, en Afrique du Sud, en Amérique, en Europe, le nègre est pourchassé, tracassé par la police, spolié, piétiné, fouetté et contrôlé à tout bout de champ. Ce traitement ne donne jamais lieu, assez curieusement, à une émotion semblable à celle que suscite la violation des droits de l'homme blanc. L'histoire de l'homme noir étant une histoire aussi tragique, il faut inscrire son combat pour plus de dignité dans le cadre d'une lutte universelle contre l'oppression. C'est à ce prix que pourra naître une société africaine authentique, société dont Mongo Beti s'efforce de poser les jalons.

Ces dérisoires remous

Pour lui, il est indispensable que les Africains prennent eux-mêmes la parole pour parler de l'Afrique aux Africains. D'où l'impérieuse nécessité de créer et de contrôler certains moyens de communication. Voilà qui justifie encore son propre exil puisqu'il estime que les Africains devraient demeurer en Europe le temps nécessaire pour civiliser et sensibiliser les Européens de bonne volonté aux drames du continent. Malheureusement, constate Mongo Beti, la langue française n'est pas encore porteuse d'un message traditionnellement proclamé de liberté et de fraternité. En Afrique, on en a fait « cet épouvantail d'intolérance agressive, ce symbole de larbinisme bêlant, de censure, d'étouffement des penseurs et des créateurs, ce monde du silence où ne retentira bientôt plus que la langue de bois des dictateurs de fer » (*PNPA*, n° 48, 4). À la manière de l'Inde, il faudrait décoloniser la langue étrangère pour remédier à la spoliation linguistique. Mongo Beti se dit prêt à prendre la défense de la langue française en Afrique – il l'a déjà fait dans une conférence à l'université de Brazzaville en 1984 – ; mais il s'agirait d'un français africanisé qui serait alors défendu « dans des assemblées libres, sur lesquelles ne pèserait aucune volonté étrangère à l'Afrique » (*PNPA*, n° 48, 2).

Il va sans dire qu'en attendant, Mongo Beti, qui se défend d'écrire faux parce qu'il ne vit pas en Afrique, puise son inspiration créatrice dans l'exil. Il rejette du revers de la main l'accusation qui lui est faite de manquer de contact quotidien avec la terre nourricière. Pour lui, l'exil est producteur d'idéologie, « ce qui réduit à un rôle subalterne le contact charnel avec un environnement ou la contemplation de ces dérisoires remous à la surface des choses et des êtres, pompeusement appelés actualité » (*PNPA*, n° 11, 65). Demeurer en Europe pour civiliser les Européens, voilà l'enjeu. Et c'est ce qu'on appelle le retour de bâton. L'auteur évoque sans cesse les préjugés accumulés en l'Occident contre l'homme noir et se donne pour mission de réfuter le discours officiel et officieux blanc sur les Noirs. C'est d'ailleurs un des rôles fondamentaux qu'il assigne à la littérature africaine contemporaine.

Sortir du « scabreux gratuit »

Il importe de produire une littérature où les Noirs ne seraient plus des objets, mais les sujets d'une réflexion sur eux-mêmes. Car, il faut bien se le dire, si l'Afrique est pour nous « une question de vie ou de mort, [elle] n'est pour eux que le prétexte du commerce, de la promotion et de la rédemption » (*PNPA*, n° 20, 13). Si en français le mot « noir » symbolise la turpitude, l'impureté, le deuil, la barbarie, il faut écrire pour démasquer et pour dénoncer cet état de choses.

La littérature africaine doit de ce fait être une littérature pour la révolution africaine, pour décourager la persécution du pouvoir et non pour conforter un pouvoir garant d'un ordre social aliénant. D'où la nécessité de tenir le plus grand compte de l'histoire de la colonisation avortée avec son cortège de tragédies et de s'abreuver aux sources vives de l'histoire des Noirs et des peuples dominés de la terre (Haïti, Vietnam, etc.). Mongo Beti en arrive à une conclusion qui est toujours la même ; à l'instar de Richard Wright, les écrivains noirs doivent poser les grands problèmes du destin des peuples noirs.

Inutile de vouloir prendre exemple sur l'Europe contemporaine : « L'écriture n'est plus en Europe que le prétexte de l'inutilité sophistiquée, du scabreux gratuit, quand, chez nous, elle peut ruiner des tyrans, sauver les enfants des massacres, arracher une race à un esclavage millénaire, en un mot servir. Oui, pour nous, l'écriture peut servir à quelque chose, donc doit servir à quelque chose » (*PNPA*, n° 11, 91). La littérature africaine sera essentiellement partisane. Elle sera une littérature de refus. Les Africains devront cesser d'être des domestiqués, les protégés et les évangélisés de quiconque. Et Mongo Beti de constater que depuis *Le Pauvre Christ de Bomba* (1956), il est resté, quant à lui, solidement ancré dans le camp de la révolution africaine, littérairement parlant.

Mongo Beti et l'Europe :
des rapports aigres-doux[2]

La littérature africaine de langue française a abondamment exploité le thème du rapport entre la France ou plutôt entre l'Europe et l'Afrique. On connaît les mésaventures de *Kocoumbo, l'étudiant noir* (1960) d'Aké Loba, les tribulations de Tanhoé Bertin dans *Un Nègre à Paris* (1959) de Bernard Dadié ou encore celles de Samba Diallo dans *L'Aventure ambiguë* (1960) de Cheikh Hamidou Kane. Même *La Nouvelle Romance* (1976) et *Le Chercheur d'Afriques* (1990) d'Henri Lopes sont, à bien des égards, des ouvrages qui mettent en exergue les rapports entre l'Europe et l'Afrique.

Évidemment, il y aurait lieu de soutenir que toute la littérature africaine écrite repose essentiellement sur ce type de rapport tant il est vrai que chaque écrivain s'attache, d'une manière ou d'une autre, à donner sa perception de l'Europe et de la nature des rapports qui lient ou qui devraient lier les deux continents.

Mongo Beti vit en Europe depuis plus de trente ans. Il y a mené une longue carrière d'enseignant et d'écrivain. C'est dire qu'à bien des égards, il aurait pu être considéré comme un Européen. Mais un Africain peut-il jamais devenir Européen ? La dialectique colonisateur/colonisé, dominant/dominé, Blanc/Noir qui subsume son œuvre depuis *Ville cruelle* (1954) jusqu'aux *Deux Mères de Guillaume Ismaël Dzewatama, futur camionneur* (1983) met pourtant à nu la douloureuse question des échanges entre l'Afrique et l'Europe d'hier, d'aujourd'hui et de demain. Tous les grands problèmes sont pris en compte, depuis le débat sur la christianisation jusqu'à la question de l'urbanisation sans oublier les mouvements de libération nationale.

Qui plus est, au-delà même de sa création romanesque, Mongo Beti est l'auteur d'un certain nombre d'essais dans lesquels il analyse plus précisément encore les rapports eurafricains à travers le prisme que lui offre la France. Lesdites analyses constituent sans aucun doute le socle idéologique de sa fiction.

Mon objectif ici n'est pas de décrypter de manière exhaustive les arguments que développe Mongo Beti depuis quarante ans qu'il écrit. Je voudrais simplement montrer que le romancier camerounais, pour qui la littérature est une arme de combat, a mis au point nombre de repères qui permettent aujourd'hui de dire quelles peuvent être les attentes d'un écrivain africain à la veille de l'émergence de la nouvelle Europe.

---

2. Publié dans *ASCALF Bulletin* (England), n° 6, printemps/été 1993, 3-9.

Un passé douloureux

Traitant justement des problèmes du dialogue entre l'Afrique et l'Europe, Chinua Achebe reconnaît tout de go le caractère étroit de ces rapports. Il affirme notamment :

> Les relations entre l'Europe et l'Afrique sont très anciennes et aussi très spéciales. De l'influence exercée par les côtes de l'Afrique du Nord et celles de l'Europe méridionale sont nés les débuts de la civilisation européenne moderne. Plus tard, et avec des effets beaucoup moins heureux, c'est l'Europe qui a engagé l'Afrique dans la voie de la tragique mésalliance entre le trafic des esclaves et le colonialisme, afin que fussent jetées les bases de l'industrialisme moderne en Europe et en Amérique (*Peuples noirs–Peuples africains* (*PNPA*), n° 11, 1979, 10).

Et, commentant la vision senghorienne des rapports eurafricains, Achebe ajoute :

> Quand le poète Sedar Senghor chante l'Afrique reliée à l'Europe par le cordon ombilical, il donne sans doute à ces rapports une allure par trop sentimentale, en les dépouillant, grâce à l'imaginaire sécurisant de la mère et de l'enfant, de la méchanceté et de la cruauté qui ont souvent marqué la conduite de l'Europe envers l'Afrique (*ibid.*).

Nous ne reviendrons pas sur les controverses créées par l'affirmation de Senghor dans les milieux intellectuels africains. Mais il convient de souligner que les préoccupations d'Achebe rejoignent celles de Beti dont les interrogations peuvent se résumer en quelques points : l'Europe de demain pourra-t-elle faire disparaître le néocolonialisme ? Pendant longtemps encore, l'Europe va être maîtresse du destin de l'Afrique, que nous le voulions ou non. Comment entend-elle gérer cette charge ? L'Europe sera-t-elle la cause de notre misère persistante ou de l'amélioration de nos conditions de vie ? L'Europe va-t-elle continuer à soutenir nos dictateurs ou va-t-elle au contraire nous aider à instaurer la démocratie chez nous aussi ? L'Europe va-t-elle entretenir le népotisme en Afrique et la transparence chez elle ?

Mongo Beti estime que pour répondre à toutes ces questions, l'Europe doit se livrer à un bilan sans faux-fuyant de ses rapports avec l'Afrique. Elle se rendrait alors compte que l'Apartheid dont tant d'Africains ont souffert est bel et bien une invention européenne ; que « notre rencontre avec le Blanc chrétien » est « à l'origine de la déportation brutale de dizaines, sinon de centaines de millions des nôtres » (*PNPA*, n° 6, 1978, 3). La suite de l'histoire est connue. Pareille rétrospective permettrait aussi à l'Europe de se rappeler que notre rencontre avec elle a « provoqué l'extermination des communautés entières, balayé des royaumes sans aucun doute florissants, anéanti des empires, manquant de peu d'éteindre notre race, comme [elle] a éteint la race des Indiens d'Amérique du Nord » (*ibid.*).

Au terme de ce survol historique, Mongo Beti conclut à la nécessité pour l'Europe d'aujourd'hui et de demain de changer de discours sur l'Afrique. L'écrivain constate pour le regretter que depuis près d'un siècle, l'image qu'ont les Européens de l'Afrique et des Africains est rigoureusement la même. Tout est parti d'une vision ethnologique qui date de la période coloniale et qui a, à jamais, figé les sociétés africaines en mettant systématiquement le voile sur les conflits internes qui les ravagent.

Au discours des administrateurs des colonies se substitua très rapidement celui des journalistes blancs, eux aussi tentés par le regard ethnologique et « médiocrement concernés par le martyre des populations noires » (*PNPA*, n° 2, 1978, 6) et par la précarité du statut de l'intellectuel africain tant en Europe qu'en Afrique. « L'intellectuel africain en France ou dans son propre pays, écrit Beti, c'est avant tout un homme qui a peur, peur pour sa sauvegarde physique, peur pour son avenir, peur pour les siens » (*ibid.*, 7). De là à conclure que l'Europe entière nous fait peur, il n'y a qu'un pas vite franchi. Et pour cause ! Les grands réseaux médiatiques européens qui traitent les informations africaines, manipulent l'opinion et contrôlent le discours tenu sur l'Afrique ne font pour ainsi dire aucune place aux voix africaines.

Promouvoir des voix endogènes

En effet, aussi bien dans les journaux que dans les institutions politiques, culturelles et économiques du vieux continent, on fait peu de place au discours émanant de l'intelligentsia africaine. Encore que, parfois, les contre-discours proférés par certains Européens dits de gauche soient rejetés pour délit d'africanophilie. On connaît les cas du géographe français Jean Suret-Canale et du sociologue suisse Jean Ziegler. Sur le plan politique par exemple, l'Europe a continué, en Afrique, à entretenir des sanguinaires au nom des prétendues différences culturelles. Non seulement on tolère ici des gérontocrates séniles et ubuesques, mais on s'indigne fort peu quand un roi nègre massacre ses congénères. Tout se passe comme si l'Afrique n'était qu'un objet de curiosité, totalement incapable de produire ses porte-parole et les analystes de son destin. C'est en Europe que l'on décide de l'image de nos dirigeants, souvent au mépris de ce que les Africains eux-mêmes pourraient avoir à dire. Beti constate : « Au crépuscule des années 70, les écrivains africains se remettent à produire, [...] jettent sur le marché une quantité relativement massive d'essais politiques, de romans, de poèmes, de pièces de théâtre dont le contenu dément régulièrement [...] les mythes complaisants répandus à propos des dirigeants africains francophiles par les journalistes blancs, les reporters » (*PNPA*, nᵒˢ 41-42, 1984, 3).

Mais qu'à cela ne tienne ! Nombre de ces reporters sont aujourd'hui discrédités. Malheureusement, ils ont été remplacés par une nouvelle génération de laudateurs :

> [M]ieux adaptés au changement des mentalités, plus subtiles, ils se sont montrés infiniment plus efficaces [...]. En effet, ils sont presque tous des universitaires [...] [;] même dépourvus de diplômes officiels, ce sont presque toujours des spécialistes d'un niveau honorable en comparaison desquels les « reporters » paraissent des minables amateurs. Leur langage est celui de vénérables professeurs, leurs méthodes d'investigation relèvent de la recherche scientifique, du moins en apparence (*ibid.*, 4).

Ainsi, l'Europe sécrète-t-elle des spécialistes de circonstance pour entretenir au sujet de l'Afrique des mythes que leurs congénères aiment à caresser. Or, justement, la culture de l'ouverture, de la liberté d'expression, du brassage d'idées est l'une des valeurs que les Africains s'attendent à voir l'Europe partager. Assez curieusement cependant, certains pays européens ont aidé à instituer en Afrique le culte de l'interdit. Nombre de coopérants européens sont devenus porteurs de corsets paralysants et meurtrissants. Conséquence, l'Afrique des comptoirs a persisté. Ainsi, nombre de banques africaines ne sont que des succursales des institutions financières européennes ; les sociétés coloniales ont pris des noms locaux, les multinationales se sont africanisées, en façade. En somme, la colonisation a simplement changé de nom. Elle s'appelle « indépendance ».

Mais que l'on s'entende bien, énonce Beti : « Entre hommes et femmes communiant sincèrement dans un idéal de fraternité simplement formulé, l'assistance technique ne soulève aucune véritable difficulté. Il y suffit d'un peu de cœur » (*PNPA*, nᵒ 2, 1978, 10). En clair, Beti accuse l'Europe de trop mentir à l'Afrique. Et tout le monde le sait : de toutes les zones de la planète, la situation en Afrique est la plus tragique, bien que le continent dispose d'assez de ressources humaines pour au moins poser clairement le diagnostic de ses multiples maux. Mais comment nous dégager du voile noir dont l'Europe nous couvre ? La nouvelle Europe devrait être attentive à donner aux Africains ce qu'elle a de mieux : l'expérience démocratique et la tradition de concertation.

Sous le signe du dialogue

Pour Beti comme pour Achebe, les nouveaux rapports avec l'Europe devraient être fondés sur un dialogue véritable. Et Sony Labou Tansi ne pense pas autrement lorsqu'il s'explique avec une certaine agressivité sur la préférence qu'il a pour les éditeurs français :

> Quant aux Européens, j'ai un vieux compte à solder avec eux ; le compte des effets indésirables des quatre siècles d'esclavage et d'un de colonisation. Après cinq siècles de concubinage douteux sous régime de biens communs, il est normal que je publie en France, de la même manière que l'État congolais, quoi qu'on dise et quoi qu'on en pense, reste une manière de théâtre subventionné par qui nous savons. Mettez cette opinion sur le compte de la scène de ménage que l'Afrique doit avoir avec l'Europe, espèce de préalable incontournable, si nous voulons éviter la spécialisation de notre continent en lieu de reproduction du sous-développement des autres (*Études littéraires*, vol. 24, n° 2, 1991, 116).

En effet, le moment semble venu pour l'Europe de reconnaître qu'elle a, dans un passé récent, entretenu sur le continent noir des conseillers sanguinaires et enseigné ce qu'elle ne tolère pas sur son sol : la barbarie de la torture, de la terreur et de l'assassinat. Nombre de pays européens ont envoyé dans les pays africains des arrivistes qui n'avaient rien à leur donner, mais tout à en attendre.

L'Europe peut-elle mettre fin à la marginalisation de la parole africaine en laissant s'exprimer nos révoltes dans ses médias et en favorisant sur son sol la circulation des opinions africaines qui ne correspondraient pas nécessairement aux vérités que véhiculent nos « leaders charismatiques » ? Elle l'a fait pour l'Europe de l'Est. L'Afrique n'en attend pas moins. Les Africains devraient être libres de détruire leurs propres mythes et d'élaborer un discours scientifique sur l'Afrique, discours ayant autant droit de cité que celui des experts du Vieux Continent.

Les écrivains africains ne revendiquent ni l'exclusivité, ni la primauté de la parole, mais simplement une égalité de traitement. Que les événements qui concernent l'Afrique soient traités de la même manière que ceux qui concernent l'Amérique du Sud, l'Europe de l'Est ou même l'Asie. C'est sous forme d'entrefilets dans les journaux ou de flash dans les bulletins d'information que l'on a coutume d'annoncer les convulsions qui secouent l'Afrique. Pour Beti, le moment est venu de comprendre et d'expliquer qu'il y a des Africains qui ne se reconnaissent pas dans un espace où la prévarication est reine et où, « pour dissuader les roitelets nègres de leur demander des comptes, les multinationales leur versent des royalties de la main à la main au lieu d'en créditer les trésoreries nationales » (*PNPA*, n° 37, 1984, 2). Tout se passe comme si en Afrique, on oublie toute éthique et encourage l'immobilisme tant certains dictateurs sont traités avec « ménagement, chouchouteries, tergiversations et autres cajoleries » (*PNPA*, n° 79, 1991, 4).

Tout compte fait, quand les Africains font l'inventaire de leurs priorités spécifiques, ils parlent de « liberté, de démocratie, de survie de leurs familles, de l'avenir de leurs enfants » (*PNPA*, nos 59-62, 1987-1988, 3). Le vœu de Mongo Beti est que la nouvelle Europe consacre la fin véritable de l'impérialisme occidental sur les pays d'Afrique. Jusqu'ici, en effet, l'on avait eu affaire à des dirigeants passablement émasculés par diverses techniques élaborées en Occident. L'ambition communautaire pourrait-elle faire en sorte que le Vieux Continent adopte une politique commune au sujet des pays africains ? Pareille politique mettrait fin aux ambiguïtés des rapports postcoloniaux qui ont encouragé la corruption, l'extermination de l'intelligentsia au nom de la dissidence et marginalisé les créateurs au profit d'une oligarchie bardée de privilèges.

Pour Beti, enfin, la nouvelle Europe devrait soutenir les peuples africains en lutte pour la conquête de leur deuxième indépendance. Voilà qui jetterait les bases d'une nouvelle coopération fondée sur la défense des droits fondamentaux que sont la liberté et la démocratie. La prospérité de l'Afrique est à ce prix, les intérêts bien compris de l'Europe aussi.

Oralité, imprimé et Internet ;
le livre africain écartelé[3]

Incontestablement, les Éditons Clé ont, de manière remarquable, contribué à donner leurs lettres de créance à la littérature camerounaise, à la production littéraire d'Afrique Centrale et à l'essor de l'imprimé en Afrique francophone en général. Nombre de ses titres ont fait recette tellement ils ont été réédités. Citons *Le Fils d'Agatha Moudio* de Francis Bebey, *Trois prétendants, un mari* de Guillaume Oyôno-Mbia, *La Nouvelle Romance* d'Henri Lopes, *La Marmite de Koka Mballa* de Guy Menga et d'autres encore. Comment donc expliquer que trente-cinq ans après sa création, l'avenir de l'imprimé demeure tellement problématique sur le continent qu'on puisse raisonnablement se demander si, sans nécessairement tourner le dos à la culture de l'oralité, l'Afrique francophone a des chances de pouvoir, un jour, véritablement embrasser la culture de l'imprimé et rattraper l'internet ?

Il ne me revient pas de faire le bilan des trente-cinq ans d'existence des Éditions Clé. Toujours est-il qu'au Cameroun comme partout ailleurs en Afrique noire francophone, il suffit de faire le tour de quelques institutions, de consulter des publications spécialisées, catalogues et autres bibliographies consacrés à la littérature africaine pour noter qu'ici comme ailleurs, le niveau des activités éditoriales et des autres métiers du livre est pour le moins sommaire. Une chose est certaine cependant : la production littéraire du continent connaît une croissance soutenue. À telle enseigne qu'en dehors des maisons d'édition telles que Présence Africaine, L'Harmattan, Seuil, Julliard, Albin Michel, Grasset, etc. qui, traditionnellement, accueillent les écrivains du continent, plusieurs autres structures ouvrent progressivement leurs portes à la littérature africaine. Ainsi en va-t-il de Le Serpent à plumes, qui a publié entre autres Emmanuel Dongala, Abdourahman A. Waberi, Aminata Sow Fall et Bolya ; de Le bruit des autres qui a publié Tanella Boni, Sony Labou Tansi, Williams Sassine et Sylvain Bemba ; d'Actes Sud qui a publié Amadou Hampaté Bâ ou encore de Sépia qui a accueilli Cheikh Ndao, Francis Bebey, Guy Menga et quelques textes critiques.

***

Mais il faut l'avouer tout de go : les choses sont beaucoup moins évidentes sur le terrain en Afrique. Pendant un temps, on avait cru que les Nouvelles Éditions Africaines se donnaient pour ambition sinon de supplanter, du moins de renforcer les Éditions Clé dans la production des œuvres littéraires

---

3. Publié dans *Littérature africaine à la croisée des chemins*, Yaoundé, Clé, 2001, 89-97.

africaines. Après tout, les NEA ont découvert et publié le roman à succès de Mariama Bâ, *Une si longue lettre*, et de nombreux autres textes. De ce point de vue et du fait de l'influence de Senghor, Dakar était en passe de devenir la capitale littéraire de l'Afrique de l'Ouest tout comme Yaoundé a été pendant longtemps la capitale littéraire de l'Afrique Centrale. Malheureusement, les NEA se sont essoufflées, un peu prématurément. Et d'avoir donné naissance à deux ou trois maisons d'édition différentes – les NEA du Sénégal, de Côte d'Ivoire, du Togo (?) – n'augure rien de particulièrement prometteur. D'ailleurs, seule la branche sénégalaise manifeste de temps à autre son existence en procédant essentiellement à quelques réimpressions. À preuve : en plus de trois à quatre titres qu'affichent ses catalogues de 1998, les NEAS ont réimprimé *La Pensée africaine* de A. Ndaw, *Un chant écarlate* de Mariama Bâ et *La Collégienne* de Marouba Fall.

Au Togo, ce sont pour le moment les éditions Haho qui occupent l'espace éditorial. Mais chez Haho comme d'ailleurs chez Clé, les essais, documents et autres textes religieux prennent de plus en plus le pas sur la littérature générale. Le catalogue de Haho affiche à peine dix titres en littérature générale et le site Web des éditions Clé aligne une vingtaine de titres au total dont moins de la moitié en littérature générale. Il ne s'agit évidemment pas de l'entière production de Clé mais d'une vitrine hautement significative.

On sera également attentif au fait que Clé a publié les deux derniers numéros d'*Écritures* (n°s VI et VII), sorte de cahiers du Département de Français de l'Université de Yaoundé I. Soulignons aussi que ce sont les NEAS qui ont diffusé le dernier numéro d'*Éthiopiques* (n° 59, 1997) consacré au 90e anniversaire de Léopold Sédar Senghor. S'agit-il là de la prise en main, par les maisons d'édition locales, des travaux de recherches produits par les intellectuels africains ? Il faudrait le souhaiter et surtout veiller à ce que ces publications aient une périodicité moins hasardeuse. Avec la crise politico-économique qui frappe de plein fouet les institutions du continent au début des années 1990, les quelques annales que publiaient occasionnellement certaines d'entre elles ont tout simplement cessé d'exister. De Dakar à Brazzaville, en passant par Abidjan, Lomé, Cotonou et Yaoundé, il se publie de temps à autre quelques actes de colloques ainsi que le témoignent *Écritures, Le Théâtre camerounais* (actes du colloque de Yaoundé, 1988) ; *Littérature orale d'Afrique contemporaine* (1989) ; *Séminaire de méthodologie de recherche et d'enseignement du conte africain* (Annales de l'Université d'Abidjan, 1990) ; *1er Colloque international sur la littérature burkinabè* (1988) et quelques autres. Mais nulle part en Afrique dite francophone on ne trouve de magazine littéraire paraissant de manière régulière et traitant de littérature ou de culture africaine.

Il en va pareillement des associations professionnelles de critiques. On connaît l'African Literature Association (ALA) des professionnels américains de la littérature africaine, l'Association pour l'Étude des Littératures Africaines (APELA) des africanistes français et belges ou même l'Association for the Study of Caribbean and African Literatures in French (ASCALF) des chercheurs britanniques. Rien de tel n'existe nulle part sur le continent africain, où les chercheurs évoluent encore en solo dans un monde où le travail d'équipe est devenu pourtant une incontournable nécessité. Toutes les associations ci-dessus publient régulièrement un bulletin de liaison – *ALA Bulletin, ASCALF Bulletin, Bulletin de l'APELA* – et tiennent des réunions professionnelles à intervalle régulier. De ce point de vue, on pourrait presque dire que la critique littéraire en Afrique n'a pas véritablement franchi le stade de l'oralité. Certes, de temps à autre des critiques africains publient des articles, des comptes rendus et même des ouvrages sur la littérature africaine dans des maisons d'édition métropolitaines ou d'ailleurs. Mais comment croire que la critique africaine parviendra à se développer sans institutions locales adéquates ? Il manque à la critique africaine l'impulsion que les éditions Clé ont procurée à la production littéraire du Cameroun, de la région et du continent dans les années 1960.

***

Et s'agissant d'institutions, il n'y a pas que les associations et les revues professionnelles qui soient absentes du décor. En Afrique, le développement de tout métier du livre connaît de sérieuses entraves. Très souvent, le métier de libraire se confond à celui de marchand saisonnier de livres scolaires. Encore que le secteur informel connu sous le nom de librairie du poteau fasse une vive concurrence aux vendeurs ayant pignon sur rue. La librairie générale apparaît comme un sacerdoce et il semble bien difficile de réussir dans le secteur sans faire du scolaire ou même de la papeterie. C'est dire qu'ici, la consommation de l'imprimé demeure étroitement liée aux besoins primaires, ceux de l'alphabétisation. Et comme les rapports néocoloniaux obligent les pays africains francophones à importer la plupart de leurs livres scolaires de France, on comprend que les maisons d'édition locales ne réussissent pas à se développer pour véritablement élargir leur rayon d'action.

À ce handicap majeur, pourraient aussi s'ajouter non seulement les coûts de fabrication, la faiblesse du pouvoir d'achat local et la faiblesse du niveau d'instruction générale, mais aussi les problèmes de diffusion. En Afrique, les communications fonctionnent mal entre les pays du continent, et les seules messageries organisées relient essentiellement les anciennes colonies à leurs métropoles respectives. Comment expliquer autrement que du Cameroun, il soit souvent plus facile de faire venir de Paris ou de Bruxelles un ouvrage publié à Dakar ou à Kinshasa que de les commander de ces diverses capitales ?

À l'intérieur même des pays, l'absence d'une culture de lecture constitue également un frein au développement de l'imprimé. Un bon réseau de bibliothèques publiques aurait pu améliorer l'accès au livre. Malheureusement, même les campus universitaires ne disposent pas de bibliothèques dignes de ce nom. Seuls les centres culturels près des ambassades, soit les Centre Culturel Français, Goethe Institut et British Council, en l'occurrence, disposent des structures à peu près convenables de lecture publique. Depuis quelques années, la Coopération Française a créé un peu partout dans les pays francophones un Projet de Lecture Publique (PLP) qui consiste à construire et à équiper des bibliothèques dans un certain nombre de villes des pays du pré carré. Mais il est trop tôt pour évaluer la portée et le niveau d'intégration de pareilles structures dans le milieu. Toujours est-il que l'engouement dont fait preuve une jeunesse assoiffée de connaissances dans la fréquentation des espaces de lecture des centres culturels étrangers présage d'un avenir radieux au PLP ou à toute autre initiative de même nature.

Un paradoxe mérite d'être relevé : la diffusion des productions africaines est de toute évidence mieux assurée à l'extérieur qu'à l'intérieur du Continent. C'est dire que tôt ou tard, on pourra bien être amené à poser l'embarrassante question de l'africanité même de la littérature africaine. On sait qu'à Paris par exemple, la vénérable Présence Africaine, à la fois revue, librairie et maison d'édition, malgré le ralentissement sensible de ses activités éditoriales, met un point d'honneur à toujours présenter sur ses rayons les principaux textes d'écrivains africains d'hier et d'aujourd'hui. Et quiconque a le temps de chercher trouvera à L'Harmattan non seulement tout ce qui se publie sur l'Afrique, mais aussi tout ce que publie l'Afrique. Une étude plus approfondie montrerait qu'un peu partout en Europe et même en Occident de manière générale, la diffusion de la littérature africaine a suivi la même évolution que celle des études francophones. Dans les universités nord-américaines, une nouvelle discipline a vu le jour et tout le monde convient que les *études francophones* ont la littérature africaine pour épine dorsale.

Mais restons en France pour dire que l'accueil critique du livre africain pourrait se résumer à *Notre Librairie* qui, en trente ans (1969) d'existence, s'est imposée comme l'outil incontournable pour quiconque veut savoir ce qui se fait dans le domaine du livre en Afrique. Grâce à ses numéros thématiques ou consacrés aux divers pays du continent, la revue du Club des Lecteurs d'Expression Française (CLEF) fait régulièrement le point sur la création et les institutions littéraires en Afrique. En plus des notes brèves sur la vie littéraire du continent, de la présentation des nouveautés, la revue publie fréquemment des bibliographies, les adresses des maisons d'édition et à l'occasion, des études sur les bibliothèques et les habitudes de consommation du livre en Afrique. Ses promoteurs exagèrent à peine lorsqu'ils affirment que *Notre Librairie* « représente aujourd'hui à la fois une source d'informations précises et complètes [...] à destination du grand public, et un outil professionnel pédagogique et de référence, indispensable aux professeurs d'université et Lycée, aux étudiants et aux élèves du secondaire du Sud comme du Nord ». On pourrait en dire bien plus sur le statut de la littérature africaine en « métropole ». Mais l'Afrique est le point focal de la présente note et il faut éviter de se faire traiter d'aliéné !

***

Il est pourtant permis de se demander si à peine sortie de l'oralité, l'Afrique n'entre pas trop tard dans le champ de l'imprimé tant il est vrai que les nouvelles technologies de communication sont en train de changer de manière radicale les modes d'appropriation du savoir. L'espace cybernétique s'attaque de front au support papier et l'on parle même de nombreux imprimés qui risquent fort bien de finir sur la chaise électronique. De fait, les publications électroniques envahissent déjà le secteur des revues scientifiques et même de l'édition. À cet égard, les critiques littéraires africains nantis d'un ordinateur et ayant accès au Web ont pu apprécier l'expérience de Jean-Marie Volet qui, depuis une université australienne, publie sur la Toile *Mots Pluriels*, revue qui traite aussi bien de la littérature que des faits de culture et propose quelques comptes rendus d'ouvrages sur l'Afrique. Il ne s'agit certes pas d'une entreprise sans frais, mais compte tenu du minimum d'équipement dont doit, ces jours-ci, se doter toute unité d'enseignement et de recherche qui se respecte, l'investissement supplémentaire requis pour créer une revue sur la Toile paraît dérisoire comparativement aux fonds requis pour lancer et soutenir l'édition papier d'une publication scientifique.

Le continent africain se trouve là en face d'un défi de taille. Ancré dans l'oralité jusqu'à hier, il amorçait à peine son entrée dans l'ère de l'imprimé et le voilà contraint d'atterrir dans le cyberespace. L'imprimé a encore de beaux jours devant lui et il paraît difficile de contourner cette étape dans l'accumulation des connaissances. Toujours est-il qu'avec le Web, l'Afrique a la possibilité de prendre plus aisément l'initiative de la production et de faire connaître son point de vue. Le nombre de journaux africains, inaccessibles il y a peu de temps, mais disponibles aujourd'hui sur le Web, c'est-à-dire instantanément lisibles dans le monde entier, est significatif à cet égard.

Les critiques littéraires du continent ont là une chance à saisir. Un simple site Web pourrait constituer un lieu d'échange entre écrivains, enseignants et chercheurs de tous horizons. Certes, le coût des communications téléphoniques et l'accès à l'équipement informatique sont encore loin de la portée du grand nombre. Il faudrait alors envisager de créer des collectifs, des groupes de recherche susceptibles d'animer un site. D'ailleurs, certains sites scientifiques de haut niveau se distribuent par abonnement auprès des universités et de divers organismes de recherche. L'internet, on le voit, donne à l'Afrique l'occasion de remettre à plat les modes d'appropriation du savoir hérités du passé colonial et précolonial. Il y a là un rendez-vous à ne pas manquer !

Francophonie
et création culturelle en Afrique[4]

Depuis quelques années j'ai comme projet d'explorer le système scolaire que mit en place le colonisateur français pour instruire et surtout contrôler l'imaginaire des Africains qui avaient le privilège de bénéficier des rudiments du système de scolarisation alors institué. En fait, c'est l'agressivité avec laquelle le mouvement de la francophonie et ses tentacules se sont implantés en Afrique qui m'a inspiré pareille recherche. C'est dire que mon objectif est de mieux comprendre les enjeux de la francophonie, un projet dont le but ultime, au-delà de la phraséologie officielle, est de dépersonnaliser l'Africain à qui on fait d'ailleurs porter le flambeau du mouvement. Dans cette perspective, j'ai étudié l'autobiographie que nous a laissée Ahmadou Hampaté Bâ et j'ai pu mettre en relief les stratégies pour le moins répressives élaborées par le maître d'hier pour réprimer toute velléité d'autonomie de l'Africain (lire *La Malédiction francophone*, Hamburg/Yaoundé, Lit Verlag/Clé, 2000, 77-86). Je me suis aussi interrogé sur l'itinéraire du grand poète sénégalais Léopold Sédar Senghor qui, bien qu'apparaissant comme l'un des hommes politiques africains les plus avisés de sa génération, a paradoxalement soutenu les thèses impériales et s'est pour ainsi dire présenté comme le porte-parole du colonisateur français en Afrique, (voir *Francophonie et dialogue des cultures*, Québec, Université Laval, Grelca, Essais 17, 2000, 37-49). Plus récemment, j'ai demandé à Mongo Beti de me parler de manière exhaustive de son expérience d'élève dans le système scolaire colonial dans les années 1940-1950 au Cameroun. Il se trouve que la perception que donne Mongo Beti de l'école coloniale, qu'il s'agisse des écoles des missions ou de l'enseignement public, correspond presque point par point à l'image qu'en a livrée Ahmadou Hampaté Bâ dans les deux volumes de son autobiographie, *Amkoullel, l'enfant peul* (1991) et *Oui, mon Commandant, mémoires (II)* (1994). Pour Mongo Beti, en effet, l'école coloniale avait deux objectifs essentiels, à savoir l'apprentissage du français et la formation des subalternes de l'administration en place. L'écrivain camerounais explique :

> [La] raison de l'efficacité de cette école, si je me souviens bien, c'est qu'on n'y faisait rien d'autre que l'apprentissage du français. Il faut bien dire, je n'ai jamais appris même l'arithmétique la plus simple à l'école. J'étais incapable, à douze-treize ans, de faire une addition convenable. En revanche, on faisait une dictée chaque matin. La journée scolaire commençait par une dictée en français. Elle se poursuivait par l'apprentissage des conjugaisons irrégulières qui étaient mémorisées sous toutes les formes, sous forme de chanson. [...]

---

4. Publié dans *Agora, Revue d'Études littéraires*, n° 2, juil.-déc. 2001, 133-141.

En histoire, en géographie, je ne savais rien. Je n'ai rien appris. […] Je n'ai rien appris à l'école primaire que le français.

Je ne me souviens pas d'avoir eu entre les mains des livres d'arithmétique. […] Les seuls livres que j'aie jamais eus entre les mains, à ma connaissance, ce sont des livres de français.

Évidemment, les Africains n'avaient pris aucune part dans la conception de notre école. […] L'essentiel, c'était que les petits Africains apprennent un peu de français pour devenir des agents administratifs plus tard. Le seul débouché de ces écoles, c'était l'administration. L'administration exigeait que les gens connaissent le français, qu'ils sachent rédiger un rapport, qu'ils sachent rédiger un procès-verbal. C'était ça, la finalité de l'école. Et en plein accord avec les parents qui, eux-mêmes, voulaient que ça se passe ainsi. Donc c'était une école pauvre, intellectuellement pauvre, indigente. Mais efficace, dans la mesure où je me souviens que, plus tard, lorsque je me suis retrouvé côte à côte, dans le collège qui devait devenir le Lycée Leclerc, […] avec les petits Français, nous étions bien meilleurs en français qu'eux. Mais, en revanche, eux, ils savaient un tas de choses. Ils connaissaient l'algèbre, qu'ils faisaient depuis la classe de cinquième. Ils étaient très bons en mathématiques, en histoire aussi d'ailleurs. Ils avaient un tas de connaissances historiques et géographiques que nous, on n'avait pas du tout. Mais, en revanche, question maîtrise de la grammaire – je ne dis pas du français, je ne pense pas qu'on rédigeait mieux en français qu'eux –, mais nous étions bien meilleurs en orthographe et en grammaire. C'était paradoxal que nous, Africains, on soit meilleurs en français que les Français. Mais il n'y avait pas de comparaison. En culture générale, il n'y avait pas de comparaison. Ils étaient infiniment supérieurs par rapport à nous.

C'est dire que notre programme, à l'école primaire, n'avait rien à voir avec celui de la métropole. Il avait pour substrat une certaine conception du Noir et de sa fonction dans la société coloniale. C'était un être inférieur qui devait remplir des fonctions subalternes. Et pour ce faire, il fallait un certain bagage qui n'avait rien à voir avec la finalité de l'éducation en France où le système éducatif vise à former un certain type d'homme et à donner à l'enfant le sens critique qui le libère, en somme. […] il y a une certaine ambition, celle de créer un individu libre ; libre parce qu'il peut juger par sa propre intelligence et décider par son libre arbitre. Il s'agit de former un homme, un citoyen épanoui et libre (*Mongo Beti parle*, Rouen, Éditions des Peuples Noirs, 2003, 23).

Je me propose donc dans cette brève intervention de montrer qu'autant l'école coloniale faisait partie, on le voit, de l'arsenal de conquête et de soumission, autant la francophonie est le prolongement post-impérial de contrôle et d'encerclement tant sur le plan des productions culturelles que sur le plan politique et stratégique, surtout en cette ère de mondialisation des échanges. Il convient à cet égard de garder à l'esprit que la francophonie s'est presque toujours organisée comme la rivale d'un autre rassemblement né de l'expérience impériale, le Commonwealth britannique. D'ailleurs, n'a-t-on pas parfois parlé de Commonwealth à la française ? Je ne reviendrai pas ici sur les théories qui ont présidé à l'enseignement colonial dans les diverses régions, mais il me semble utile de rappeler les principes sur lesquels s'appuyaient les Britanniques, principes qui ont engendré des résultats pas mal semblables à ceux qui nous sont familiers dans le monde francophone. Dans une formulation de la politique britannique vis-à-vis des Indiens, Lord Macaulay stipule :

> We have to educate a people who cannot at present be educated by means of their mother-tongue. We must teach them some foreign language. The claims of our language it is hardly necessary to recapitulate. It stands pre-eminent even among the languages of the West [...] It is impossible for us, with our limited means, to attempt to educate the body of the people. We must at present do our best to form a class who may be interpreters between us and the millions whom we govern; a class of persons, Indian in blood and colour, but English in taste, in opinions, in morals, and in intellect (dans Bill Ashcroft et autres (éd.), *The Postcolonial Studies Reader*, New York, Routledge, 1995, 428-430).

Le type de mutation identitaire à laquelle devaient être soumis les Indiens et tous les autres colonisés de l'empire britannique était ainsi énoncé et les rivalités qui sous-tendent les conquêtes impériales mises à nu. Rappelons pour mémoire que la politique française ressemblait comme une sœur à sa rivale britannique. En 1906, elle est ainsi résumée par un député de l'Hexagone : « Quand nous nous sommes lancés dans la politique coloniale, nous attendions trois choses : un débouché pour nos industries, un certain nombre de places pour nos jeunes gens, enfin un prestige pour notre nation » (*La Malédiction francophone, op. cit.*, 145). Les historiens de la politique coloniale française ont souvent souligné l'obsession de grandeur qui caractérise la politique coloniale française : « La France, écrit Victor Beauregard, plus qu'aucune autre nation, possède le génie de la colonisation [...] L'avenir de la France est dans ses colonies » (cité par David L. Schalk, « Reflections d'outre-mer on French colonialism », *Journal of European Studies*, XXVIII, 1998, 5). Et il ne faut pas croire que pareille idéologie s'est estompée avec la fin de la colonisation. Certes, la guerre d'Algérie qui lui a laissé un goût plus qu'amer dans la bouche aurait pu atténuer cet orgueil. Mais le pays du général de Gaulle, au risque de sombrer dans une espèce de névrose collective, a toujours tout mis en œuvre pour éviter de reconnaître la déconfiture algérienne : « La France, disait de Gaulle, n'est réellement elle-même qu'au premier rang ». Et Mitterrand de renchérir : « La France doit tenir son rang. Son rang est élevé parmi les nations du monde » (cité par D. Schalk, *ibid.*, 8-9).

Il me semble évident que la francophonie, au même titre que les sommets France-Afrique du reste, s'inscrit dans une perspective semblable. Dans un cas comme dans l'autre, il s'agit de s'assurer que la France tiendra son rang. Et les autres concurrents implicites sont bien sûr les autres puissances politiques, militaires et économiques que sont, par exemple, les États-Unis, l'Allemagne, la Grande-Bretagne et autres. Mais tout indique que l'agressivité de la francophonie est proportionnelle au niveau du recul que connaît la langue française. Alors qu'elle était jadis la langue de la diplomatie, la langue de l'Europe et qu'elle était allègrement classée parmi les grandes langues de communication internationale, la langue française, du fait de la prééminence technologique des Anglo-Saxons, perd rapidement de son auréole. Raison pour laquelle les pays anciennement colonisés semblent représenter le seul espoir de renaissance et d'expansion de la langue de Molière. On comprend alors que pas mal de voix s'élèvent au sein de la population française même pour dénoncer les erreurs du pouvoir et le manque de volontarisme qui caractérise sa politique dans le maintien des anciennes colonies africaines dans le giron francophone. J'ai cité ailleurs le cri d'alarme de Bernard Debré, ancien ministre de la Coopération, qui écrit notamment : « Dans moins de dix ans, les Africains parleront anglais, la technologie qu'ils emploieront sera américaine, leurs élites seront éduquées aux États-Unis, nous resterons quant à nous coupés de nos racines africaines, recroquevillés sur une Europe frileuse, incapables alors d'être une puissance écoutée » (*Le Figaro*, 9 févr. 1998). Plus récemment, Gérard Simon, ancien ambassadeur de France, renchérissait dans les colonnes du même journal :

> Nos relations privilégiées avec les treize pays francophones du continent Afrique, bien que cimentées depuis plus d'un siècle dans une culture et une histoire communes, se délitent. Notre politique africaine n'a plus de consistance et de visibilité. [...]

> Les élites inscrivent massivement leurs enfants dans les universités nord-américaines. C'est ainsi qu'il y a actuellement plus d'étudiants ivoiriens au Canada et aux États-Unis qu'en France. Il est vrai qu'il leur est plus facile d'obtenir le viatique des bourses et visas auprès de ces pays que des autorités françaises. [...]

> Cette perte d'influence, lourde de conséquences pour l'avenir de nos relations, devrait nous interpeller et nous inciter à refonder notre politique de développement sur des bases plus constructives, pragmatiques et en faisant preuve d'un peu d'humilité. [...]

> Si nous ne réinventons pas notre politique à l'égard de l'Afrique francophone, nous aurons perdu le caractère privilégié de nos relations avec ces pays lorsque viendra le jour de leur éveil (*Le Figaro*, 1er janv. 2001).

Avant Debré, Simon et autres, Dominique Gallet, dans un ouvrage opportunément intitulé *Pour une ambition francophone* (Paris, L'Harmattan,

1995), se pose en soldat de la francophonie et s'insurge avec virulence contre les responsables français qui défendent un peu trop timidement à son goût les intérêts de la francophonie. Après avoir rendu un vibrant hommage à Léopold Sédar Senghor, Habib Bourguiba, Hamani Diori et le prince Norodom Sihanouk, tous d'anciens colonisés qui, sans doute victimes d'une aliénation achevée, se posèrent en défenseurs du projet impérial du maître, Gallet s'en va en guerre contre ceux qu'il considère comme les fossoyeurs hexagonaux de l'ambition francophone. Sont ainsi indexées des personnalités comme Valéry Giscard d'Estaing qui, « le jour de son élection, relégu[a] le français au rang d'un patois local », puisque « c'est en anglais qu'il comment[a] sa victoire devant la presse étrangère » (10). Il fustige également Jean-Pierre Cot, ministre de la Coopération de Mitterrand en 1981, pour son « hostilité viscérale à la francophonie » (37). François Mitterrand lui-même n'est pas en reste, d'autant plus qu'il confessera publiquement : « Je crois n'avoir pas usé de mon autorité pour obtenir le développement du français à l'étranger. En la matière, les résultats n'ont pas été à la hauteur de mes intentions » (132). Des institutions et des entreprises françaises sont également prises en grippe. Ainsi en va-t-il d'Air France qui osa préconiser « l'utilisation exclusive de l'anglais dans les manuels de vol du Concorde sur [ses] lignes » (13), de cette « grande école d'ingénieurs qui achetait des vidéocassettes en anglo-américain au *Massachusetts Institute of Technology* pour enseigner à leurs élèves certaines techniques » (13), de l'Institut Pasteur qui choisit « de ne publier que des articles en anglais "pour devenir réellement international, plus du tiers de [ses] lecteurs étant aux États-Unis" ! » (77) ou du ministère de l'Éducation nationale qui préfère « le langage américain "basic" qui s'apprend en quelques jours et fait appel à des notions d'anglais très élémentaires » pour éviter de faire cavalier seul en utilisant un autre langage, le français simplifié en l'occurrence.

Somme toute, il s'agit là d'une querelle franco-française dont nul ne songerait à mettre en question la parfaite légitimité. La France comme le Québec, la Belgique, la Suisse romande et autres francophones de souche de par le monde ont le droit de considérer leur langue comme une espèce de citadelle assiégée de l'intérieur autant que de l'extérieur. Et ils ont tout à fait raison de dénoncer l'invasion de l'anglais ou de l'hégémonie de toute autre culture. Là où le bât blesse, c'est quand les francophonistes investissent la France d'une mission universaliste de protection des francophones. Gallet écrit :

> Pour répondre à cette attente profonde du tiers-monde, la France doit garder les mains libres en refusant tout abandon de souveraineté, notamment sur l'autel de la supranationalité européenne. Elle doit renforcer sa coopération avec les peuples méditerranéens, contribuer à approfondir la solidarité entre pays francophones du Nord et du Sud et à développer les échanges culturels,

scientifiques et technologiques entre la francophonie et les grandes aires linguistiques, en particulier l'hispanité, l'arabité et la lusophonie. Dans un monde que menacent les tentatives d'uniformisation des hégémonies, et qui aspire à l'identité et au dialogue, notre pays a pour vocation d'imaginer et de proposer aux peuples un projet libérateur. « Il y a un pacte vingt fois séculaire entre la France et la liberté du monde », avait dit le général de Gaulle (40).

Questions : au nom de quoi les Africains qui ont « subi » le français dans les conditions que l'on sait et que nous a rappelées Mongo Beti précédemment doivent-ils se constituer en armées contre les agresseurs de la langue française ? Au nom de quoi les Africains qui subissent les affres des réseaux maffieux et des dictatures sanglantes mis en place ou soutenus à tour de bras par l'ancienne puissance coloniale (lire François-Xavier Vershave, *Noir Silence, Qui arrêtera la Françafrique ?*, Paris, les Arènes, 2000) voleront-ils au secours d'une langue ou d'une culture impériale en péril ? Au nom de quoi les Africains dont les congénères immigrés, travailleurs ou étudiants sont considérés comme de vulgaires voleurs de pain, de galeux clandestins de qui viennent toute la crise et tous les crimes défendront-ils les valeurs d'une république qui les méprise et les « charterise » souvent sans façon ? D'ailleurs, en plus de l'actualité et des conséquences quotidiennes de certaines mesures réglementaires et législatives telle la loi Pasqua de 1993, une nouvelle et riche littérature de l'immigration africaine en France – Beyala, Begag, Bolya, etc. – rend compte du traumatisme dont souffre l'immigré africain en France. Les uns et les autres montrent, chacun à sa manière que pour les immigrés ou leurs descendants, la vie dans l'Hexagone est loin d'être une sinécure. Dans *La Polyandre*, Bolya s'amuse même à établir que les recherches anthropologiques, ethnologiques et autres sur l'Afrique servent davantage à contrôler le flux et les mouvements des immigrés originaires du continent qu'à promouvoir l'avancement du savoir.

Certes, on me rétorquera que le simple fait de développer le présent argument en français est un paradoxe et qu'il dément l'impérialisme contre lequel je m'insurge puisque j'aurais pu choisir de m'exprimer dans une autre langue. D'ailleurs, peut-on ajouter, pas mal d'écrivains et d'artistes africains ont adopté la langue française et s'y trouvent plutôt à l'aise. Au-delà même des thuriféraires de la trempe de Senghor, Gallet, dans son ouvrage précédemment cité, nous sert des affirmations de Cheikh Hamidou Kane, de Kateb Yacine, de Slimane Benaïssa et d'Aminata Sow Fall. Cette dernière résume un peu la pensée des uns et des autres lorsqu'elle affirme : « L'histoire est là et on ne peut pas la rayer ; l'histoire nous a légué cette langue française. Je pense que le problème c'était de nous l'approprier cette langue française, qu'à travers la langue française nous nous exprimons, que ce soit nous qui nous exprimons » (57).

Aminata Sow Fall et tous ceux et celles qui pensent comme elle ont parfaitement raison. Il n'est point besoin de demander à qui que ce soit de renoncer à l'utilisation de la langue de son choix au profit d'une autre langue. Mais eu égard à la manière dont la langue française nous a été transmise et de la façon dont s'est géré l'héritage culturel de la colonisation, il n'en demeure pas moins que l'ombre de Paris plane outre mesure sur notre pensée et sur les produits culturels que nous créons. Comme l'a montré avec pertinence George Lamming, les langues coloniales ne nous furent pas transmises comme un instrument d'épanouissement, mais comme un outil d'enfermement. Commentant la dialectique Prospero/Caliban dans *The Pleasures of Exile* (1960), Lamming écrit notamment :

> There is no escape from the prison of Prospero's gift. [...] This gift of Language is the deepest and most delicate bond of involvment. It has a certain finality. Caliban will never be the same again. [...] Prospero has given Caliban Language; and with it an unstated history of consequences, an unknown history of future intentions.

> Provided there is no extraordinary departure which explodes all of Prospero's premises, then Caliban and his future now belong to Prospero. Caliban is Prospero's risk in the sense that Adam's awareness of a difference was a risk which God took with Man. Prospero believes [...] that Caliban can learn so much and no more. Caliban can go so far and no farther. Prospero lives in the absolute certainty that Language which is his gift to Caliban is the very prison in which Caliban's achievements will be realised and restricted (Ann Arbor, The University of Michigan Press, 1999, 109).

Les conséquences de cet enfermement ont conduit à une impasse dont les effets sont on ne peut plus criards aujourd'hui en Afrique. Pas une seule maison d'édition digne de ce nom ou une unité de production de disques ne fonctionne dans l'une ou l'autre des anciennes colonies françaises d'Afrique. Pas un seul réseau national de distribution de l'imprimé n'existe dans cet espace. Jusqu'à ce jour, la plupart des manuels scolaires utilisés en Afrique, jacobinisme oblige, sont produits en France. Voilà qui explique, du moins en partie, le caractère moribond de notre système éducatif et l'analphabétisme massif qui sévit sur le continent, le matériel didactique étant un luxe inaccessible au grand nombre. À bien y regarder, on se rend compte que la francophonie africaine en est une sans institutions culturelles autonomes : pas de librairies dignes de ce nom, pas de bibliothèques de référence, pas de centres culturels en dehors des établissements culturels rattachés aux ambassades étrangères : Centres Culturels Français, Instituts Goethe, British Councils, etc.

Comment, dans ces conditions, ne pas être d'accord avec Ngugi wa Thiong'o qui prétend pour sa part qu'une littérature écrite en langues européennes ne pourrait pas être une littérature africaine, mais simplement une littérature afro-européenne ? Bien que le colonisateur britannique ait encouragé l'installation des succursales des maisons d'édition métropolitaines dans les grandes capitales des colonies pour publier des ouvrages d'auteurs locaux, Ngugi estime qu'une littérature africaine doit avant tout s'écrire en langues africaines. Il écrit précisément à ce propos :

> What we have created is another hybrid tradition, a tradition in transition, a minority tradition that can only be termed as Afro-European literature; that is, the literature written by Africans in European languages. It has produced many writers and works of genuine talent: Chinua Achebe, Wole Soyinka, Ayi Kwei Armah, Sembene Ousmane, Agostino Neto, Sédar Senghor and many others. Who can deny their talent? The light in the products of their fertile imaginations has certainly illuminated important aspects of the African being in its continuous struggle against the political and economic consequences of Berlin and after. However we cannot have our cake and eat it! Their work belongs to an Afro-European literary tradition which is likely to last for as long as Africa is under this rule of European capital in a neo-colonial set-up. So Afro-European literature can be defined as literature written by Africans in European languages in the era of imperialism (Ngugi wa Thiong'o, *Decolonising the Mind, The Politics of Language in African Literature, London: James Currey, Nairobi: Heinemann Kenya, New Hampshire: Heinemann*, 1986, 26-27).

Le point de vue qu'adopte Ngugi ici paraît extrême et à la limite intenable, au risque d'excommunier toute la production littéraire africaine. Encore que le débat soit moins celui de la langue d'écriture qui pour moi appartient d'abord à l'écrivain qu'une mise en question de la francophonie qui voudrait continuer d'utiliser les colonisés d'hier comme de simples faire-valoir. À défaut de recourir aux langues africaines comme le suggère Ngugi pour exprimer notre identité, il me semble que nous devons être libres de choisir la langue de communication qui sert le plus nos intérêts. Si par hasard cette langue se trouve être le français, tant mieux. Mais s'il faut que les jeunes Africains se mettent à l'italien, à l'allemand, au russe, au japonais ou au chinois pour échapper à la marginalité, qu'il en soit ainsi. Il faudrait simplement lire dans cette démarche une nouvelle forme de résistance. Et en matière de résistance, toutes les armes, d'où qu'elles viennent, toutes les stratégies, qu'importent leurs auteurs, sont les bienvenues.

Pour conclure, il importe de toujours garder à l'esprit que le français, bien qu'il fasse aujourd'hui partie d'un patrimoine que doit assumer tout Africain francophone, est avant tout un héritage de l'occupation coloniale. C'est dire que nous n'avons pas eu à choisir. Car si nous avions eu à choisir, rien ne dit, contrairement à ce qu'en pense Senghor, que nous aurions choisi le français. Après de longues années de colonisation et plus de quarante ans d'expérience postcoloniale avec tous les avatars de la Françafrique qui nous interpellent et nous ont installés dans l'impasse actuelle, les pays du continent ont intérêt à garder les yeux ouverts, à peser et à soupeser toutes les options qui se présentent à eux. C'est donc avec beaucoup de circonspection qu'il convient d'accueillir toute initiative de coopération téléguidée par l'ancien pouvoir impérial ou émanant de lui. Le colonisateur ou ses héritiers, ne l'oublions jamais, a développé une forte tendance à ignorer ou à tout mettre en œuvre pour invalider toute velléité de résistance du colonisé. À mon avis, l'émergence d'une nouvelle diaspora africaine en dehors des frontières des métropoles impériales indique peut-être qu'un jour, l'avenir du continent noir pourra être pensé autrement, c'est-à-dire en intégrant aussi les expériences venues d'autres cultures et exprimées dans d'autres langues que celles qui nous ont été léguées. Il y va donc de notre autonomie.

René Philombe,
une institution littéraire en péril[5]

On a coutume de dire qu'en Afrique, tout vieillard qui meurt est une bibliothèque qui brûle. En focalisant ainsi notre attention sur une oralité en déclin inéluctable, on oublie le martyre qui est le lot de nombre de producteurs contemporains de la littérature africaine. En effet, nul ne peut nier qu'il existe aujourd'hui en Afrique un ensemble de textes suffisamment fournis pour que l'on puisse parler non seulement d'une littérature africaine, mais déjà de littératures nationales africaines. Un problème demeure cependant : les œuvres en circulation sur le continent, surtout pour ce qui est des pays dits francophones, ne sont guère issues, comme on aurait pu s'y attendre, d'institutions établies : maisons d'édition, librairies, associations ou syndicats d'écrivains, revues et émissions littéraires, etc.

La raison en est simple. Nées dans la douleur de l'occupation coloniale, les littératures africaines écrites ont survécu et survivent encore malgré les héritiers de l'État post ou néo-colonial, qui n'ont rien fait pour soutenir la naissance ou la croissance des institutions littéraires endogènes. Aujourd'hui comme hier, l'écrivain est perçu comme un inquisiteur tant il interpelle, dans ses écrits, les gestionnaires de l'héritage colonial.

Les tribulations d'un René Philombe, qui, depuis plus de trente ans, tente d'animer la vie littéraire au Cameroun, sont on ne peut plus significatives à cet égard. Autodidacte, Philombe s'est essayé à tout : il est à la fois poète, dramaturge, conteur, nouvelliste, essayiste et romancier. Mais, depuis dix ans, il annonce la publication de L'Ancien Maquisard, dont le manuscrit, composé et mis en pages, ne trouve toujours pas de diffuseur, aucun éditeur pressenti n'ayant accepté de prendre le risque d'imprimer l'ouvrage sans l'amputer de certains passages qui pourraient ne pas plaire aux responsables camerounais de la censure.

Essayiste, Philombe a produit et distribué Le Livre camerounais et ses auteurs (1977) et collaboré à diverses revues littéraires (Cameroun littéraire, Ozila, etc.). Il est aussi l'auteur de plusieurs articles d'opinion dont l'un des plus célèbres est sa « Lettre ouverte au Président Paul Biya » (Peuples noirs–Peuples africains, nº 39, 1984), lettre dans laquelle l'écrivain interpelle le président de la République du Cameroun sur les risques d'une démocratisation en trompe-l'œil et sur les dangers de l'instauration d'une censure pernicieuse en remplacement des multiples lois scélérates promulguées par le régime d'Ahidjo entre 1958 et 1982. Le présent article veut retracer les grands

5. Publié sous le titre de « La littérature au Cameroun » dans Europe, oct. 1993, 138-142.

moments de l'itinéraire d'un écrivain, handicapé physique de surcroît – Philombe est condamné à un fauteuil roulant depuis plus de trente ans –, face à un système répressif et obscurantiste.

De tous les écrivains camerounais, René Philombe est certainement celui que les circonstances ont le moins servi. Mais il est sans doute celui qui s'est le plus investi pour organiser sur place, au Cameroun, une vie littéraire animée. Son opiniâtreté à amorcer la création d'institutions durables relève pour ainsi dire de la légende.

Un environnement hostile

Ainsi que le suggère Philombe lui-même dans un récent entretien (juin 1992), exercer le métier d'écrivain en Afrique est une véritable gageure. Philombe commence sa carrière en 1960 comme directeur de deux hebdomadaires, *La Voix du citoyen* et *Bebela-Ebug* (« parole de vérité », en langue ewondo). Dès le début, la censure politico-administrative le frappe. Au moins dix fois de suite, il est arrêté, gardé à vue et traîné devant les tribunaux civils et militaires, sans jamais être condamné cependant. Les journaux qu'il dirige font l'objet de saisies arbitraires et ses œuvres sont frappées d'interdiction. Sont ainsi mis à l'index *Les Blancs partis, les Nègres dansent*, *Choc anti-choc*, *Africapolis*, textes fortement contestataires.

Il convient de rappeler que, de 1960 à 1990, le Cameroun vit sous la dictature du parti unique qui avait élaboré un arsenal de lois d'exception pour, prétendait-on, réprimer la rébellion et la subversion qui sévissaient sur le territoire. Même en 1991, bien après la promulgation des lois dites des libertés votées en décembre 1990, on a continué d'interdire des journaux et revues et de censurer la presse nationale et internationale. C'est dire qu'une Charte garantissant le mieux-être des producteurs reste à définir. Mais les régimes monolithiques africains ont toujours redouté toute production intellectuelle. Au Cameroun, le ministère de l'Administration territoriale (Intérieur) dispose d'un service chargé spécialement de la censure et dénommé – quel paradoxe – service des Libertés publiques. Son rôle est de veiller à la conformité de tout document écrit avec des lois et règlements édictés par un système on ne peut plus antidémocratique.

S'il veut échapper aux ennuis, l'écrivain camerounais résidant à l'intérieur du pays a pour ainsi dire le choix entre l'autocensure et la production d'œuvres destinées « à amuser la galerie ». Le Cameroun a d'ailleurs cherché à créer une littérature inféodée au régime en suscitant et en primant des livres qui célébraient les bienfaits de l'autoritarisme gouvernant.

Des artistes sans moyens

René Philombe peut être considéré comme le père de l'institution de la littérature au Cameroun. À la suite de l'organisation d'un petit Salon des arts camerounais, sous les auspices du ministère de l'Éducation nationale en 1960, Philombe établit, de manière tout à fait artisanale, la liste des auteurs des œuvres littéraires (non éditées pour la plupart) exposées et, par la suite, se charge de convoquer une réunion qui donnera naissance à l'Association des poètes et écrivains camerounais (APEC). Son objectif : promouvoir la littérature camerounaise, en français, langue officielle, et en langues camerounaises. Comment ? En s'organisant pour donner des causeries littéraires à travers le pays et pour animer des tables rondes sur le métier et le statut de l'écrivain. Avec quels moyens ? Philombe et ses amis sollicitent le soutien de quelques ambassades de la place, des ministres, des dignitaires reconnus du régime et même du président de la République, Ahmadou Ahidjo. De l'aveu de Philombe, Ahidjo leur donna 120 000 francs CFA (2400 FF) en précisant qu'il s'agissait d'une obole personnelle. Mais dans l'ensemble, l'Association n'obtint rien qui lui aurait permis de faire fonctionner une organisation de quelque envergure.

C'est la raison pour laquelle *Le Cameroun littéraire*, organe de l'APEC, a connu une existence des plus éphémères. Il n'y a pas eu plus de trois numéros publiés. *La Voix des poètes camerounais*, une anthologie dirigée par Philombe, n'a été qu'une publication artisanale, vite épuisée. L'APEC s'est assuré cependant les encouragements de quelques intellectuels de la place, dont la Belge Lylian Kesteloot, et Bernard Fonlon, essayiste de renom et homme politique camerounais.

Entre autres activités, l'APEC crée la collection « Semences », qui publie, sous forme ronéotée, des poèmes de Louis-Marie Pouka et de Philombe lui-même. Au congrès de 1967, Philombe est reconduit au poste de secrétaire général. L'année 1967 peut d'ailleurs être considérée comme un tournant dans la vie de l'APEC. Son congrès bénéficie du soutien matériel des pouvoirs publics, ce qui lui permet d'organiser des spectacles dans les salles de cinéma de Yaoundé. Et c'est du reliquat des fonds recueillis à cette occasion que l'APEC fait vivre *Le Cameroun littéraire*, son organe d'expression. On y publie des essais, des poèmes, des extraits de roman, des nouvelles et des informations diverses.

Pour se maintenir, la revue sollicite la contribution de personnalités diverses et même de chefs d'État africains. Hormis Fonlon et Melone, les critiques littéraires locaux se tiennent à distance et privent l'APEC d'un soutien logistique nécessaire. L'APEC ne tardera pas à péricliter. D'autant plus que Philombe, qui en est l'animateur principal, change de statut. Il devient producteur et distributeur de livres.

En effet – avec *Les Blancs partis, les Nègres dansent* et *La Fiancée du prêtre* de Timothée Ndzagaap –, il crée Semences africaines, modeste maison d'édition qui, au début, met sur le marché des textes ronéotés, comme précédemment à l'APEC, et les diffuse par le canal d'une petite librairie, ouverte en 1972. L'opération est rendue possible grâce à un à-valoir de 350 000 francs CFA (7000 FF) que les éditions CLE lui versent au titre de ses premières publications.

Grâce au soutien logistique que lui fournissent aimablement les éditions CLE, Philombe croit pouvoir s'établir comme éditeur et comme libraire. Erreur. Victime, pour des raisons politiques, de confiscations de stocks, il voit peu à peu ses fournisseurs suspendre leurs livraisons. Du côté de l'édition, la maison est submergée de manuscrits (plus de deux cents au début des années 1980) en provenance d'Europe, d'Afrique et de l'intérieur du pays. Mais Philombe n'a ni un personnel qualifié ni les moyens de les traiter. Les éditions Semences africaines se sont essoufflées après une quarantaine de titres publiés.

Un combat de tous les instants

En dépit de la faillite de sa librairie et de la mort dûment constatée des éditions Semences africaines, Philombe a néanmoins poursuivi son sacerdoce comme employé au Centre régional pour la promotion du livre en Afrique (CREPLA), créé en 1975 par les États de l'Afrique Centrale, et qui avait pour mission de promouvoir l'industrie du livre, de stimuler l'édition et la lecture du livre africain.

En 1980, Philombe abandonne le Secrétariat général de l'APEC. Bilan : pendant trente ans, il a animé l'APEC en organisant des concours littéraires, des conférences, des colloques et des expositions. À défaut d'une coopérative, Philombe pensait que les éditions Semences africaines pouvaient devenir la vitrine de l'APEC. L'absence de moyens et le manque de professionnalisme mirent à mal l'entreprise. Lorsqu'on lui demande aujourd'hui de tirer les leçons de son expérience, Philombe suggère qu'à défaut de déclarer l'APEC d'utilité publique, le Cameroun aurait pu offrir à ses écrivains au moins autant que le Congo et le Gabon ont offert aux leurs : une subvention annuelle. Jusqu'à ce jour, l'APEC n'a ni pignon sur rue ni personnel. Elle est pourtant la première association du genre née en Afrique noire au sud du Sahara. En somme, il fallait s'inféoder ou périr. Que Philombe, l'indigent, soit resté de marbre devant une cour aussi assidue des tenants du pouvoir relève proprement de l'héroïsme.

Déclin des dictatures et renaissance de la culture ?

Depuis la fin du centralisme démocratique, survenue avec la chute du mur de Berlin en 1989 et ce qu'il est convenu d'appeler le vent d'Est, les régimes monolithiques africains ont été fortement secoués. Cela s'est traduit au Cameroun par des lois prétendument démocratiques, qui cherchent en réalité à juguler l'explosion des créativités étouffées pendant trente ans et contre lesquelles s'est insurgé Philombe.

À 63 ans en 1993, René Philombe est, avec Mongo Beti, 61 ans, l'une des figures de proue de la littérature camerounaise. Mais contrairement à ce dernier, il a toujours résidé et milité au Cameroun. Depuis plus de trente ans, il anime la vie littéraire de son pays. Il est malheureux qu'aujourd'hui, il soit contraint, faute de ressources, de vivre comme un ermite dans son village natal près de Yaoundé. Récemment, il écrivait :

> Les tyrans font de nous des bataillons d'éphèbes
> Rien n'étouffe nos chants, rien n'arrête nos pas
> Chaque jour vers le jour, nous foulons le trépas.

Au Cameroun, l'expérience montre que l'on aime bien décorer les artistes, à titre posthume.

Mongo Beti et la langue française[6]

L'idée de la présente recherche est née de la lecture des deux derniers romans de Mongo Beti, *Trop de soleil tue l'amour* (Paris, Julliard, 1999) et *Branle-bas en noir et blanc* (Paris, Julliard, 2000). Les deux œuvres confirment ce qu'on peut appeler le troisième moment de la carrière littéraire de Mongo Beti qui, outre les deux romans cités, comprend jusqu'à maintenant *La France contre l'Afrique* (1993) et *L'Histoire du fou* (1994). Le premier moment de cette carrière, on le sait, est représenté par ses quatre premiers récits, *Ville cruelle* (1954), *Le Pauvre Christ de Bomba* (1956), *Mission terminée* (1957) et *Le Roi miraculé* (1958). Le deuxième temps comprend les écrits produits à partir de 1972 et compte *Main basse sur le Cameroun* (1972), *Perpétue et l'habitude du malheur* (1974), *Remember Ruben* (1974), *La Ruine presque cocasse d'un polichinelle, Remember Ruben II* (1979), *Les Deux Mères de Guillaume Ismaël Dzewatama, futur camionneur* (1983) et *La Revanche de Guillaume Ismaël Dzewatama* (1984). Le troisième moment commence en 1991 avec le retour de l'écrivain au pays natal au terme de trente-deux ans d'exil ininterrompu en France.

Un examen un tant soit peu approfondi des deux derniers romans de Mongo Beti permet de constater un certain nombre de ruptures aussi bien sur le plan narratif, thématique, que sur celui du style, de la langue d'écriture. Je voulais m'intéresser ici à la manière dont Mongo Beti s'approprie le français local et étudier les procédés mis en œuvre pour intégrer ce parler dans son écriture. Mais il m'a semblé difficile de traiter de cette appropriation sans prendre en compte la conception globale que Mongo Beti a de la langue française. De ce fait, ma démarche comportera trois volets. Je rappellerai d'abord l'appréhension que donne Mongo Beti de la langue française dans le contexte postcolonial africain. Ensuite, je traiterai succinctement de la pratique stylistique qui était la sienne jusqu'à son retour au Cameroun avant d'en venir à ce qui me semble nouveau dans les deux derniers romans de l'ancien exilé.

Francophone malgré lui…

Pour Mongo Beti, l'Afrique francophone, tant sur le plan politique que culturel, est née de la volonté du général Charles de Gaulle. Bousculé par la guerre d'Algérie, on le sait, de Gaulle prit les nationalistes africains de

6. Publié dans *L'Europe et les Francophonies. Langue, littérature, histoire, image*, sous la direction d'Yves Bridel, Beïda Chikhi, François-Xavier Cuche et Marc Quaghebeur, Bruxelles, Presses interuniversitaires européennes – Peter Lang S. A., 2005, 175-186 (coll. « Documents pour l'Histoire des Francophonies/Théorie »).

court en décidant d'accorder aux possessions françaises du continent leur indépendance dans des conditions d'impréparation totale. C'est ainsi que le français, sans même qu'on ait eu à y réfléchir, s'imposa comme unique langue de communication. Les prétendus leaders de l'époque, simples faire-valoir de la politique de Paris, se sont contentés de gérer et de légitimer une francophonie dont ils ne comprenaient pas toujours les tenants et les aboutissants. Et voilà que du jour au lendemain, il nous a fallu assumer une francophonie sans institutions adéquates. L'école étant demeurée aussi malthusienne au lendemain des indépendances que du temps de la colonie, la langue française restera un instrument d'exclusion sociale : « [L]e français ici, écrit Mongo Beti, ne se dispense qu'au compte-gouttes, à la manière d'un poison ou du nectar, breuvage des dieux. Il semble tacitement mais universellement convenu que moins les Africains s'habituent à consommer cette denrée, mieux cela vaut pour tout le monde » (« Afrique francophone : la langue française survivra-t-elle à Senghor ? », *PNPA*, n° 10, juil.-août 1979, 137-138).

Voilà qui explique que l'Afrique francophone se présente comme un espace sans institutions culturelles, sans culture nationale. Les écrivains nationaux de langue française ne font l'objet d'aucune attention particulière. En dehors des médias gouvernementaux, la presse locale ne reçoit aucun appui institutionnel susceptible de favoriser sa vulgarisation. En Afrique dite francophone, le français est loin d'être une fête, mais « une langue étrangère minoritaire, [...] génératrice d'apartheid culturel ». Ici, le français s'est transformé « en clé de voûte d'une vaste entreprise d'obscurantisme. [Il] offre [...] l'image d'un objet précieux et même inestimable, d'un monument fabuleux comme le Taj Mahal, exposé pour ainsi dire sous vitrine, que les Africains dans leur quasi-totalité sont tout au plus conviés à admirer, jamais à toucher » (*op. cit.*, 138).

Par ailleurs, la France elle-même adopte une attitude d'autant plus paradoxale que ses coopérants contrôlent de manière étroite la diffusion de la langue française sur le terrain.

> [Bref,] la mission de la langue française n'est point d'aider nos pays à émerger à la lumière de valeurs présentées par ailleurs comme universelles et pour ainsi dire inaliénables par la rhétorique de la coopération franco-africaine, mais de conforter une prétendue tradition qui se ramène, pour le plus clair, aux caprices de dictateurs moyenâgeux, souvent sanguinaires, protégés par les grandes firmes coloniales ou transnationales (*op. cit.*, 142-143).

Le raisonnement de Mongo Beti le conduit à une conclusion implacable, la nécessité de combattre le français et de travailler activement à son remplacement par les langues africaines. Pareille attitude s'apparente par bien des côtés à celle du Kenyan Ngugi wa Thiong'o qui prône, lui aussi, la réinvention d'une littérature africaine en langues africaines.

Pour Ngugi, tout ce qui s'est produit jusqu'ici en termes de littérature africaine n'est en réalité qu'une littérature afro-européenne à laquelle il convient de renoncer. Il écrit à ce sujet : « I started writing in Gikuyu language in 1977 after seventeen years of involvment in Afro-European literature, in my case Afro-English literature » (*Decolonising the Mind, The Politics of Language in African Literature*, London, JamesCurrey/Heinemann, 1986, 27). D'ailleurs, Mongo Beti, dans une interview qu'il m'a accordée, exprime un point de vue quasi identique à celui de Ngugi. L'écrivain camerounais affirme :

> Il faut souligner le paradoxe et l'ambivalence de notre littérature, qui est une littérature effectivement faite par des Africains mais qui, à la limite, n'est qu'une littérature française d'Afrique [...] Il y a une littérature française d'Afrique, de même qu'il y a un pré carré français d'Afrique. Les deux vont ensemble. Le jour où les Africains ne seront plus le pré carré des Français, mais des États indépendants, il est probable qu'à ce moment-là, il y aura une littérature africaine indépendante. On n'a jamais vu un État colonisé se doter d'une littérature autonome (*Mongo Beti parle*, Rouen, Éditions des Peuples Noirs, 2003, 178).

On le voit, bien que les deux écrivains soient d'accord pour mettre en question la littérature africaine dans son statut actuel, il y a tout de même pas mal de nuances entre les deux points de vue. Tandis que Ngugi croit pouvoir contribuer à la mise en place d'une littérature africaine « authentique » tout en luttant pour l'avènement d'un État africain libre et indépendant, Mongo Beti pense quant à lui que la bataille politique est essentielle, car une fois cette bataille gagnée, la suite sera de réalisation aisée. Quoi qu'il en soit, Mongo Beti refuse de célébrer le français comme le voudraient les thuriféraires de la francophonie. Pour lui, il s'en sert avant tout comme d'un outil de travail : « Pourquoi faudrait-il, dit-il, que je fasse fête au français ? Parce que j'écris en français ? Habitant la banlieue, je prends ma voiture chaque matin pour aller au travail au centre de la ville. Qui oserait me demander de faire une déclaration d'amour à ma voiture ? » (« Seigneur, délivre-nous de la francophonie », *PNPA*, n°s 59-62, sept.-déc. 1987/janv.-avr. 1988, 105). Encore que, par ailleurs, la langue française soit synonyme de censure. En Afrique en particulier, la France foccartiste et ses héritiers se sont toujours rangés du côté des dictateurs sanguinaires dans la lutte qui les oppose aux artistes en quête d'un espace de liberté. Or, précise-t-il encore, « c'est cette liberté, ce vertige de créer dans la joie et l'authenticité que la francophonie a été jusqu'ici impuissante à offrir aux écrivains africains, avec ses sens interdits même quand ils sont autorisés, ses domaines réservés, ses chasses gardées, ses dictateurs de fer » (*ibid.*, 106). Mongo Beti apparaît donc comme un francophone malgré lui même si sa pratique de la langue de Molière se fait avec une élégance inédite.

...et néanmoins virtuose de la langue française !

Bien qu'un nombre impressionnant de travaux aient été écrits sur son œuvre, la plupart desdits travaux, ainsi qu'on peut l'observer dans le collectif publié par Stephen Arnold, *Critical Perspectives on Mongo Beti* (Boulder/ London, Lynne Rienner Publishers, 1998), sont thématiques et portent dans une moindre mesure sur les procédés narratifs. En réalité, très peu a été dit sur la langue de l'auteur. Cependant, dans « Le fantôme de Mongo Beti dans la littérature africaine d'aujourd'hui », Célestin Monga aborde la question du style de Mongo Beti pour dire « qu'un morceau de texte rédigé par Mongo Beti ne ressemble en rien à ce que pourrait produire un écrivain de la génération actuelle » (*Présence Francophone*, n° 42, 1993, 120-121). Pour Monga, le style de Mongo Beti évite, autant que possible, de faire entorse aux règles de la grammaire française. Raison pour laquelle nombre de jeunes écrivains africains, au style souvent débridé et plutôt portés à créer des jongleries grammaticales, des néologismes, le trouvent plutôt « vieillot » et même « précieux ». Comparant le style de Sony Labou Tansi à celui de Mongo Beti, Monga écrit précisément :

> Sony Labou Tansi fait tourbillonner les thèmes d'une manière qui lui est propre. [...] C'est une écriture libérée des injonctions de la langue française, désireuse de dire la rage du quotidien sous les tropiques, en associant le lecteur, au besoin, à ses émois, à ses colères, à ses confidences.

> C'est donc une écriture branchée sur les turbulences de l'époque. Elle s'accommode sereinement du vocabulaire le plus trivial, et la construction des phrases répond au seul souci de la violence des émotions que l'auteur veut transmettre au lecteur. Là où Mongo Beti se montre chaste et pudique, Labou Tansi revendique sa « mocheté » (ou sa « mocherie »). La recherche langagière qui aboutit dans *Le Pauvre Christ de Bomba* ou dans *Mission terminée* à des harmonies dignes des plus grands écrivains français, est totalement ignorée dans *La Vie et demie* et dans les autres romans de Sony Labou Tansi ; comme si, soucieux du maximum d'« authenticité » dans son vocabulaire, le romancier congolais avait préféré s'en tenir à la vérité des mots les plus crus, au langage le plus cruellement imagé, et à la puissance des images les plus sordides (*ibid.*, 124-125).

On se rend évidemment compte que l'écriture de Mongo Beti commence à se teinter de « tropicalités » (le mot est de Sony Labou Tansi) à partir du moment où il revient d'exil et commence à produire des romans moins historiques et plus inspirés des réalités locales. D'ailleurs, eu égard aux nombreuses précautions dont il s'entoure, il donne l'impression d'introduire à son corps défendant le langage populaire dans ses textes même s'il en donne une explication plutôt éthique et professionnelle. Dans l'interview qu'il m'a accordée, il suggère que le respect des normes, tant sociales que linguistiques, faisait partie de son statut de professeur de lycée :

> Quand j'enseignais, il y avait des convenances, des limites que je ne pouvais pas dépasser parce que j'étais en charge de l'éducation des enfants. Je me devais donc de montrer l'exemple. [...] C'est Napoléon qui a inventé le lycée. Il y a la discipline, il y a un certain respect des normes, des limites, et on est tenu de respecter ce climat-là.

> En quittant le lycée, je me suis dégagé des contraintes normatives, mais mon écriture donne lieu à tout un débat entre éditeurs. Les uns pensent qu'il faut mettre des notes pour expliquer les africanismes. D'autres croient que ce n'est pas la peine. Soit les gens comprennent, soit ils ne comprennent pas. Mais en fait, ils font un effort pour comprendre. Si bien que dans les derniers romans édités par Julliard, la plupart des notes ont disparu. Moi je pense qu'il faut mettre des notes parce que la langue est un outil de communication. Ce n'est pas nouveau d'ailleurs. Quand un Provençal, comme Marcel Pagnol, écrit en provençal, quand il met en scène des Marseillais qui parlent effectivement une langue qui n'est plus un dialecte mais qui est quand même assez différente du français courant, on met des notes parce que les gens veulent comprendre. Donc, je veux dire que le français que nous parlons n'est pas un dialecte. Parce qu'un dialecte, c'est quelque chose que les gens ne comprennent pas. [...]

> La question qui se pose est la suivante : si le français africain s'éloigne trop de la norme, est-ce que ce n'est pas une cause de rupture de communication avec les autres francophones ? Est-il bon que le français africain dérive trop, au point de devenir incompréhensible aux autres francophones ? [...] Moi, je pense qu'il faut mettre une note pour éviter que les différents français dérivent trop les uns par rapport aux autres. Ces langues parlées restent quand même en contact les unes avec les autres. Parce que ce qui nous menace finalement, c'est que le français africain se constitue en une espèce de créole. D'ailleurs, moi, je pense que c'est inévitable mais je n'approuve pas. Je ne suis pas content de cela.

> En fait, les facteurs qui unifient la langue n'existent pas chez nous : la lecture, les médias, etc. Nous sommes dans une situation qui ressemble un peu au Moyen-âge, c'est-à-dire qu'au contraire, tout est fait pour que le français africain soit encouragé à devenir un dialecte incompréhensible aux autres. Moi, je n'approuve pas cela. Je dis que c'est quasiment inévitable, mais c'est dommage. C'est pour ça que je pense qu'il faut mettre des notes pour que le contact soit maintenu entre les sociétés francophones. Mais tout le monde n'est pas d'accord avec moi (*Mongo Beti parle, op. cit.*, 176-177).

De la théorie à la pratique

Lorsqu'il s'installe au Cameroun en 1994 après plus de quarante ans de séjour à l'étranger et plus de 35 années d'enseignement en France, Mongo Beti se met rapidement à l'école d'appréhension des réalités locales. Certes, il s'était toujours tenu au courant de l'évolution sociopolitique du Cameroun et de l'Afrique. Mais désormais, rien ne vaudra le contact charnel avec le quotidien du pays natal. C'est timidement que le parler local fait son apparition dans *Trop de soleil tue l'amour* (Paris, Julliard, 1999), mais il occupe une place beaucoup plus importante encore dans *Branle-bas en noir et blanc* (Paris, Julliard, 2000). Lecteur assidu des journaux locaux, Mongo Beti les parcourt certes pour s'imprégner des nouvelles du pays, mais c'est aussi en pédagogue et en professeur de français qu'il les lit. Aussi tient-il toujours à souligner les incorrections de style, les perles des journalistes locaux. Et ce n'est pas un hasard si PTC, l'un des personnages principaux de *Trop de soleil tue l'amour*, est propriétaire du journal *Aujourd'hui la démocratie* dont les journalistes ne savent pas écrire ni même lire dans un dictionnaire. Aux pages 141 et 142 du roman, l'auteur nous offre un long spécimen des incorrections puisées dans les colonnes d'*Aujourd'hui la démocratie*. Ce clin d'œil permet de montrer combien le français est mal enseigné et mal maîtrisé par ceux-là mêmes qui sont censés le vulgariser. Comme Mongo Beti le rappelle dans un récent débat sur la francophonie, « [e]n sacrifiant ainsi le français, on sacrifie le développement, la langue française étant avant tout un outil de développement, de modernisation » (dans René Dassie, « Que faut-il faire de la francophonie ? », *Le Messager*, 23 mars 2001).

Obéissant à la logique qu'il a choisie, Mongo Beti utilise avec circonspection le parler local et prend soin non seulement de mettre les expressions en italiques, mais aussi de bien attirer l'attention du lecteur sur le fait qu'il s'agit d'un mot qui dans le contexte n'a pas le même sens qu'en français standard (ex. : grand, plaque) ou d'un mot qui ressemble à un terme familier, mais dont la construction dérive d'une démarche insoupçonnée (ex. : sauvetteur) :

> • Vêtue d'un bermuda multicolore, ses grands pieds nus, les seins libres, comme offerts, elle [Bébête] s'activait en chantant sur une *plaque*, sorte de gazinière miniature où mijotaient des plats toujours succulents (*Trop de soleil...*, 51).

> • Chaque fois qu'on fait une enquête, on tombe immanquablement sur un grand.
> – Un homme puissant, c'est ça que tu veux dire ? (125)

> • Cinq mille ! avait claironné le marchand ambulant, appelé ici *sauvetteur* (149).

Alors qu'en français courant le terme sauveteur désigne une personne qui opère un sauvetage, le mot « sauvetteur » au Cameroun est un simple raccourci de l'expression « vendeur à la sauvette ».

Partout ailleurs dans le texte, Mongo Beti met en notes les expressions relevant du parler camerounais, qu'il s'agisse des mots et expressions en langues africaines ou relevant du français local. Ainsi en va-t-il de :

> Yë mabissi ! = Rien à foutre (14)
> gros mots = grands mots (14-15)
> Nna wama = Par ma mère ! (29)
> Ekyè = interjection, marquant la stupéfaction (62)
> Quand je ne suis pas en place = Quand je m'absente (120)
> Ils dérangent = ils nous embêtent (127)
> Aka = interjection, marquant la dérision (132)
> C'est peut-être une histoire d'écorce = philtre d'amour (161)
> Circuit = gargote (177)
> concession = propriété (179).

Les observations ci-dessus s'appliquent également à *Branle-bas en noir et blanc* qui, du point de vue thématique, est la suite de *Trop de soleil tue l'amour*. En plus des mots et expressions précédents qui, pour la plupart, apparaissent dans *Trop de soleil tue l'amour*, on peut ajouter :

> Mange-mille = agents de police [en note : « ainsi appelés à cause de leur goût excessif pour les billets de mille des petits transporteurs »] (*Branle-bas...*, 16)
> Magida = riche ou notable musulman originaire du Nord (57)
> Je te dis = Et comment (66)
> Cotisation = tontine (87)
> Frère = compatriote (91)
> Écorces = magie (109)
> Banga = cannabis (133)
> Regardez alors = voyez-vous ? (233)
> Fais quoi fais quoi = quoi que tu fasses (242)
> La bière = le bakchich (271)
> Être foiré = être foutu (277).

Ce tableau, avons-nous dit, est loin d'être exhaustif, mais il indique, comme l'avoue volontiers Mongo Beti lui-même, qu'il prend souvent des notes lorsqu'il finit de suivre une conversation entre Africains. Les mots et expressions ainsi soulignés ne sont pas spécifiques d'un groupe social donné. Quels que soient leur classe sociale, leur sexe, leur âge ou leur profession et leur niveau d'éducation, les protagonistes des deux romans sont susceptibles de s'exprimer en parler local. Seul Eddie, l'ancien exilé, et Georges, l'aventurier français, par ignorance ou par condescendance, font exception à la règle.

L'existence de ces quelques personnages pour ainsi dire vierges d'africanismes et la présence quasi systématique des notes explicatives du parler local peuvent être perçues de plusieurs manières. Au-delà de la volonté de l'auteur de communiquer dans une langue standard, on peut aussi penser que Mongo Beti demeure hanté par l'hypercorrection et les normes linguistiques qu'il a dû appliquer pendant ses trente-cinq ans d'enseignement. Encore que la volonté de communiquer avec l'universel prouve combien la production littéraire africaine, même dans l'esprit des farouches apôtres de l'africanité, continue d'être frappée d'extériorité. Certes, les quelques mots et expressions typiquement camerounais peuvent rendre le texte de Mongo Beti difficile d'accès, mais en aucun cas inintelligible. Pourquoi ces mots et expressions ne constitueraient-ils donc pas le petit prix à payer par le lecteur étranger pour accéder à la culture africaine, puisque les Africains ne revendiquent point qu'on leur traduise les références typiquement européennes des textes africains ?

La mise en relief permanente des africanismes pourrait bien faire croire que Mongo Beti tombe dans le piège de l'exotisme ou fait couleur locale en créant une distance entre le professionnel de la langue du maître qu'il est et le peuple africain. En tout cas, le rapport de Mongo Beti à la langue française demeure tout aussi ambigu que les rapports qu'il entretient avec l'héritage colonial de la France en Afrique. Mongo Beti ne milite ni pour une authenticité africaine ni pour une nouvelle forme d'indigénéité, mais simplement pour l'acquisition rigoureuse des éléments de développement.

Évidemment, il est possible de lire son appréhension du parler africain comme une sorte de traduction de la personnalité du peuple, c'est-à-dire comme un refus des locuteurs du continent de se laisser enfermer dans des normes venues d'ailleurs. L'écrivain ne serait donc ici qu'un interprète, qu'un porte-parole, certes sympathique, mais qui refuse lui aussi de se laisser emporter dans une espèce de ghetto linguistique créé de toutes pièces. Dans l'un et l'autre cas, la nouvelle écriture de Mongo Beti, sans pour autant rivaliser avec les jongleries grammaticales et les néologismes toujours plus osés de ses jeunes contemporains, donne à lire une transposition on ne peut plus truculente de la vie africaine d'aujourd'hui. À preuve, la conversation suivante entre l'inspecteur Norbert et son patron de commissaire :

> – Norbert, dit le commissaire, c'est comment ? Tu es inspecteur, non ?
> – Oui, monsieur le Commissaire, répondit Norbert. Je vous demande pardon, grand, ajouta-t-il aussitôt.
> – Pardon de quoi ? D'être inspecteur ? Mais non, grand. Non monsieur le Commissaire. Mais j'étais absent ; mon père est décédé.

– C'est pas grave, ça, fit l'espèce de sergent Garcia noir, riant aux éclats. Je connais ton dossier, tu sais ? Ton papa-là même, c'est quoi ? Il meurt tous les deux mois ?...
– Ce n'est pas le même, grand, vous savez bien...
– Et il te faut chaque fois une semaine pour l'enterrer ?
– Nous sommes en Afrique, non, monsieur le Commissaire ? Vous êtes même comment, vous aussi !
– Chose remarquable, poursuivit le commissaire en se rembrunissant, ta mère-là même, elle, meurt toutes les six semaines. Et il te suffit de deux jours pour l'enterrer...
– Mais non, grand, ce n'est pas la même ; nous sommes en Afrique non ? Quand je dis ma mère, ce n'est pas toujours celle qui m'a accouché [en note : mis au monde], vous savez bien ; grand, vous êtes africain, non ?
– Laissons ça, Norbert. Prends même six mois pour enterrer chacune de tes mamans, je m'en fous. Quand le grand chef lui-même disparaît de chez nous là pour passer deux mois à Baden-Baden là, tu vas même lui dire que quoi ? Je te demande, Norbert, qui va même lui dire que quoi ?

Le Commissaire s'interrompit un moment pour se moucher dans la main, et, ayant essuyé celle-ci sur la toile de son uniforme, reprit :

– Norbert, pendant la semaine où tu enterres chacun de tes papas, tu fais peut-être un petit quelque chose aussi à côté, non ? Tu es sûr que tu consacres chaque minute de chaque heure de chaque jour aux seules activités de l'enterrement ? Dis, tu fais bien un petit quelque chose d'autre là, non ?

Norbert, se croyant acculé, bafouilla en se tortillant sur sa chaise ; puis il toussota, avant de déclarer :

– Monsieur, je ne fais jamais d'enquête, je le jure. Croyez-moi, grand. Quand je ne suis pas en place [en note : quand je m'absente], ce n'est pas pour faire des enquêtes, c'est vrai, ça. Pour rien au monde, grand. Je connais que la hiérarchie ne veut pas entendre parler de ça.
– Oui, d'accord, ékyé, attends un peu, Norbert, reprit le commissaire. Je vois que tu ne me comprends pas très bien. On dirait que tu paniques, mon garçon ; je ne sais pas pourquoi, et d'ailleurs je ne veux pas le savoir. Quelqu'un t'a accusé ? Certainement pas moi. Au contraire, je vais te charger d'une mission de confiance, *my God* (*Trop de soleil...*, 119-120).

On le voit, Mongo Beti fait un effort tout particulier pour rendre avec le plus de vivacité possible le parler local, c'est-à-dire la saveur de ce que les linguistes Gérard-Marie Noumssi et Fosso appellent les dérives linguistiques locales, « une tendance à la fonctionnarisation de la langue française, c'est-à-dire un effort d'adaptation du français à sa seule fonction de communication dénotative, par affranchissement des contraintes grammaticales : concordance, accords, flexions, etc. » (« Le français en Afrique noire au début du troisième millénaire : variations, problèmes sociolinguistiques et perspectives didactiques », *Présence Francophone*, n° 56, 2001, 81). Certes, chez Mongo Beti, ce style rompt avec son écriture d'hier et l'hypercorrection à laquelle il nous avait habitués. Toujours est-il que même sans notes explicatives, le lecteur saisit l'essentiel de l'échange entre les deux complices de la fonction publique camerounaise. Pareil texte est un régal pour le lecteur camerounais qui identifie aisément les protagonistes du roman qui possède ici le pouvoir réfléchissant d'un miroir. Dès lors, on peut se demander si Mongo Beti aurait pris toutes les précautions de communication qu'on observe si la littérature africaine en général et camerounaise en particulier dépendait un peu moins d'institutions extérieures et bénéficiait d'un lectorat et d'un réseau de distribution endogènes, à l'instar des autres productions littéraires de par le monde.

Bien qu'il s'agisse d'un débat qui dépasse tout à fait le cadre de la présente étude, on se rend compte que l'œuvre de Mongo Beti pose de manière singulière la question de la nation camerounaise et par ricochet celle d'une littérature nationale camerounaise. Lorsqu'il écrivait de l'exil, Mongo Beti disait l'Afrique et le Cameroun avec une urgence particulière. À la manière de Ruben dont la figure historique hante la plupart de ses écrits, nombre de protagonistes de Mongo Beti luttaient avec obstination contre les forces répressives. Tout se passe comme si avec son retour au pays, le romancier, face à ce qu'il appelle la dictature de l'édredon et eu égard à l'énorme déficit de la nation, s'attache désormais à produire une littérature qui témoigne du chaos et de ce qu'il appelle les archaïsmes dont souffre le peuple. L'ancien exilé ne se pose plus simplement en médiateur, mais aussi en acteur puisque, écrit-il, « les exilés sont de retour. Et rien ne sera plus jamais comme avant. En vérité, en vérité, je vous le dis : c'est une ère nouvelle qui s'ouvre » (*Trop de soleil...* 25). On peut alors penser que le parler local ainsi que les notes explicatives qui l'accompagnent dans les textes récents de l'ancien exilé sont conçus pour permettre à tout autre observateur de suivre le déroulement du nouveau projet de construction nationale. Évidemment, la nation dont il s'agit ici n'a rien de géographique ou même de véritablement concret. Elle se réduit essentiellement à un langage, à une écriture. À défaut d'institutions politiques, le langage et la création littéraire deviennent donc un espace où l'écrivain pense et dit la nation de son imaginaire.

Ville cruelle
ou l'arrière-pays comme espace d'avenir[7]

À la lecture de la thématique, « Littérature et environnement », et de
l'argumentaire du présent congrès de l'African Literature Association, je
me suis demandé s'il s'agissait d'un canular, d'un effet de mode ou d'une
problématique scientifique véritablement digne d'intérêt. Cette question, loin
d'être une interrogation rhétorique, m'amène à penser qu'il faudrait réfléchir
non seulement sur la pertinence du sujet et de l'objet de la recherche en
littératures et cultures africaines, mais aussi et surtout sur l'inféodation des
cultures africaines dans son acception la plus étendue à un système de référence
presque jamais remis en question, celui que nous a légué l'Euramérique
impériale ou colonisatrice. En effet, on se rend compte presque au quotidien
que de nombreuses valeurs considérées hier comme obsolètes du fait qu'elles
étaient l'apanage des pays dits « primitifs » sont aujourd'hui récupérées,
remballées et revendues à prix d'or à ces mêmes pays sous prétexte de la
postmodernité. L'écologie comme les produits dits biologiques font partie de
ces marchandises. Alors qu'hier on n'hésitait pas à tourner le dos aux valeurs
de la nature au nom de la culture, c'est juste si on ne nous invite pas aujourd'hui
à devenir tous des disciples de Rousseau et des condisciples d'Émile. Il est
étonnant qu'à tous les coups, nous nous engouffrions presque mécaniquement
dans le train sans presque jamais nous interroger sur la destination précise
de ce dernier. À cet égard, on pourrait d'ailleurs se poser bien des questions
sur l'autonomie des recherches en littératures africaines. Son extraversion ne
les amène-t-elle pas à adopter en permanence des attributs qui lui viennent
d'ailleurs, qu'il s'agisse de sa périodicité ou de ses déterminants ? On parlera
ainsi de périodes coloniale et postcoloniale ; de littératures anglophone,
francophone, lusophone, moderne et postmoderne, etc. À quand donc
l'émergence d'une tradition critique qui, pour être proprement africaniste,
n'en serait pas moins scientifique, mais transcenderait les effets de mode dont
notre discipline est victime en ce moment ?

Quoi qu'il en soit, Mongo Beti m'est apparu comme un terrain fertile
pour ce genre d'investigation, que l'on s'intéresse à son écriture ou à son
itinéraire personnel. Originaire de la forêt du Sud Cameroun, cet écrivain a
passé toute sa vie professionnelle en Occident dont il est intellectuellement
un des produits les plus raffinés. De retour au Cameroun à la fin de sa carrière
d'enseignant dans la fonction publique française, il est devenu exploitant

---

7. Communication présentée au congrès annuel de l'African Literature Association (ALA),
Tucson, Arizona, en mars 2010.

agricole et s'est constitué ardent défenseur de la forêt et de l'environnement. Dans sa production intellectuelle, il s'est toujours insurgé contre le pillage des ressources naturelles du Cameroun et des pays africains, comme on a pu le lire dans ses articles parus dans *Peuples noirs–Peuples africains* ou dans divers autres journaux.

Mais par-delà ses prises de position dans des essais ou dans des tribunes publiques, on sera sensible au fait que dans les récits de Mongo Beti, l'univers de la forêt offre un mode de vie qui permet aux protagonistes de résister tant bien que mal à l'agression du modèle politique, culturel et socioéconomique colonial, modèle qui s'articule essentiellement autour de la ville et des échanges commerciaux fondés sur l'exploitation souvent violente de l'homme par l'homme. Au terme de ses mésaventures en ville et du détournement de son cacao par les commerçants grecs, Banda affirme clairement : « Moi je vous laisse la route, je préfère la forêt : d'abord il y fait toujours frais ; et puis les arbres, ce sont mes grands amis. Pour tout dire, les arbres sont les meilleurs hôtes aussi pour qui les connaît, les plus sûrs… » (*Ville cruelle*, 1954, 175[8]). Chez Mongo Beti, en effet, le modèle rural de vie, en dépit d'une gérontocratie rétrograde et réactionnaire, comporte des valeurs remarquables de solidarité et d'épanouissement. On verra d'ailleurs que la forêt et le village s'avèrent être des espaces privilégiés où s'organiseront les luttes pour l'indépendance du pays. Contrairement au milieu urbain infesté de gradés blancs, de gardes régionaux et territoriaux, nombre de personnages de ses récits maîtrisent l'environnement de la forêt où ils se trouvent en sécurité et peuvent de ce fait organiser la résistance contre l'occupant, qu'il s'agisse de lutte de libération nationale ou de la lutte de protestation contre les commerçants véreux comme on l'observe dans *Ville cruelle* avec Koumé et ses compagnons. C'est donc dire que chez Mongo Beti, la forêt peut être l'objet d'une multitude d'interprétations, selon qu'on traite de ses prises de position sur l'exploitation de la forêt et autres ressources naturelles ou du comportement de certains personnages de ses récits. Dans *Trop de soleil tue l'amour* (1999), paru deux ans seulement avant sa disparition, il écrit de manière presque prémonitoire :

> Ce n'est parce que l'on a rendu l'âme qu'on est vraiment mort. On entame au contraire un long périple au cours duquel on traverse une forêt ténébreuse, pour émerger dans une clairière ensoleillée, puis c'est une autre forêt ténébreuse et une autre clairière ensoleillée, puis c'est une autre forêt ténébreuse et une autre clairière encore, et ainsi de suite (250).

---

8. Toute référence ne comprenant que le numéro de page renvoie à cette édition du roman de Mongo Beti.

Comme on le voit, cette intervention pourrait faire l'objet d'une étude bien plus étendue. On peut effectivement s'interroger sur la hantise qu'exerce la forêt sur l'imagination de Mongo Beti qui, on l'a souligné, a passé le plus clair de sa vie en Europe et qui est d'une culture urbaine remarquable. Son obsession pour l'environnement forestier est-elle un simple appel du terroir ou la promotion délibérée de ce qui aurait pu/dû être pris en compte dans le choix de vie des peuples de la forêt ? Que la libération du Cameroun se soit organisée à partir de ce qu'il est convenu d'appeler le maquis, c'est-à-dire des luttes essentiellement menées en dehors des milieux urbains, est sans doute symptomatique et invite également à réfléchir sur la prise en compte de l'environnement dans les stratégies de libération, qu'elle soit politique ou économique. Il ne s'agit évidemment pas ici de suggérer un retour à l'arrière-pays comme parade à l'occupation coloniale, mais plutôt de montrer comment la colonisation était en réalité moins envahissante qu'il y paraissait. La véritable occupation se limitait aux zones urbaines où pouvait se déployer un système de contrôle tout à fait efficace. C'est dans l'espace urbain que siégeaient l'administrateur et ses évolués ou ses interprètes pour emprunter le mot de Lord Macaulay. Je vais me contenter de montrer les tensions entre milieux rural et urbain qui traversent *Ville cruelle* et terminer mon propos en indiquant à la suite des travaux d'Achille Mbembe, en particulier *La naissance du maquis dans le Sud-Cameroun, 1920-1960* (1996), comment ces tensions préfigurent les luttes de libération qu'engagera l'Union des Populations du Cameroun (UPC).

***

Ville cruelle est un texte qui a été abondamment étudié. Dans l'une des analyses les plus fouillées consacrées à ce récit, Arlette Chemin lui trouve une pluralité de sens, mais elle privilégie les conflits familiaux : « *Ville cruelle* est le roman d'un jeune homme défini par son attachement ambivalent à sa mère, sa haine de l'oncle paternel compensée par une entente avec l'oncle maternel, le désir d'une fiancée jamais conquise, la rivalité avec un compagnon de lutte ou des cousins mieux dotés » (« *Ville cruelle* : Situation œdipienne, mère castrante », dans Stephen Arnold (dir.), *Critical Perspectives on Mongo Beti*, Boulder, Lynne Rienner Publishers, 1998, 18). Bien que les autres critiques ne négligent pas les conflits familiaux, ils s'attardent surtout sur la dialectique ville coloniale, ville blanche (Tanga nord) et ville africaine, ville noire (Tanga sud) qui constitue la charpente du récit. Ainsi en va-t-il de l'étude de Clive Wake avec « Masculine and Feminine: A Reading of Mongo Beti's *Ville Cruelle* » (*ibid.*, 7-14), de Ongoum (dans Ambroise Kom (dir.), *Dictionnaire des œuvres littéraires de langue française en Afrique au sud du Sahara*, vol. 1, 1978, Paris, L'Harmattan, 2001, 628-630) ou même de Thomas Melone (*Mongo Beti, L'homme et le destin*, Paris, Présence Africaine, 1973).

Dans un article consacré à l'ensemble de l'œuvre de Mongo Beti, Bernard Mouralis fait une suggestion à la lumière de laquelle on peut relire *Ville cruelle* avec encore plus de profit. Étudiant le concept de modernité dans les récits de Mongo Beti, Mouralis en arrive à écrire : « Et parce que ni le discours occidental de (et sur) la "tradition africaine", qui ne sont en réalité que les deux faces d'un même phénomène, ne peuvent répondre aux aspirations des héros de Mongo Beti, ces derniers se trouvent rapidement conduits à tout réinventer : la société, la culture, l'histoire » (Arnold, *op. cit.*, 370). Et je voudrais suggérer qu'il faudrait penser à la forêt comme le point de départ de cette réinvention.

Pour Banda, en effet, la forêt est loin d'être un espace romantique. Elle est synonyme de sécurité parce qu'elle est authentique (20) et labyrinthique, c'est-à-dire inaccessible aux Blancs. En conséquence, lorsqu'on est agressé en ville ou par la ville, on s'y réfugie. Pour qui connaît aussi intimement les pistes de la forêt comme c'est le cas pour Banda, il peut y circuler dans les ténèbres et éventuellement servir de guide à quiconque veut s'échapper de la traque de la police, « des étrangers qui ne connaissent même pas le pays » (86). Bien que l'orgueil de Koumé ne lui permette pas de profiter du savoir de Banda pour se soustraire vivant aux poursuites dont il est l'objet, Banda, quant à lui, peut aider Odilia à s'en tirer, car il est « assez habitué à la forêt pour s'y conduire de nuit sans aucun besoin de lumière » (92). La forêt est un refuge, mais la vie peut y être « grouillante, mystérieuse, ténébreuse... » (98). Et Banda d'ajouter : « Nous sommes bien loin de la ville, maintenant [...]. Vous pouvez parler, si vous en avez envie. Ce n'est pas ici qu'ils viendront nous chercher » (98).

Bien qu'il ne faille pas assimiler la forêt au village, soulignons cependant qu'à Bamila, qui est le village de Banda, une bonne frange de la population est hostile à l'ordre colonial : « Qui n'avait entendu parler de Bamila ? Un village farouche, dans un pays farouche dont les habitants comptaient à leur actif plusieurs meurtres sur la personne d'agents de l'ordre de toutes sortes, gardes régionaux ou gardes territoriaux » (95). N'eût été la gérontocratie qui rend la vie difficile aux jeunes et aux femmes (« Les Blancs et les vieux, les vieux et les Blancs, au fond, c'est tous la même chose... tous la même chose... », 131), Bamila, dont les solides vertus de solidarité ont accompagné Banda dans les péripéties de sa vie, aurait pu se transformer en bastion de la lutte contre l'occupant. Banda explique : « Ce qui est arrivé à Koumé [...] si ça s'était produit à Bamila, pour peu que la victime habitât Bamila, ce qui est sûr, c'est que tout le village aurait pris fait et cause pour lui, même s'il ne l'aimait pas trop auparavant : c'était déjà arrivé plusieurs fois. Tandis que, à Tanga, l'événement était passé à peu près inaperçu » (133).

En clair donc, l'environnement compte. Telle qu'elle est gérée, la ville est une création européenne et il s'agit d'un cadre dans lequel l'indigène ne peut pas s'épanouir puisque la ville fonctionne essentiellement comme une souricière. Le regard que porte Banda et les siens sur la vie en ville, sur la communauté blanche et leur prétendue modernité est d'une extrême sévérité : « Un Blanc c'est d'abord l'argent, beaucoup d'argent, et encore de l'argent... Un Blanc veut gagner de l'argent, un point c'est tout » (131). Si seulement le Blanc pouvait gagner honnêtement cet argent, on jouerait le jeu avec lui en en connaissant les règles. Malheureusement,

> ces gens-là ne cherchent qu'à vous tromper. [...] Un Blanc, ça n'a jamais souhaité que gagner beaucoup d'argent. Et quand il en a gagné beaucoup, il t'abandonne et reprend le bateau pour retourner dans son pays [...]. Un Blanc, ça n'a pas d'ami et ça ne raconte que des mensonges : ils s'en retournent conter dans leur pays que nous sommes des cannibales (122).

Pallogakis, le Grec, négociant en cacao, est une figure emblématique des entourloupes dont les Africains sont victimes :

> M. Pallogakis commençait la journée par un cours supérieur au prix officiel ; le bruit se répandait comme un feu de brousse. Les paysans accouraient avec leurs charges, s'amassaient devant le Levantin. Et plus il y en avait et plus il en venait, et plus il était facile à M. Pallogakis de baisser progressivement et insensiblement le taux et de commettre d'autres fraudes (18).

En plus de l'arnaque économique et de la déportation spirituelle qu'organisent les missionnaires se greffe bien évidemment la répression policière : « [L]a ville était cruelle et dure avec ses gradés blancs, ses Gardes régionaux, ses Gardes territoriaux et leurs baïonnettes au canon, ses sens uniques et ses "entrée interdite aux indigènes" » (165).

On l'aura compris : telle que les Européens l'ont implantée, la ville n'offre aux Africains qu'un environnement hostile puisqu'on pourrait dire qu'elle s'inspire largement du concept que Timothy Mitchell, étudiant la stratégie française de colonisation de l'Égypte et plus tard de l'Algérie, appelle « enframing », encadrement : « Enframing is a method of dividing up and containing, as in the construction of barracks or the rebuilding of villages, which operates by conjuring up a neutral surface or volume called "space" » (*Colonising Egypt*, Berkeley, University of California Press, 1988, 44). De ce fait, la ville coloniale s'apparente à un conteneur soigneusement compartimenté et au sein duquel chaque pièce joue le rôle que lui assigne précisément l'architecte. La « conteneurisation » de l'espace facilite également le contrôle militaire des habitants. Et si Banda cherche obstinément à s'en aller à Fort-Nègre, c'est bien en désespoir de cause étant donné que le village avec les vieux ne lui offre pas non plus un avenir prometteur. Il s'agit donc d'un saut dans l'inconnu. Encore qu'on puisse penser que le départ pour Fort-Nègre n'est qu'une utopie qui risque fort de ne jamais se réaliser. Si la ville, symbole de la modernité, peut être effectivement espoir d'épanouissement, il en va tout autrement de la ville coloniale puisqu'elle est construite pour trahir en quelque sorte le rêve même de la ville en ce sens que l'indigène n'y a aucun droit et que son architecture est conçue pour satisfaire le bien-être exclusif des citadins d'origine européenne.

À défaut de s'épanouir dans le village en s'appuyant sur les valeurs de solidarité qu'on y trouve, l'auteur semble suggérer que c'est plutôt la forêt qui aurait pu/dû servir de base architecturale pour la construction d'une modernité africaine. Il s'agit certes de la forêt comme espace physique, mais aussi et surtout d'un espace symbolique familier, représentant un cadre dont le peuple est au moins aussi maître que l'est Banda lorsqu'il s'y retrouve avec Koumé. La forêt est un espace où pouvait s'organiser la résistance contre l'ordre et les valeurs coloniales. À cet égard, on sera sensible à l'histoire des luttes de libération qui se sont organisées dans ce qu'il est convenu d'appeler le maquis.

**

Du fait de l'urbanisation progressive mais soutenue de Douala grâce aux activités économiques autour du port dans les années 1930-1950, une population cosmopolite s'établit dans cette ville et favorise la naissance d'associations en tous genres ainsi que l'émergence d'une conscience syndicale et politique. Voilà sans doute qui explique l'effervescence qu'on y observe autour de l'Union des Populations du Cameroun (UPC), mouvement historique de lutte de libération nationale né en 1948 et dont le siège et les leaders sont presque tous installés dans les villes au moment de sa création. Les répressions sanglantes qu'organise l'administration coloniale en mai 1955 contre les nationalistes dans diverses villes du pays conduiront l'UPC à se replier dans le maquis et à s'appuyer sur la paysannerie pour la poursuite de la lutte anticoloniale. En ville, le système de sécurité mis en place par le pays occupant lui permet de tout quadriller et de mater rapidement toute contestation à l'aide de sa police, de ses gardes territoriaux, régionaux et de ses militaires armés de mousquetons, de mitraillettes et de grenades. Tout comme dans *Ville cruelle*, la ville coloniale s'est effectivement transformée en guet-apens pour les indigènes. Comme le souligne Achille Mbembe, les troupes n'hésitaient pas à poursuivre l'« opération de "nettoyage" dans les villages environnants » (*La Naissance du maquis dans le Sud-Cameroun*, 1996, 327). La violence qui s'abat ainsi sur les villes camerounaises et les villages environnants oblige de nombreux villageois à gagner la forêt. En postcolonie et dans les romans postcoloniaux de Mongo Beti, les seuls espaces urbains qui sont pour ainsi dire contrôlés par les indigènes sont les bidonvilles qui, comme l'en-ville de chez Chamoiseau, échappent à toute politique d'urbanisation et deviennent de ce fait aussi incontrôlables que la forêt.

Achille Mbembe analyse dans le menu la manière dont fut mené le combat upéciste pour l'indépendance du Cameroun. L'administration coloniale dut recourir à une violence aveugle pour venir à bout des nationalistes terrés dans les maquis avant d'octroyer l'indépendance à des satrapes. Bien que l'UPC n'ait pas récolté les fruits de sa lutte, l'efficacité de sa stratégie ne saurait donc être mise en cause. Peut-être aurions-nous dû tirer un certain nombre de leçons de cet environnement pour la construction du pays au lendemain de l'accès à la souveraineté.

La leçon qu'on peut tirer de cette lecture de *Ville cruelle* et de la manière dont s'est organisée notre lutte de libération est qu'on a manifestement mal à notre environnement. Notre installation dans la ville et notre entrée dans la modernité semblent s'être faites selon une architecture qui nous était totalement étrangère. La construction de notre espace de vie n'a-t-elle jamais tenu compte de la connaissance que nous avions de notre terroir ou avons-nous tout simplement accepté, un peu à l'aveuglette, de nous installer dans une ville conçue à l'européenne qui nous dénie toute citoyenneté, une ville où nous sommes étrangers bien qu'elle se trouve bel et bien chez nous ? N'avons-nous jamais songé, comme le suggère Jean-Marc Ela (*La Ville en Afrique noire*, 1983), à nous construire en rupture par rapport au modèle colonial ? Les problèmes d'urbanisme, de ravitaillement et de survie qu'on y connaît ne sont-ils pas liés à cette déportation symbolique qui la caractérise ? Bien plus, s'il en est ainsi de la ville, de notre cadre physique, il en va pareillement des diverses institutions politiques, économiques et socioculturelles qui s'y sont installées. On sait que dans tout pays, l'école par exemple est conçue pour former des finissants susceptibles de s'adapter à l'environnement. Dans nombre de pays d'Afrique, malheureusement, l'école s'apparente à un produit importé tant elle s'inspire peu de l'environnement des enfants qui y sont pris en charge. L'école de l'arrière-pays fonctionne comme une école urbaine et l'école urbaine est elle-même un produit importé, totalement étrangère à son environnement.

S'il est donc vrai que de nombreux pays ont accédé à la souveraineté politique, il demeure tout aussi vrai que cette souveraineté semble leur avoir été accordée dans un environnement qui leur est totalement étranger. La véritable libération ne se fera qu'avec la maîtrise de l'écologie. Et il ne s'agit pas d'un combat de moindre envergure que celui qui a conduit aux indépendances politiques. La problématique du colloque auquel nous participons aujourd'hui prouve à suffisance que l'on a encore du chemin à faire.

Troisième partie :
Nouvelles scénographies

Identité et littératures africaines
à la veille du troisième millénaire[1]

Il y a trente ans, Frantz Fanon recommandait à l'écrivain africain de « secouer le peuple, [...] de se transformer en réveilleur de peuple », c'est-à-dire de produire une « littérature de combat, une littérature révolutionnaire, une littérature nationale » (*Les Damnés de la terre*, Paris, François Maspero, 1961, 162). Autant la théorie de Fanon paraissait opportune dans les années 1960, années des indépendances africaines, autant on peut se demander si, plus de trente ans après, ces prescriptions sont encore de mise. En effet, on aurait pu s'attendre à ce qu'une fois les guerres de libération terminées, les écrivains africains produisent des œuvres moins engagées et sans doute plus enclines à des préoccupations ludiques ou historiques.

Force est pourtant de constater que les remarques de Fanon semblent autant, sinon plus, d'actualité aujourd'hui qu'hier. Mongo Beti écrivait à la fin des années 1970 : « Chez nous, elle [l'écriture] peut ruiner des tyrans, sauver les enfants de massacres, arracher une race à un esclavage millénaire, en un mot servir. Oui pour nous, l'écriture peut servir à quelque chose » (*Peuples noirs–Peuples africains*, n° 11, sept.-oct. 1979, 91). L'écrivain africain a donc parfaitement conscience d'être au centre de l'élaboration des valeurs sociales, politiques, humaines et éthiques qui vont contribuer à informer la société africaine d'aujourd'hui et de demain, c'est-à-dire à lui donner une identité.

Et, à l'analyse, l'une des valeurs fondamentales qui commandent de nombreuses autres s'avère être la reconnaissance du pluralisme politique, culturel ou idéologique. Voilà sans doute pourquoi l'un des thèmes récurrents du roman africain contemporain peut être défini comme le monolithisme rampant, perçu comme frein à l'innovation, comme obstacle majeur aux mutations et à la reconstruction et à la renaissance du continent africain.

Déjà à l'époque coloniale, des romanciers africains avaient commencé à contester les aspects unidimensionnels de la société traditionnelle. Ainsi en va-t-il de Seydou Badian dans *Sous l'orage* (Paris, Présence Africaine, 1963), roman dans lequel l'auteur suggère que les méthodes gérontocratiques qui prévalent dans les communautés villageoises ne sont pas de nature à favoriser le génie créatif et l'émancipation des jeunes. Les dogmes immémoriaux engendrés par la tradition réduisent à sa plus simple expression la liberté d'initiative. Le respect strict de l'aîné et le culte de la sagesse des adultes entraînent de nombreux conflits de générations : « Au village, écrit Seydou

1. Publié dans *Bulletin francophone de Finlande*, n° 7, 1996, 167-175.

Badian, jamais entre cadet et aîné, il n'y a la moindre discussion, toute la vie est régie par une seule loi : celle de la hiérarchie de l'âge, de l'expérience et de la sagesse » (*Sous l'orage*, 27).

On se souvient des conséquences de la dictature des prétendus sages sur le destin de Kany qui veut épouser le jeune homme de son choix. Maman Tené la rappelle à l'ordre en des termes non équivoques : « Il n'est pas question d'aimer, fit maman Tené, tu dois obéir [...]. C'est ton père qui est le maître et ton devoir est d'obéir. Les choses sont ainsi depuis toujours. » (*ibid.*, 72).

On retrouve une scène semblable chez Mongo Beti dans *Perpétue et l'habitude du malheur* (Paris, Buchet-Chastel, 1973). En effet, dans le récit qui porte son nom, Perpétue, écrit l'auteur, « dut assister, impuissante, au bâclage de sa propre vie » (*Perpétue...*, 113). Dans ces deux romans, quiconque s'inscrit en faux contre l'ordre traditionnel porte l'étiquette de paria sinon de fou. Il en est ainsi de Birama qui, dans *Sous l'orage*, milite pour que sa sœur choisisse librement l'homme de sa vie. Sibiri, son aîné, affirme de manière péremptoire : « [J]e viens de découvrir que tu es fou. Il faut que tu sois fou pour me dire ce que je viens d'entendre. » (*Sous l'orage*, 53).

Il va de soi que les mœurs que révèlent *Sous l'orage* et *Perpétue...* s'inscrivent dans un cadre institutionnel beaucoup plus large. Dans nombre de sociétés africaines à caractère féodal, en effet, le discours du chef et de ses notables a une forte emprise sur l'individu. Dans *La Colline au fromager* (Yaoundé, Clé, 1979), Daniel Etounga Manguele montre comment la société réprime les tendances émancipatrices des individus pour faire triompher un système unidimensionnel. Etounga Manguele peint la vie de Nita, fils de « Ntchinda » (= serviteur du chef), devenu inapte à s'intégrer dans un groupe égalitaire, le féodalisme l'ayant à jamais marqué, voire traumatisé.

Soulignons cependant qu'au-delà de la fiction romanesque, nombre de sociétés féodales aménageaient des créneaux permettant à l'individu de mettre en question les décisions du roi. Ainsi en va-t-il de la satire populaire qui suit :

> À observer notre chef,
> Je pensai qu'il
> Était plein de commisération pour le pauvre
> Mais voici qu'un jour
> Il a arraché l'épouse du célibataire
> Pour la donner à un dignitaire [de sa cour]
> (Poésie orale yôgam-Cameroun
> recueillie auprès de Djensù Tamagwa' par I. C. Tchého)

Ici, le poète critique le roi, lui qui dépossède impudemment un sujet déjà démuni – c'est le sens du paradoxe « épouse de célibataire » – au profit d'un privilégié. Dans les systèmes féodaux, la contradiction est un art obéissant à des règles précises. Subtilité du langage, bienséance, discours métaphorique sont les ingrédients qui font digérer des vérités parfois fort désagréables.

Toujours est-il que le colonisateur a privilégié la dimension répressive de la société africaine traditionnelle. Sans doute parce qu'il s'agit d'un aspect qui lui permettait de s'allier aisément aux rois de la place pour mieux aliéner le petit peuple et s'assurer ainsi le contrôle de l'espace suivi d'une exploitation illimitée des ressources locales.

**

Avec le départ du colonisateur, la nouvelle élite africaine s'est, de manière inattendue, engagée à pérenniser et même à affiner l'action de l'occupant étranger. Les nouveaux « hommes forts » du continent ont presque unanimement choisi d'enfermer leurs congénères dans un ghetto unidimensionnel afin de jouir des satisfactions répressives. Raison pour laquelle le romancier africain contemporain s'attelle à dénoncer, parfois avec véhémence, les techniques de décervelage, les formes de contrôle que déploient quotidiennement les nouveaux maîtres des lieux.

Après les indépendances, les États africains ont, dans leur immense majorité, institué des régimes de parti unique à la tête desquels se sont installés des chefs « charismatiques » ou « pères de la nation », qui accumulent tous les pouvoirs. Ils sont souvent chef de gouvernement, chef du parti unique, chef suprême des forces armées, chef des trois pouvoirs (exécutif, législatif et judiciaire), parfois même chef religieux (commandant des croyants, dit-on, chez les arabo-musulmans), etc. Il s'est ainsi développé çà et là des systèmes totalitaires qui ont cherché à se maintenir et à asseoir leur crédibilité grâce à toutes sortes de techniques, les unes plus répressives que les autres.

Tel que le révèle le roman africain contemporain, le monolithisme est d'abord affaire de mots car, écrit Camara Laye dans *Dramouss* (Paris, Plon, 1966), « ici, la sonorité des mots est plus importante que leur signification » (175). En effet, les dirigeants se gargarisent de mots. Constamment, ils vantent leurs impressionnantes réalisations dans les domaines économique, social et culturel. Tous les prétextes sont bons pour présenter un bilan – toujours positif – de l'action gouvernementale. Il s'agit de couvrir les critiques des adversaires éventuels, de saper le crédit que pouvait recueillir leur argumentation.

Et comme le souligne justement Roger Bilanga, dans *Les Chauves-souris* (Paris, Présence Africaine, 1981) de Bernard Nanga, « les discours officiels des responsables politiques [étaient] d'autant plus creux qu'ils étaient sonores. Les beaux discours ne changeaient rien à la misère des masses qui allait s'aggravant dans les villes et les campagnes » (83). Les institutions du pays sont organisées de sorte que toute opinion qui diverge de la politique officielle soit perçue comme un grave délit méritant une sévère sanction : intimidations, tracasseries policières, emprisonnement, exil, exécution sommaire, etc.

En somme, les hommes politiques de l'Afrique actuelle s'efforcent de recréer un cadre social qui présente la classe dirigeante comme un groupe de sages, pratiquement doués de la vertu de l'infaillibilité. À partir de là, les valeurs que chérit cette classe deviennent des référents auxquels doivent obéir les autres partenaires de la communauté. Très souvent, malheureusement, les différents « pères de la nation » et leurs alliés veulent être considérés comme des dieux alors qu'ils se nourrissent de crimes économiques, sociaux et moraux. Ces crimes ont pour nom : évasion des capitaux, détournement des fonds publics, malversations financières diverses, corruption, népotisme, favoritisme, etc.

En Afrique donc, la pensée unidimensionnelle valorise la médiocrité aux dépens du mérite et de la compétence. Elle a plongé nombre de collectivités du continent dans une crise sociale, politique, morale et économique telle qu'il devient difficile de faire la distinction entre ce qu'il est convenu d'appeler vraie conscience de la fausse conscience. Les individus portent en eux la conviction intime que les discours politiques sont des vérités incontestables et que ce que la majorité approuve est nécessairement vrai. Dans ce contexte, on comprend que la corruption et l'injustice deviennent normales. Aussi peut-on dire que l'unanimité n'est pas toujours signe de vérité. Tahar Ben Jelloun écrit à ce propos dans *Moha le fou, Moha le sage* (Paris, Seuil, 1978) : « Je suis fou. Comme je suis le seul à être fou, c'est que je dois avoir raison. L'unanimité m'inquiète » (45). Un des personnages de Sembene Ousmane affirmait déjà : « [I]l faut mentir jusqu'au bout […] l'honnêteté est un délit de nos jours. » (*Le Mandat*, Paris, Présence Africaine, 1966, 172). Du fait de sa rigueur morale et intellectuelle, Dadou dans *L'Anté-peuple* de Sony Labou Tansi devient la risée de son entourage. On l'appelle M. Moche, M. Montre.

Pour survivre, de nombreux intellectuels choisissent alors de se mettre allègrement au service de l'oligarchie gouvernante. D'où la naissance d'une race d'intellectuels dits organiques du pouvoir. Dès qu'ils sont promus à des postes de responsabilité et qu'ils peuvent s'offrir voitures, villas et voyages d'agrément, ils n'hésitent pas à emprunter le boulevard et l'identité de l'unidimensionnel. Désormais, tout leur savoir-faire sera mis à contribution pour ériger l'irrationnel en rationnel et inversement.

***

Les quelques maisons d'enseignement implantées sur le continent développent une pédagogie répressive tandis que les médias d'État se transforment en canaux de la désinformation. Radio, télévision et presse gouvernementales convergent pour forger et entretenir une image quasi surréelle des institutions et des responsables en place. Grâce aux médias, le totalitarisme naissant développe des tentacules et crée au sein des communautés des normes de vie et des comportements à vénérer. Dans *Moha le fou, Moha le sage*, Ben Jelloun parle de mécanique réglée, de machine huilée qui a sa propre logique. Et tout concourt ici à inhiber la liberté d'initiative et à faire triompher les préceptes mis en place pour garantir la pérennité du système établi. Les hommes au pouvoir cherchent à s'assurer le monopole de la pensée et à instituer le monolithisme idéologique grâce aux moyens de communication de masse. Dans *Les Chauves-souris*, la « Tribune de Peuple » est sans cesse sur la brèche pour défendre les faits et gestes du PDPUR, le parti politique qui

> détenait les rênes du pouvoir depuis une quinzaine d'années, preuve qu'il répondait aux aspirations du peuple. La radio, de son côté, soulignait avec insistance le fait que le PDPUR avait atteint l'âge adulte. Il fallait le concours de tous les citoyens pour le conduire à sa maturité en mettant fin aux survivances des forces centrifuges qui menaçaient le pays de gangrène (*Les Chauves-souris*, 141).

Autant la radio d'Eborzel distille sa toxine au peuple, autant la « Tribune du Peuple » ne publie rien qui puisse embarrasser les dignitaires du régime. L'épisode des rapports entre Arlette et Robert Bilanga est significatif. Avant sa mort, l'occasionnelle maîtresse de Robert Bilanga laisse une lettre que son fiancé remet à la « Tribune du Peuple ». Mais la lettre ne sera jamais rendue publique. À l'occasion des législatives qui surviennent quelque temps après, Radio Eborzel présente Bilanga, l'assassin présumé, comme la personne la mieux indiquée pour représenter le petit peuple « de la région d'Aboleya dont il était originaire. Son tempérament passionné et dynamique, son intégrité professionnelle et sa sensibilité de bon père de famille faisaient de lui le seul candidat compétent et apprécié des paysans » (*ibid.*, 174).

C'est dire qu'aujourd'hui en Afrique, ainsi que le suggère Bernard Nanga, quiconque contrôle les médias contrôle l'opinion et, de ce fait, contrôle le pouvoir. On sait par exemple que pour réussir, les coups de force successifs qui ont jalonné l'histoire du continent ont toujours commencé par une mainmise des putschistes sur les médias électroniques. On procède ensuite à un procès en règle du régime précédent, à une mise en ordre du discours, à la rectification du mode de pensée. À chaque époque correspond un et un seul discours, une et une seule forme d'identité. Aujourd'hui comme hier, tout est mis en œuvre pour étouffer toute opinion qui divergerait de la politique officielle. Non seulement la parole sera muselée, mais les assassinats se poursuivront, les prisons changeront de pensionnaires, et le nombre d'exilés ira croissant. Prendre le risque de ne pas penser comme tout le monde sera considéré comme un crime impardonnable.

Dans *La Vie et demie* (Paris, Seuil, 1979) de Sony Labou Tansi, la radio de Yourma veut faire croire au peuple que Chaïdana, la fiancée du Guide Providentiel, a fait ses études de médecine pendant deux ans à Bruxelles, deux ans à Paris, deux ans à Londres et a obtenu un troisième cycle de sciences sociales (*La Vie et demie*, 52). La même radio suggère aux habitants de la république communautariste de Katamanalanasie qu'ils sont gouvernés par des hommes infaillibles à qui ils doivent faire confiance. Le Guide Providentiel n'est-il pas justement « un fils que la providence avait rempli des meilleurs dons du monde » (*ibid.*, 62) ? Dans *Les Chauves-souris*, Clotilde Bilanga ne reconnaît plus son mari devant le portrait on ne peut plus élogieux que Radio Eborzel donne de lui pendant la campagne électorale. Dans le même récit, Bilanga projette de téléphoner au proviseur du Lycée Locklock afin que le professeur Biyidi soit ramené à l'ordre, qu'au besoin il soit mis à l'ombre. C'est dire que faute d'instituer l'ordre unidimensionnel par la persuasion, l'on n'hésite pas à recourir à la contrainte.

***

En Afrique, le chef de l'État est à la fois omniscient, omnipotent et omniprésent. Suspendues dans les bureaux et les lieux publics, les photographies du « père de la nation » nous rappellent constamment qu'il a le regard fixé sur les faits et gestes des citoyens. Pour se maintenir, des systèmes aussi contraignants doivent prévenir des soulèvements potentiels. Voilà pourquoi la police, l'armée et une horde d'indicateurs sont toujours prêts à traquer, à enfermer ou même à éliminer les adversaires, les mal-pensants. Ben Jelloun écrit à ce sujet : « [O]n les arrête parce qu'ils ne pensent pas comme tout le monde, parce qu'ils sont innocents et qu'ils disent la vérité sans prendre aucune précaution » (*Moha le fou, Moha le sage*, 183). Des mesures de contrôle vont être élaborées pour assurer ce qu'il est convenu d'appeler l'ordre public, c'est-à-dire pour protéger les intérêts du groupe dominant. Afin d'éviter tout « dérapage », on instituera des contrôles d'identité, des barrages routiers. Au besoin, l'on restaurera des laissez-passer et l'on mystifiera au possible le pouvoir et la politique : « Le parti unique de la république, écrit

Kourouma, interdisait aux villageois d'entendre ce que pourraient conter les arrivants de la capitale politique » (*Les Soleils des indépendances* (1968), Paris, Seuil, 1970, 97).

Pour assurer sa stabilité et soumettre le peuple au monolithisme ambiant, le pouvoir n'hésite donc pas à recourir à la violence et à l'intimidation. Camara Laye décrivait déjà dans *Dramouss* : « [M]ettez les saboteurs hors d'état de nuire, incendiez leurs cases. Et alors justement intimidés, ils ne se mettront plus en travers de l'évolution harmonieuse de notre pays » (180-181). La logique du système est évidente. Il faut se conformer ou cesser d'exister. C'est donc une question de vie ou de mort. Et c'est la situation que transpose Sony Labou Tansi dans *La Parenthèse de sang* (Paris, Hatier, 1981), où il met en scène la violence, l'oppression et l'absurdité de la vie dans un État totalitaire. Arrêté par une troupe de soudards totalement avinés, Libertashio, le héros de la révolution, est exécuté de manière sommaire.

Nombre de sociétés africaines apparaissent ainsi comme des univers clos, et les discours politiques qui s'y élaborent doivent prendre la forme que l'autorité politique qui l'énonce veut bien leur donner. Au-delà du champ ainsi défini, il n'y a qu'erreur et démagogie. C'est dire que l'unidimensionnel relève essentiellement d'une logique répressive. Il entraîne avec lui un monolithisme stérilisant : « Du jour où les Nègres accepteront de s'entendre dire des vérités désagréables, écrit Yambo Ouologuem, ils auront alors commencé à s'éveiller au monde » (*Lettres à la France nègre*, Paris, Edmond Nalis, 1969, 10).

En effet, comment expliquer qu'après avoir lutté, les armes à la main, contre l'ordre colonial comme vision unidimensionnelle, donc négative du monde, les Africains trouvent aujourd'hui légitime d'instituer une unidimensionnalité endogène ? Ici ou là, le monolithisme politique et idéologique se justifie par le souci du pouvoir en place de promouvoir l'unité nationale, de sauvegarder la stabilité des institutions politiques, de maintenir la paix sociale et d'assurer le développement économique. Il faut, dit-on, conjurer les démons du régionalisme et du tribalisme qui freineraient l'évolution du pays.

Force est pourtant de relever que l'Afrique, pour avoir sacrifié les libertés individuelles et collectives à l'autel des slogans qu'on connaît, n'a pas pour autant cueilli les fruits escomptés. Trente-cinq ans après les indépendances, l'intolérance et la misère se côtoient presque partout sur le continent. Oser exprimer ses convictions, ses sentiments, ses impressions ou se hasarder à contredire, à démentir, bref à mettre en question de quelque manière les normes définies par les dirigeants souvent auto-institués vous vaudra presque toujours d'être étiqueté de « subversif », d'agitateur, de fauteur de troubles, de marchand d'illusions, d'aventurier politique, de charlatan, d'apprenti sorcier, de hibou, d'apôtre du suivisme et du hasard, de prophète de la division, de brebis galeuse, d'homme à la mémoire courte, de professionnel de la désinformation et de l'intoxication, de gorbatchévien à la petite semelle ou même de fou.

La guerre psychologique ainsi engagée a une fin programmée : discréditer l'individu et justifier de ce fait la violation ou la suppression des libertés en procédant à des internements administratifs, en mettant des citoyens en résidence surveillée, en garde à vue ou en prenant toute mesure administrative susceptible d'aplanir les divergences d'opinions. Dans *L'Anté-peuple*, Dadou est le bouc émissaire qu'on choisit d'« immoler » pour que l'« ordre » règne. Dans *Moha le fou, Moha le sage*, Tahar Ben Jelloun décrit plusieurs scènes de tortures que subissent ceux que l'on accuse de troubler l'ordre public et de porter atteinte à la sécurité de la cité :

> Ils ont fait des trous dans ta poitrine. Quand tu as perdu connaissance, ils t'ont ranimé. Ils t'ont jeté des seaux d'eau glacée sur le visage. Le réveil a été désastreux. Ta stratégie est en défaillance. Tu n'arrives plus à détourner la douleur. Tu es pris dans leurs mailles. Ils le savent et rient. Il y en a même un qui s'est penché sur toi et t'a dit :
>
> « Ne m'en veux pas, fiston. C'est pas moi qui commande. Je ne sais même pas pourquoi tu es là. Je fais mon métier. Je dois te cuisiner. Je dois te préparer pour l'autre équipe des cravatés. Peut-être qu'en ville on serait devenus copains. Moi aussi je trouve ces pratiques moches (grand éclat de rire). Mais il faut bien jouer le jeu. C'est toi qui nous obliges à faire ce qui nous répugne. Si tu parlais, si tu donnais rien que quinze noms, on s'arrêterait. C'est dur. J'ai un fils un peu plus jeune que toi, mais lui, il ne fait pas de politique. Allez fiston, prépare-toi. Nous, notre travail est terminé. Tu vas passer maintenant à un autre service, celui du troisième sous-sol. Eux, c'est simple : de vraies machines. Rien dans le cœur. En plus, ce sont des étrangers. Des techniciens de l'étranger. Ils ne parlent pas un mot de notre langue. Ils exécutent le programme. Se lavent les mains et s'en vont. Tu verras, ils ne te causeront même pas. Salut, fiston ! À un de ces jours... (et, à voix basse) si tu t'en sors... » (108-109).

Accusé d'être « rouge », Biyidi, dans *Les Chauves-souris*, est arrêté sur indication de Bilanga, simplement parce qu'il avait choisi d'ouvrir les yeux de ses étudiants sur les réalités politiques et économiques, nationales et internationales.

***

La plupart des textes convoqués ici révèlent que l'ordre unidimensionnel et le corset identitaire ont plongé les sociétés africaines dans une profonde crise sociale, politique, morale et économique. Même les États prétendument stables cachent mal leur fragilité institutionnelle et idéologique. Considérés comme des experts infaillibles, vénérés comme des dieux, mais foncièrement égoïstes et cyniques, les pères de la nation et leurs équipes ont, à la faveur du monolithisme, perpétré des crimes insoupçonnables en répandant sur le continent un chaos indescriptible.

L'unidimensionnalité, avons-nous dit, a servi de prétexte à l'institution de la médiocrité aux dépens du mérite et de la compétence. Alors est née en Afrique une société sans émulation. Dans *L'Anté-peuple* de Sony Labou Tansi, dans *Le Mandat* de Sembene Ousmane, la corruption et l'injustice sont devenues la règle tandis que la probité est considérée comme anormale. Nombre d'intellectuels se vautrent dans la fausse conscience. Et l'exemple venant d'en haut, élèves, étudiants et jeunes de toutes origines n'ont plus qu'un seul souci : conquérir des parchemins par tous les moyens, briguer des postes, manger et s'amuser. On comprend ainsi que, dans *Les Soleils des indépendances*, Bakary, l'ami de Fama, perde la tête lorsque celui-ci refuse les largesses du président.

De plus en plus, il n'y a plus en Afrique de différence entre biens publics et biens privés, entre besoins individuels et besoins sociaux, entre faux et vrais besoins. Les intérêts publics s'identifient aux intérêts individuels. Ici, le principe dominant étiquette le principe dominé et lui impose sa loi. L'unidimensionnalité recherche le ralliement, l'unicité des points de vue, oubliant par la même occasion que ce qui est bon pour l'un ne l'est pas nécessairement pour l'autre. L'unidimensionnel est le propre des régimes totalitaires. Or, écrit Marcuse, « l'autodétermination sera effective lorsqu'il n'y aura plus de masses mais des individus libérés de toute propagande, de tout endoctrinement, de toute manipulation, qui seront capables de connaître, de comprendre les faits, d'évaluer enfin les solutions possibles » (*L'Homme unidimensionnel*, Paris, Les Éditions de Minuit, 1968, 275-276).

De nombreux écrivains africains contemporains, on le voit, fustigent l'ordre unidimensionnel à travers des héros redoutables : « Nous nous battons, affirme Dadou, parce que notre place est dans la bagarre. Parce qu'ils nous ont poussés à choisir entre une mort de mouche et une mort d'homme » (*L'Anté-peuple*, 183). Si, à ses débuts, la littérature africaine a eu tendance à vilipender le colonialisme en célébrant ce qu'il est convenu d'appeler les valeurs de la Négritude, valeurs consensuelles et plutôt gérontocratiques qui caractérisaient les sociétés traditionnelles, force est de constater qu'à l'aube du troisième millénaire la littérature africaine stigmatise l'ordre ancien et ses avatars. Aujourd'hui, les romanciers chantent les vertus de la diversité, de la contradiction, garantes de la créativité, de la liberté d'initiative et du développement économique, politique, social et culturel. Telles sont les bases sur lesquelles se forgeront les nouvelles identités africaines.

L'univers zombifié de
Calixthe Beyala[2]

Depuis la parution de *C'est le soleil qui m'a brûlée* (Paris, Stock, 1987), Calixte Beyala publie pratiquement un ouvrage par an chez divers éditeurs parisiens : *Tu t'appelleras Tanga* (Paris, Stock, 1988) ; *Seul le diable le savait* (Paris, Belfond-Le Pré aux clercs, 1990) ; *Le Petit Prince de Belleville* (Paris, Albin Michel, 1992) ; *Maman a un amant* (Paris, Albin Michel, 1993) et *Assèze l'Africaine* (Paris, Albin Michel, 1994). Elle vient de publier un essai, *Lettre d'une Africaine à ses sœurs occidentales* (Paris, Spengler, 1995). La moitié de ses récits sont déjà « en poche ». Ainsi en va-t-il de *C'est le soleil qui m'a brûlée* (Paris, J'ai lu, 2512/2), de *Tu t'appelleras Tanga* (Paris, J'ai lu, 2807/3) et de *Le Petit Prince de Belleville* (Paris, J'ai lu, 3552/3). Voilà qui donne la dimension du succès dont jouit l'une des dernières venues sur la scène littéraire africaine.

En plus d'être en vedette dans certaines grandes surfaces en France, les romans de Beyala ont réussi à se hisser au *hit-parade* des textes cités dans nombre d'universités occidentales, singulièrement nord-américaines, et même dans les colloques scientifiques où il est question d'études féminines, d'études africaines ou du Tiers-Monde. Assez étonnamment, le grand public africain et le monde universitaire du continent noir ignorent Beyala. Même au Cameroun, son pays de naissance et univers d'élection de nombre de ses créations, tout indique qu'au-delà de ses bruyantes apparitions à la télévision d'État lors de ses occasionnelles visites au pays natal, Beyala et son œuvre passent totalement inaperçues.

Une femme « zombifiée »

Au-delà même des difficultés économiques qui constituent une sérieuse entrave à la lecture en Afrique, il faut avouer que l'espace et le type de personnage que déploie l'œuvre de Beyala sont en nette rupture avec les textes africains précédents. Calixte Beyala nous peint une femme africaine totalement « zombifiée » tant elle est méprisée, humiliée, dégradée, réduite à son sexe et, le plus souvent, soumise à la prostitution. Elle subit le despotisme possessif des mâles en rut dans une société foncièrement patriarcale, que ce soit en Afrique (au QG, à Douala, à Iningué, à Wuel et Bambali), en Europe, à Belleville ou à Paris, en Asie ou en Amérique. Ici ou là, la femme demeure prisonnière d'un monde phallocratique qui l'opprime sans pitié. En clair et comme le confirme son essai, Beyala se veut la voix africaine d'une

2. Publié dans *Notre Librairie*, n° 125, janv.-mars 1996, 64-71.

internationale féminine naissante. Et c'est sans aucun doute l'une des clés de son succès dans les milieux féministes occidentaux, en quête de solidarité avec leurs sœurs d'au-delà des mers.

La distribution des rôles et de la parole

Chacun des récits de Beyala révèle une galerie de portraits de femmes de tous âges mais de condition généralement modeste : maîtresse d'école, femmes au foyer, bonne, secrétaire et prostituées. Très souvent, elles vivent dans une accablante promiscuité, telle au QG dans *C'est le soleil qui m'a brûlée*, telle dans l'antre des « débrouillardes » où échoue Assèze lorsqu'elle débarque à Paris ou encore dans le modeste appartement de la rue Jean-Pierre Timbaud où s'entassent les Traoré dans *Le Petit Prince de Belleville* et dans *Maman a un amant*. En fait, l'œuvre de Beyala, création de femme, est énoncée du point de vue des femmes. La femme en est aussi la lectrice idéale : « Je ne délire pas, femme. Je dis ton livre pour perpétuer ta vie » (*Tu t'appelleras Tanga*, 54). Les femmes sont constamment interpellées ou mises en perspective, y compris dans les dédicaces.

C'est le soleil qui m'a brûlée, récit de la vie d'Atéba au QG, est dédié à « Asseze S. », protagoniste principale d'un roman qui porte son nom. *Tu t'appelleras Tanga* est une histoire de femmes racontée par elles-mêmes. Il en va pareillement de *Seul le diable le savait*, d'ailleurs dédié à grand-maman Calixte…, ou de *Maman a un amant*, même si ce dernier récit est raconté du point de vue de Loukoum, le jeune enfant qui, déjà dans *Le Petit Prince de Belleville*, est chargé de la narration des événements du terrible monde des adultes.

La femme-objet, sujet

En privilégiant les femmes et les enfants dans la distribution des rôles et de la parole, Beyala se donne pour objectif de transformer la femme-objet en sujet de son histoire. Mais cette prise de parole échoue, car le discours de l'héroïne de Beyala la maintient à ras de terre. Bien que, historiquement, l'objectivation de la femme soit moins le fait exclusif de l'homme que la conséquence de l'idéologie de la modernité, comme le soulignent avec vigueur les théoriciens du postmodernisme, force est de constater que chez Beyala, la femme-sujet s'objective. Certes, d'entrée de jeu, elles ont presque toutes l'ambition de voler la parole pour réaliser un grand rêve : « DEVENIR » (*Seul le diable le savait*, 9). Mais aucun des récits de Beyala ne nous donne à lire le cheminement d'une femme à succès ou simplement d'une femme à l'avenir prometteur. Il n'y a ici ni femme en formation (stagiaire, étudiante, etc.), ni professionnelle de niveau respectable (juge, avocate, médecin, ingénieur, journaliste, etc.), ni personnalité politique ou administrative, ni même animatrice sociale de quelque envergure.

Les femmes de Beyala se distinguent par leurs performances sexuelles ou par leurs aptitudes à faire marcher les hommes. Marginalisées, enfermées dans leur anonymat ou prisonnières du phallus, ces femmes qui, pour la plupart, s'accommodent du rôle traditionnel auquel la société les soumet sont étiquetées de « fesses coutumières ». Qui plus est, la femme est perçue par l'homme dans toute sa négativité. Pécheresse par essence, elle est également source de péché, à l'instar de Mégrita, la sorcière, « femme mamy-water (sirène) au sexe aussi large qu'une mangue » de *Seul le diable le savait* (270). Dans *C'est le soleil qui m'a brûlée*, l'auteur caractérise une de ses protagonistes de « fesse courte, grasse et débordante qui tournoie au rythme du tam-tam. Elle a déjà enterré trois maris. Une vraie sorcière. Plus elle les suce, plus elle s'engraisse » (123).

Beyala ne répugne à aucun stéréotype, si infamant soit-il, pour dénoncer les perfidies de la femme et pour montrer comment elle se fait prendre au piège du mâle : « À seize ans, dit Tanga, j'ai habité tant de lits, jour après jour, avec des hommes de tous les pays, de toutes les couleurs, tous ces hommes qui ondoyaient sur moi, recherchant la silhouette de leurs rêves... » (160). À cet égard, on se rend compte que le succès de Beyala peut aussi bien tenir de multiples scènes osées dont regorgent ses récits. Chaque texte nous offre des spécimens significatifs :

> Erwing disait qu'il avait faim et soif de moi, de mes cheveux rouges, de mes yeux gris, de mes fesses de Négresse, petites et rebondies sous la cambrure des reins, de mes jambes longues et fines. Il avait envie de me pétrir, de m'investir, de me dévorer, presque. Il disait qu'il découvrait le bonheur, que j'étais l'autre lui égaré, qu'il rencontrait enfin... (*Seul le diable le savait*, 48).

Les exemples du genre sont légion et l'on peut comprendre que des critiques n'hésitent pas à accuser Beyala de s'adonner passionnément à une écriture pornographique, technique destinée à accrocher un public en quête d'érotisme et d'exotisme bon marché. D'autant que, chez la romancière camerounaise, la promiscuité sexuelle implique effectivement toutes les races et presque tous les âges : « J'aime les gonzesses bien foncées de peau, ça fait exotique et ça excite les Blancs... » (*Maman a un amant*, 165).

De fait, *Maman a un amant* est essentiellement construit autour d'une rocambolesque affaire de cocuage impliquant une Malienne, épouse de balayeur, et le Français Tichit, dans une propriété agricole du sud de la France où la famille est allée passer des vacances. La situation est d'autant plus pittoresque que Tichit, vacancier dans la même ferme, séquestre la femme de

Traoré dans sa chambre à lui. Pendant un temps, on croit Mme Traoré disparue. Il faudra l'intervention des gendarmes pour découvrir le pot aux roses. Pince-sans-rire, l'un des gendarmes s'exclame : « Ben oui, mon ami ! On peut dire que vous avez de la chance, vous ! Moi, j'ai jamais réussi à attraper ma Juliette sur le fait et elle s'est tirée avec son type en me réclamant trois mille francs de pension alimentaire. Ah les garces ! Et faire ça en plus sous votre nez ! Où va le monde ? » (37).

Du devenir à l'enfermement

Au nom de quoi, pourrait rétorquer Beyala, M'ammaryam, la Malienne de cinquante ans, illettrée, femme au foyer, devrait-elle rester captive toute sa vie durant ? Bien qu'on puisse constater qu'elle a juste quitté un homme pour un autre, il est évident que M'ammaryam prend une initiative hardie. Elle montre qu'elle peut s'assumer, qu'elle est douée de volonté. C'est dire en quelque sorte qu'il n'est jamais trop tard pour « devenir », aussi illusoire que cela puisse être. Ainsi que le souligne Eloïse Brière, les femmes de Beyala sont des emmurées (*Le Roman camerounais et ses discours*, Paris, Nouvelles du Sud, 1993, 224). Raison pour laquelle le monologue intérieur devient un mode privilégié de communication. Atéba s'exprime en ces termes : « Ici, il y a un creux, il y a le vide, il y a le drame. Il est extérieur à nous, il court vers les dimensions qui nous échappent. Il est comme le souffle de la mort » (*C'est le soleil qui m'a brûlée*, 5). Pour Brière, « le monologue d'Atéba souligne la faillite de l'intégration de sa personnalité : son moi, refoulé de plus en plus profondément, ne peut s'exprimer dans un contexte néo-colonial fait de violence contre femmes et enfants » (*op. cit.*, 224). S'agissant du « moi » et du « refoulé » qu'évoque Brière, soulignons que les férus de l'approche psychanalytique pourraient nous aider à mieux décrypter l'œuvre de la romancière camerounaise. Ils pourraient sans doute établir un rapport pertinent entre les fantasmes et les affabulations de certains personnages avec ceux de leur créateur.

L'homme, agent d'aliénation

Quoi qu'il en soit, force est de constater que Beyala inculpe et même condamne l'homme au lieu de prendre en compte les avatars d'une modernité mal assumée ici et là ainsi que les violences coloniales, néocoloniales dont parle Brière. Et lorsque Beyala remonte quelque peu le cours de l'histoire, elle trouve que les rapports nord-sud sont gouvernés non par des idéologies, mais simplement par la volonté de l'homme. Les négriers qui décident du destin des pays de la périphérie ne sont-ils pas les descendants de Brazza, de Galliéni, de Léopold II, du Commandant Marchand, de Bismarck, etc. (*Seul le diable le savait*, 99-100) ? Dans l'œuvre de Beyala, l'homme est l'agent d'aliénation par excellence. Beyala, souligne justement David Ndachi Tagne, réduit l'homme « à son sexe, ses obsessions, sa corruption, et sa volonté constante de n'entrevoir en la femme qu'un instrument de plaisir » (*Notre Librairie*, n° 100, 97). L'œuvre de la romancière camerounaise suggère que si la femme est victime de brimades et d'injustices, des castes et des classes sociales, des traditions gérontocratiques et autres lois répressives, c'est toujours le fait de l'homme puisque c'est celui-ci qui édicte les lois qui régissent le corps social. L'homme tient la baguette de commandement puisqu'il est chef de famille, chef coutumier, sous-préfet, maire, gouverneur, etc.

Qui pis est, l'homme n'hésite pas à abuser de son pouvoir et à se transformer en monstre cruel. On se souvient que Tanga est habitée par la phobie du viol depuis que son père l'a déflorée à l'âge de douze ans. Chez Beyala, l'homme est un être désaxé, dégradé et animalisé du fait de sa lubricité, de ses fourberies : « Les mecs, c'est tous des salauds » (*Maman a un amant*, 207), « Ils ont tous leur bangala dans leur cervelle » (*Assèze l'Africaine*, 76). Même physiquement, le portrait de l'homme est volontiers rebutant : ainsi en va-t-il de Jean Zepp, dont l'auteur souligne « les lèvres épaisses, l'œil rieur et les mains poilues » (*C'est le soleil qui m'a brûlée*, 14). Le soldat qui s'apprête à violer une jeune fille durant une descente des forces de l'ordre au QG est un « grand avec des biceps comme des bûches et des jambes comme des poutres. Il suinte la violence, le crime, son visage fermé ne semble pas avoir souvent ri » (*ibid.*, 93) ; Jean-Pierre, l'amant de Mégri, est un inénarrable spécimen :

> Douze livres à la naissance. Accouchement difficile. Un mètre quatre-vingt-quinze pour cent dix kilos à trente-trois ans. Un gros nez. Une bouche de poisson-chat. Un ventre dégoulinant de double vodka. Fonctionnaire des PTT. Essoufflé à chaque pas. Pitoyable au lit. Ce qui cantonne le temps de nos duos sur couchette à deux minutes quarante-cinq secondes les jours ouvrables et à trois minutes dix secondes les week-ends. Il me baise à la manière d'un coq ou d'un canard. À petits coups secs et rapides. [...] une fois son désir craché il me gratifie d'un baiser sur les lèvres, il roule sur le côté et s'endort, heureux de s'être fait l'amour. Et moi quel plaisir ? (*Seul le diable le savait*, 9-10).

Un faux manichéisme

Compte tenu du réalisme de son style, de la vigueur et de la verdeur de nombre de ses descriptions, on peut dire que l'écriture de Beyala est essentiellement fonctionnelle, pratique : dénoncer l'ordre patriarcal qui gouverne les relations entre l'homme et la femme dans les sociétés contemporaines. Comment alors expliquer la force du contraste homme/femme qui structure ses récits ? Si chez Beyala le programme narratif de l'homme peut être considéré comme positif même si ce dernier est loin d'être heureux, la femme joue et perd sans qu'aucune perspective de libération ne pointe à l'horizon. Tout se passe comme si l'auteur prenait plaisir à entretenir un faux manichéisme qui enlève toute vraisemblance à ses écrits. En effet, n'est-ce pas un leurre de suggérer que l'homme ou la femme peut gagner, chacun de son côté, la terrible lutte sociale de libération ? Par ailleurs, n'est-ce pas forcer quelque peu la note que de prétendre que tous les hommes sont des phallocrates, des fornicateurs impénitents et inconscients et que « toutes les femmes sont les putes de quelqu'un » (*Assèze l'Africaine*, 126) ?

Bien plus, lorsque Beyala se mêle de présenter les rapports entre hommes et femmes dans l'Afrique traditionnelle, elle reprend presque mot pour mot le discours quelque peu caricatural des ethnologues d'un autre âge :

> La femme est née à genoux aux pieds de l'homme. [...] Là-bas, dans mon pays, écrit-elle, j'ai baissé les yeux devant mon père, comme ma mère avant moi, comme avant elle ma grand-mère. Les hommes ordonnaient : « Prends-donne-fais ». Les femmes obéissaient. Ainsi allait la vie, ainsi continuait-elle. Là-bas, dans mon pays, les femmes ont les yeux si tristes [...] (*Maman a un amant*, 47).

Beyala peut-elle ignorer tous les travaux qui, s'agissant justement du statut de la femme, démontrent combien, en Afrique, les apparences sont souvent trompeuses ? De nombreux anthropologues et sociologues de renom sont d'accord sur ce sujet. Citons-en quelques-uns, y compris des spécialistes qui ont enquêté longuement dans le « pays » d'origine de Beyala : Henri Ngoa, *Non, la femme africaine n'était pas opprimée* (1975), Yaoundé, CEPER ; Justin Mba Onana, *La Vision de la femme à travers les contes beti (étude ethnolinguistique)*, thèse de 3ᵉ cycle, Sorbonne Nouvelle ; Annie Lebeuf, « Le Rôle de la femme dans l'organisation politique des sociétés africaines », dans *Femmes d'Afrique noire*, Paris, Mouton, 1960, 93-119 ; Marie-Paule de The, *Des sociétés secrètes aux associations modernes (la femme dans la dynamique de la société beti) 1887-1966*, thèse de 3ᵉ cycle EPHE, 1970 ; Françoise Touzan, « Le double visage de la femme dans le Mvett, par Tsira-Ndong Ndoutoume », *Recherche Pédagogie Culture*, nᵒ 57, avril-juin 1982, 97-98 ; Jeanne Françoise Vincent, *Traditions et transitions – Entretiens avec les femmes beti du Sud-Cameroun*, Paris, Orstom, Berger-Levrault, 1966 ; Colloque d'Abidjan, *La Civilisation de la femme dans la tradition africaine*, Paris, Présence Africaine, 1975 ; etc. En Afrique, le prétendu pouvoir mâle n'est souvent qu'une mise en scène, l'homme n'étant, la plupart du temps, que le porte-parole d'un montage dont la femme est le cerveau. C'est tout à fait le sens de la formule de Cosme Dikoumé lorsqu'il écrit : « La femme est le sel de la sauce. On ne la voit pas, mais elle lui donne toute sa saveur » (*Étude concrète d'une société traditionnelle, les Elog Mpoo*, thèse de doctorat de 3ᵉ cycle, Lille, 1977).

***

Si légitimes soient-elles, les revendications que fait Beyala au nom des femmes sont avant tout affaire d'appropriation du discours et de mode d'expression. L'évolution sociale signifie sans doute que la femme peut et doit exercer autrement le pouvoir qui est le sien. Mais de là à affirmer, comme elle le fait, que « partout où la femme a été confrontée à l'homme, elle a été "esclavagisée" » (*Amina*, n° 304, 1995, 16), il y a un fossé trop rapidement franchi.

L'économie de cet essai ne permet pas de s'arrêter longuement sur le langage de Beyala pour en relever le caractère frénétique, une frénésie qui épouse le rythme de la production de l'auteur. De prime abord, l'écriture de Beyala fascine par sa spontanéité et son pittoresque. Mais assez rapidement on se rend compte que l'on a affaire à une plume qui crépite à un rythme vertigineux et secrète pour ainsi dire une peinture fielleuse de ses protagonistes car, souligne Jean-Bernard Gervais, Beyala « prend plaisir à jeter des anathèmes » (*ibid.*). On pourrait aussi conclure le présent article en évoquant la contrefaçon dont les éditions du Seuil accusent la romancière, accusation dont la presse a largement fait écho au début de l'année 1995 (*Le Canard enchaîné*, n° 3873, 18 janv. 1995, 5). Mais à quoi bon puisque Beyala trouve que « cette affaire aura eu le mérite de mettre en évidence [son] succès colossal, que beaucoup jalousent... Grâce aux Éditions du Seuil, je sais maintenant, dit-elle, que je suis rentrée dans la cour des grands ! » (*Amina*, *op. cit.*, 16) ? Pareille réplique, on le voit, se passe de tout commentaire.

Une littérature plurivoque ;
pays, exil et précarité chez
Mongo Beti, Calixthe Beyala et Daniel Biyaoula[3]

La présente étude exige la prise en compte des maux engendrés par l'occupation coloniale. Mais les énumérer, même sommairement, m'éloignerait passablement du cadre dans lequel doit se situer mon intervention. Qu'il me suffise de rappeler avec Aimé Césaire que la « colonisation travaille à déciviliser le colonisateur, à l'abrutir au sens propre du mot, à le dégrader, à le réveiller aux instincts enfouis, à la convoitise, à la violence, à la haine raciale, au relativisme moral » (*Discours sur le colonialisme*, Paris, Présence Africaine, 1955, 11). Le corollaire de la « décivilisation » et de l'« abrutissement » du colonisateur est de mettre le colonisé hors de jeu. Sans cesse aliéné, mutilé et soumis aux violences multiformes, « il n'est plus sujet de l'histoire, écrit Albert Memmi ; bien entendu il en subit le poids, souvent plus cruellement que les autres, mais toujours comme objet » (*Portrait du colonisé*, Outremont, L'Étincelle, 1972, 93). Je n'insisterai pas davantage sur ces questions abondamment traitées par tous les analystes de la situation coloniale depuis Frantz Fanon jusqu'à Edward Said, en passant par Octave Mannoni, Albert Memmi et autre Walter Rodney.

Je voudrais m'appesantir davantage sur le phénomène de l'exil et ses conséquences dans le rapport entre colonisateur et colonisé. On ne l'a peut-être pas assez souligné, mais l'exil est au cœur du mouvement de la négritude dont on peut dire que la seule manifestation concrète en terre africaine fut sans doute la présence de Léopold Sédar Senghor au Sénégal pendant vingt ans comme président de la République. Et, en réalité, une bonne partie de la littérature africaine peut être considérée non seulement comme une littérature de l'exil, mais aussi comme une littérature exilée tant il est vrai qu'elle est publiée, distribuée et même consommée essentiellement en dehors du continent.

Assez paradoxalement d'ailleurs, les publications et les débats intellectuels sur les luttes africaines de libération eurent lieu en Europe et presque jamais en Afrique. Avec le temps, la présence d'une colonie africaine dans nombre de pays européens, et en France pour ce qui nous concerne, a créé des problèmes d'intégration qui nourrissent les joutes politiques ainsi que les discours juridiques et administratifs des pays d'accueil. Récemment, la littérature africaine s'est enrichie de plusieurs textes qui transposent

3. Communication présentée à l'université de Leipzig, en avril 1998 ; publiée dans *Notre Librairie*, nᵒˢ 138-139, sept. 1999-mars 2000, 42-55.

certains aspects de la vie du continent noir, mais qui s'élaborent du point de vue des immigrés. L'exemple de Calixthe Beyala avec le cycle de Belleville est connu. Mais on peut tout aussi bien citer Simon Njami avec *Cercueil et cie* (1985), roman dans lequel l'Afrique n'apparaît qu'en filigrane. Cette tendance se confirme avec *L'Impasse* (1997) de Daniel Biyaoula dont on va voir qu'il est entièrement conçu d'un point de vue de l'immigré africain en France. Il s'agit ici d'une perspective totalement différente de celle que nous ont donné à lire Bernard Dadié dans *Un Nègre à Paris* (1959), Aké Loba avec *Kocoumbo, l'étudiant noir* (1960), Sembene Ousmane avec *Le Docker noir* (1956) ou même *L'Aventure ambiguë* (1960) de Cheikh Hamidou Kane. Dans ces derniers récits, l'on a affaire à des personnages qui découvrent l'Europe et qui se heurtent, chacun à sa manière, aux us et coutumes de la métropole.

Dans les textes qui nous concernent, en revanche, l'Europe se présente comme un acquis. Chez Beyala, les Traoré sont installés à Belleville et n'envisagent nullement l'éventualité d'un retour au pays. Il en va pareillement dans *L'Impasse*, où l'Afrique est évoquée simplement parce que Joseph Gakatuka, qui vit en France et travaille comme O. S. (ouvrier spécialisé) dans une fabrique de pneumatiques, retourne pour quelques semaines de vacances dans son Congo natal.

Mongo Beti ne fait évidemment pas partie de cette nouvelle race bien que tous ses récits aient été élaborés en exil. Il m'a semblé pourtant intéressant de le prendre comme point de départ pour saisir une certaine évolution de la littérature africaine contemporaine. Et en fait d'évolution, il s'agit essentiellement de souligner la diversité des perspectives narratives tant il est vrai que tous les textes que je prends en compte insistent presque également sur la précarité qui semble consubstantielle au destin de l'Africain, qu'il vive dans son propre pays ou qu'il soit installé comme immigré dans l'ancienne métropole.

***

Mongo Beti, on le sait, a vécu en France pendant plus de quarante ans. Parti en 1951 – il a 19 ans – comme étudiant, il séjourne brièvement au Cameroun en 1959. Par la suite, il connaît un exil ininterrompu de 32 ans puisqu'il ne revoit son pays natal qu'en 1991, peu avant de prendre sa retraite et de retourner s'y installer, définitivement. C'est dire que toute sa production s'est faite en dehors du terroir. Mais assez paradoxalement, l'écriture de Mongo Beti se ressent à peine de son exil. Tout est focalisé sur l'univers africain où se déroule l'action et auquel appartiennent les personnages. Rien d'étonnant en ce qui concerne ses quatre premiers récits, *Ville cruelle* (1954), *Le Pauvre Christ de Bomba* (1956), *Mission terminée* (1957) et *Le Roi miraculé* (1958) dont on peut dire qu'ils trahissent l'appel du terroir, propre à un exilé de fraîche date. Mais lorsqu'en 1974, après plus de quinze ans de silence, Mongo Beti resurgit avec *Remember Ruben* (1974) et *Perpétue et l'habitude du malheur* (1974), on peut être surpris de constater qu'il n'y a pour ainsi dire aucune rupture dans la focalisation. *Remember Ruben* peut être considéré comme un récit historique qui nous fait revivre de manière un peu fantastique les péripéties de la lutte camerounaise de libération nationale. Tout en s'inscrivant dans la même veine, *Perpétue...* est un roman social qui met en jeu un personnage féminin victime du système chaotique mis en place par la dictature postcoloniale.

En somme, Mongo Beti ne traite pour ainsi dire pas dans ses écrits des mésaventures d'Africains pris dans le tourment du monde occidental. Pourtant, tous ses récits ont l'Europe comme toile de fond et proposent même pas mal d'Européens comme protagonistes. Mais tout se passe comme si c'est dans le deuxième moment de son œuvre, celle qu'il produit après de nombreuses années d'exil, que Mongo Beti revient avec plus de force encore sur la nécessité de créer et de « promouvoir une problématique romanesque ancrée dans le vécu et le devenir historico-politique du Cameroun » (André Ntonfo, « Mongo Beti : de la région au pays », *Présence Francophone*, n° 42, 1993, 46). En effet, dans ce que Bernard Mouralis appelle sa trilogie, à savoir *Remember Ruben, Perpétue et l'habitude du malheur* et *La Ruine presque cocasse d'un polichinelle* (1979), Mongo Beti donne forme à l'idéologie rubeniste, en souvenir de Ruben Um Nyobé qui créa le parti révolutionnaire du Cameroun. Ruben était la promesse de la libération, c'est-à-dire de la victoire sur la précarité de l'existence qui est le lot de Perpétue et de tout le petit peuple africain.

Contrairement à Calixthe Beyala ou à Biyaoula, deux écrivains dont les récits sont fondés sur une espèce de dichotomie entre l'Afrique et l'Occident, Mongo Beti suggère quant à lui que les deux maux dont souffre l'Afrique sont aussi bien le fait de l'Afrique que celui de l'Europe. Bernard Mouralis écrit très justement à ce propos : « Pas plus que le monde de la tradition, il [le monde occidental] ne peut être porteur de valeurs dont pourraient s'inspirer les héros et constituer un recours. [...] La "tradition africaine" se révèle en fait être pour une large part un produit de l'Occident » (« Le savoir et la fiction », *Présence Francophone, op. cit.*, 31). Mouralis conclut : « Et parce que ni le discours occidental ni le discours de (et sur) la "tradition africaine", qui ne sont en réalité que les deux faces d'un même phénomène, ne peuvent répondre aux aspirations des héros de Mongo Beti, ces derniers se trouvent rapidement conduits à tout réinventer : la société, la culture, l'histoire » (*ibid.*, 32).

À partir de là, Mouralis montre avec quelle générosité et quel génie les personnages de Mongo Beti, en l'occurrence Mor Zamba dans *Remember Ruben* ou Guillaume dans *Les Deux Mères de Guillaume Ismaël Dzewatama, futur camionneur* (1983) et *La Revanche de Guillaume Ismaël Dzewatama* (1984), se battent, chacun à sa manière, pour réinventer l'Afrique, recréer l'histoire et créer des légendes tout en rappelant sans cesse qu'il faut s'inscrire dans la durée. Ainsi, lorsqu'à la fin de *Remember Ruben* (Paris, Union Générale d'Éditions 10/18, 1974), Ouragan-Viet prend congé de ses compagnons de lutte, il leur prescrit fermement :

> – Rappelez-vous bien : il ne s'agit pas de vous exposer inutilement. Soyez très prudents. Mais, comme je viens de dire, si vous vous trouviez jamais acculés à tirer, ne faites feu qu'à coup sûr, donc d'abord avec l'arme pourvue d'une lunette. Le moment de nous quitter est venu ; j'attends que l'orage se calme un peu, autrement on n'y voit pas à un mètre.
>
> [...]
>
> – Un jour peut-être, viendrai-je admirer votre travail ; déclara Ouragan-Viet.
> – Quand ? Dis-nous quand tu viendras, supplia Jo Le Jongleur.
> – Dans dix ans ? Dans vingt ? Dans trente ? qui peut savoir. Surtout pas de précipitation, les gars. Prenez tout votre temps, faites soigneusement les choses, ne vous souciez pas des délais, le temps ne compte pas pour nous. L'Afrique est dans les chaînes pour ainsi dire depuis l'éternité, nous la libérerons toujours assez tôt. Notre combat sera long, très long. Tout ce que vous voyez en ce moment dans Kola-Kola et dans toute la Colonie n'est qu'un prélude puéril. D'ici quelques années, quelques mois peut-être, et même après la prochaine destruction de Kola-Kola au cours de laquelle pourtant seront immolés des milliers des milliers des nôtres, y compris des femmes et des enfants, il se trouvera des gens pour sourire au souvenir de ces préliminaires brouillons (312-313).

En clair, Mongo Beti inscrit ses principaux personnages dans un projet. Presque tous s'engagent dans une lutte sans merci contre les forces répressives et aliénantes. Même dans *Perpétue et l'habitude du malheur*, qui donne l'impression du triomphe de la coalition des forces traditionnelles et néocoloniales contre le petit peuple que symbolise la jeune Perpétue, Essola, bien que renégat, demeure un rubeniste qui n'hésite pas à assassiner son propre frère pour venger sa sœur.

***

Pareille perspective nous tient à bonne distance d'une Calixthe Beyala qui semble fonder tout espoir de libération sur les bonnes dispositions de l'Autre. Elle écrit notamment : « Je suis venue en Occident attirée par vos théories, vos combats, vos victoires. Grâce aux revendications des femmes occidentales, leurs consœurs des pays africains ont vu l'espoir de se libérer des pratiques ancestrales rétrogrades poindre à l'horizon » (*Lettre d'une Africaine à ses sœurs occidentales*, Paris, Spengler, 1995, 10). Bien que quelques-uns de ses récits se déroulent en Afrique ou aient le continent noir en arrière-plan, Beyala se distingue avant tout comme une romancière qui a transposé et thématisé avec un certain succès le quotidien du travailleur immigré. Mais avec elle, tout se passe comme si elle écrivait le dos tourné à l'Afrique. Contrairement à Mongo Beti dont les personnages luttent opiniâtrement contre une vision du monde imposée de l'extérieur, Beyala apparaît comme une victime par excellence de « l'aliénation culturelle si caractéristique de l'époque coloniale » dont l'objectif essentiel « était bien de convaincre les indigènes que le colonialisme devait les arracher à la nuit » (Frantz Fanon, *Les Damnés de la terre*, Paris, Maspero, 1961, 154).

Certes, les récits de Beyala attirent l'attention sur une condition féminine particulièrement précaire. Mais cette condition subit un grossissement particulier du fait de la promiscuité qui est non seulement le lot des Traoré, mais aussi celui des protagonistes de *Assèze l'Africaine* (1994) et des personnages de *Les Honneurs perdus* (1996). Plutôt que de trouver en elles-mêmes ou dans les structures sociales africaines traditionnelles, coloniales et postcoloniales les stratégies qui permettent de lutter contre les oppressions diverses, Beyala et ses protagonistes féminines préfèrent s'en remettre aux initiatives venues d'ailleurs : « Cette lettre n'est pas seulement un cri d'alarme. C'est aussi un appel au secours. Femmes occidentales, occupez-vous des conditions de vie des femmes d'autres continents ! C'est le seul droit d'ingérence qui mérite d'être vécu ! » (*Lettre ouverte...*, *op. cit.*, 103-104).

Voilà sans doute qui explique les clins d'œil et les informations complémentaires que les narrateurs des récits de Beyala donnent au public virtuel qu'elle présume être étranger à la culture des pays d'Afrique. Dans *Maman a un amant* (Paris, Albin Michel, J'ai lu, 1993), M'ammaryam s'exprime en ces termes :

> Là-bas, dans mon pays, j'ai baissé les yeux devant mon père, comme ma mère avant moi, comme avant elle ma grand-mère. Les hommes ordonnaient : « Prends-donne-fais. » Les femmes obéissaient. Ainsi allait la vie, ainsi continuait-elle.

> Là-bas, dans mon pays, les femmes ont les yeux si tristes que toutes les sources du Mali paraissent y venir mourir, hors d'espérance (37).

La narration de *Les Honneurs perdus* (Paris, Albin Michel, 1996) se situe également dans une perspective extra-continentale. Qu'on en juge :

Sous les tropiques, les pensées fondent plus vite qu'un morceau de chocolat au soleil. Elles s'éclipsent, rapides comme nos crépuscules. Et plus on veut se souvenir du passé, moins on y arrive. La chaleur, les urgences de l'existence, comme manger, dormir sans se faire traquer par une colonie de moustiques ou manger des légumes verts en évitant les parasites, voilà les coupables ! (68).

D'ailleurs, l'ensemble du récit repose sur une espèce de fascination qu'exerce l'Europe sur Saïda Bénérafa et ses congénères de Couscous. Non seulement y circulent des Négresses blondes, mais on y trouve des « magasins où l'on peut lire "Chez Maxim's" ou encore "Chez Dior" » (13), des restaurants où l'on vous sert du « crocodile meunière », du « singe à la provençale » (13) et où l'on rêve de manger « des haricots fumés au poivre, de la salade au jambon d'York, de la saucisse au pain d'épice » (22).

Divisé en deux parties d'égale longueur, le récit se déroule successivement en Afrique et en Europe. Dans la première partie, Saïda et les Couscoussiers rêvent de France, alors que la deuxième partie est réservée aux mésaventures de Saïda qui a rejoint sa cousine Aziza à Paris. Comme on s'en doute, la France se révèle n'être point le pays de cocagne d'où elle pourra aisément envoyer aux couscoussiers moins fortunés qu'elle des « frigidaires, des télécommandes, des voitures, des vêtements de chez Dior, des parfums de chez Cerruti, des montres Guy Laroche » (180).

Très vite, en effet, Saïda se rend compte qu'elle risque de se retrouver clocharde et sans papiers. C'est l'occasion pour Beyala de croquer le continent à belles dents : « L'Afrique, écrit-elle, est vraiment un continent maudit » (232) ; « L'Afrique se trouve dans une impasse. Elle est la grande perdante dans le grand marché universel où les boursicoteurs déterminent les prix des matières premières » (242-243) ; « L'Afrique va de plus en plus mal. Après le paludisme, la faim, on nous parle aujourd'hui du sida, du virus d'Ébola. Qu'allons-nous devenir ? » (379). On croirait lire des extraits du reportage d'un magazine européen à grand tirage en quête de sensations fortes pour un public assoiffé de mythes sur des pays lointains.

Déjà dans *Maman a un amant*, Beyala nous donne à lire la désintégration d'un couple d'illettrés maliens au contact d'une culture dont aucun d'entre eux ne maîtrise le fonctionnement. Assurément, le discours de Beyala a dû lui valoir les applaudissements de quelques féministes ravies de voir un Abdou Traoré complètement impuissant devant le comportement de son épouse. Le jeune Loukoum rapporte :

> Papa et moi, on a quitté le café de Monsieur Guillaume. Lui devant, moi derrière. Brusquement, il s'est arrêté comme une voiture qui vient de perdre son moteur. Il a appuyé sa tête sur un mur et il s'est mis à chialer. Vrai, vrai

que je n'avais jamais vu mon papa pleurer. Il pleurait et il n'arrivait plus à s'arrêter. Et pour une surprise, c'en était une. Je tapais nerveusement par terre du bout du pied. Il s'est tourné vers moi, il s'est mouché et il a dit :

– Je suis devenu vieux. Tout ce que je voulais faire est tombé dans l'eau. Tu sais, je voulais apprendre à lire, à compter et aussi faire plein de choses pour mes frères africains. Mais tout cela est resté à l'état de rêve. M'am et moi on s'est bien amusés dans notre jeunesse. Je l'aimais, je l'ai fait venir avec moi en France parce que je l'aimais. Je l'aimais et j'ai essayé de lui montrer mon amour. Aujourd'hui, elle me trompe, elle me rejette. Je ne savais pas qu'elle aurait pu oublier nos vieilles traditions (205).

Mais pour qui a lu les mythes qui entourent les rapports entre « la Femme de couleur et le Blanc » dans *Peau noire, masques blancs* (1952) de Frantz Fanon, l'aventure de M'ammaryam n'est rien d'autre qu'un désir de « reconnaissance », désir d'ailleurs inassouvi, la liaison Tichit-M'ammaryam ayant rapidement tourné court.

Les protagonistes immigrés de Beyala sont des êtres fragiles. Mal préparés à appréhender la complexité de leur milieu d'accueil, ils ne peuvent pas se présenter comme les apôtres d'un nouveau dialogue interculturel, ni encore moins proposer une nouvelle approche de l'identité africaine. Ils s'inscrivent irrémédiablement dans les marges et vivent une pitoyable précarité tant au niveau personnel qu'à celui des relations interpersonnelles et familiales.

***

Tout se passe d'ailleurs comme si cette précarité inaugurait une nouvelle tendance en littérature africaine tant elle caractérise quelques œuvres que nous donne à lire la jeune génération d'Africains de la diaspora. Avec *Cercueil et cie*, Simon Njami avait, à sa manière, posé les jalons de cette nouvelle tendance qui semble se donner pour objectifs d'exploiter à fond l'expérience métropolitaine des colonisés d'hier ou de leurs descendants. Mais alors que Njami suivait, quant à lui, les traces de Chester Himes et mettait en scène des protagonistes africains-américains « en mission » à Paris, la problématique que développe le romancier congolais Daniel Biyaoula dans *L'Impasse* (Paris, Présence Africaine, 1997) confirme à bien des égards la thématique de la précarité que développe Beyala.

Joseph Gakatuka, le principal protagoniste de *L'Impasse*, profite d'un congé d'entreprise pour retourner dans son Congo natal. Avec le recul, il se découvre totalement étranger aux us et coutumes de Brazzaville. D'emblée, il se rend compte que sous le couvert de la modernité, les Congolais ne jurent plus que par la mode et les manières venues d'ailleurs. Sous les tropiques, constate-t-il, les « gens ont presque tous la même allure. Ils ont un manteau en cuir, en laine ou une fourrure » (29). Gakatuka ne sera pas en reste. Il n'en a pas le choix. Pour l'image de la famille, son frère Samuel, de son état « Directeur de la Recherche sur le Développement accéléré et immédiat » (46), l'amène dès sa descente d'avion aux « Habits de Paris, le magasin chic de Brazza » (45) pour lui trouver des vêtements dignes du Parisien qu'il est : chemises, cravate, costumes. Et plutôt que de se présenter comme ouvrier, la famille exige de Gakatuka qu'il affiche bien ses attributs de Parisien, d'informaticien et d'ami de quelque dignitaire du régime en place :

> [M]a famille [...] me fait comprendre par des phrases toutes innocentes que je ne dois pas avoir d'autres envies que celles qui sont permises, que je ne dois pas essayer de battre en brèche sa structure, que je ne dois pas avoir de tête, que je suis sa créature et celle des anciens, que je suis en dessous de ceux qui sont en haut, que je fais nombre seulement, que je dois m'aligner si je ne veux pas crever dans mon coin (60).

En réalité, *L'Impasse* de Biyaoula s'apparente à un ouvrage d'anthropologie culturelle. Bien que Gakatuka soit Africain, il assiste en « outsider » aux événements qui se déroulent devant lui. Contraint de comparer la vie africaine à l'européenne, lui qui s'est lié d'amitié avec Sabine, une jeune Française, découvre son grand penchant pour la grande liberté dont bénéficie l'individu en Occident :

> Je me le cache depuis mon arrivée. Mais je n'en doute plus. Je voudrais revoir Sabine, repartir en France. Là-bas, on est juste une chose, une crotte blanche ou noire à laquelle on prête à peine attention : un anonyme qu'on ne juge pas sur son apparence. C'est l'une des grandes trouvailles des Blancs, exister comme une pierre. C'est l'une des différences entre eux et nous autres, cette liberté qu'ils ont de s'habiller comme ils veulent, l'important étant de ne pas se balader tout nu (96).

Mal à l'aise à Brazzaville et encore plus mal à l'aise dans son village de l'arrière-pays, Gakatuka ne sera pas plus heureux de retour en Europe. Ici, il est, bien malgré lui, le triste représentant d'un continent qui est synonyme de misère et d'obscurantisme. Ainsi coincé entre une Afrique qu'il ne reconnaît pas et une Europe qui le marginalise, lui le travailleur immigré, Joseph Gakatuka, malgré l'infaillible soutien de son amie Sabine, devient un atrabilaire qui sombre dans la déprime :

> Et je roule des idées scabreuses.

> Pendant six jours, je reste enfermé. Je n'ai aucune envie d'aller dehors, de les rencontrer, tous ces Blancs qui circulent dans les rues sans me voir ou en me voyant trop. [...] Ça se résume à peu de choses, mes journées. Comprimés,

radio et télévision. Et j'en vois des choses à la télévision, et j'en entends, des mots ! Je n'y prêtais plus trop attention, mais là, ça me paraît d'une clarté, d'une évidence telles, que je suis même étonné d'avoir un seul instant cru pouvoir vivre comme un individu. Je me dis que c'est juste un gros doigt que je me suis mis dans l'œil, que pour nous autres, elle ne peut pas exister, l'individualité ; que c'est un luxe réservé aux Blancs qui en abusent parce que pour s'épanouir elle a besoin de liberté et de communauté à la fois, qu'avec l'une ou l'autre seulement elle est vouée à l'échec. Ça me saute aux yeux que nous autres, on ne pourra jamais y accéder proprement, que ça nous condamne à mourir ; que les Blancs aussi ce sera leur devenir, mais qu'ils veulent nous pousser dans les ténèbres plus vite encore ; qu'ils ont seulement changé de système ; que ce n'est plus les chaînes ni les bâtons qu'ils utilisent mais la subtilité ; que c'est comme du sel, leur système ; qu'ils l'ont juste dissout dans l'eau, mais qu'il y est toujours, dans l'eau, le sel (209-210).

Rien d'étonnant que ce soit sur le divan d'un hôpital psychiatrique qu'on le retrouve. Moralité de l'histoire : « Moi ça me fait penser qu'il n'est pas bon de vivre ailleurs que là où le hasard vous a fait naître, vraiment, surtout quand on est un meurt-de-faim, que c'est un gros handicap, la pauvreté, que ça vous fait plus étranger encore » (251). Et l'on pourrait conclure avec Roland Jaccard que « la folie de même que la délinquance ne sont pas, comme on l'a longtemps cru, un défaut manifesté ou inhérent à la personnalité d'un acteur individuel [...], mais sont au contraire la conséquence inévitable de la construction d'ensembles ou de groupes sociaux » (*La Folie*, Paris, PUF, 1979, 95).

***

Le cheminement de Joseph Gakatuka et celui d'un certain nombre de personnages de Calixthe Beyala amènent à s'interroger sur l'expérience d'intégration personnelle de l'ancien colonisé ou de ses descendants dans son milieu de vie et sur ses capacités à maîtriser l'espace.

Avec Mongo Beti, on a vu que les personnages se battent, arme au poing s'il le faut, pour remédier aux effets néfastes de l'héritage colonial. Or, à la suite de la dépression de Joseph Gakatuka, son créateur, Daniel Biyaoula, termine son récit par une série de conversations entre le protagoniste et son psychothérapeute. Il s'agit d'entretiens qui portent généralement sur l'africanité et qui, en plusieurs points, interpellent fortement le lecteur :

[I]l y a des choses qui sont ce qu'on est, qui nous font, qu'en les déstructurant, en les modifiant, on se nie, on se refuse, on s'aliène. Comme quoi un lion sans crinière ou un zèbre sans zébrures, eh bien, ce n'est ni un lion ni un zèbre. [...] un ciel pluvieux il doit être chargé de nuages. Sinon, impossible qu'il est de récolter la moindre goutte (255).

L'auteur a certainement raison de reposer à sa manière les brûlantes questions qui avaient sous-tendu la démarche des chantres de la négritude. Il insiste d'ailleurs auprès de son médecin dans des termes quasi désespérés : « Docteur, c'est que je me sens une partie du grand peuple noir ! C'est que je me sens lié à chacun de mes semblables par des liens impalpables, par tout ce que nos ancêtres ont vécu, par ce que nous-mêmes vivons » (257).

On le voit, la nouveauté chez Biyaoula comme chez Beyala d'ailleurs n'est pas la prise de conscience de la précarité inhérente au destin du Noir. Contrairement aux écrivains de la négritude qui revendiquaient l'initiative historique, contrairement à Mongo Beti qui veut s'approprier le projet révolutionnaire de Ruben, Beyala et Biyaoula semblent prendre du champ par rapport aux réalités du continent. Ils font dépendre le salut de leurs congénères des bonnes dispositions de l'Autre. Pendant que Beyala appelle ses sœurs occidentales à la rescousse, Joseph Gakatuka en vient assez ironiquement à dépendre entièrement de son psychiatre, le D\u02b3 Malfoi :

> J'ai compris que ça ne sert à rien de me mettre martel en tête [...]. Je finirais seulement par me détester, vu qu'il paraît qu'aucun humain ne choisirait ni ne supporterait de ne susciter que de la haine à ses prochains. Ça, c'est le docteur qui me l'a expliqué et démontré. Pour sûr que je l'ai cru. Moi, je ne veux plus crever sous le poids des mots. Alors j'entends sans entendre. Je constate puis je vide ma tête et je n'y pense plus. Je reste superficiel. Je me transforme en zombie. De la même manière, je ne cherche plus à expliquer à ceux que je rencontre, qui ont des préjugés plein la bouche, plein la tête, que je suis différent d'eux sans l'être, qu'en réalité notre lot est le même, qu'après tout nous faisons tous caca, que mon caca à moi il sent aussi mauvais que le leur (263-264).

On peut seulement regretter qu'au terme de son exil intérieur, la métamorphose de Joseph Gakatuka ne se traduise pas par une victoire sur l'aliénation et sur les invariants qui l'objectivent. Car, ainsi que l'explique Monique Plaza, « la folie semble partir dans la plupart des situations d'une quête. L'individu se pose une question fondamentale, dont les termes sont en rupture (en décalage) avec le champ symbolique légitime » (*Écriture et folie*, Paris, PUF, 1986, 118). Or, Joseph Gakatuka légitime l'objectivation des individus de son espèce lorsqu'il affirme n'être qu'un zombie :

> J'ai fait du plaisir du corps mon leitmotiv. Un hédoniste, un jouisseur, c'est ce que je suis ! Le plaisir, il n'y a que ça de vrai ! Quand je le prends, mes angoisses, mes inquiétudes, mes souffrances n'existent plus, sont balayées. Le plaisir, c'est ce qui vous fait toucher la vie, la vraie ! manger, boire, baiser, danser, s'habiller, parader ! C'est dans cela que je trouve un véritable intérêt ! C'est ça la vie (311).

On le voit, avec Mongo Beti, on a affaire à une littérature de la résistance fondée sur la prise en compte autant des traditions africaines que de l'histoire coloniale. Beyala, pour sa part, soumet la libération ou l'émancipation de la femme africaine aux stratégies de lutte élaborées ailleurs avec les données d'ailleurs. Quant à Biyaoula, il ne semble pas envisager de rupture avec l'Afrique des traditions ou l'Europe des marginalités. Il préfère tout au plus parler d'impasse, synonyme de procrastination.

Violences postcoloniales et polar d'Afrique[4]

En 1999, j'ai publié dans les colonnes de la présente revue un article sur le roman policier africain : « Littérature africaine, l'avènement du polar » (*Notre Librairie*, nᵒ 136, janv.-avril 1999, 16-25). À peine une dizaine de titres avaient alors pu être recensés et une demi-douzaine effectivement pris en compte. En 2001, je devais écrire un article sur « Chester Himes outre-Atlantique » c'est-à-dire sur l'influence qu'a pu avoir Chester Himes sur des écrivains comme Mongo Beti, Bolya, Simon Njami et autres. Chemin faisant, je me suis rendu compte qu'en quelques années, le genre policier avait, si l'on peut dire, fait fortune dans le milieu littéraire africain et qu'il devenait presque urgent de le sortir de la marge dans laquelle la critique semble l'avoir quelque peu confiné pour chercher à lui établir une espèce de carte d'identité. Dans la présente étude, je reviendrai peu sur les œuvres précédemment abordées, à savoir *La Polyandre* (1998) de Bolya, *La Vie en spirale* (1998) d'Abasse Ndione, *Sorcellerie à bout portant* (Paris, Gallimard, Série noire, 1998) d'Achille Ngoye, *L'Assassin du Banconi* (1998) et *L'Honneur des Kéita* (1998) de Moussa Konaté. Soulignons cependant qu'entre-temps, Moussa Konaté, initialement édité à Bamako (le Figuier), est entré dans la « Série noire » chez Gallimard et a réuni ses deux titres sous un même volume (Série noire, nᵒ 2650, 2002). On avait d'ailleurs observé la même démarche avec Abasse Ndione, qui avait d'abord publié *La Vie en spirale* (1984) et *La Vie en spirale 2* (1988) aux NEA de Dakar avant d'être accueilli dans la Série noire en 1998. C'est dire que la naissance d'un polar africain s'accompagne de transactions éditoriales tout à fait significatives.

À cet égard, Achille Ngoye semble s'être taillé une place spéciale dans cette Gotha qu'est la Série noire de Gallimard. Il y a publié *Agence Black Bafoussa* (Paris, Gallimard, Série noire, 1996), *Sorcellerie à bout portant* (1998) et *Ballet noir à Château-Rouge* (Paris, Gallimard, Série noire, 2001). Dirigée par Marcel Duhamel à sa création dans les années 1940, la Série noire de Gallimard peut être considérée comme la porte d'entrée du roman policier en France. On pourrait donc penser que les textes d'Achille Ngoye, Moussa Konaté, Abasse Ndione et autres y sont accueillis parce qu'ils répondent au modèle du genre. Encore que le roman policier soit demeuré un genre essentiellement ambigu, dont les contours sont en constante évolution.

Pour Boileau-Narcejac, en effet, « on peut définir sommairement le roman policier en disant que c'est le récit d'une chasse à l'homme » (*Le Roman policier*, Paris, Payot, 1964, 8). Mais les deux théoriciens précisent aussi :

---

4. Publié dans *Notre Librairie*, nᵒ 148, juil.-sept. 2002, 36-42.

[L]e roman policier est une enquête, menée d'une manière rationnelle, scientifique même. [...] Le roman policier est une enquête, à coup sûr, mais une enquête qui a pour but d'élucider un certain mystère, un mystère en apparence incompréhensible, accablant pour la raison.

Entre le mystère et l'enquête, il y a un lien caché. L'écrivain, qu'il le veuille ou non, imagine simultanément le mystère et l'enquête, invente un mystère *pour* l'enquête et une enquête *pour* le mystère (8-9).

De ce point de vue, on verra qu'aucun des romans d'Achille Ngoye ni ceux d'autres auteurs africains dont on traitera n'est véritablement le récit d'une chasse à l'homme, ni même celui d'une enquête menée de manière rationnelle et scientifique. Pourtant, il s'agit bien de récits où il y a des mystères à élucider. Dans la plupart des cas, on se rend compte que ces mystères proviennent essentiellement de la difficulté qu'éprouvent les personnages à appréhender la modernité qui surgit en postcolonie et s'impose avec plus ou moins de violence. Le monde d'aujourd'hui, mondialisation oblige, contraint l'individu à une renégociation constante avec les données de son environnement. Il lui faut conquérir de nouveaux espaces, aller vers de nouvelles frontières et gérer de nouvelles valeurs. Alors que nombre de personnages croyaient évoluer dans un cadre caractérisé par la fixité des traditions, l'hybridité nous interpelle et, comme le souligne justement Homi Bhabha, « the past dissolves in the present, so that the future becomes (once again) an open question » (*The Location of Culture*, London/New York, Routledge, 1994, 219). Les violences, les trafics et les déplacements de tous genres que l'on observe un peu partout dans le roman policier africain se présentent ainsi comme une sorte de résistance ou même de défi qu'opposent les uns et les autres aux nouvelles conditions qui leur sont imposées. L'une des nouvelles les plus émouvantes de *Big Balé* (Paris, Le Serpent à plumes, 2001) d'Achille Ngoye est bien celle où l'on voit la Congolaise Feza Papastopoulos se faire assassiner en Grèce parce qu'elle s'obstine à poursuivre son mari grec qui l'a abandonnée en Afrique pour s'enfuir chez lui avec leur fortune et leurs deux enfants. On sera donc sensible aux courants migratoires et ses conséquences, courants qui ont commencé avec la colonisation et qui, en période postcoloniale, provoquent des crises du fait qu'ils ont tendance à modifier de manière significative les identités individuelles et nationales.

***

Et comment ne pas revenir ici sur *Sorcellerie à bout portant*, qui fait habilement le pont entre les espaces européen et africain ! Autant Moussa Konaté situe ses textes en Afrique, autant les récits d'un Bolya se déroulent essentiellement à Paris. Achille Ngoye joue sur les deux tableaux et dans *Sorcellerie à bout portant*, l'Euroblack Kizito retourne au pays pour élucider les circonstances de la mort de son frère Tsham. Le mystère est d'autant plus opaque que le défunt, dont le corps n'a d'ailleurs pas pu être localisé, était officier de l'armée locale. Évidemment, le titre même de l'ouvrage prépare le lecteur au genre d'univers rocambolesque dans lequel le protagoniste ne va pas tarder à être plongé. Dans un Zaïre géré par des voyous, la rationalité a laissé la place à toutes sortes de pratiques occultes dont le frère de Zito était un « pratiquant inconditionnel » puisqu'il apprend que « son corps n'était plus qu'un musée ambulant de gris-gris » (*Sorcellerie...*, 102). Maraboutisme et sacrifices humains font aussi partie des rites en vogue dans le pays, surtout dans les hautes sphères sociales auxquelles le frère était censé appartenir :

> Dans les centres urbains, on immole en général la bête de ses moyens : une poule, un coq. Mais au fur et à mesure qu'on monte dans l'échelle sociale et qu'on est bourré aux as, l'obole passe d'une chèvre ou d'un bouc au mouton, d'un mouton à une vache, de la vache à un être humain, ce dernier étant généralement considéré sans protections surnaturelles (107).

Pareilles mœurs sont évidemment révélatrices du niveau de pourrissement des structures politiques et administratives du pays tout entier. La police nationale n'est qu'un réseau d'arnaqueurs habillés par l'État. Et Kizito s'en rend brutalement compte puisque des agents postés aux frontières lui extorquent son argent et lui volent son passeport dès sa descente d'avion. Kizito devra donc se contenter des enquêteurs d'une société de gardiennage pour en savoir un peu plus sur les circonstances de la mort de son frère.

Ainsi que l'ont souligné Boileau-Narcejac, Achille Ngoye « invente un mystère *pour* l'enquête et une enquête *pour* le mystère ». L'environnement est des plus insolites et le comportement des personnages pour le moins bizarre. Les policiers qui sont en principe chargés de la protection civile et qui auraient dû de ce fait s'occuper de l'enquête sont disqualifiés dès le début du récit. Et il en va de même des autres « structures du pays qui ont implosé à tel point que les gens lésés évitent de saisir les tribunaux. On le sait : les jugements reposent sur les "matabiches", autrement dit les "haricots destinés aux z'enfants", ces bakchichs qui conditionnent les services » (59).

Ces quelques indications permettent de comprendre qu'en réalité, l'essentiel dans le roman d'Achille Ngoye est moins son aspect policier que la dimension sociologique du texte. De ce point de vue, le récit s'apparente tout à fait au roman noir dont André Vanoncini dit qu'il est

> sensible à la spécificité des lieux et à l'originalité des êtres qui les peuplent. L'énorme quantité de données concrètes qu'il a su réunir en font aujourd'hui une source d'information précieuse sur la civilisation urbaine dans son ensemble et sur certains aspects de la vie rurale dans les pays industrialisés

au XXe siècle. Cautionné par cette dimension sociologique, il peut se permettre de négliger l'axe de l'investigation (*Le Roman policier*, Paris, PUF, 1993, 58-59).

À l'instar de pas mal de récits policiers africains, *Sorcellerie à bout portant* offre une peinture sans fard d'un État africain postcolonial. En fait d'État d'ailleurs, l'on a affaire à un réseau maffieux qui exploite une masse populaire, obligée pour survivre, on l'a souligné, de recourir à toutes sortes d'expédients : occultisme, alcool, délits divers. Achille Ngoye, comme le suggère encore Vanoncini, « choisit alors de placer l'accent principal sur le destin d'un homme de tous les jours se débattant dans un univers criminel » (*ibid.*, 59). Au terme de quinze ans de séjour en Europe, en effet, Kizito, on l'a dit, retourne au pays natal et se retrouve face à une société méconnaissable tant elle est désarticulée. Et cette désarticulation n'est malheureusement pas propre au Zaïre d'alors. Le Mali que transpose Aïda Mady Diallo ne va guère mieux, englué qu'il est dans ses traditions et ses stéréotypes.

Kouty, mémoire de sang (Paris, Gallimard, 1998) d'Aïda Mady Diallo est un roman noir puisqu'il n'y a pratiquement pas de policier et pas d'enquête à proprement parler. L'histoire se déroule au Mali en mars 1984. Fathy, la mère de Kouty, Touareg, donc blanche aux yeux des siens, est initialement promise à un homme de bonne race. Mais elle a préféré épouser « un sale nègre, un fils d'esclaves » (37-38). Une expédition punitive sera mise en place pour liquider Ousmane, le mari, tuer son fils et violer Fathy en guise de représailles. Ainsi humiliée, celle-ci s'immole par le feu dans sa cuisine et seule la petite Kouty qui, cachée dans le grenier à mil, a tout vu et tout entendu, survit aux « hommes enturbannés, armés de Kalachnikov et de coupe-coupe » (7).

Devenue enfant de la rue, Kouty sera adoptée par deux mondaines, tenancières d'un restaurant de luxe à Bamako. Malgré le confort de son installation, ses succès scolaires et l'attrait qu'elle exerce sur les garçons, blancs et noirs confondus, l'orpheline va consacrer sa vie à inventer des stratégies pour venger les siens. C'est ainsi qu'elle tend une embuscade à Attaher ag Mohamed, le Targui qui avait ordonné la mise à mort de sa famille et l'abat à bout portant dans une rue de Bamako. Par la suite, elle feindra tour à tour d'être amoureuse des deux autres commanditaires du crime pour les assassiner à l'arme blanche. Diplomate de son état, Zahiby ag Mustapha avec qui elle flirtait est assassiné sur une plage à Dakar. Et c'est à Abidjan qu'elle égorge Fadhel ag Sidilamine, l'ancien préposé de sa mère qu'elle venait d'épouser : « Je t'ai épousé pour mieux te dévorer, comme le loup du conte... Et je suis... ce que tu as fait de moi, rien d'autre » (164). La police à qui elle téléphone après son forfait peut donc entrer en scène et l'enquête peut commencer !

Kouty, mémoire de sang est une histoire poignante, racontée avec une déconcertante sérénité. Convaincue qu'« on ne peut pas lutter contre la mémoire » (62) et que le passé est donc le mobile de notre action présente, l'héroïne, assez paradoxalement, semble justifier le meurtre de ses parents qui, dit-elle, « avaient pensé que leur amour serait plus fort que leur différence de peau et qu'il vaincrait les ressentiments de leurs familles » (113). La question peut être posée : se venger soi-même d'un crime raciste ou de caste dont on a été victime supprimera-t-il le racisme ou les castes ? Il y a lieu d'en douter.

Par ailleurs, la sincère amitié qui lie Kouty à son camarade Eddy, expatrié de l'aristocratie française, montre que le racisme n'est pas irrémédiable et que, par certains côtés, le choc des rencontres entre peuples peut être plus violent entre Africains qu'entre Européens et Africains. Quoi qu'il en soit, c'est la rencontre entre l'Europe et l'Afrique qui semble nourrir l'imaginaire des auteurs du roman policier d'origine africaine. Ainsi en va-t-il de *Les Cocus posthumes* (2001) de Bolya qui fait suite à *La Polyandre*, de *Ballet noir à Château-Rouge* (2001), d'*Agence Black Bafoussa* (1996) et de la plupart des nouvelles d'Achille Ngoye, qu'il s'agisse de *Yaba terminus* (1998 ; voir *Notre Librairie*, nᵒˢ 138-139, 155-156) ou de *Big Balé* (2001). Presque tous ces récits font partie de ce qu'il est convenu d'appeler roman de l'immigration africaine en France.

***

Tout comme *La Polyandre*, *Les Cocus posthumes* (Paris, Le Serpent à plumes, 2001) a la forme d'un polar assez classique avec un crime et une enquête policière. Tout se passe pour l'essentiel à Paris, au quartier d'Aligre. Les personnages sont presque les mêmes que précédemment. Seul Bourru, le mari jaloux d'Oulématou, s'est éclipsé pour faire place à un certain Sangsexe, trafiquant d'armes et/ou de drogue entre la France et l'Afrique. Alors que la tempête sur les verges noires dans *La Polyandre* suggérait un crime raciste, le viol et le meurtre des jumelles noires dans *Les Cocus posthumes* s'apparentent plutôt à un acte rituel. L'hypothèse « africaniste » de Makwa suggère qu'il s'agit d'un crime commis par un ou des Africains. Le sang des jumelles vierges, dit-il, « a le pouvoir de rajeunir, de prolonger la jeunesse jusqu'à l'infini et de reculer l'échéance de la mort » et il arrive que les mâles le boivent et « se lavent avec ce sang pour purifier leur corps » (27). Quelque peu familier des traditions africaines, l'inspecteur Robert Nègre s'interroge certes sur le mythe de la gémellité chez les Africains, mais d'autres indices sèment le doute dans son esprit : « [I]l se rappela aussi les tétines en forme de pénis et les instruments de chirurgie. La présence de ces instruments infirmait sa première intuition. Et le poussait au contraire à privilégier la piste blanche plutôt que la piste noire. Ces meurtres ne pouvaient être que l'œuvre d'un pédophile européen » (31).

Les Cocus posthumes aligne des personnages tous plus excentriques les uns que les autres. Receleur de son état, Sangsexe fait partie de ces Européens qui croient encore que l'« Afrique était une page blanche où tout écrivaillon pouvait écrire son histoire » (153). Il fait partie d'un réseau maffieux avec des dignitaires africains : « J'ai un contrat d'échange, dit-il, avec mon partenaire, une excellence. Il me fournit des filles pendant mes missions spéciales en Afrique. Et moi, j'offre ma femme Rosemonde à ses collaborateurs ou associés lorsqu'ils sont de passage à Paris » (175). L'inspecteur Robert Nègre et Makwa, son ami d'enfance, se font un impitoyable chantage. Rosemonde, l'apprentie polyandre, poursuit ses étranges enquêtes sur les mâles africains en France en vue de sa thèse d'État sur « Le Nègre baiseur : mythes et réalités » et continue de rivaliser avec Oulématou, la femme aux multiples maris de la place d'Aligre. Kokumbo, le piètre fonctionnaire de l'UNESCO et occasionnel mari d'Oulématou, semble satisfait de son statut de cocu légal : « À terme, on est tous des cocus posthumes. […] Je ne suis qu'un des époux de ma femme. Je suis donc un cocu légal » (131).

Dans ce récit violent et macabre par bien des côtés, le lecteur en arrive à oublier l'intrigue pour ne plus s'intéresser qu'aux mœurs des personnages et aux mobiles de leurs actions : charlatanisme, crimes rituels, trafic d'organes et d'ossements humains, sectes aux pratiques complètement déjantées jalonnent le texte de bout en bout. Alors que *La Polyandre* mettait en relief la vie quotidienne de la communauté africaine de Paris et proposait une vive satire d'une certaine catégorie de Blancs, amateurs de chair noire, *Les Cocus posthumes* pose encore plus singulièrement le problème de la représentation/perception quasi fétichiste de l'Autre et de la cohabitation des mœurs africaines et européennes dans un monde de plus en plus globalisé. L'Afrique peut-elle être autre chose qu'un terrain d'aventures et de recherches ethnologiques dans l'imaginaire de l'Européen ? L'Africain peut-il se gérer autrement et donner de lui-même une image autre que celle d'une « piétaille » manipulable à souhait par la « racaille européenne » (215) ? Lui est-il possible de sortir des différences négatives, bref de l'animalité dans lesquelles il est perçu depuis des lustres ? Bolya suggère que l'immigration postcoloniale, la cohabitation des Africains et des Français dans l'espace métropolitain risque de transformer en profondeur la culture de l'ancien pays colonisateur. Derrière le roman policier se profile donc un certain discours social et politique.

Il en va pareillement d'*Agence Black Bafoussa* et de *Ballet noir à Château-Rouge* d'Achille Ngoye. Tout comme *Les Cocus posthumes*, les deux récits se déroulent exclusivement en France même si l'Afrique se profile fortement en fond de teint. L'étiquette « Série noire » que portent les deux ouvrages ne semble se justifier véritablement que si l'on tient compte de l'inclusion dans cette collection des romans noirs et du polar politique et social. Jusqu'ici, on pouvait penser que la France était un État organisé dont la police fonctionne de manière rationnelle. Toujours est-il qu'en marge de la société française, on assiste à la naissance d'une communauté immigrée qui s'amuse à mettre tout en œuvre pour défier les normes du groupe majoritaire. C'est vrai que la police officielle est plus présente dans *Agence Black Bafoussa* et dans *Ballet noir à Château-Rouge* que dans *Sorcellerie à bout portant* par exemple, mais cette police donne nettement l'impression d'être dépassée par les événements tant est complexe le mode de fonctionnement des exilés. L'attention du lecteur porte davantage sur la vie et les mœurs, les délits et la roublardise des immigrés que sur l'enquête policière. En définitive, on se demande si pour démêler l'écheveau des délits perpétrés dans le milieu immigré, il ne faudrait pas plutôt faire appel à des sociologues, à des anthropologues ou même à des politologues plutôt qu'à des policiers.

***

Dans *Agence Black Bafoussa* par exemple, le héros est Jim Bafoussa, riche propriétaire de l'Agence Black Bafoussa, officiellement organisateur de spectacles. Mais en réalité, Jim Bafoussa « est un opposant notoire au régime du Kalina » (*Agence...*, 158), un pays africain qui vit sous la férule du maréchal-président Pupu Muntu. Danga, qui fait l'objet de l'enquête du fait qu'il est assassiné dans son appartement dès l'ouverture du récit, est un marxiste et un militant politique en exil. Il est membre du Parti Ouvrier Kalinais (POK) auquel appartient également Jim Bafoussa. On verra par ailleurs que l'ambassade de la République du Kalina à Paris n'est qu'un repaire des services secrets de cette république d'Afrique Centrale, « premier bordel francophone du monde » (261). Le rôle essentiel des fonctionnaires de ladite ambassade consiste à traquer les opposants sans pour autant se priver d'organiser toutes sortes de trafic illicite. De fait, la chancellerie du Kalina à Paris est à l'image du régime kalinais qu'il représente. Trafic de drogue, d'organes humains et réseaux de proxénétisme y sont des plus florissants.

En fait de roman policier, Achille Ngoye procède essentiellement à une transposition du fonctionnement des sociétés africaines postcoloniales avec la différence que tout se passe à Paris. Les passes d'armes entre militants du POK et agents de Pupu Muntu plus ou moins rattachés à l'ambassade du Kalina font rage dans le milieu. Ce sont d'ailleurs ces conflits qui permettront aux policiers français de comprendre que Danga, qui « achetait des fusils pour les maquisards de son parti » (235), a pu être assassiné pour raison d'État. La perquisition de l'ambassade met à mal les relations franco-kalinaises en révélant qu'il s'agit de l'épicentre d'un réseau maffieux bien huilé. Par ce biais, Achille Ngoye lève un pan de voile sur les contradictions des relations franco-africaines et montre l'impasse dans laquelle est prise « Marianne [qui] ménage la chèvre et le chou dans cette partie du continent » (244). Comment la France et ses semblables peuvent-ils concilier leurs idéaux de liberté et de démocratie avec le soutien accordé à Papa Muntu au nom de la protection de leurs intérêts ?

> Le POK, en fait son aile radicale condamnée à l'exil, évoluait clandestinement en France. Bicause son programme donnait des frissons aux mandarins du G7 : non seulement ce programme déclarait irrecevable la candidature du maréchal Pupu Muntu aux premières élections démocratiques du Kalina, il prônait en outre sa comparution devant un tribunal populaire et préjugeait de la sentence (47).

Tout se passe d'ailleurs comme si le casse-tête que posent à la police les problèmes de la communauté africaine de Paris n'étaient qu'une espèce de revanche, une manière pour les Blacks de montrer qu'à leur tour, ils sont capables de causer quelques ennuis à ceux qui les ont toujours exploités et regardés d'en haut. Lannoy, l'un des policiers chargés de l'enquête, s'exclame à ce propos : « La première police au monde tenue en échec par des Blacks ! » (118). Certains Blacks rêvent même de déclarer une sorte de guerre au toubab en semant le sida à tout vent, question de transformer l'Hexagone en Dom-Tom du Kalina :

> Recruter des Kalinaises ni moches ni bathes, mais des turbines capables de faire valser sans préliminaires. Nul besoin d'en mobiliser une horde, plutôt trois, quatre nanas à même de se soumettre aux caprices de dépravés qui persistent à baiser nature. L'intérêt ? Les appâts sont condamnés par le mal. Panique et remords des malfaisants devant l'effet boomerang (145).

Les problèmes du Kalina et de l'Afrique en général sont si persistants dans l'ensemble du texte qu'il faut ces allusions à l'Hexagone et à ses habitants pour nous rappeler que le récit se déroule bel et bien à Paris, mais un Paris pas mal africanisé tant du point de vue des préoccupations des individus que de celui de leur culture. « Paris-Kalin », club privé qui sert de point de rencontre à toute la pègre black, fonctionne au rythme de la musique de Papa Wemba, Lokua Kanza, Angélique Kidjo, Touré Kounda et autre Salif Keita ! Ici comme chez Bolya, on en oublie le meurtre de Danga et l'enquête que mènent les agents Lannoy et Bissainthe. Il devient alors évident que le récit d'Achille Ngoye correspond tout à fait à la nouvelle évolution du roman policier qu'analyse André Vanoncini lorsqu'il écrit :

> Il semble que le champ du roman policier contemporain soit traversé de deux axes évolutifs majeurs. D'un côté, un grand nombre de romans n'utilisent plus

la trame policière comme matrice globalement organisatrice du texte, mais comme une passerelle guidant vers les aspects et problèmes les plus divers du monde actuel : étude sociologique d'un milieu, analyse idéologique des modes d'existence modernes, mise au jour des refoulements de la conscience historique d'une communauté, portrait psychopathologique d'une société aliénée. D'un autre côté, certains récits font ressortir de manière insistante la dimension formelle du roman policier : ils l'envisagent comme un laboratoire dont l'énorme potentiel sémantico-syntaxique promet de conduire de multiples expériences en matière de représentation romanesque (*Le Roman policier*, *op. cit.*, 104-105).

L'étude de Vanoncini ne permet plus de douter du parti pris d'Achille Ngoye ou de Bolya pour qui le roman policier n'est qu'un prétexte pour poser à leur manière les multiples problèmes de la postcolonie africaine. Que l'ancien colonisé vive en Afrique comme c'est le cas dans *Sorcellerie à bout portant* ou qu'il se trouve immigré dans un quartier de l'ancienne métropole, sa condition demeure rigoureusement la même et interpelle l'ancien colonisateur.

***

Et s'agissant de quartier, *Ballet noir à Château-Rouge*, comme l'indique son titre, se déroule entièrement dans le XVIIIe arrondissement de Paris. Ici, le mystère à élucider est encore plus banal que précédemment : « Quelqu'un a été tué dans l'impasse. Inconnu au bataillon. Mais les flics sont passés, ce matin, avec votre signalement et celui d'un autre Black, plus petit que vous... » (*Ballet noir...*, 76). Ainsi s'adresse l'un des protagonistes à Kalogun, alias Callaghan, autour de qui va s'organiser l'essentiel de l'action. Kalogun est une espèce d'homme-orchestre dont le cheminement permet à l'auteur de nous promener dans les méandres de Château-Rouge, un quartier que la Blackitude est en train d'envahir. La discothèque « Petit Tam-Tam » s'est substituée à « Paris-Kalin » qu'on trouve dans *Agence Black Bafoussa*, mais on y danse toujours au rythme de la musique de Koffi Olomidé, Cyril Effala, Papa Wemba, Bisso na Bisso, etc. Ici, les immigrés ont réinventé dans la clandestinité les « maquis » (restaurants) des sous-quartiers des villes africaines. On y trouve des mets les plus inattendus dans le contexte : « Cuite à l'étouffé selon une technique tenue secrète pour décourager les imitateurs, la "baleine" se déguste dans des feuilles contenant une sauce jaunâtre, le fin gourmet gardant la latitude de l'assaisonner avec du piment fourré dans le mets. Ndolé, miondo, chikwangue ou foufou en guise d'accompagnement » (166).

La présence insistante de Kalogun, truand aux multiples visages, confirme une fois de plus les thèses de Vanoncini sur le roman noir :

Dès la première période du roman noir, certains de ses meilleurs représentants y font l'analyse d'une problématique sociale, psychologique ou politique sans nécessairement l'inscrire entre les pôles d'une énigme et de sa résolution. Certains substituent au cheminement de l'enquêteur la trajectoire d'un truand ou d'un gang entier. Ce qui intéresse de manière générale ces auteurs, c'est le fonctionnement du crime organisé, les conditions d'existence qui contraignent les hommes à violer le contrat social, ou encore les formes de déviance pathologique que provoque la civilisation industrielle au XXe siècle (*Le Roman policier, op. cit.*, 72).

Ici comme précédemment, les conditions d'existence de ceux que l'auteur appelle « Blacks parigots » figurent au premier rang de ses préoccupations. En plus de recourir aux faits d'actualité relativement récents comme la loi Pasqua et l'occupation de l'église Saint-Bernard par une horde de « Sans-papiers », Achille Ngoye procède pratiquement à une analyse sociohistorique des causes de l'immigration et des conditions de vie de l'immigré. Au « bled », le sac de café « coûte moins cher qu'un express consommé à Château-Rouge » (68). Facile alors de comprendre pourquoi le commerce de faux papiers est si prospère dans le milieu et le trafic de drogue ainsi que le faux monnayage tout aussi florissants.

L'Afrique n'est plus un continent où il fait bon vivre puisqu'il a été livré « aux charognards et aux marchands d'armes, qui l[e] saignent à blanc ou l[e] mettent à feu et à sang » (80). Bien que la France, patrie des droits de l'homme, soit en passe de devenir championne dans la mise au point des stratégies d'exclusion des anciens colonisés en provenance du continent noir, les Blacks se comportent comme s'il valait toujours mieux venir tenter sa chance dans la Ville lumière. Et comme qui se ressemble s'assemble, le quartier Château-Rouge, qui aurait accueilli dans des foyers les premiers résidents maliens, se transforme petit à petit en une espèce de ghetto où fonctionnent de nombreux restaurants clandestins et dans lequel, dealers de tous calibres, SDF et débrouillards en tous genres rivalisent de stratégies pour survivre.

Autant Aïda Mady Diallo s'inspire des sanglantes luttes ethniques africaines, autant Achille Ngoye et Bolya transposent abondamment les réalités de la vie des immigrés africains en France. Bien qu'ils adoptent un genre différent, Ngoye et Bolya s'inscrivent dans le même registre que Beyala, Bessora, Etoke, Biyaoula, Azouz Begag et autres écrivains dits de l'immigration africaine en France. L'ancrage dans le genre policier et surtout dans le roman noir apparaît donc comme simple stratégie pour mieux mettre en relief les réseaux qui se nouent tant au sein de la communauté africaine qu'entre l'Afrique et la France. De ce dernier point de vue, le regard que jette Bolya sur les rapports France/Afrique et la relecture qu'il suggère tant des traditions africaines que du passé colonial mérite une attention particulière. Comme le révèle le comportement de Sangsexe et même de Rosemonde, la polyandrie, le mysticisme, bref le primitivisme nègre peut avoir quelque chose de contagieux. Et si l'Europe n'y prend pas garde, son contact avec l'Afrique pourrait lui jouer bien des tours et même lui imposer un changement d'identité.

Littérature africaine et avènement du polar[5]

Avec la publication de *Cercueil et cie* en 1985, le Camerounais Simon Njami revendiquait en quelque sorte l'héritage littéraire du Chester Himes de la Série noire (voir *Notre Librairie*, n° 100, 117-118). Depuis lors, quelques autres écrivains du continent noir ont essayé d'emprunter la même voie.

Mais il aura fallu attendre 1998 pour que se confirme véritablement la naissance d'un roman policier africain. Le Malien Moussa Konaté nous propose deux volumes qui mettent en scène le vénérable commissaire Habib : *L'Assassin du Banconi* (Bamako, Le Figuier, 1998) et *L'Honneur des Kéita* (Bamako, le Figuier, 1998) ; les Congolais (Kinshasa) Bolya et Achille Ngoye publient respectivement *La Polyandre* (Paris, Le Serpent à plumes, 1998) et *Sorcellerie à bout portant* (Paris, Gallimard, Série noire, 1998). Le Sénégalais Abasse Ndione nous avait déjà donné à lire *La Vie en spirale* (Dakar, NEA, 1984) et *La Vie en spirale 2* (Dakar, NEA, 1988). Mais c'est avec la réécriture et la réédition de ces deux volumes en récit d'un seul tenant, *La Vie en spirale* (Paris, Gallimard, Série noire, 1998), qu'il va se faire remarquer. Depuis quelques mois, Mongo Beti publie dans *Le Messager*, tri-hebdomadaire camerounais, un feuilleton, *Mystères en vrac sur la ville*, qui va paraître prochainement chez Julliard sous un titre plus provocateur, *Les Exilés sont de retour*, et qui s'inscrit dans la même veine.

Mongo Beti se défend d'écrire un roman policier, mais plutôt un thriller, un roman noir, parce que, dit-il, il n'y a pas de corps de police au Cameroun ! Justement, si l'on s'en tient à une définition *stricto sensu* du roman policier, aucun des textes précédents, hormis peut-être *La Polyandre* qui se déroule entièrement à Paris, ne répond aux critères généraux du roman policier. En effet, Thomas Narcejac nous rappelle que

> le coup de génie de Poe est d'avoir, si l'on ose dire, confondu déterminisme et nécessité, et montré que les actes humains obéissent à des lois au même titre que les phénomènes physiques, donc qu'ils sont prévisibles, donc qu'ils peuvent être déduits, donc que le mystère n'est qu'une apparence ; il nous suffira de raisonner correctement pour le résoudre (*Une machine à lire : le roman policier*, Paris, Denoël-Gonthier, 1975, 24).

Or, s'il y a bel et bien des énigmes à élucider dans les romans policiers que les Africains nous proposent, les diverses maffias en place et les pratiques occultes (voir *Sorcellerie à bout portant*) sont autant de contingences généralement exclues de la logique du roman policier classique. En d'autres

---

5. Publié sous le titre de « Littérature africaine, l'avènement du polar » dans *Notre Librairie*, n° 136, janv.-avril 1999, 16-25.

termes, nombre de sociétés africaines ne fonctionnent guère selon des règles établies permettant d'élucider des énigmes.

***

Voilà sans doute qui explique le caractère quelque peu artificiel d'un texte comme *L'Assassin du Banconi* de Moussa Konaté, qui a pourtant l'avantage de fonctionner selon la mécanique du roman policier classique. Trois crimes en série se sont produits au Banconi et les corps ont tous été découverts dans des latrines. L'intervention du commissaire Habib et de la brigade criminelle se fait selon les règles de l'art. Au terme de l'autopsie, le médecin légiste découvre que les trois personnes ont été empoisonnées au cyanure. Ordre est donc donné à l'inspecteur Sosso d'enquêter pour « découvrir d'éventuels rapports entre les trois victimes, de vérifier leur emploi de temps du jour de leur mort pour savoir d'où pouvait provenir le cyanure qui les a tuées » (70). Au dénouement, le lecteur apprendra que le drame est la conséquence des relations matrimoniales difficiles dans un ménage polygamique où font rage les jalousies entre coépouses. Le cyanure avait été curieusement utilisé comme Viagra au féminin par un mari impotent qui soupçonnait son épouse d'être la cause de son malheur : « Mon frère, explique Saïbou, a donné ça [le cyanure] à Sira pour que je redevienne un homme parce que, je ne sais pas pourquoi, en face d'elle, je... Et c'est depuis des mois. Ça s'est fait comme ça, brusquement. C'est inexplicable. Voilà, monsieur le policier » (86).

Bien que l'enchaînement de *L'Assassin du Banconi* soit pratiquement sans faute, c'est paradoxalement cette quasi-perfection qui jure avec le contexte africain où l'on imagine mal un pays nanti d'une police aussi bien structurée, reliée à l'Interpol, dotée d'instruments de communications efficaces, équipée de laboratoires d'analyses performants et de médecins légistes diligents. D'ailleurs, le malaise social généralisé qui entraîne des troubles à caractère politique ainsi que le chaos qu'on observe dans les rues de Bamako confirment l'invraisemblance de l'exception d'ordre et de rigueur que l'auteur donne de la police.

Tout se passe d'ailleurs comme si Moussa Konaté avait, par la suite, cherché à redresser le tir puisqu'il donne à son deuxième récit un plus grand zeste d'authenticité. Certes, *L'Honneur des Kéita* commence en ville, où « un certain Adama Bagayogo originaire de Nagadji a été retrouvé mort, tué de plusieurs coups de hache, de coupe-coupe ou de couteau... » (38). Gardien de nuit, mais surtout « marabout, féticheur, magicien » (16), le supplicié a été repêché dans un bassin. L'enquête se déplace rapidement vers le village de Nagadji où le commissaire Habib et l'inspecteur Sosso décident d'aller rechercher le meurtrier, présumant que le corps a pu être jeté dans la rivière qui traverse Nagadji et a transité par le fleuve pour venir échouer dans le bassin.

La piste est bonne, mais les enquêteurs seront ahuris d'apprendre qu'il s'agit d'un crime d'honneur. En effet, Adama Bagayogo, alias Fatoman Bagayogo, est le fils de Satourou, une Kéita qui, affirme Nama, « a sali l'honneur de notre famille en se donnant à un homme de caste qui nous doit tout, dont le père doit tout à notre père et dont la famille est redevable à la nôtre pour l'éternité. Notre sœur a mêlé du sang de caste à notre sang de noble » (54). En clair, Adama Bagayogo est une souillure et la honte des Kéita : « Il est le fils de ma sœur, reconnaît volontiers le chef Kéita, mais c'est un fils de forgeron ; le sang qui coule dans ses veines est un sang d'homme de caste, parce que notre sœur a cessé d'être une Kéita. [...] c'est un chien et il mérite une mort de chien » (73). Tout est dit et il ne reste plus au commissaire Habib qu'à établir les circonstances précises de l'assassinat et à déterminer les diverses responsabilités. On apprendra que le chef Sandiakou Kéita a fait tuer Fatoman dans une espèce de mise en scène rituelle pour que soit sauf l'honneur des Kéita. Lorsque le commissaire décide, au nom de la loi qui est « au-dessus de l'honneur des Kéita » (97), d'arrêter le chef pour le faire juger à Bamako, celui-ci s'enlève la vie, car la devise des Kéita est « la mort plutôt que la honte » (100).

L'Honneur des Kéita s'inspire à la fois des légendes et épopées africaines et des grandes tragédies classiques. On en oublie la trame policière du récit pour ne plus s'intéresser qu'à la généalogie des Kéita de Nagadji, peuple-épervier, dignes descendants des Kéita du grand Mandé. Bien que moins élaboré que le récit précédent, *L'Honneur des Kéita* se distingue par son profond ancrage dans l'environnement africain.

***

Il en va pareillement de *La Polyandre* de Bolya qui met en jeu, documents à l'appui, des aspects oubliés des traditions du continent et transpose les réalités de la vie des immigrants africains à Paris. Dès les premières lignes de l'ouvrage, le lecteur connaît l'énigme à élucider :

> [T]rois corps d'ébène nus [...] sur la chaussée, rue de la Roquette. Leur pénis bien ciré – en noir – avait été scié comme un tronc d'arbre. Les poils autour de leur verge étaient rasés. [...] Entre leurs cuisses velues pendaient à l'air libre de grosses boules de testicules. Sur leur ventre traînait un tract : « Nègre = Sida » (11).

D'autres crimes du genre vont se produire ailleurs dans Paris (132), autorisant alors toutes sortes d'hypothèses. L'assassin est-il un raciste, un psychopathe égocentrique et narcissique, une femme qui a contracté le sida en Afrique, un mari éconduit, etc. ?

En fait, la réalité est bien plus complexe qu'on ne pouvait l'imaginer de prime abord. Au cœur de l'énigme se trouve Oulématou, mariée en Afrique sous le régime de la polyandrie, conformément à un rituel extrêmement précis ainsi que sa mère l'explique à Aboubacar, le premier mari :

> Notre fille Oulématou aura plusieurs époux. Toi, tu es le premier mari, tu as le droit et le devoir de lui choisir son second époux. Mais le troisième mari et les autres, l'époux choisi, l'élu, c'est elle-même qui le choisira. Tous les enfants qui naîtront de toi et des autres maris appartiendront à Oulématou. [...] Pour ce qui est du lit, toi comme les autres, vous aurez trois jours pour chaque homme. Sache que c'est Oulématou qui décide de l'ordre des passages de ses maris dans sa case. C'est vous les hommes qui viendrez dans sa case ou dans sa maison. Elle n'ira jamais dans la vôtre. Pendant les règles, tous les hommes sont d'office mis en congé (41).

Mais la France n'est pas l'Afrique et sans renoncer à ses traditions, ni encore moins à son statut, Oulématou vit bel et bien en France où elle s'est même mise en ménage avec un certain Bourru, journaliste. L'enquête nous révélera que Bourru (Bourreau ?) est l'auteur des tempêtes sur les verges noires parce qu'il ne supporte pas les mœurs de polyandre que lui impose Oulématou avec une rigueur sans pareille : « C'est toi Bourru, qui dois apprendre les coutumes de chez moi. Moi, j'ai bien fait l'effort d'assimiler les traditions de chez toi pour être acceptée en France. Aussi, chaque fois que je passerai la nuit avec Aboubacar, le lendemain ce sera à toi de laver les draps et de les repasser » (143-144).

Au-delà de l'enquête policière, le lecteur de *La Polyandre* se régale des détails de type anthropologique et archéologique sur les pratiques polyandriques dans nombre de sociétés africaines : au Nigeria chez les Abissis, au Congo belge, au Cameroun où « les femmes peuvent être polyandres et les hommes polygames. C'est l'égalité parfaite » (61). Bien plus, l'histoire personnelle de l'inspecteur Nègre, le bien nommé, aurait pu faire l'objet de tout un autre roman. Encore enfant, Robert Nègre avait vécu au Congo jusqu'au jour où, s'étant emparé du fusil de chasse de son père, il s'était enfoncé dans la forêt, accompagné de deux enfants du village. Par malheur, il avait confondu une jeune pygmée avec un chimpanzé et lui avait tiré dessus. Après avoir fait disparaître le corps à sa manière, le père Nègre décide alors du retour instantané de son fils en France. Tout le long de l'enquête, on a affaire à un Robert Nègre tourmenté par les souvenirs de ses méfaits africains (viol, assassinat) sur lesquels on avait jeté un voile noir. D'autant plus que Makwa, l'un de ses compagnons de chasse resté en Afrique, qui se doute bien de la délicatesse de la situation de son ami d'antan dans la police, orchestre à son endroit un chantage sans merci : « [J]'ai un urgent besoin de 15 000 francs français afin de pouvoir acheter mon billet d'Air France pour Paris. [...] Je pense qu'il n'est pas besoin d'insister auprès de toi pour obtenir satisfaction par retour du courrier. À moins que ta mémoire des drames passés se soit effilochée » (86). Bon gré mal gré, Robert Nègre se trouve contraint de lui envoyer une bonne partie de ses revenus.

Riche et divers, l'ouvrage de Bolya s'inscrit avantageusement dans le sillage de la nouvelle littérature africaine qui porte sur les tribulations des anciens colonisés ayant échoué sur les rives de la Seine. Fortement angoissés par les harcèlements qu'ils subissent dans une France où le contrôle faciès est quasi institutionnalisé et les charters toujours prêts à décoller, les immigrés qui refusent obstinément de baisser les bras inventent au quotidien d'étonnantes techniques de survie. Bolya nous rappelle à sa manière que l'intégration n'est pas à portée de main, que le choc des cultures est loin d'être résorbé et que le rapprochement entre les mondes africain et européen est plus utopique que jamais.

**

D'ailleurs, Mongo Beti ne le dément pas, lui qui met sans cesse en exergue le profond malaise qui préside aux relations France/Afrique. À la suite de *Main basse sur le Cameroun* (1972) et de *La France contre l'Afrique* (1993), *Les Exilés sont de retour* donne à l'auteur une autre occasion de régler ses comptes avec la France et les instances de la francophonie. Tout comme Bolya, Mongo Beti stigmatise les lois Pasqua, vilipende la lepénisation galopante, dénonce la pratique des charters et lance même l'idée d'une littérature à produire sur le thème : « Y a-t-il une vie après le charter ? ». Pour lui, c'est un complot français qui clochardise l'Afrique et la tient en laisse. Mais là n'est pas le véritable sujet de ce thriller savoureux et caustique, d'inspiration himésienne, produit sur fond de la musique du jazz et de l'épopée des Noirs américains.

Tout se passe dans un pays sous-développé d'Afrique, pays en proie aux convulsions sociales, ethniques et politiques, pays où l'insécurité fait partie du quotidien. Les escadrons de la mort sont légion. Les magistrats sont corrompus. Et la police, complètement pourrie, ne sert pas à protéger le citoyen mais à l'arnaquer. De plus, elle fonctionne sans archives et ne fait jamais d'enquête, de peur de mettre en cause un « grand », un dignitaire du régime en place, le pays étant gouverné par une maffia au service des intérêts étrangers. Dans ce contexte, l'assassinat du révérend père Maurice Mzilikasi, savant pratiquement nobélisable ; le meurtre de Maurice Mzili, prêtre lui aussi ; la mort subite et mystérieuse de la femme du président de la République ; le cadavre étrange découvert dans l'appartement de Zam et les attentats contre Zam lui-même sont autant d'énigmes qui encombrent le roman de Mongo Beti mais dont aucun ne sera élucidé.

C'est dire que *Les Exilés sont de retour* est un texte aux intrigues multiples. La fugue de Bébète, la copine occasionnelle de Zam, constitue en soi une énigme policière. D'ailleurs, si l'on peut dire que la femme est l'avenir de l'homme, le portrait que Mongo Beti donne de quelques spécimens ne nous promet pas un avenir en rose : « Nos gonzesses ici, c'est pas comme ailleurs. Amour, fidélité et tout ça, pas la peine, elles ne connaissent pas. Il n'y a que le fric qui les branche » (*Les Exilés sont de retour*, paru finalement sous le titre *Trop de soleil tue l'amour*, Paris, Julliard, 1999, 40). Comment pourrait-il en être autrement quand on sait qu'une fille « est parfois le seul soutien d'une tribu de quinze ou vingt personnes. Quinze ou vingt bouches qui comptent sur un unique cul » (*Trop de soleil tue l'amour*, 160)

Quoi qu'il en soit, ce récit marquera un tournant dans la production littéraire de Mongo Beti. En dehors même des mystères et de l'aspect policier du texte, de la pression de l'actualité qui hante les pages, l'ouvrage est néanmoins serein et des plus fantaisistes. Au regard d'une Afrique désespérément corrompue, gérée par des toubabs repeints en Negro, au regard d'un continent transformé en vaste casino, dans des pays où le pouvoir s'apparente à « une partie de base-ball entre ouistitis », Mongo Beti choisit d'interpeller le lecteur. Et s'essaie même à le faire dans la langue de l'homme de la rue tant il est vrai que le texte nous offre une véritable anthologie d'africanismes. C'est donc évident : les exilés sont de retour et rien ne sera plus jamais comme avant !

***

C'est aussi de retour qu'il s'agit dans *Sorcellerie à bout portant* d'Achille Ngoye. Tout comme chez Mongo Beti, le Zaïre où débarque Kizito Sakayonsa à bord du 747 d'Air Peut-être (entendre Cameroon Airlines ou Camair), après quinze ans d'absence, est un pays de « voyoucrates » totalement « privatisé » et en pleine déconfiture. En effet, toutes les structures et les infrastructures ont implosé. Kin-la-belle est devenue Kin-la-poubelle. En cas de contentieux, il est vain de saisir les tribunaux, et ce qui tient lieu d'armée est dominé par des bandes maffieuses qui trafiquent tout, de la paie du personnel aux armes en passant par les rations et les médailles de bravoure (30). Du reste, « dépouiller autrui représente ici un sport d'excellence ». C'est dire qu'en ce pays, il faut surtout éviter de raisonner en fonction des critères venus d'ailleurs.

Et (Ki)Zito, encore appelé l'Expatrié ou Euroblack, vient justement d'ailleurs pour les obsèques de son frère Tsham, soldat décédé dans un accident d'autant plus suspect que le corps n'a même pas été rendu à la famille. L'enquête qu'entreprend Zito pour tenter de démêler cet écheveau constitue l'armature policière du texte. Mais il s'agit d'un roman policier sans policier. Dès l'aéroport, une bande de gangsters en uniforme qui fait office de police des frontières le dépouille de son argent sous la menace de le coffrer pour importation de monnaie étrangère. Ils confisquent également son passeport français, lui volent son billet d'avion et l'accusent d'être un agent de la Cinquième colonne.

Pour en avoir le cœur net sur les circonstances de la mort de son frère, Zito devra se résoudre à recruter des agents de la SOGA-7, Société de Gardiennage et de Sécurité du très britannique Peter Thombs, homme d'affaires qui semble bien connaître le pays. Et c'est chemin faisant qu'il découvre à quel point Tsham s'était encanaillé, lui aussi. Sans doute idéalisait-il son métier de soldat et évitait de « concéder à l'Amicale de la friponnerie » (30). Toujours est-il qu'entre autres choses, il se livrait à toutes sortes de pratiques occultes : « Son corps n'était plus qu'un musée ambulant de gris-gris. Amulettes, "câbles" fabriqués à son intention et quelquefois enduits de palme, enrobaient ses avant-bras, son cou, la taille. Outre sa bague de mariage, il en portait une autre, en ivoire, qui contenait du venin. Sa mascotte » (102).

En réalité, l'enquête n'est qu'un prétexte pour montrer la descente aux enfers de Tsham et révéler les problèmes que sa disparition pose à sa famille. Mais l'odyssée de Kizito est aussi une invitation à la découverte des facettes, toutes plus étonnantes les unes que les autres, d'un pays désarticulé. Il faut seulement craindre qu'un style passablement indigeste, malgré l'annexe d'un glossaire, n'éloigne le lecteur d'un sujet qui ne manque pourtant pas d'intérêt.

***

D'un style plus enlevé, et même très coloré, mais d'une structure quelque peu répétitive, l'ouvrage d'Abasse Ndione nous plonge dans un univers aussi déconcertant que ceux de Mongo Beti et d'Achille Ngoye. *La Vie en spirale* s'apparente davantage à un récit de vie qu'à un roman policier. Le je-narrant, Amuyaakar Ndooy, est sipikat (trafiquant de cannabis) et fier de l'être. En plus de son épopée personnelle, il nous raconte des pans de vie de ses dealers dont le VSN français Claude Bonnier et le baron Charles Henri de Gallifet, propriétaire du paradis artificiel, l'Eden Club ; de Kani Désirée Ndaw, une de ses compagnes, mais aussi de la CX que lui a donnée Claude Bonnier contre 20 kg de cannabis et qui est au cœur de toutes les transactions.

Le Sénégal que sillonne Amuyaakar Ndooy est un pays corrompu à tous les niveaux. Policiers, douaniers et autres agents de la force publique sont des plus laxistes. Le système judiciaire est en panne et le sipikat pratiquement intouchable. Amuyakaar lui-même en est surpris : « [E]nvoyé à Boston [prison] pour cinq ans à cause du yamba [cannabis], on me propose la liberté pour fournir du yamba » (274). Pourquoi s'en étonner puisque le réseau en action comprend, outre Bator Mangara, un de ses clients et cousin du régisseur de prison, le « grand marabout, Calife principal de la toute-puissante confrérie religieuse des Nours-el-Islam […] l'un des personnages les plus puissants et respectés du pays, un Commandeur des croyants » (279-280). Vers la fin du récit, on se rend d'ailleurs compte qu'il est inutile de se cacher, que l'on soit sipikat ou simplement « développeur » (fumeur de cannabis), le corps social étant totalement gangrené :

> [O]n remue et on développe du cannabis partout, dans les rues, dans les toilettes du Building administratif, dans les hôtels et centres de vacances, dans les commissariats de police, dans les hôpitaux, dans les bateaux de plaisance, dans les casernes, au centre pénitencier, au volant des véhicules, dans les marchés et boutiques, dans les cases où l'on s'éclaire au feu de bouse de vache comme dans les villas de grand standing, au palais de justice… Que nul ne se leurre. […] Toutes les couches de la société y participent (281).

On perd rapidement de vue les multiples intrigues du récit dont la plus remarquable est la recherche d'une valise contenant une recette de 250 coups de canon (entendre 250 millions de francs) qui se trouvait à bord de la CX au moment de l'accident impliquant Amuyaakar et ses compagnons de route. À sa sortie de prison, Amuyaakar se transforme en enquêteur et n'écarte aucun moyen, y compris chantage et assassinat, pour parvenir à ses fins. Le policier Karibu se révèle être le voleur de la fameuse valise rouge que récupère Amuyaakar. Et c'est tout heureux qu'il chante victoire et s'engage à demeurer fidèle au cannabis : « Développer, développer toujours ! » (362). C'est le triomphe du vilain.

Téméraire, vicieux et fier de l'être, Amuyakaar est un véritable héros de western. Bien que l'auteur se défende de faire « l'apologie du cannabis, mais simplement de décrire […] des gens et le milieu incroyablement vaste, cosmopolite et méconnu où ils évoluent » (9), il ne fait aucun doute que la question de stupéfiants que pose *La Vie en spirale* est d'un enjeu social incontestable.

Au total, les textes dont il s'est agi dans le présent survol ont comme arrière-plan des régimes politiques et une actualité sociale qui se caractérisent par des violences multiformes. Mais il convient d'affirmer que si jusqu'ici le polar africain n'était qu'en gestation, il vient de connaître une heureuse parturition. Et il y a lieu de penser que cette naissance annonce un renouvellement certain de la production littéraire du continent noir.

Migrations africaines, cultures des « banlieues » et constructions identitaires en France[6]

Les émeutes de banlieues qui ont eu lieu en France ces dernières années, et en novembre 2005 en particulier, ont engendré un grand débat sur la mémoire et l'histoire de la colonisation, sur la responsabilité qu'on peut attribuer au pays colonisateur dans la condition des enfants d'immigrés et sur la capacité des immigrés, eux et leurs descendants, à s'intégrer à la culture française. Le débat a même failli dégénérer lorsque le philosophe Alain Finkielkraut s'en est mêlé et s'est permis de comparer son destin de Juif, fils de rescapé du nazisme, à celui des enfants des banlieues pour conclure :

> Mon père a été déporté de France. Ses parents ont été déportés et ont été assassinés à Auschwitz. Mon père est rentré d'Auschwitz en France. Ce pays mérite notre haine : ce qu'il a fait à mes parents fut bien plus violent que ce qu'il a fait aux Africains. Qu'a fait ce pays aux Africains ? Que du bien. À mon père, il a fait subir cinq ans d'enfer. Pourtant je n'ai jamais été élevé dans la haine. Et aujourd'hui, cette haine que ressentent les Noirs est encore plus grande que celle des Arabes (dans Claude Ribbe, *Les Nègres de la République*, Paris, Éditions Alphée, 2007, 117).

Soit dit en passant, Alain Finkielkraut évoque aussi la condition des Antillais qui se contentent, d'après lui, de profiter massivement de l'assistance publique qui leur vient de la métropole. Mais je n'évoque pas les propos de l'essayiste pour entrer à ma manière dans l'interminable polémique sur l'esclavage, la colonisation et l'histoire, la mémoire et même la repentance. Dans la guerre des mémoires, on se perd aisément à la frontière entre les questions de classe et de race. Il s'agit simplement de me servir de l'affirmation de Finkielkraut comme point d'appui pour resituer le débat, rappeler dans quelles conditions la rencontre entre l'Afrique et l'Occident s'est opérée, évoquer les représentations qu'elle a engendrées avant de revenir aux nouvelles constructions identitaires que semblent cacher les remous à répétition des banlieues.

Du tunnel à la lumière ?

On a pas mal glosé sur l'eurocentrisme. Il convient cependant de souligner quelques-uns des arguments fondamentaux qui ont permis aux colonisateurs de se donner ce qu'on a appelé une mission civilisatrice. D'après cette vision, le monde tel qu'il va est doté d'un centre et d'une périphérie. Il est divisé entre extérieur et intérieur. Située au centre, l'Europe considère qu'elle a la

---

6. Publié dans *Dalhousie French Studies*, vol. 88, automne 2009, 111-118.

responsabilité de décider des croyances et des valeurs à caractère universaliste, d'inventer le savoir et de les diffuser à travers le reste de la planète. J. M. Blaut écrit justement à ce propos :

> The normal, natural way that the non-European part of the world progresses, changes for the better, modernizes, and so on, is by the diffusion (or spread) of innovative, progressive ideas from Europe, which flow into it as air flows into a vacuum. This diffusion may take the form of the spread of European ideas as such, or the spread (migration, settlement) of Europeans themselves, bearers of these new and innovative ideas (*The Colonizer's Model of the World*, New York, The Guilford Press, 1993, 16).

De ce point de vue, l'immigration européenne qui a pu se déployer du centre vers la périphérie doit être considérée comme une bénédiction pour les pays d'accueil, tandis que l'immigration de la périphérie vers le centre est un privilège, une montée en grade pour quiconque en bénéficie. Comme l'a montré Albert Memmi dans *The Colonizer and the Colonized* (1967), les habitants des colonies sont soumis aux diktats des occupants qui, même médiocres, demeurent imbus de leur supériorité. Ainsi s'explique l'histoire des pays comme l'ancienne Afrique du Sud et la Rhodésie (aujourd'hui le Zimbabwe) ou la topologie des espaces dans un ouvrage comme *Ville cruelle* (1954) d'Eza Boto où il se crée une frontière entre Tanga nord et Tanga sud, le Tanga des Blancs et celui des Nègres.

Ce faisant, nous rappelle Frantz Fanon, le regard du colonisateur contraint le colonisé à un statut d'objet ou de subalterne. Seul le colonisateur peut écrire l'histoire puisque lui seul peut en être le sujet : « I came to the world imbued with the will to find a meaning in things, my spirit filled with the desire to attain to the source of the world, and then I found that I was an object in the midst of other objects » (*Black Skin, White Masks*, New York, Grove Press, 1967, 109). C'est la condition de Joseph Toundi dans *Une vie de boy* (1956) de Ferdinand Oyono ou de Meka dans *Le Vieux Nègre et la médaille* (1956) du même auteur.

Soulignons cependant que les colonisés ne se sont pas toujours laissé duper. L'homme dominé s'oppose comme il peut aux valeurs et aux mirages venus d'ailleurs, puisqu'à l'instar de Samba Diallo dans *L'Aventure ambiguë* (1960) de Cheikh Hamidou Kane, on n'émigre pas toujours par plaisir, mais aussi par nécessité, par stratégie. Comme nous l'apprend du reste la lecture des premiers romans de Mongo Beti et du *Pauvre Christ de Bomba* (1956) en particulier, les évangélisés du révérend père supérieur Drumont n'avaient pas l'exil (réel ou symbolique) en projet. Raison pour laquelle les Tala mettent radicalement en question le bien-fondé de sa mission et l'obligent, tout meurtri, à s'en retourner chez lui : « Because I am a failure, a sacred failure. [...] I'm going to Europe. [...] Without hope of return. [...] These good people worshipped God without our help. What matter if they worshipped after their own fashion by eating one another, or by dancing in the moonlight, or by wearing bark charms around their necks? Why do we insist on imposing our customs upon them? » (*The Poor Christ of Bomba*, Portsmouth, Heinemann, 1971, 150-151). Et *Le Pauvre Christ de Bomba* n'est qu'un épiphénomène puisqu'il s'inscrit dans la logique des luttes de libération, qui ont fini par contraindre les pays colonisateurs à se retirer ne serait-ce que symboliquement des pays occupés, nous amenant ainsi à reposer la célèbre question d'Aimé Césaire, à savoir :

> I admit that it is a good thing to place different civilizations in contact with each other; that it is an excellent thing to blend different worlds; that whatever its own particular genius may be, a civilization that withdraws into itself atrophies; that for civilizations, exchange is oxygen; that the great good fortune of Europe is to have been a crossroads, and that because it was the locus of all ideas, the receptable of all philosophies, the meeting place of all sentiments, it was the best center for the redistribution of energy.
>
> But then I ask the following question: has colonization really placed civilizations in contact? Or, if you prefer, of all the ways of establishing contact, was it the best? (*Discourse on Colonialism*, New York, Monthly Review Press, 1972, 11).

Colonisation et représentations

Bien que la réponse de Césaire à cette question fondamentale soit un « non » retentissant, il n'en demeure pas moins que les contacts entre colonisateurs et colonisés ont laissé des traces indélébiles. Les stratégies mises en œuvre, qu'il s'agisse de l'évangélisation ou du système éducatif et administratif, ont permis de vaincre les résistances du colonisé et de le façonner de telle sorte que l'Europe devienne son seul horizon. Par exemple, face à l'immensité de la tâche sur le sous-continent indien, Thomas Macaulay énonce une politique sans concession : « We must at present do our best to form a class who may be interpreters between us and the millions whom we govern; a class of persons, Indian in blood and colour, but English in taste, in opinions, in morals, and in intellect » (« Minute on Indian Education », dans Bill Ashcroft et autres (éd.), *The Postcolonial Studies Reader*, New York, Routledge, 1995, 430).

L'approche sera la même sinon même plus raffinée encore du côté du colonisateur français, qui pense sa culture comme l'étalon auquel le colonisé doit se mesurer. Comme le fait observer Manthia Diawara, la métropole doit être le miroir du groupe dominé : « Paris in particular had been held as a miror, as the symbol of opportunity, progress and civilization for Africans who wanted to enter modernity » (*We Won't Budge: An African in Exile in the World*, New York, Basic Civitas Books, 2003, 38). Voilà qui explique pourquoi la finalité du système éducatif instauré en colonies va avoir pour objectif essentiel de déraciner psychologiquement le jeune Africain de son environnement pour le mouler en Européen en devenir. Paradoxalement, l'Europe demeurera presque à jamais hors d'atteinte et c'est à ses dépens que le colonisé comprendra la profondeur de l'impasse dans laquelle il est enfermé. Que le mouvement de la Négritude des Césaire, Senghor et Damas soit né sur les rives de la Seine ne relève donc pas du hasard. Pour le colonisateur français, immerger la future élite des pays d'outre-mer dans la culture métropolitaine était une manière de former ses interprètes à lui, ses agents de relève. Certes, l'école de la Négritude a donné naissance à une littérature africaine de langue française. Toujours est-il que les controverses idéologiques nées autour de ce mouvement montrent bien que les risques d'inféodation à la pensée française et à l'idéologie néocoloniale étaient réels : *Léoplod Sédar Senghor, négritude et servitude* (1971) de Marcien Towa et *Négritude et négrologues* (1972) de Stanislas Adotévi le prouvent à suffisance. L'axiome essentialiste de Senghor, « l'émotion est nègre, la raison hellène », explique son rôle d'intellectuel supplétif et justifie le regard condescendant du colonisateur sur le colonisé.

Qu'à cela ne tienne ; pour le colonisé que l'on était ou l'ancien colonisé que l'on est devenu, l'Europe demeure un mirage et il nous faut par tous les moyens trouver le chemin qui y mène. Tel était déjà le cas pour les personnages d'Ousmane Socé Diop et de Ferdinand Oyono. *Mirages de Paris* (1937) de Diop est un compendium des clichés qui encombrent l'esprit du colonisé. Pour Fara, le protagoniste principal, la France est un paradis, un pays d'une inimaginable beauté. Son rêve est de s'y assimiler. Qu'importe si, pour ce faire, il faut renoncer à l'Afrique. Sa rencontre avec la Française Jacqueline Bourciez donne lieu à un psychodrame qu'on peut lire à la lumière de ce qu'écrit Fanon sur la relation entre l'homme noir et la femme blanche dans *Peau noire, masques blancs* (1952). Il en va pareillement de *Chemin d'Europe* (1956) d'Oyono. Bien que le récit se déroule entièrement en Afrique, l'auteur donne à voir comment Aki Barnabas, ancien séminariste imbibé de culture française, est prêt à tout pour trouver son chemin d'Europe, pour accéder à la terre promise. Il n'y parviendra point, mais l'agitation dont il fait preuve dans le milieu européen de son pays est symptomatique de son degré d'aliénation. On pourrait d'ailleurs observer que le cheminement de Barnabas préfigure déjà de la frénétique quête de l'Europe à laquelle s'adonne la jeunesse africaine contemporaine dans les cybercafés des villes du continent.

D'autres textes datant de la même époque montrent pourtant que la France est loin d'être le paradis dont rêve le colonisé. La mordante ironie de Tanhoe Bertin dans *Un Nègre à Paris* (1959) de Bernard Dadié indique qu'au-delà des apparences, la supériorité dont se targuent les représentants de la civilisation française n'est qu'un leurre. De même, les mésaventures socio-professionnelles de Diaw Falla, docker au port de Marseille, dans *Le Docker noir* (1956) de Sembene Ousmane, montrent que la France est un espace où les ambitions individuelles peuvent être mises à rude épreuve. Toutes ces transpositions de la vie en France dans la littérature africaine de la période coloniale ne feront pourtant pas reculer les candidats à l'émigration au lendemain des indépendances. Du reste, la population africaine immigrée en France fait aujourd'hui l'objet de nombreuses études d'ordre politique, sociologique ou littéraire. En 2003, Odile Cazenave a publié *Afrique sur Seine, Une nouvelle génération de romanciers africains à Paris*, ouvrage qui rend compte d'une centaine de romans publiés à Paris entre 1960 et 2002. Je me contenterai d'évoquer trois exemples qui traitent de descendants d'immigrés du Maghreb et d'Afrique subsaharienne pour montrer comment est en train de naître dans les banlieues une nouvelle génération de Franco-Africains dont la construction identitaire s'inscrit dans la globalité du monde qui nous entoure et nous interpelle.

Banlieues, créations culturelles et constructions identitaires

D'emblée, il me faut préciser que le présent aspect de mon étude participera d'une critique du concept de l'intégration, passage obligé en dehors duquel, croit-on, la vie de l'immigré et de ses descendants en France serait un calvaire. On sait d'ailleurs que ce concept est aujourd'hui battu en brèche par le Collectif Qui fait la France, « militant pour une reconnaissance sensible des territoires en souffrance et de ses habitants, et plus largement pour tous ceux qui n'ont pas voix au chapitre de ce pays » (www.quifaitlafrance. com). Excluant la notion de diversité humaine, l'intégration renvoie nécessairement à l'ethnocentrisme. Tzvetan Todorov écrit précisément à ce propos : « [L]'ethnocentriste est pour ainsi dire la caricature naturelle de l'universaliste : celui-ci, dans son aspiration à l'universel, part bien d'un particulier, qu'il s'emploie ensuite à généraliser ; et ce particulier doit forcément lui être familier, c'est-à-dire en pratique, se trouver dans sa culture » (*Nous et les autres. La réflexion française sur la diversité humaine*, Paris, Seuil, 1989, 21-22). En France d'ailleurs, l'intégration s'oppose presque toujours au communautarisme. De ce point de vue, on peut supposer qu'il s'agit d'une manière d'éviter de penser l'altérité en faisant en sorte que l'autre se dissolve en nous. Pareille attitude, on l'a souligné, faisait déjà partie du « modèle » français de colonisation qui s'énonçait assimilationniste, la culture du colonisateur étant considérée comme valeur étalon même si nous savons aujourd'hui qu'il s'agissait d'un leurre, d'un traquenard pour bloquer le colonisé dans une impitoyable injonction contradictoire.

Et c'est tout à fait le destin de la famille d'Abd Al Malick (*Qu'Allah bénisse la France*, 2004) dont le père, surdiplômé et précédemment haut dignitaire de l'État congolais (Congo-Brazzaville), se rend en France pour une formation complémentaire. Il échoue avec sa femme et ses enfants à Neuhof, banlieue mal famée de Strasbourg. Abd Al Malick est né en France alors que son père y séjournait comme jeune étudiant. Mais naître en France est loin d'être une identité et être haut dignitaire d'une république africaine ne donne droit à aucun statut particulier en métropole. Humilié et passablement meurtri du fait de sa nouvelle condition, le père abandonne ses deux enfants à leur mère qui, on l'imagine, n'a aucun moyen de les protéger des « normes » de la vie des cités, des tentations du ghetto. Du coup, Abd Al Malick, ou plutôt Régis de son vrai nom, va osciller entre l'école et le désir de faire partie de la petite racaille de Neuhof en menant une activité délinquante régulière : deals, vols et trafics divers, etc. Entre jeunes, s'engage une lutte non pas pour être le meilleur à l'école, mais pour se faire légitimer dans la rue, pour faire partie des gradés de la délinquance. Heureusement, Abd Al Malick se plaît à l'école et ressent une certaine aversion pour la drogue qui fait des ravages dans les rangs de ses amis qu'il voit mourir de surdose, de sida et d'accidents divers. À un moment donné, il comprend qu'il faut rompre avec l'école de la rue pour se consacrer à ses études. Désormais, ses nouveaux camarades de jeu s'appelleront Sénèque, Camus, Épictète, Orwell, Césaire, Thucydide, Fanon, Augustin, Barjavel, Huxley ou Cheikh Anta Diop. « Particulièrement touché par ce qui avait trait à l'histoire et à la culture du peuple noir » (*Qu'Allah bénisse la France*, Paris, Albin Michel, 2004, 56), il découvre la culture noire américaine, et en particulier la figure de Malcom X.

Et c'est un peu à la manière de Blaise Pascal découvrant le jansénisme qu'Abd Al Malick suit les traces de Malcom X et se convertit à l'islam avant de se métamorphoser en soufi lorsqu'il se rend compte des limites intellectuelles qu'offre l'islam. Mais c'est surtout le contact avec l'histoire culturelle des Noirs américains, en l'occurrence le rap et le hip-hop, qui fera de lui l'artiste qu'il est devenu avec la création du groupe New African Poets (NAP). Abd Al Malick retient de cette culture populaire son engagement à défier la culture dominante en transposant de manière poétique les revendications sociales des marginaux. Pour Abd Al Malick, le rap est « une catharsis autant que le moyen de transmettre un message » (*ibid.*, 68). Il « rappe » ses expériences pour se sauver de la prison de l'existence et ambitionne même de devenir le Sénèque ou le Alain du rap.

Comme on le voit, la découverte de la culture noire américaine le sauve de l'enfer d'une improbable intégration. Le modèle social français qui ignore la diversité au profit de l'unité et rejette l'identité communautaire au profit des valeurs universalisantes étouffe la créativité. La libre adhésion d'Abd Al

Malick à l'islam et la notoriété qu'il acquiert comme artiste et musicien de rap sont pratiquement une stratégie de résistance puisqu'elles résultent d'un choix identitaire qui s'inscrit en faux contre la norme établie. Il explique à cet effet :

> Lorsque notre premier album, *La racaille sort un disque*, fut enfin disponible chez tous les disquaires de France et de Navarre, il fit un vrai carton [...]. L'objectif de cet album était d'abord de démontrer qu'on pouvait être des jeunes de quartier et accomplir quelque chose, que non seulement nous savions nous exprimer mais que nous pouvions même, quelle surprise, faire preuve d'intelligence et de profondeur. *La racaille sort un disque* reprenait à notre compte le terme par lequel on nous stigmatisait pour en faire un titre de gloire [...]. La reconnaissance nationale fut au-delà de nos espérances. Nous devînmes des stars du ghetto (*ibid.*, 126).

Pratiquement identique est la démarche de Mohamed Dia dont le titre de l'ouvrage est une citation célèbre de Martin Luther King : « *J'ai fait un rêve* »... *Le Destin d'un gosse des quartiers* (Paris, Ramsay, 2005). Dia est un *self-made man*. Issu de la DDASS (Direction Départementale des Affaires Sanitaires et Sociales) et des cités, il est devenu un homme d'affaires prospère en s'inspirant du modèle noir américain : « Je suis un Black de banlieue qui propose des fringues adaptées aux Blacks de banlieue, dans un univers hip-hop où l'apparence est un signe de ralliement » (201). Tout comme Abd Al Malick, il s'inspire de la démarche des rappeurs et des productions culturelles qui ont permis à quelques Noirs américains de se faire connaître. Mais Dia va encore plus loin qu'Abd Al Malick en annonçant la fin de l'intégration et la naissance d'une nouvelle France, d'une « communauté » à venir :

> Si enfin mes modestes avis sur « le monde comme il va » pouvaient inciter les uns et les autres à considérer qu'une France bigarrée aux cultures aussi multiples que complémentaires constitue une véritable chance pour le pays, même si cela reste encore un projet à mettre en chantier... Car à mes yeux « l'intégration », notamment, a vécu (*ibid.*, 14).

Et pourtant, tout se passe comme si la France refusait d'assumer les conséquences de son passé colonial en niant systématiquement la présence des Noirs et des Arabo-musulmans sur son territoire : « [L]'image que la France donne d'elle à l'extérieur est nettement, pour ne pas dire uniquement, blanche » (*ibid.*, 102). Raison pour laquelle les anciens colonisés et leurs descendants sont contraints de chercher ailleurs des modèles d'épanouissement et de construction identitaire : « [E]n tant que Noir, écrit Mohamed Dia, je me sens plus à l'aise à Washington qu'à Sarcelles » (*ibid.*, 112). Il a fallu constater que son équipe nationale, finaliste à la coupe du monde de football de 2006, était majoritairement non blanche pour que la France se réveille et proclame sa multiracialité, « Black, Blanc, Beur ». Mais, souligne Dia, « Il est incroyable de constater que, dans les médias de la société prétendument "Black Blanc Beur", les Français d'origine africaine, arabe ou asiatique sont absents » (*ibid.*, 104).

À ce stade, on pourrait se poser le genre de questions que soulève Achille Mbembe dans « La République de l'impensé de la "race" » :

> Pourquoi [...] la France s'obstine-t-elle à ne pas penser de manière critique la postcolonie [...], l'histoire de sa présence au monde et l'histoire de la présence du monde en son sein aussi bien avant, pendant, qu'après l'Empire colonial ? Quelles sont les conditions intellectuelles qui pourraient faire en sorte que le vieil universalisme à la Française fasse place à une véritable démocratie cosmopolite capable de poser en des termes inédits [...] la question de la politique de l'avenir [...] de la « démocratie à venir » ? (Dans Pascal Blanchard et autres (éd.), *La Fracture coloniale. La société française au prisme de l'héritage colonial*, Paris, La Découverte, 2005, 139).

Du reste, c'est à la lumière des questions de Mbembe que peut se lire *Les Raisins de la galère* (Paris, Fayard, 1996) de Tahar Ben Jelloun, roman qui parodie par son titre *Les Raisins de la colère* (1939) de John Steinbeck. Née en France, Nadia nous apprend que son père y est arrivé comme ouvrier chez Renault, en remplacement de son propre père, tombé malade. Voilà qui nous rappelle que pendant longtemps, la France a sollicité des ouvriers maghrébins qui traversaient la Méditerranée pratiquement à pied pour travailler à la chaîne dans les usines métropolitaines. Mais comme l'écrit Ahmed Boubeker, « les héritiers des bras ramasseurs de poubelles, chair à canon, travailleurs de force rasant les murs de la société française ne se complaisent plus dans le rôle de victimes sacrificielles sur l'autel des principes républicains » (« Le "creuset français", ou la légende noire de l'intégration », dans *ibid.*, 184). Contrairement à Mohamed Dia et à Abd Al Malick, Nadia bénéficie d'une condition plutôt enviable. Sa famille n'habite pas la banlieue, le père ayant réussi à se construire une belle maison à l'architecture fort originale au centre-ville de Resteville :

> Mon père l'avait conçue comme les maisons de Tadmaït : vaste, ouverte sur le ciel, ménageant à chacun sa chambre. [...]
>
> Notre maison était belle, insolite. Une maison toute blanche, aux murs irréguliers, semblable à ces constructions du Péloponnèse que vantent les agences de voyages. N'y manquait que le bleu de la mer. N'y manquait que le bleu du ciel. [...] Notre maison faisait figure d'erreur dans un ensemble grisâtre, rationnel et étriqué. Une maison avec dix-sept fenêtres, deux portes, une terrasse, des patios, et surtout une grande salle de bains équipée de toilettes non pas à la turque, mais à l'européenne ! Mon père tenait beaucoup à ces détails-là. Tout en édifiant une demeure traditionnelle, il se voulait moderne (*Les Raisins...*, 16-17).

Bien que la mairie de Resteville soit communiste, la présence d'une famille arabe au cœur de la ville, dans un pavillon, suscite des envies et surtout des jalousies. La présence d'une famille arabe au centre-ville figure la banlieue. Comment accepter ce « déplacement » de la banlieue, donc de la marge, vers le centre ? Par la voie du maire Bourru, la commune décide donc de recaser la famille en HLM en la dédommageant de sa villa qu'on détruira sous prétexte de construire à la place une maison de la culture. Le père ne s'en relèvera pas. Mais avant de mourir, il rappelle à sa fille qui a promis de le venger : « Tu es kabyle, on te prendra pour une Arabe, alors même que tu es citoyenne de France » (*ibid.*, 35). Les circonstances de la disparition du père de Nadia montrent à quel point les « indigènes de la République » ne comptent, comme le souligne Nacira Guénif-Soulamas, que pour leur corps. En dehors des usines et autres chantiers, l'immigré est victime du regard dépréciateur du Français et subit les mêmes discriminations que connaissait l'indigène pendant la période coloniale (« La réduction à son corps de l'indigène de la République », dans *La Fracture coloniale, op. cit.*, 203). C'est dire qu'à la limite, on pourrait penser que la mort du père de Nadia est un bon débarras pour ladite République.

Pour assouvir sa haine des présumés responsables de la mort de son père, Nadia tente une entrée en politique tout en affirmant sa singularité : « Je ne serai jamais la petite Beur qui passe à la télé pour dire combien elle est assimilée, intégrée, rangée. Non, j'ai la rage ! J'ai la haine ! Trop d'injustice » (*Les Raisins...*, 22). Mais comment réussir en politique avec la haine au cœur ? Nadia ne sera élue ni aux cantonales ni aux législatives, mais elle demeure convaincue que la maison de son père, « calquée sur celle du bled » (*ibid.*, 118) et perçue comme une provocation par les autorités locales, était sans doute une contribution significative à l'architecture métropolitaine. La destruction de leur maison fut sans doute un brutal rappel à l'ordre, à savoir que les immigrés de leur genre sont et demeurent des « "citoyens de seconde zone" sur [qui] pèse une certaine malédiction qui induit une relégation systématique, réelle ou symbolique, aux marges de la société » (« La France, entre deux immigrations », dans *La Fracture coloniale, op. cit.*, 181).

Bien qu'elle continue de s'interroger sur son appartenance et sur son degré de francité – « Quel pays est le mien ? Celui de mon père ? Celui de mon enfance ? Ai-je droit à une patrie » (*Les Raisins...*, 124) –, Nadia qui, dans les toutes dernières lignes du récit, signe en arabe lorsque le facteur lui livre un paquet, affirme ainsi son identité et sa volonté d'être reconnue pour ce qu'elle veut être.

***

Tout se passe finalement comme si, à l'ère postcoloniale, on retrouvait en métropole la même organisation de l'espace qui s'affichait en colonie et que transpose, on l'a vu, Eza Boto (Mongo Beti) dans *Ville cruelle* (1954). Comme on le sait, la ségrégation et le racisme qui caractérisent les relations entre colonisateur et colonisé s'observent dans l'occupation de l'espace en pays colonisé. Le quartier des Blancs tourne résolument le dos à celui des Noirs et nous fait voir dans *Ville cruelle* « [d]eux Tanga... deux mondes... deux destins ». Mais à la suite des réflexions de Mbembe et de Todorov, on peut penser que la division topographique qui tend à confiner les immigrés et leurs descendants dans des HLM et des ghettos de banlieues traduit le rejet de la diversité, le « refus du passage au cosmopolitisme [...] [et] l'impuissance de la France à penser la postcolonie et à proposer au monde une politique de l'humain conforme à la promesse inscrite dans sa propre devise » (« La République et l'impensé de la "race" », *op. cit.*, 140). En fait, suggère Mbembe, la France aurait décolonisé en oubliant de s'auto-décoloniser. Et à bien des égards, Odile Tobner, avec *Du racisme français. Quatre siècles de négrophobie* (Paris, Les Arènes, 2007), confirme ce point de vue en montrant comment la perpétuation de l'idéologie raciste en France depuis quatre siècles bloque toute évolution harmonieuse des rapports entre la France et ses anciens colonisés. Pas plus tard qu'en juillet 2007 d'ailleurs, Nicolas Sarkozy, président de la République française, s'est permis d'aller pontifier à l'Université de Dakar en ressassant les poncifs des ethnologues d'un autre âge. Il affirmait notamment :

> Le drame de l'Afrique, c'est que l'homme africain n'est pas assez entré dans l'histoire. Le paysan africain, qui depuis des millénaires, vit avec les saisons, dont l'idéal de vie est d'être en harmonie avec la nature, ne connaît que l'éternel recommencement du temps rythmé par la répétition sans fin des mêmes gestes et des mêmes paroles.

> Dans cet imaginaire où tout recommence toujours, il n'y a de place ni pour l'aventure humaine, ni pour l'idée de progrès.

> Dans cet univers où la nature commande tout, l'homme échappe à l'angoisse de l'histoire qui tenaille l'homme moderne mais l'homme reste immobile au milieu d'un ordre immuable où tout semble être écrit d'avance.

> Jamais l'homme ne s'élance vers l'avenir. Jamais il ne lui vient à l'idée de sortir de la répétition pour s'inventer un destin[7].

Heureusement, pourrait-on conclure, les exemples d'Abd Al Malick, Mohamed Dia, Nadia et tant d'autres indiquent qu'en dépit des forces contraires que le pays déploie, les diversités finiront par avoir raison de l'universalisme à la française. Certes, « il faut, dit Nadia, tant de courage

---

7. http://www.afrik.com/article12199.html.

et de persévérance à un gosse de banlieues aux joues basanées pour vaincre les résistances et réussir » (*Les Raisins*..., 116), mais comme nombre d'entre eux commencent à l'intégrer, les vents contraires font partie des paramètres de toute construction identitaire. Tout en s'inscrivant dans une certaine mesure dans la tradition d'*Un Nègre à Paris* de Bernard Dadié, l'identité des Franco-Africains voudrait s'inspirer librement de la démarche de leurs congénères noirs américains et créer en France la communauté du futur, celle du monde global qui n'aura plus qu'à transcender la France, de plus en plus recroquevillée sur elle-même.

Il n'y a pas de retour heureux[8]

Ce titre, je l'ai emprunté à un article paru dans *Peuples noirs–Peuples africains* (n° 20, mars-avril 1981, 17-22) sous la plume d'un certain Ahmadou Touré Ba dont tout semble indiquer qu'il s'agit d'un pseudonyme tant il est vrai qu'on n'a plus jamais rien lu sous cette signature alors même que l'article contient des informations d'une remarquable densité, autant sur la situation de l'immigré africain en France que sur les conditions de travail et d'intégration des diplômés à leur retour d'Europe. Il faut dire qu'à l'époque, le mur de Berlin tenait encore bon, le parti unique sévissait en Afrique et la question des retours était d'une extrême délicatesse – c'est le moins qu'on puisse dire. Comme le révèle d'ailleurs ce numéro spécial de *PNPA*, la couleur politique du candidat au retour déterminait son destin et le type d'activité que l'ancien métropolitain pouvait exercer.

Il convient aussi de souligner que ce numéro spécial sur les retours est dédié à Guy Ossito Midiohouan à qui Mongo Beti, fondateur et directeur de *PNPA* pendant un peu plus de dix ans, a d'ailleurs consacré un dossier. D'origine togolo-béninoise, Guy Ossito Midiohouan, sans doute par utopie panafricaniste, avait choisi d'aller enseigner au royaume de El Hadj Omar Bongo. Collaborateur attitré de *PNPA* avant son départ de Paris et nouvelliste à ses heures, il envoie à la revue depuis Libreville des textes sur son expérience d'enseignant et sur la vie au Gabon.

Malheureusement, rapporte Odile Tobner dans son éditorial, une de ses correspondances reste prise dans les mailles des flics franco-gabonais au service du prince gaulliste qui règne en maître absolu sur le Gabon : « C'est le saccage... Délit de création littéraire [...] Et il faut croire que ce qu'il pense est mal, très mal. Comment peut-on mal penser dans un pays où l'on peut être arrêté sans mandat, détenu sans limitation, sans inculpation, où chaque fois qu'on prend une plume et du papier on est un délinquant en puissance ? » (*PNPA*, n° 20, 7). Déporté *manu militari* dans son pays d'origine, Midiohouan et sa famille réussissent malgré tout à se tirer d'affaire, mais combien d'autres candidats au retour ont péri sans traces ou s'en sont sortis physiquement et psychologiquement diminués sinon complètement démolis ? Difficile à dire.

La question des retours, on le sait, a marqué la littérature africaine de manière quasi indélébile. Déjà, Aimé Césaire avec *Cahier d'un retour au pays natal* (1939) et nombre d'écrivains de la Négritude avaient pas mal poétisé le retour qu'ils considéraient comme une occasion de renouer avec le passé

8. Publié dans *Mots Pluriels*, n° 20, fév. 2002, revue électronique : www.arts.uwa.edu.au/MotsPluriels.

et même de retrouver l'identité originelle. Mais nous savons depuis Frantz Fanon (*Les Damnés de la terre*, 1961) et d'autres travaux des théoriciens de la question coloniale et des rencontres entre peuples que l'identité n'est pas figée mais se construit au jour le jour. En effet, dans un compte rendu paru au lendemain de la publication de *L'Aventure ambiguë*, Joseph Ma Thiam souligne la pertinente question qui hante le roman de Cheikh Hamidou Kane :

> Avons-nous su «assimiler sans être assimilés» ? Le fait est que revenu au pays des Diallobés, le jeune étudiant du Quartier Latin [...] se découvre *autre* [je souligne]. Non pas qu'il ait renié l'essentiel de ce dont vivent les Diallobés, c'est-à-dire la foi en Dieu, l'aptitude à l'angoisse devant le soleil qui meurt, en un mot, le sens du sacré. Il ne demeure pas moins un *autre*. Cela, sa société ne le lui pardonne pas.

Et l'auteur de poursuivre : « Samba Diallo c'est *nous*. Le fou aussi, qui est loin d'être l'idiot du village, c'est encore *nous*, plus précisément l'Afrique en *nous* qui refuse de composer et se venge » (*Présence Africaine*, n° XXXIX, 4ᵉ trimestre 1961, 235-236). Ce qui me paraît remarquable dans ce compte rendu qui a dû passer totalement inaperçu à l'époque, est la mise en relief de la dialectique du « nous et les autres » pour reprendre l'heureux titre de Tzevtan Todorov (*Nous et les autres*, Paris, Seuil, 1989).

Thiam indique justement que l'enjeu véritable entre l'Afrique et l'Europe, entre les forces impériales et leurs victimes, comme le théorise Todorov, porte sur la conception des valeurs et le sens qu'il convient de leur donner. L'Occident qui a promu et même défendu des valeurs de l'universel a joué de ruse puisqu'il s'est simplement agi, ce faisant, d'ériger, « de manière indue, les valeurs propres à la société à laquelle [Todorov] appartien[t] en valeurs universelles. [...] [L'Occident] croit que ses valeurs sont les valeurs, et cela lui suffit » (Todorov, 21-22). L'Africain qu'on a convaincu, à travers l'enseignement colonial, qu'il n'y a pas d'autre issue en dehors de l'appropriation des valeurs occidentales ainsi universalisées devra donc se résoudre à se départir de sa culture, de son identité propre s'il veut être sauvé, s'il veut accéder à la modernité promise. Obi Okwonko dans *No Longer At Ease* (1960) de Chinua Achebe ou même, dans une certaine mesure, Jean-Marie Medza dans *Mission terminée* (1957) de Mongo Beti sont des exemples significatifs de ce genre de déchirement.

Mais arrêtons-nous à Samba Diallo pour souligner avec Joseph Ma Thiam que l'ethnocentrisme n'est pas une particularité de l'Occident. L'Afrique aurait bien voulu, elle aussi, pouvoir « assimiler sans être assimilée », c'est-à-dire ériger, à son tour, ses normes en canons. Et c'est devant les limites de ses moyens qu'elle rend les armes et décide d'envoyer ses fils « apprendre à vaincre sans avoir raison ». À cet égard, le geste fatal du fou dans *L'Aventure ambiguë* montre bien que l'Afrique profonde n'accepte pas de se renier aussi facilement qu'on a tendance à croire.

Si les retours sont aussi douloureux que l'expérience nous le révèle, c'est bien sûr à cause des régimes postcoloniaux et de leurs avatars, mais c'est aussi, il faut l'avouer, du fait des sociétés africaines qui n'acceptent pas nécessairement le genre de mutations auxquelles les séjours en Occident soumettent leurs progénitures. Nous avons donc affaire à une espèce de lutte hégémonique entre ethnocentrismes concurrents. Et l'intellectuel ou même l'immigré africain quel qu'il soit se trouve alors coincé entre deux exigences tout aussi exclusives l'une que l'autre. C'est ce que nous allons essayer d'explorer dans la présente étude, qui ne consistera pas en une analyse synchronique ou diachronique des divers retours ou même en une critique de la manière dont les diplômés africains vivent leur retour au pays natal.

À partir de deux exemples romanesques récents, *L'Impasse* (Paris, Présence Africaine, 1996) de Daniel Biyaoula et *Sorcellerie à bout portant* (Paris, Gallimard, 1998) de Achille Ngoye, je voudrais montrer que le pattern initial des retours dont on peut dire qu'il commence avec *L'Aventure ambiguë* de Cheikh Hamidou est demeuré rigoureusement le même, hier et aujourd'hui, qu'il s'agisse d'intellectuels ou de travailleurs immigrés. Car la question fondamentale qui se trouve posée au terme de l'aventure de Samba Diallo est moins celle du retour que la question de l'irruption de l'Europe en nous, c'est-à-dire de la consubstantialité de l'Autre dans l'être africain. Pourquoi a-t-il fallu en définitive que le séjour en Occident s'impose au colonisé comme une incontournable nécessité et même comme une espèce de fatalité ? Pourquoi surtout faut-il que l'Euramérique redéfinisse notre identité et nous impose une renaissance, souvent au prix d'une incroyable tourmente ?

L'Impasse ou le heurt des stéréotypes

La première partie du récit de Biyaoula est consacrée au voyage que Joseph Gakatuka, qui vit en France depuis quinze ans, a décidé d'effectuer au pays natal. Ce faisant, il quitte pour la première fois la Française Sabine avec qui il vit. Mais avant d'en venir à l'accueil qui lui est réservé en Afrique, il est préférable de s'arrêter sur le flashback que Biyaoula nous propose dans ce qu'il appelle la « Deuxième constriction » et qui nous résume en quelque sorte les temps forts de sa vie en France. Nous apprenons qu'en métropole, Joseph Gakatuka fait quotidiennement l'expérience des stéréotypes que les Français, autant ses congénères de travail que les parents de Sabine, peuvent avoir de l'Afrique et des Africains. D'ailleurs, les propos du personnage de Biyaoula frisent par endroits la caricature et se lisent comme un pastiche de

« L'expérience vécue du Noir », le chapitre v de *Peau noire, masques blancs* (1952) de Frantz Fanon.

En plus d'être un objet de curiosité du simple fait de sa couleur, Gakatuka doit répondre à toutes sortes de questions sur les conditions épouvantables et inhumaines dans lesquelles vivent les Africains : « Il paraît, lui fait-on remarquer, que les gens y [en Afrique] vivent à plusieurs dans la même cahute. [...] Ça doit tout de même être agréable pour vous de vivre dans un pays civilisé même si vous êtes dans un H.L.M. ! » (*L'Impasse*, 155). Tout comme le Nègre de Fanon, Gakatuka se dit tous les jours « confronté à des regards mortifiants, à des paroles qui [le] confinent à ras de terre, à des passés présents ! » (166).

Certes, son amie Sabine lui tient un discours on ne peut plus humaniste et essaie tant bien que mal de l'amener à faire peu de cas de ce que les gens pensent ou disent de l'Afrique ou de sa propre personne. Toujours est-il que son retour en Afrique peut être perçu comme une occasion qu'il s'est donnée pour échapper, au moins momentanément, au pesant regard de l'Autre et pour retrouver une vie « normale » auprès des siens. Mal lui en prend ! Il devra faire face aux deux Afriques qui l'attendent. La première, celle de Brazzaville, est urbaine. Elle croit avoir intégré les valeurs de la modernité et s'attend à ce que Gakatuka, le métropolitain, reflète ses aspirations à l'européanité et la confirme dans ses ambitions de réussite. Aussi s'attend-on à ce qu'il présente tous les attributs extérieurs de succès : argent, tenue vestimentaire digne d'un Parisien, pouvoir plus ou moins lié à ses relations avec des dignitaires du régime en place. Raison pour laquelle son frère Samuel, déçu de le voir débarquer en bras de chemise, ira le faire « saper » aux « Habits de Paris, le magasin chic de Brazza » (45) !

Par ailleurs, la famille et ses proches parents lui prouveront qu'eux aussi, sont informés des manières d'être de l'Autre. Gakatuka constate : « L'un après l'autre mes parents et mes amis me font un gros baiser sur la bouche. Même grand-mère et oncle Titémo. Tous deux me bavent dessus. [...] J'ai vite compris que c'est comme ça qu'on manifeste sa joie au pays, qu'ainsi peut-être on se sent plus proche des Blancs » (37-38). Mais cette Afrique-là a aussi ses stéréotypes. Sa xénophobie rivalise pratiquement avec ce que Gakatuka a pu vivre en métropole : « Tous disent que, de toute façon, les Blancs, que ce soit des hommes ou des femmes, ce n'est que des égoïstes, des mauvais, etc. » (56). Aussi le met-on en garde contre un mariage mixte : « Ça a une autre manière de penser, les Blancs. Ils ne réfléchissent pas comme nous. Rien que ça, eh bien, ça suffit pour ne pas en épouser une » (58).

Qu'on ne s'y trompe donc point. Les manifestations d'européanité de la part des parents ne manquent pas d'ambiguïté. Le plus souvent, il s'agit d'un simple vernis, de l'arbre qui cache la forêt. L'Afrique profonde demeure fermement accrochée à ses valeurs et Gakatuka, le « négropolitain », en fera l'expérience à ses dépens. La gérontocratie jouit encore de tous ses droits et il n'y a pas de place pour la liberté individuelle : « Ici, lui rappelle-t-on, il n'y a que deux possibilités [...] ! Ou tu rentres dans le troupeau et tout le monde est gentil avec toi, ou tu t'en exclus, alors là c'est plus la peine de compter sur qui que ce soit » (93). Conclusion malheureuse : « Je rêve de Brazza, de la chaleur dans laquelle on y vit. Mais sur place, je m'aperçois que ce n'est pas mieux, que c'est juste la nature de l'anonymat qui change, qu'à Brazza on nous veut anonymes et réels à la fois, inexistants et matériels » (96-97). À la limite, il ne lui reste plus que le saut dans le vide ou la main d'un fou semblable à celui qu'on rencontre dans *L'Aventure ambiguë*.

Si, dans la dialectique du « nous et les autres », l'Europe se distingue par ses ambitions de conquête et de domination, avec en prime un certain mépris de l'Autre, l'Afrique, quant à elle, joue aussi de ruse et de duplicité. Tout en s'appropriant, on l'a vu, certains aspects de la civilisation venue d'ailleurs, elle voudrait, dans une certaine mesure, demeurer elle-même. D'où l'exigence apparemment paradoxale qui est faite à Joseph Gakatuka de paraître à la fois parisien sans pour autant oublier les mœurs traditionnelles de la société. Alors que l'Européen semble avoir rejeté les valeurs africaines en cherchant à inférioriser le dominé, l'Africain semble plutôt revendiquer le droit à la différence culturelle. Aussi empruntera-t-il à l'Europe ce qui lui convient pour sa survie du moment.

Cette vision du monde, on l'aura compris, pose aussi le problème de l'africanité ou, si l'on préfère, de l'authenticité africaine. De Samuel et de Joseph, lequel, en définitive, aux yeux du petit peuple, est perçu comme l'Africain authentique ? Samuel joue volontiers le jeu du système qui gouverne en mettant l'accent sur le paraître. Malgré les extravagances du « Directeur de la recherche sur le développement accéléré et immédiat », il ne bouscule pas les traditions et soigne ses relations avec les dignitaires du régime en place. C'est pourtant Samuel, le frère aîné, qui symbolise la modernité auprès d'un groupe familial dont il semble respecter les habitudes et la manière d'être. Participant authentique à la construction du quotidien africain, qu'importe la qualité dudit quotidien, Samuel est perçu comme un spécimen représentatif du vécu social et du savoir local.

L'échec de Joseph Gakatuka tout comme celui de Samba Diallo provient certes de ce qu'ils n'ont pas su « assimiler sans être assimilés », mais aussi et surtout de ce qu'ils ont sous-estimé le pouvoir de résistance de l'Afrique profonde. Et la résistance peut parfois prendre des formes déroutantes et même mener à la déroute. C'est l'image que projette *Sorcellerie à bout portant* d'Achille Ngoye.

Afrique zombifiée ou stratégies de résistance ?

Tout comme Joseph Gakatuka, Kizito Sakayonsa retourne au Zaïre après quinze ans d'absence. C'est, comme on dit, un « Euroblack » puisqu'il est du reste porteur d'un passeport français. Contrairement à Gakatuka, ce n'est ni le mal du pays ni le loisir qui l'appelle, mais le malheur. Son frère Tsham, officier de l'armée locale, est mort dans un accident d'autant plus mystérieux que le corps reste introuvable. Faire enquête sur les circonstances de la mort de Tsham constitue l'intrigue de ce roman de la Série noire. Mais nous nous intéresserons moins à la trame du récit qu'à l'aventure personnelle de l'Euroblack au pays des ancêtres.

Déjà, à bord du Cercueil Volant d'Air Peut-être (entendre Boeing 747 de la Cameroon Airlines) qu'il emprunte, il fait la connaissance d'un certain Peter Thombs, d'origine britannique, qui se dit hommes d'affaires. Comme Kizito s'en rendra compte, Peter Thombs connaît bien le pays puisqu'il y vit depuis vingt-cinq ans. Sans l'avouer directement, il semble bien profiter des réseaux maffieux en place. Pour Peter Thombs, le pays est en totale déliquescence, complètement « si-nis-tré » (*Sorcellerie à bout portant*, 60) et, dit-il, « dépouiller autrui représente ici un sport d'excellence » (61). Il met Kizito en garde : « [V]ous rentrez au Zaïre après quinze ans d'absence. Le choc va être terrible for you, car la situation s'est beaucoup dégradée. [...] Jamais, dans la history de l'humanité, on n'a vu un country ramper de cette manière en temps de paix. Un cas d'école » (15). Difficile de dire de quel côté se situe ce gentleman qui ne trouve pas de mots assez durs pour caractériser la « voyoucratie » qui maintient le pays à genoux (60). Le Britannique affirme avoir changé d'activité à sept reprises en vingt-cinq ans et reconnaît que « la réussite dans ce pays cochonné appartient aux acrobates » (16). Il est propriétaire de la très prospère SOGA-7, « Society de gardiennage et de Sécurité Peter Thombs », raison sociale déclarée d'une entreprise qui s'occupe entre autres des investigations industrielles et commerciales. Il s'explique :

> Les structures du pays ont implosé à tel point que les gens lésés évitent de saisir les tribunaux. On le sait : les jugements reposent sur les « matabiches », autrement dit les « haricots destinés aux z'enfants », ces bakchichs qui conditionnent les services. [...]

> La SOGA-7 bosse avec des officiers et sous-officiers réformés. Bien entraînés, motivés dans leur job, ils ont conscience de servir le droit plutôt que de favoriser une politique maffieuse (59).

Le décor étant ainsi planté, Kizito l'expatrié comprendra d'ailleurs que le tableau passablement surréel de Peter Thombs se situe bien en deçà de la réalité. Au débarquement, les préposés à l'immigration l'accueillent à froid, surtout au vu de son passeport :

> Quelle est votre nationalité ?
> – ...Mon passeport est français.
> – Avec un nom pareil ? Vous m'prenez pour qui ? Les vrais Gaulois s'appellent Ronsard, Molière, De Gaulle... De plus, et c'est votre soi-disant passeport qui le mentionne, vous êtes né à Pania-Mutombo. C'est où ça, selon vous ? Dans les z'Ardennes ? [...]
>
> Vous j'êtes de ces péteux qui ont fui le pays au pire moment et qui accourent mai'nant que le sieur Laurent-Désiré Kabila se pointe à l'horizon. Ne seriez-vous pas un de ses éclaireurs ? (19).

Évidemment, l'agression verbale est une technique tout à fait éprouvée pour casser le moral des nouveaux venus afin de mieux les arnaquer. Kizito Sakayonsa y perd non seulement une bonne partie des 10 000 FF des obsèques, mais aussi son passeport et son billet d'avion. Et comble de malheur, il lui est même difficile de signaler la perte de son passeport à l'Ambassade de France : « La chancellerie ressemblait à une forteresse depuis l'assassinat rocambolesque [...] de son chef de mission » (51). Ainsi que lui suggère l'analyse de son oncle, le « Zaïre, c'est plus un pays normal » (26). D'après le même oncle, on a affaire à une « chefferie privée », à un « pays privatisé », à « une propriété privée » (27). Peter Thombs ajoutera : « Ne raisonne pas en fonction des structures juridiques d'un autre pays » (44). Ici, en effet, la réalité supplante toute fiction et il faut éviter de raisonner « en fonction des critères étrangers à nos poids et mesures » (51). Et l'oncle de renchérir : « [N]ous souffrons, moins du palu et du sida que de la pagaille entretenue » (26). La présence de Kizito engendre un raid de truands au lieu même du deuil, car paraît-il,

> des loubards expulsés d'Europe taxent les compatriotes à double nationalité en visite ici. Parmi ces voyous, il y a les Zoulous, exportés de France, mais aussi les New-Jack de Grande-Bretagne et les Jama de Belgique. Virés du Nord sans le moindre viatique et, droits de l'homme désobligent, en calfouette ou pieds nus, ces guignards croient se dédommager d'une expulsion inique par la truanderie (34).

À partir de *Sorcellerie à bout portant*, il y aurait toute une étude à réaliser sur la psychologie des expulsés de Schengen. D'avoir été éjectés du centre vers la périphérie et de voir s'effondrer leur rêve d'accès à la modernité semble créer chez eux des comportements d'enragés, de desperados inconsolables. Ce qui en ajoute aux nombreux maux qui affectent déjà les sociétés africaines où la quête d'expédients de toute nature est une préoccupation de toutes les couches de la communauté. Pendant que les uns comme Tsham, le frère de Kizito, sombrent dans l'occultisme qui ne semble pas étranger à sa disparition, d'autres s'imbibent d'alcools bon marché comme « l'odontol » et le « sodabi » : « S'étant étonné de sa vente libre, Kizito s'était entendu dire que sa consommation montait en flèche à cause du prix lerche de la bibine. Muflée assurée avec plus de soixante-dix degrés de force. Toxique avec une teneur élevée d'alcool méthylique. Ambiance dès le coup d'envoi » (42). À ce rythme, on comprend que le pays, à l'instar de la morgue que découvre Kizito, ressemble à un vaste mouroir :

> Les yeux hagards, dégrisés, Kizito franchit l'entrée du local en retenant son souffle, puis recula. Irrespirable. On l'avait pourtant prévenu de la violence du tableau : les proies des calamités sans nom, les cadavres fournis par les hôpitaux-mouroirs, les corps séquestrés, putréfiant sur place tant que leurs proches ne banquaient pas les frais d'hosto, les martyrs de la faim, les mistouillards et les objets de la fatalité, les victimes du grand banditisme, étaient empilés dans un petit local datant de l'époque lointaine où Kin comptait cinquante mille indigènes. Avec une mortalité réduite au point que les négociants grecs n'avaient pas flairé le boom du funéraire. Les tiroirs frigorifiques saturés, les « pauvres » – terme conseillé pour parler des macchabs – s'entassaient dans la pièce, telles des bûches, non sans dégager une odeur pestilentielle (36-37).

Point n'est besoin d'aller au-delà de ce tableau pour mesurer le choc du retour que subit Zito. Au point où il faut se demander si le mysticisme dans lequel baigne le roman par bien des côtés n'est pas simplement une forme de résistance, une manière fort originale de tourner le dos à l'environnement qu'engendre une modernité mal assumée. À cet égard et contrairement à *L'Impasse* de Biyaoula, *Sorcellerie à bout portant* fonctionne comme un récit de voyage tant Zito le protagoniste, malgré la disparition de son frère, maintient une certaine distance entre lui et les événements qu'il relate.

Il pourrait donc y avoir au moins deux manières d'approcher le récit de Ngoye. À la suite du pattern inauguré par *L'Aventure ambiguë*, on sera sensible à la manière dont Kizito Sakayonsa demeure étranger aux changements survenus dans son pays pendant ses quinze ans d'absence. En fait, il est devenu « Autre », incapable qu'il est d'appréhender une « modernité » qui, à ses yeux, n'est que précarité et chaos. Il ne mesure pas combien sa manière d'être est problématique aux yeux de ses congénères. En revanche, et contrairement à Samba Diallo, son altérité est convoitée ainsi que le traduisent les attitudes des préposés à l'immigration et des expulsés de Schengen qui le prennent en grippe. Eu égard à sa double citoyenneté et à son aisance présumée, Zito, l'« expatrié », est devenu en quelque sorte un sujet exotique, l'Autre, qui, comme dirait Todorov, « est systématiquement préféré au même » (Todorov, *op. cit.*, 355). C'est à défaut de n'être pas comme lui – jalousie oblige – qu'on lui cherche querelle. Et c'est aussi faute de pouvoir s'en prendre directement à celui qui nous a fait miroiter une utopique modernité que l'on s'en prend à ses alter ego. Comme l'a suggéré Joseph Ma Thiam, l'Afrique se venge comme elle peut, avec les moyens dont elle dispose.

***

Sorcellerie à bout portant tout comme *L'Impasse* suggèrent peut-être qu'il faudrait juger les candidats au retour en terme d'authenticité. Et l'authenticité dont il s'agit n'est pas une donnée en soi, une espèce d'africanité originelle, mais plutôt une construction permanente pour répondre aux enjeux du quotidien. Certes, la société zaïroise est déroutante du fait des comportements de ses divers membres. Mais il faudrait justement se garder de les apprécier en fonction « des poids et mesures » (*Sorcellerie à bout portant*, 52) venus d'ailleurs. Et c'est ici que le concept d'authenticité prend tout son sens. Car de ce point de vue, Peter Thombs paraît bien plus authentique que Kizito Sakayonsa dont le patronyme semble avoir été fabriqué pour évoquer délibérément certaines danses chorégraphiques qui firent fureur pendant les folles années de l'authenticité mobutiste. Il est d'autant plus représentatif, qu'importe sa moralité, que tout en demeurant très « Britiche » (15), il comprend parfaitement les rouages du pays y compris les non-dits de son fonctionnement. La question d'authenticité, on le voit, est donc relative et exclut toute représentation au nom de la race ou des origines. Peter Thombs ne se risquera peut-être pas à parler au nom du Zaïre, mais tout indique que s'il choisissait de le faire, il en donnerait une image plus authentique – n'est-ce pas ironique ? –, plus réelle justement que celui qu'il appelle, flegmatique, son « compatriote euroblack » (57). L'un et l'autre récits semblent ainsi fonctionner comme des mises en garde en direction des Africains qui séjournent trop longtemps en Occident en oubliant de se tenir au courant des évolutions que subissent les pays du continent. La qualité du retour, suggèrent les auteurs, est étroitement liée à la maîtrise du terrain et de la psychologie des acteurs en place.

Littérature africaine
et les paramètres du canon[9]

Face aux littératures dûment instituées d'Europe et surtout des anciens pays impériaux, la France et la Grande-Bretagne en l'occurrence, les littératures dites émergentes d'Afrique, d'Asie, des Caraïbes et même de la diaspora européenne des Amériques et d'Australie ont du mal à se faire reconnaître et surtout à dégager des classiques représentatifs de la culture à laquelle se réclament leurs auteurs. Malgré l'immensité de son corpus, malgré les nombreux prix engrangés, on sait le mal qu'ont dû et doivent encore parfois se donner les spécialistes de la littérature des États-Unis d'Amérique pour faire entendre leur voix dans les départements d'anglais des maisons d'enseignement, autant en Europe qu'un peu partout ailleurs dans le monde, y compris parfois aux États-Unis même. Pour pas mal de spécialistes, les départements d'anglais sont moins un lieu d'enseignement des littératures de langue anglaise qu'un espace réservé à l'enseignement de la littérature britannique.

Toujours est-il qu'au regard des institutions qui se sont créées dans nombre de pays industrialisés, certaines querelles hégémoniques prennent de plus en plus un caractère feutré. Bien que certains combattants d'arrière-garde n'aient pas baissé les bras, oser mettre en question l'importance du corpus des États-Unis face à la littérature de Grande-Bretagne est une bataille bien dérisoire et même perdue d'avance. Pareil phénomène peut s'observer au Canada où l'on constate aisément qu'à l'intérieur du Québec par exemple, la littérature québécoise a pour ainsi dire gagné la guerre qui l'opposa naguère à la littérature française. Depuis quelque temps déjà au Québec, la légitimité passe de moins en moins par Paris.

Mais si les littératures émergentes des pays du Nord ont presque tiré leur épingle du jeu du fait sans doute qu'elles ont développé des stratégies institutionnelles d'inspiration européenne, pas mal reste à faire en ce qui concerne les pays du Sud, l'Afrique en particulier et l'Afrique francophone de manière plus précise encore. Alors que dans les pays du Nord, des politiques volontaristes permettent d'encourager la production culturelle locale/nationale et la création d'institutions littéraires autonomes, les responsables de la plupart des pays africains, sous prétexte de donner la priorité à un hypothétique développement économique, se préoccupent peu de l'avenir culturel de leur espace. À telle enseigne qu'il n'est pas évident, près de 70 ans après le mouvement de la négritude (1933), de dire ce qui, en réalité, définit l'africanité de la littérature africaine.

9. Publié dans *Études françaises*, Université de Montréal, vol. 37, n° 2, 2001, 33-44.

En quoi est-elle spécifique ou autonome puisque ni son écriture, ni sa critique, ni ses institutions, ni les instances qui la légitiment n'ont aucune prétention à l'autonomie ? Certes, on parle de plus en plus d'une littérature francophone d'origine africaine, mais s'agit-il d'une littérature française d'Afrique ou d'une littérature africaine de langue française ? Le débat est loin d'être tranché, et je ne m'attarderai pas sur la polémique qu'anime le Kényan Ngugi wa Thiong'o au sujet de ce qu'il appelle la langue de la littérature africaine. D'autres se sont demandé si l'écriture dans une langue étrangère peut traduire des réalités d'un autre monde, d'une autre culture, et Ngugi leur emboîte un peu le pas puisqu'il pose la question fondamentale de savoir si la littérature africaine doit s'écrire dans la langue maternelle de l'auteur (gikuyu, swahili, yoruba, xhosa, etc.) ou si on peut appeler littérature africaine des textes qui s'élaborent dans la langue de l'Autre, une langue qui, comme les religions étrangères, fut introduite en Afrique comme un moyen de déportation spirituelle. Ngugi croit avoir trouvé la solution puisqu'il a résolu de ne plus créer qu'en gikuyu. Mais il se charge immédiatement de se traduire en anglais avant de conclure, un peu rêveur :

> The future of the African novel is then dependent on a willing writer (ready to invest time and talent in African languages); a willing translator (ready to invest time and talent in the art of translating from one African language into another); a willing publisher (ready to invest time and money) or a progressive state which would overhaul the current neo-colonial linguistic policies and tackle the national question in a democratic manner; and finally, and most important, a willing and widening readership (*Decolonising the Mind, The Politics of Language in African Literature*, London, James Currey/Heinemann, 1986, 85) !

Contrairement aux littératures européennes qui reposent sur des souches culturelles repérables, des préoccupations historiquement identifiables et qui bénéficient des instances confirmées de consécration, la production africaine est parfaitement hybride, d'autres parleraient même d'inauthentique. Non seulement elle ne s'appuie sur aucune instance légitimante (enseignement institué, maisons d'édition dignes de ce nom, public identifiable, prix institués, etc.) à « domicile », à l'intérieur du continent, mais elle est enseignée, publiée et même distribuée dans la plupart des cas par nombre d'enseignants/ chercheurs, d'éditeurs et de distributeurs – africains et non africains – venus d'ailleurs, je veux dire d'autres disciplines, c'est-à-dire dont la formation de base ne relève pas du domaine proprement africain. Jusqu'à une date récente, la plupart des enseignants de littérature africaine étaient des transfuges d'autres littératures, anglaise et française notamment, et toute sa critique était pour ainsi dire subordonnée aux pratiques en cours dans ces autres champs. Ainsi s'explique le dialogue de sourds et les polémiques qui ont marqué les rapports entre écrivains, entre critiques ou même entre écrivains et divers critiques de la littérature africaine.

Un malentendu originel

On se souviendra à ce propos de la violente diatribe de Mongo Beti contre Camara Laye qu'il trouvait trop peu engagé : « Laye, écrit-il, ferme obstinément les yeux sur les réalités les plus cruciales... Ce Guinéen [...] n'a-t-il donc rien vu d'autre qu'une Afrique paisible, belle, maternelle ? Est-il possible que pas une seule fois Laye n'ait été témoin d'une seule petite exaction de l'administration coloniale ? » (*Trois écrivains noirs*, Paris, Présence Africaine, 1954, 420). Sur un ton plus conciliant, Jacques Rabemananjara tient le même discours que Mongo Beti puisqu'il affirme :

> Le temps n'est pas encore né où [les Africains] auraient loisir de [...] s'adonner au culte de l'art pour l'art. Toujours est-il que pour notre part, notre conviction est faite et elle est simple. C'est à la seule situation de son peuple dans les circonstances présentes que le poète noir doit sa distinction des autres poètes, la manière spéciale de son inspiration et la différence inéluctable de son accent dans le concert poétique de notre temps (« Le poète noir et son peuple », *Présence Africaine*, n° XVI, oct.-nov. 1957, 29).

Pareil débat entre artistes va se retrouver au niveau de la critique ou plutôt entre les défenseurs de la vision eurocentrique de la littérature et ceux qui croient en l'idée d'une création africaine originale. Pour Noureini Tidjani Serpos, le colonisé « n'écrit pas pour dire que la vie est belle parce que, quand on la trouve belle, on en jouit sans perdre des minutes précieuses à l'écrire » (*Aspects de la critique africaine*, Paris, Silex, 1987, 69). Senghor, quant à lui, vole au secours de Camara Laye, au nom de l'étymologie du genre : « Lui reprocher de n'avoir pas fait le procès du colonialisme, c'est lui reprocher de n'avoir pas fait un roman à thèse, ce qui est le contraire du romanesque, c'est lui reprocher d'être resté fidèle à sa race, à sa mission d'écrivain » (*Liberté 1*, Paris, Seuil, 1964, 157). Plus récemment, Catherine Ndiaye a emboîté le pas à Senghor en affirmant : « Il serait temps que l'écrivain du tiers monde se comporte en esthète – qu'il abandonne l'œil du sociologue, qu'il laisse tomber le ressassement de l'historien et qu'il se détourne de la réduction de l'économiste » (dans Alain Rouch et Gérard Clavreuil, *Littératures nationales d'écriture française*, Paris, Bordas, 1986, 5).

Du côté de la critique non africaine, c'est avec une certaine perplexité que la littérature africaine a été d'abord perçue. Reléguée à la périphérie, la littérature africaine bénéficie d'un statut pour le moins problématique dans les institutions françaises. C'est plusieurs années après l'élection de Léopold Sédar Senghor à l'Académie que ses poèmes ont été inscrits aux programmes officiels de certains enseignements. Mais la meilleure illustration qu'on peut donner de l'accueil de la littérature africaine dans les anciennes métropoles impériales est celle de Wole Soyinka que nous résume Bart Moore-Gilbert en ces termes : « [T]he 1988 Nobel Laureate Wole Soyinka [...] records how, as a visiting fellow of Churchill College, Cambridge, in 1973, he offered to give some lectures on contemporary African writing. The English Faculty declined his proposal, directing him instead to the Faculty of Anthropolgy as a more suitable venue » (*Postcolonial Theory*, New York, Verso, 1997, 26).

Le traitement réservé à Soyinka est symptomatique du destin de la littérature du continent. Dans un article fort perspicace intitulé « The Use of Mongo Beti » (1981), Robert Sherrington a analysé la perception que le monde occidental peut avoir des écrits du continent. L'auteur rappelle pertinemment :

> What's the point of teaching French-African literature [...]? What's the *use* of it? Is there much African literature in French? Is it any good?

> In short, people's interest spontaneously raises the whole business of the links between literary *value* and the *use* of literature. In our western European tradition we have a strong tendency to assume that literary value is inherent in literary works, that once "discovered" and acknowledged in a work it's a universal and there for good; and since this value is confidently known to be present in our classics, those are the works which it seems most appropriate to teach and to study (dans Stephen H. Arnold (dir.), *Critical Perspectives on Mongo Beti*, Boulder, Lynne Rienner Publishers, 1998, 393).

Ce débat demeure d'actualité et le sera tant et aussi longtemps que la littérature africaine, comme ce fut le cas dans les années 1930, sera majoritairement publiée dans les capitales occidentales, consommée surtout par un public hors d'Afrique, un public dont la culture et les codes d'appréhension de l'œuvre littéraire n'ont qu'un lointain rapport avec la création dans le contexte africain. Sherrington explique encore : « [T]hey [African literary works] are therefore just as appropriate for acculturation purposes as novels by Sartre or Flaubert, to whom they in any case take a tokenistic second place in the curriculum » (*ibid.*, 399).

Eu égard au volume du corpus et même à l'apparent engouement que connaît la littérature africaine dans nombre d'universités de par le monde, il ne fait pourtant aucun doute qu'une nouvelle tradition littéraire ayant ses origines sur le continent noir est en train de naître. Toujours est-il que les critères de sa canonisation méritent d'être pensés, puisqu'il faudra bien qu'ils s'organisent en marge et même en dehors de ce que Sherrington appelle la *tradition occidentale européenne*. Comme l'écrit Mongo Beti, en effet,

« l'écriture n'est plus en Europe que le prétexte de l'inutilité sophistiquée, du scabreux gratuit, quand, chez nous, elle peut ruiner des tyrans, sauver les enfants de massacres, arracher une race à un esclavage millénaire, en un mot servir. Oui, pour nous, l'écriture peut servir à quelque chose, donc doit servir à quelque chose » (*Peuples noirs–Peuples africains*, n° 11, sept.-oct. 1979, 91). Comme le suggère par ailleurs Mongo Beti, les préoccupations sont tellement différentes qu'on pourrait difficilement croire que les écrivains africains et européens font le même métier.

De ce point de vue, il paraît dérisoire que plus de quarante ans après la colonisation, on en soit encore à célébrer comme un événement la timide apparition de quelques textes d'auteurs africains dans les programmes d'enseignement en France, comme on peut le lire dans une récente livraison d'un magazine que finance le ministère français des Affaires étrangères pour promouvoir, à sa manière, la littérature africaine : « Après le Caribéen Césaire et l'Africain Senghor, c'est au tour du Marocain Tahar Ben Jelloun de faire son entrée au programme du baccalauréat de français. En espérant que de nombreux auteurs francophones du sud suivent le même chemin » (*Notre Librairie*, n° 140, avril-juin 2000, 142).

Être ou s'inféoder

Malgré un effort évident d'ouverture aux cultures des anciens pays de l'empire, qu'est-ce qui permet de penser que la France ira jamais au-delà de ce que Sherrington a appelé très justement un traitement « tokenistique » de la littérature africaine ? Les institutions métropolitaines sont sans doute disposées à « intégrer », mais pas nécessairement à accueillir une tradition qui aurait des velléités d'autonomie. D'ailleurs pourquoi le leur demanderait-on ? Ainsi, lorsque vers la fin des années 1970, j'ai compilé au Centre d'étude des littératures d'expression française de l'Université de Sherbrooke les recensions du premier volume du *Dictionnaire des œuvres littéraires de langue français en Afrique au sud du Sahara* (1983), j'ai soumis à nombre d'éditeurs parisiens le descriptif du projet pour voir lequel d'entre eux pouvait s'intéresser à la publication de l'ouvrage.

Presque unanimement, les éditeurs intéressés m'ont proposé de limiter mes entrées aux « grands auteurs », sans jamais préciser ce que recouvrait cette expression. Aussi ai-je supposé que la notion de grands auteurs ou écrivains consacrés renvoyait à des pratiques éditoriales précises et des traditions universitaires connues. Mais en métropole, la consécration obéit-elle à des critères esthétiques et institutionnels applicables à la littérature africaine telle qu'elle s'est écrite par Mongo Beti, Wole Soyinka, Tahar Ben Jelloun et tant d'autres ? On se souviendra à ce propos du pamphlet de Mongo Beti, encore lui, contre Robert Cornevin à la suite de la plainte d'une étudiante en thèse qui voulait travailler sur l'œuvre de l'écrivain camerounais. Dans un style qui lui est propre, Mongo Beti rapporte :

> Il y a deux ans à peu près, une jeune fille de couleur qui rédigeait une thèse de troisième cycle s'aventura dans un organisme de documentation où officie l'inévitable Robert Cornevin, qui passe, même à l'étranger où les universitaires sont pourtant plus exigeants en matière d'africanisme, pour un grand spécialiste de l'Afrique, et qui appartient surtout à un type formidablement accompli du mandarin français, dont le pouvoir et la tyrannie désinvolte n'ont d'égal que son arrogance boursouflée doublée d'un déphasage hilarant à l'égard de son temps. Apprenant que la jeune étudiante qui venait par hasard de lui être présentée travaillait sur les œuvres de Mongo Beti, le Pontifex Maximus, qui ne peut se trouver en présence d'un intellectuel noir sans succomber aussitôt à la tentation paternaliste s'il en fut de le réduire au rôle de disciple admiratif et docile avant de le prendre sous son aile, n'hésita pas à adresser une sévère mise en garde à la jeune universitaire contre un auteur sur lequel il désapprouvait, quant à lui, toute recherche, pour deux raisons surtout : Mongo Beti n'était pas encore mort et, plus grave encore, ce romancier s'opposait à son président (*PNPA*, n° 1, janv.-fév. 1978, 18-19).

Par la suite, Robert Cornevin se défendra d'avoir tenu pareils propos, mais nous savons que pendant longtemps, on ne pouvait, dans l'université française, entreprendre des recherches que sur des écrivains disparus. Raison pour laquelle les littératures contemporaines, qu'elles soient française ou étrangère, n'avaient pour ainsi dire pas de place dans les programmes d'enseignement et dans les projets de recherche. Entreprendre des travaux sur un écrivain disparu permettait, disait-on, d'en avoir une vue d'ensemble et de pouvoir en proposer une évaluation définitive. Dès lors, on comprend pourquoi la thèse d'État était souvent appelée grand œuvre.

Comment, dans ce contexte, s'attendre à voir les littératures africaines, de date récente, prétendre à être canonisées au même titre que les écrits métropolitains ? André Lefebvre a montré comment toute littérature est liée à son contexte d'élaboration :

> A literature [...] can be described as a system, embedded in the environment of a civilization/culture/society, call it what you will. The system is not primarily demarcated by a language, or any ethnic group, or a nation, but by a poetics, a collection of devices available for use by writers at a certain moment in time... The environment exerts control over the system, by means of patronage. Patronage combines both an ideological and an economic component. It tries to harmonize the system with other systems it has to co-exist with in the wider environment – or it simply imposes a kind of harmony. It provides the producer of literature with a livelihood, and also with some kind of status in

the environment (dans Bill Ashcroft et autres (éd.), *The Postcolonial Studies Reader*, New York, Routledge, 1995, 465).

Or nous savons que la littérature africaine, qu'elle soit anglophone ou francophone, est toujours intégrée à un ensemble qui, bien souvent, ne peut que l'étouffer. Pas mal d'enseignants de littérature britannique contemporaine sont heureux d'annoncer – quel progrès – que *Things Fall Apart* de Chinua Achebe fait partie de leur corpus. Les enseignants féministes de toutes origines s'approprient allègrement *Une si longue lettre* de Mariama Bâ, roman considéré à tort ou à raison comme un beau prétexte pour faire passer le message d'une sororité transnationale, oubliant, écrit Kirsten Holst Petersen, que

> Western feminists discuss the relative importance of feminist versus class emancipation, the African discussion is between emancipation versus the fight against neo-colonialism, particularly in its cultural aspect. In other words, which is the more important, which comes first, the fight for female equality or the fight against Western cultural imperialism (dans Bill Ashcroft et autres, *op. cit.*, 251-252).

Pas mal d'exégètes de la poésie moderne n'hésitent pas à s'attaquer à l'une ou à l'autre pièce de Senghor. Évidemment, il est facile d'arguer que les sortir ainsi de leur environnement naturel est une manière de reconnaissance, une façon de les intégrer au cercle restreint des productions de valeur universelle. Il en va de même des prix littéraires. Les pays africains n'ayant créé aucune instance de consécration de leurs artistes, les écrivains sont pris en compte dans l'attribution des prix métropolitains. Le Nigérian Ben Okri a remporté le meilleur prix du Commonwealth. Ainsi en est-il du prix Renaudot qu'obtint Ouologuem, du Grand Prix de l'Académie française attribué à Lopes et à Beyala, du Prix du Livre Inter décerné à Ahmadou Kourouma. W. J. T. Mitchell écrit encore à propos de la Grande-Bretagne :

> The British seem to have joined the game as well. The Booker Prize no longer seems to go routinely to an Englishman. When Keri Hume, a Maori-Scottish feminist mystic from the remote west coast of New Zealand's south island, wins Britain's most prestigious literary prize with her first novel, we know that familiar cultural maps are being redrawn (dans Bill Ashcroft et autres, *op. cit.*, 476).

Citant Naguib Mahfouz et Wole Soyinka auxquels on devrait ajouter Derek Walcott, Mitchell constate également qu'eu égard au nombre de prix Nobel accordés aux ressortissants des pays anciennement dominés, on dirait que ce sont eux qui dictent le rythme bien que l'Occident cherche désespérément à tout contrôler par le détour des théories critiques : « It is easy to find evidence to support the idea that the former imperial centers today excel in criticism

while former colonial nations are producing the most exciting literature »
(*ibid.*, 475). Et plus loin, il écrit encore : « If the balance of literary trade
has shifted from the First to the Second and Third Worlds, the production of
criticism has become a central activity of the culture industries of the imperial
centers, especially in institutions of higher education » (*ibid.*, 476).

L'imaginaire sous contrôle

On le voit, aujourd'hui comme hier, le monde occidental développe des
stratégies de légitimation de manière à s'assurer qu'il continuera à détenir les
critères de canonisation de l'œuvre littéraire. Malgré les indépendances des
anciennes colonies françaises, c'est encore le Grand Prix Littéraire d'Afrique
Noire, prix créé pour récompenser les écrivains d'Outre-Mer comme on le
disait autrefois, qui continue de consacrer les écrivains francophones d'Afrique
noire. Et c'est bien sûr les instances métropolitaines qui tirent les ficelles.
De ce point de vue, la littérature africaine vit et même s'épanouit en exil.
Puisqu'elle est publiée, distribuée et consacrée presque exclusivement par des
instances d'ailleurs, installées ailleurs, on pourrait en arriver à s'interroger sur
son identité réelle. À l'heure de la mondialisation des échanges, nombreux
sont ceux qui pensent qu'un produit culturel qui s'apprécie en dehors de son
terreau d'origine témoigne de sa qualité et de l'intérêt qu'il suscite. Mais il
s'agit là d'une bien maigre consolation.

Devrait-on en arriver à conclure que le critique est dépourvu de tout moyen
de juger du niveau de reconnaissance de l'écrivain africain à l'intérieur même
du continent ? En l'absence des instances de canonisation venues d'ailleurs,
n'est-il pas souhaitable de rechercher de nouveaux instruments, si imparfaits
soient-ils, pour consacrer les artistes du continent ? Ce faisant, on serait tout
simplement en phase avec le processus de consécration des autres littératures
marginales.

Pendant l'année 1999/2000, une expérience significative a eu cours
dans la ville de Worcester, située dans le Massachusetts, aux États-Unis.
Une des librairies les plus fréquentées de la ville se rend compte que son
rayon d'ouvrages africains américains (écrivains hommes surtout) n'est
pas particulièrement fourni. Le gérant s'adresse alors au responsable des
études africaines américaines d'une université de la place pour lui demander
de suggérer des titres à commander. Plutôt que de recourir à l'omniscience
du spécialiste pour fournir une liste au libraire, le collègue en profite pour
demander à ses étudiants les titres qui, d'après eux, méritent d'être retenus en
priorité. Et c'est à la suite des débats, des réunions et des échanges qui durent
trois mois que le groupe s'entend sur une liste d'une dizaine d'ouvrages. La
méthode n'est pas parfaite, tant s'en faut, mais elle peut permettre, à terme,

de contourner le diktat de l'establishment littéraire américain et de donner aux personnes véritablement concernées la possibilité de participer à la canonisation des œuvres générées par les membres de leur communauté.

De ce point de vue, on peut penser que la consécration d'un texte littéraire africain devrait nécessairement passer par la prise en compte de l'accueil que lui réserve le public lecteur présent sur le continent. Et ce public, constitué en grande majorité de jeunes élèves et d'étudiants, jugent l'œuvre en fonction de son enracinement, c'est-à-dire de la place que l'auteur accorde aux problèmes sociaux, culturels, politiques, économiques, éthiques et autres qui sont les leurs. Ainsi, Senghor est peu connu comme poète, mais il reste dans les mémoires comme grand chantre de la négritude et surtout comme ancien chef de l'État sénégalais. En revanche, son homologue Césaire, le Nègre fondamental, est lu et apprécié non seulement à cause de la puissance de son *Cahier d'un retour au pays natal*, mais aussi du fait de ses pièces de théâtre qui s'inspirent de l'histoire du continent et des mésaventures de la diaspora noire. Dans presque toutes les librairies ambulantes ou librairies du poteau des capitales de l'Afrique francophone au sud du Sahara, on trouvera facilement des textes de Birago Diop, qui a transcrit les contes de l'Afrique d'antan, de Sembene Ousmane considéré comme l'avocat des victimes de l'establishment colonial et postcolonial, de Mongo Beti, l'homme de *Ville cruelle*.

Autant Sembene Ousmane est connu pour avoir porté nombre de ses récits à l'écran de manière à s'approcher de son public, autant Mongo Beti apparaît comme le modèle d'écrivain africain postcolonial. Depuis qu'il a pris sa retraite de la fonction publique française, il s'en est retourné au Cameroun où, quotidiennement, il joint l'acte à la parole. En plus d'avoir ouvert une librairie à Yaoundé pour mettre la culture à la portée du plus grand nombre, il poursuit le militantisme que professent nombre de ses écrits dans des débats publics, dans les colonnes des journaux locaux et ouvre ses portes aux militants et aux hommes et femmes de culture les plus divers qui viennent lui demander son avis sur des questions d'écriture ou des problèmes d'actualité politique. L'action de Mongo Beti s'inscrit dans le même registre que celle d'un Wole Soyinka ou même d'Achebe avant le grave accident qui l'a fortement handicapé. Leur homologue Ferdinand Oyono, qui a choisi depuis 1960 de servir le régime néocolonial qui gouverne le Cameroun, semble relégué au musée de l'histoire littéraire du pays.

Assez curieusement, Calixthe Beyala, qui a été particulièrement célébrée en Occident et qui a même obtenu le Grand Prix de l'Académie française, n'est véritablement lue que dans le cercle restreint de quelques initiés. Cet exemple montre bien l'hiatus qui existe entre le critère métropolitain de canonisation et l'attente du public africain. Au terme de presque un siècle de production, peut-on parler d'une littérature autonome ou sommes-nous en train d'assister à un phénomène sans précédent d'écrits épars dont le dénominateur commun serait simplement l'origine africaine de leurs auteurs ? Qu'est-ce qui fait donc l'africanité du texte africain ? Le problème demeure entier.

Comment conclure ?

Tout compte fait, on retrouve concernant les paramètres de canonisation des créations littéraires africaines le même type de problèmes qui entravent le développement des autres secteurs d'activité dans les pays de la périphérie. Mais bien que tous les pouvoirs impériaux se ressemblent, tout se passe comme si le système britannique, du fait peut-être de l'*indirect rule*, a été plus ouvert, moins mesquin que le système jacobin, extrêmement centralisateur, qui caractérise l'organisation des affaires en France. Ainsi, la maison Heinemann a-t-elle, assez tôt, créé une structure éditoriale qui couvrait tout le Commonwealth et qui avait pignon sur rue non seulement à Londres, Edinburgh, Melbourne, Auckland, mais aussi à Kingston, Hong Kong, Singapore, Kuala Lumpur, New Delhi, Port of Spain, Ibadan et Nairobi. Pareille structure a eu pour effet de mettre les textes de chaque pays ou tout au moins de chaque région à la portée de ses lecteurs cibles, mais aussi et surtout d'avoir un effet d'entraînement sur les initiatives locales en matière d'édition. Raison pour laquelle les pays anglophones d'Afrique et même des Caraïbes disposent aujourd'hui d'une bonne longueur d'avance pour ce qui est de la production et de la commercialisation de l'imprimé.

En « francophonie », en revanche, les éditeurs parisiens n'ont jamais éprouvé le besoin d'aller s'installer dans les capitales africaines. Tout au plus ont-ils créé de timides collections africaines ou pris des parts dans des projets soutenus à tour de bras par les États comme ce fut le cas, semble-t-il, pour les très éphémères Nouvelles Éditions Africaines de Dakar et d'Abidjan. Une maison comme Hachette occupe pourtant une place de choix dans la distribution du livre scolaire en Afrique, mais un livre scolaire « made in France » contribue à entretenir l'analphabétisme puisqu'il est souvent d'un prix inabordable pour l'écolier africain.

Et si l'on n'y prend garde, l'inexorable mondialisation des échanges ne pourra qu'accélérer la marginalisation des pays périphériques puisque les géants du Nord rivalisent chaque jour de stratégie pour le contrôle des espaces économiques, sans nécessairement tenir compte des intérêts des plus faibles. Certes, l'édition est une industrie et publier un livre est une opération dans laquelle éditeurs et écrivains cherchent, chacun de son côté, à engranger un maximum d'avantages. Mais au point où en sont nombre de pays africains, il y a lieu de se demander si, à l'instar de Mongo Beti qui a créé une librairie pour mettre le livre à la portée du plus grand nombre ou de Ngugi qui publie en gikuyu pour satisfaire ses congénères, les écrivains soucieux d'atteindre le public du continent ne devraient pas prospecter d'autres avenues. L'édition africaine et surtout de l'Afrique francophone au sud du Sahara a du mal à décoller. Même l'expérience des coéditions a montré ses limites. Pourquoi les écrivains africains, au moins les plus connus, ne négocieraient-ils pas un « prix africain » pour un certain nombre d'exemplaires de leurs ouvrages à la signature des contrats d'édition ? De la sorte, le public du continent aurait au moins l'occasion, en attendant des jours meilleurs, de suivre l'évolution d'une littérature qu'on dit sienne, mais qui, de plus en plus, naît, grandit, s'épanouit, s'apprécie et se canonise sous d'autres cieux.

Quatrième partie :
Passages-partages : voix/voies transatlantiques

Texaco de Patrick Chamoiseau, de la créolité à la postmodernité antillaise[1]

La présente étude fait appel à deux termes qui, sans être nouveaux, méritent néanmoins d'être explicités. La créolité dont il s'agit renvoie essentiellement à la définition qu'en donnent Jean Bernabé, Patrick Chamoiseau et Raphaël Confiant dans leur manifeste, *Éloge de la créolité* (Paris, Gallimard, 1989). Par la suite, chacun de ces auteurs s'est attaché à illustrer le concept de créolité dans diverses productions culturelles. *Texaco* (Paris, Gallimard, 1992[2]) de Patrick Chamoiseau apparaît comme la manifestation par excellence de ce projet idéologique, politique et culturel quasi révolutionnaire. Dans leur manifeste, les auteurs affirment :

> Ni Européens, ni Africains, ni Asiatiques, nous nous proclamons Créoles. Cela sera pour nous une attitude intérieure, mieux : une vigilance, ou mieux encore, une sorte d'enveloppe mentale au mitan de laquelle se bâtira notre monde en pleine conscience du monde. Ces paroles [...] ne relèvent pas de la théorie, ni de principes savants. Elles branchent au témoignage. Elles procèdent d'une expérience stérile que nous avons connue avant de nous attacher à réenclencher notre potentiel créatif, et de mettre en branle l'expression de ce que nous sommes. Elles ne s'adressent pas aux seuls écrivains, mais à tout concepteur de notre espace [...], dans quelque discipline que ce soit, en quête douloureuse d'une pensée plus fertile, d'une expression plus juste, d'une esthétique plus vraie (*Éloge de la créolité*, 13).

Quant à la postmodernité, le concept n'est pas d'appréhension aisée. Mais l'on peut au moins le fixer par rapport à la modernité qui, d'après Pauline Marie Rosenau, « entered history as a progressive force promising to liberate humankind from ignorance and irrationality » (*Post-Modernism and the Social Sciences*, Princeton, Princeton University Press, 1992, 5). La postmodernité s'inscrit donc comme un dépassement de la modernité. Du reste, le bilan que dressent les postmodernistes de la modernité est pour le moins accablant :

> Post-modernists criticize all that modernity has engendered: the accumulated experience of western civilization, industrialization, urbanization, advanced technology, the nation state, life in the "fast lane" [...]. The post-modernists conclude there is reason to distrust modernity's moral claims, traditional institutions [...]. They argue that modernity is no longer a force for liberation; it is rather a source of subjugation, oppression, and repression [...]. Post-modernism challenges global, all-encompassing world views, be they political, religious, or social (*ibid.*, 5-6).

---

1. Publié dans *Bulletin francophone de Finlande*, n° 8, Université de Jyväskylä, 1998, 129-136.
2. Toute référence ne comprenant que le numéro de page renvoie à cette édition du roman de Chamoiseau.

En réaffirmant leur créolité, les théoriciens de la nouvelle antillanité ambitionnent de tourner le dos à la modernité, à l'eurocentrisme rampant, et de proposer un socle nouveau pour l'appréhension des réalités sociologiques, politiques et anthropologiques caraïbéennes. De ce point de vue, *Texaco* est d'essence postmoderne puisqu'il propose à l'Antillais de s'éloigner d'un monde, celui du Blanc, « que l'on n'est jamais sûr de dompter » (353). Mais avant de dégager quelques aspects postmodernes de *Texaco*, il convient de montrer en quoi le récit de Chamoiseau défend et illustre la créolité.

***

Les créolistes partent du simple principe d'après lequel il est important de bien connaître son passé pour maîtriser son présent et pour organiser son avenir. Ils constatent que le passé du Martiniquais a été marqué par l'esclavage, l'exploitation et l'assimilation à l'histoire européenne. Aussi convient-il de mettre à jour, pensent-ils, la « mémoire vraie » : « Notre Histoire (ou plus exactement nos histoires) est naufragée dans l'Histoire coloniale. La mémoire collective est notre urgence. Ce que nous croyons être l'histoire antillaise n'est que l'Histoire de la colonisation des Antilles » (*Éloge de la créolité*, 37). C'est donc dire que le problème de l'historicité est au cœur de la créolité et de *Texaco*. En fait, *Texaco* est une vaste chronique qui tente de restituer la mémoire antillaise en donnant la parole aux oubliés de l'Histoire officielle.

Chamoiseau, alias Oiseau de Cham par anagramme, restitue la fresque historique d'Esternome Laborieux. Né près de Saint-Pierre, sous l'esclavage, avant 1848 donc, celui-ci s'affranchit de son béké pour services rendus, bien avant l'émancipation. Mais lorsqu'il s'aventure vers Fort-de-France, il se rend rapidement compte qu'il a été victime d'une entourloupe, d'une fausse libération. Le maître ayant omis de lui délivrer un titre de liberté, il est sans papiers. D'où les nombreuses tracasseries qu'il subit au contact des sbires de l'homme blanc. On le prend pour un rôdeur, un voleur, un hurluberlu, un menteur, etc. Il lui faut donc apprendre la terrible leçon : la liberté ne doit pas s'offrir, ni se donner, il faut l'arracher, toujours. D'ailleurs, à quoi sert-il d'être libéré si l'on ne peut pas survivre dignement et se nourrir convenablement, les champs appartenant toujours aux békés ? De sa rencontre avec Idoménée Carmélie Lapidaille, naît Marie-Sophie Laborieux, fondatrice du quartier Texaco et narratrice de l'histoire.

Mais *Texaco* n'est pas une chronique généalogique, une autre version de *La Vie scélérate* (1987) de Maryse Condé. Dans un récit que l'auteur a sans doute voulu inclassable du fait qu'il n'est pas à proprement parler un roman, ni un livre d'histoire, ni tout à fait un conte, Chamoiseau veut, on l'a dit, restaurer, un peu à la manière d'Alex Haley dans *Racines* (1976), la mémoire collective du Créole antillais. C'est dire que la technique d'écriture ainsi que les faits et gestes de certains personnages paraissent parfois plus importants que la trame même du récit.

Dans l'épilogue, l'auteur se présente comme un scripteur dont le rôle consiste simplement à mettre à la portée du public l'histoire de Texaco, telle qu'il l'a recueillie sur magnétophone de son informatrice, une vieille « câpresse, très maigre, très grande, avec un visage grave, solennel et des yeux immobiles » (423). En plus de l'enregistrement, celle-ci lui a confié, en guise de mémoire, ses « innombrables cahiers, couverts d'une écriture extraordinaire, fine, vivante de ses gestes, de ses rages, ses tremblades, ses taches, ses larmes, de toute une vie accorée en plein vol » (423-424). Texaco se veut donc une écriture collective, celle de toute la créolité. Raison pour laquelle Chamoiseau, sans doute pour sacrifier à la vraisemblance, se contente de reproduire, sous forme de métarécits, de nombreux passages qu'il aurait repris de l'un ou de l'autre cahier de son informatrice. Il s'agit à la fois d'une construction et du souvenir du réel : « Dans ce que je dis là, il y a le presque-vrai, et le parfois-vrai, et le vrai-à-moitié. Dire une vie, c'est ça, natter tout ça comme une tresse les courbes du bois-côtelettes pour lever une case. Et le vrai-vrai naît de cette tresse. Et puis, Sophie, il ne faut pas avoir peur de mentir si tu veux tout savoir » (139).

Le roman s'inscrit ainsi dans la tradition des peuples qui vivent de légendes et dont la culture se transmet d'une génération à l'autre en empruntant les techniques de l'oraliture. L'un des enjeux fondamentaux de *Texaco* est de remettre en question l'ordre colonial du discours. La mémoire du groupe dominé ayant été soumise aux manipulations du groupe dominant, *Texaco* voudrait donner au colonisé l'occasion de reprendre l'initiative historique. À la suite d'Albert Memmi et de Frantz Fanon, deux théoriciens qui ont, l'un comme l'autre, analysé les mécanismes de dépersonnalisation et de mystification dont les colonisés sont victimes, Chamoiseau souhaite arracher le Martiniquais à l'extériorité par le biais du retour à l'oraliture des plantations.

Dans *Texaco* comme dans *Peau noire, masques blancs* (1952) de Fanon, la bourgeoisie mulâtre et les candidats à l'assimilation qui habitent l'En-ville sont des individus sans mémoire. Ainsi en va-t-il de Gros-Joseph, personnage sans identité qui ne rêve que de francité. Sa créolité a disparu dans la consommation effrénée de la culture de l'Autre. Dans l'impossibilité de se perdre dans l'Autre en allant s'installer dans ce qu'il appelle le « pays de l'esprit » (241), Gros-Joseph sombre dans un délire sans fin. Il en arrive même à mordre à belles dents ce qui n'était pourtant qu'une nourriture spirituelle :

Les poésies, disait l'abâtardi, étaient meilleures que les romans – plus délicates. Rimbaud libérait une saveur de soudon envasé, quelque chose d'étouffant qui torturait la bouche avant de s'étaler en de larges fragrances, puis de se racornir sur une gerbe de poudres et de sables de désert. Lautréamont régnait dans un bouquet de caïmite-citron-vert, mais à la longue, il donnait mal au ventre. Sully Prudhomme devait se mâcher comme du gros-gâteau et s'oublier très vite. Lamartine laissait goût d'un vieux sirop de batterie, plaisant mais un brin mol. Et Montaigne, hélas, ô flamboyant esprit... ses livres dissipaient leurs vertus dans la bouche pour n'offrir aux papilles qu'une frappe de rance... [...] Ah Jonathan Swift goût de merde, Ah Zola goût de merde, Ah Daudet goût de merde, et il les voltigeait à travers la pièce, déchirés par ses dents, Ah (246-247).

À côté de Gros-Joseph, symbole presque caricatural du mulâtre antillais, Ti-Cirique l'Haïtien, qui habite pourtant Texaco, ville créole, véritable « champ de bataille et de résistance » (36) d'où on lutte contre le décervelage de l'En-ville béké, Ti-Cirique fait partie de ces nègres qui acceptent volontiers ce qu'on a fait d'eux (95) et participe, même inconsciemment, à la mystification coloniale. Gros-Joseph et Ti-Cirique mettent en question les fondements mêmes de la créolité tant il est vrai qu'ils sont, l'un comme l'autre, complètement tournés vers l'extériorité. Ti-Cirique s'insurge contre les nègreries créoles. L'Épître de Ti-Cirique au marqueur de paroles honteux se lit comme suit :

À écrire, l'on m'eût vu le crayon noble, pointant moult élégantes, de dignes messieurs, l'olympe du sentiment ; l'on m'eût vu Universel, élevé à l'oxygène des horizons, exaltant d'un français plus français que celui des Français, les profondeurs du pourquoi de l'homme, de la mort, de l'amour et de Dieu ; mais nullement comme tu le fais, encossé dans les nègreries de ta Créolité ou dans le fibrociment décrépi des murs de Texaco. Oiseau de Cham, excuse-moi, mais tu manques d'Humanisme – et surtout de grandeur (19).

Pour Chamoiseau, il s'agit, d'entrée de jeu, de créer un paradoxe afin de mieux mettre en relief la défense de la créolité. Et qui dit créolité dit « vision intérieure », puisque « l'Antillanité ne nous est pas accessible sans vision intérieure. Et la vision intérieure n'est rien sans la totale acceptation de notre créolité » (Éloge de la créolité, 26). S'agissant de littérature, le manifeste affirme que « la littérature créole se moquera de l'Universel, c'est-à-dire de cet alignement déguisé aux valeurs occidentales, c'est-à-dire de ce souci de mise en transparence de soi-même, c'est-à-dire de cette exposition de soi aux embellies de l'évidence » (ibid., 51).

L'éloge de la créolité équivaut donc à l'éloge de la différence. Elle est aussi synonyme de résistance. D'ailleurs, tout Texaco est bâti autour d'une résistance organisée face aux modèles/valeurs de l'Autre. Chamoiseau invite constamment l'Antillais à revendiquer l'héritage du cri du nègre marron,

> (celui qui échappa aux habitations pour réfugier sa résistance dans les mornes), mais l'artiste du cri, le réceptacle de sa poétique, le Papa de la tracée littéraire dedans l'habitation sera le Paroleur, notre conteur créole. C'est lui qui, en plein cœur des champs et sucreries, reprendra à son compte la contestation de l'ordre colonial, utilisant son art comme masque et didactique (P. Chamoiseau et R. Confiant, *Lettres créoles*, Paris, Hatier, 1991, 35).

Ici, la résistance se manifeste tant au niveau artistique qu'à celui de l'action romanesque. Texaco est une ville dans la ville. Il ne s'agit pourtant pas d'un bidonville, ni d'une tumeur à l'ordre urbain, mais plutôt d'une mangrove urbaine. Texaco est un problème. Et l'histoire de sa naissance épouse les grands moments de la vie de Marie-Sophie, une vie dont l'évolution devrait inspirer le peuple antillais. En effet, née vers 1902, de parents assez âgés, Marie-Sophie Laborieux crée Texaco dans une violence inouïe. Il s'agit d'une ville de résistants où il faut apprendre à construire le dimanche ou de nuit et se tenir prêt à affronter la police.

Comme son nom l'indique, Texaco est un dépôt pétrolier désaffecté aux alentours de Fort-de-France. Avec la complicité du gardien des lieux, solidarité des exclus oblige, une horde de squatters, esclaves libérés et venus des campagnes, s'emparent de l'espace :

> La compagnie pétrolière [...] avait quitté les lieux depuis nani-nannan. Elle avait pris ses fûts, charrié ses réservoirs, tronçonnés ses tuyaux [...] Ses camions-citernes y stationnaient parfois pour préserver d'un pied sa chère propriété. Autour de cet espace abandonné, se bousculaient nos cases, notre Texaco à nous, compagnie de survie (35).

Évidemment, les habitations en « bois-caisse » résistent peu aux assauts répétés des urbanistes de « l'En-ville ».

Les damnés n'ont pas d'autre choix. Grâce à toutes sortes de petits métiers, exercés çà et là, ils trouvent les moyens de reconstruire inlassablement, et même de perfectionner la technique, d'améliorer leur habitat. Avec le temps et l'évolution politique, ils s'organisent pour faire face à l'ordre établi et imposer la reconnaissance de leur identité. L'arrivée d'Aimé Césaire à la mairie favorise leur intégration à Fort-de-France. Le quartier est finalement relié au réseau d'eau, d'électricité et à la voirie urbaine. Les cases en cloisons de bois-caisse et en fibrociment font place aux immeubles de béton. Mais autant la figure de l'ancêtre Césaire apparaît nimbée d'ambiguïtés sous la plume de Chamoiseau, autant l'intégration de Texaco à la ville des urbanistes occidentaux doit être perçue avec circonspection. L'intégration n'est-elle pas synonyme de l'intrusion irrémédiable d'un ordre indésirable ?

En effet, tandis que l'En-ville dégage des odeurs composites de graisse, du gaz des camions, de caoutchouc chauffé, alors qu'elle sent la tôle, la maçonnerie qui sèche, la toile et le carton, l'odeur des monnaies qui s'élèvent des tiroirs, les solitudes et les marchandises folles, alors qu'elle sent l'eau de café et la farine dorée, le Cinzano des fêtes et l'absinthe matinale, la vie qui s'exhale des marchés du samedi et la mort des écailles sur les rives du samedi, Texaco, écrit Chamoiseau, « était ce que la ville conservait de l'humanité de la campagne. Et l'humanité est ce qu'il y a de plus précieux pour une ville » (309). Il faut, pense-t-il, à « l'urbaniste créole, réamorcer d'autres tracés, en sorte de susciter en ville une contre-ville. Et autour de la ville, réinventer la campagne » (396).

Sur le plan artistique, la figure du Mentô est aussi symbole de résistance. Historiquement, le Mentô, dans les plantations, est docile et a tout l'air d'un bon nègre. Mais en réalité, il est l'inventeur des stratégies de lutte :

> Un Mentô, dit la parole, n'a jamais souffert du fouet ou du cachot ; à l'heure des fers et de la barre on les oubliait net ; les envies méchantes de qui que ce soit ne s'exerçaient jamais contre eux ; Et c'était là [...] l'insigne même des Mentô. Ils vivent parmi les hommes sans bruit et sans odeur, en façons d'invisibles. Jourd'hui-encore, peu de nègres soupçonnent leur existence. Or bondieu seul sait en quel état tombé sans eux nous fûmes toujours (63).

***

Il ne fait aucun doute que c'est la Parole du Mentô qui inspire Esternome et Marie-Sophie Laborieux dans la lutte contre l'En-ville et dans la fondation de Texaco. Pareil artifice permet à Chamoiseau d'inviter le public à une relecture de l'histoire antillaise et à une réévaluation du rôle de certains acteurs. C'est dire que le projet des créolistes rejoint, par bien des côtés, le discours postcolonial qui s'inscrit lui-même dans la dynamique des théories postmodernistes. En effet, toute l'appréhension de l'histoire qui se dégage de *Texaco* correspond à l'approche postmoderniste. Citant Ankersmit, Pauline Marie Rosenau écrit à ce propos : « [P]ost-modern history is not a truth-seeking activity so much as "storytelling". "Description" in the form of such stories becomes as valuable as "explanation" » (*Post-Modernism and the Social Sciences*, 66).

À cet égard, on sera sensible à la multiplicité de perspectives qui prolifèrent dans *Texaco*. À la suite de Montaigne qui se demande « Que sais-je, mais que sais-je ? » (240), le roman de Chamoiseau se déroule sur le mode de l'incertitude et de la mise en question de la notion de vérité. À propos des histoires que raconte Esternome, Marie-Sophie Laborieux constate : « Mon Esternome [...] me disait tout puis le contraire de tout. L'envers valait l'endroit, et l'endroit le plus souvent était des deux côtés. Et quand il s'y perdait il murmurait confus : Aveuglage, embrouillage, [...] rien n'était clair en ce temps-là » (83). Mais il n'y a pas qu'Esternome qui s'embrouille. Au sujet de la visite du général de Gaulle, l'auteur écrit :

> [Q]uand De Gaulle surgit au pays [...] je ne pus le voir. [...] Marie-Clémence, Sonore, Néolise Daidaine, Carolina Danta, Ti-Cirique et les autres, chantaient leur joie d'avoir vu De Gaulle, et les autres revenaient de l'En-ville après s'être enflammés dans une file de bistrots. Chacun passait me raconter ce qu'il avait vu de De Gaulle, et ce n'était jamais la même chose, à tel point qu'on finit par conclure qu'il changeait de visage comme nos improbables Mentô... (388).

L'objectif paraît évident. Il s'agit ici de tourner le dos à une conception moderniste de l'histoire. Face à une perception universelle et instituée de l'Histoire, Chamoiseau et les postmodernistes proposent une lecture pluraliste des événements qui nous entourent : « Oh Sophie ma doudoune, tu dis "Histoire", mais ça ne veut rien dire, il y a tellement de vies et tellement de destins, tellement de tracées pour faire notre seul chemin. Toi tu dis l'Histoire, moi je dis les histoires. Celle que tu crois tige-maîtresse de notre manioc n'est qu'une tige parmi charge d'autres... » (102). Pareille conception de l'histoire est intimement liée à une certaine appréhension de la liberté. Car pour exister, il nous appartient de prendre en charge notre histoire pour construire notre identité : la « Liberté ne se donne pas, ne doit pas se donner. La Liberté donnée ne libère pas ton âme... » (97).

Mais attention ! Il ne s'agit point d'ignorer l'Autre. Pour assurer le plein épanouissement de soi, la prise en compte de l'universel et la connaissance de l'Autre est salutaire. L'important est d'éviter l'aliénation. À cet égard, l'intertextualité qui, de bout en bout, marque l'énoncé de *Texaco* est une preuve incontestable de l'ouverture dont fait montre Chamoiseau. D'entrée, « Annonciation » est une référence à la tradition judéo-chrétienne. Mais l'évangile qui se déroule devant le lecteur est bel et bien celui de Chamoiseau ! De même, les allusions à des auteurs de la littérature occidentale triés sur le volet sont récurrentes et on ne peut plus significatives :

> Il me félicita pour Montaigne, l'homme qui sut voir au-delà de sa seule culture et relativiser sa pensée. Il s'extasia sur Lewis Carroll qui nous enseigna à tous (autant que Don Quichotte et ce cher Kafka dont il faudrait parler, madame), à quel point l'étirement du réel portait la connaissance (en l'occurrence de l'enfant), et comment le frottement du merveilleux et du réel (comme pratiqué en Haïti depuis nanni-nannan) ajoutait aux approches des vérités humaines.

> Il s'émut sur mon La Fontaine, un sympathique qui savait écrire et que les Français ont tort de ne plus lire, puis il demeura silencieux sur Rabelais dont (je le sus par la suite) il se méfiait des folies de la langue et de la démesure (356).

C'est dire qu'aller vers l'Autre doit se faire de manière critique et s'opérer avec la plus grande circonspection. En effet,

> [d]ans la culture des peuples, il y a l'ombre et il y a la lumière, m'expliqua-t-il en réponse à mon envie de connaître la France. Littérature (les arts en général) trouve son achèvement dans la face de lumière, c'est pourquoi elle vibre toujours au-delà de la réalité même du peuple dont elle émane. Comment chercher Michel Eyquem seigneur de Montaigne dans les halliers du Périgord ? Où rencontrer William Faulkner dans les plantées du Sud, madame Marie-Sophie ? Hélas, la France réelle n'est ni Marcel Proust ni Paul Claudel, c'est la gangue obscure. Et, excusez-moi : Aimé Césaire n'est pas la Martinique... Et pire : lumière et ombre s'entremêlent dans les corps, ainsi Louis-Ferdinand Céline une crapule lumineuse, Hemingway une furie alcoolique, Miller une névrose sexuelle, Pessoa une diffraction psychotique, Rimbaud nègre mais colonialiste dans les lettres africaines, et... Certains jours, il me parlait des poètes dont la puissance pouvait briser la pierre. Parfois, il tombait dans les romans pour finir en douleur sur Jacques Stephen Alexis, l'écrivain son ami, son frère, sa douleur, mort récemment sous la griffe des chiens tontons-macoutes (357).

***

On le voit, *Texaco* n'est pas avare de références intertextuelles. D'ailleurs, tout le roman qui est bâti autour des prétendus cahiers de Marie-Sophie Laborieux est une espèce de vaste intertexte livré à la méditation du lecteur. C'est d'ailleurs à ce niveau que créolité et postmodernité se rejoignent et s'interpénètrent, incontestablement. Autant la créolité veut intégrer la tradition orale, une « solidarité antillaise (géopolitique) avec tous les peuples de [l']Archipel, quelles que soient [les] différences culturelles » (*Éloge de la créolité*, 33), et une solidarité anthropologique intégrant « tous les peuples africains, mascarins, asiatiques et polynésiens » (*ibid.*), autant nous savons par ailleurs que l'auteur postmoderne ne revendique guère l'originalité dans la création. L'un des objectifs essentiels de l'écrivain postmoderne est de participer totalement au discours social.

De ce point de vue, le lecteur sera sensible au saut historique que *Texaco* propose à son public. Car si la postmodernité est avant tout affaire des sociétés dites postindustrielles, à la technologie hautement performante, Chamoiseau suggère qu'il faudrait envisager de passer par-dessus la modernité, source de nombreux maux, pour accéder à la postmodernité, à l'En-ville postcoloniale, façonnée à notre manière. Ici encore et à l'instar de la créolité antillaise, il est question d'organiser une sorte de métissage temporel en faisant une jonction entre le passé et le présent pour construire l'avenir.

George Lamming
et la conscience historique[3]

I

Lamming est un écrivain extrêmement attentif à l'évolution de la société caraïbe et des pays du Tiers-Monde en général. Son œuvre aborde plusieurs problèmes cruciaux – racisme, culture, politique et économie – du monde antillais et embrasse les grands moments de l'histoire de cette région. Si l'esclavage, la colonisation et le néocolonialisme sont des étapes marquantes des Caraïbes, il convient de souligner que l'œuvre de George Lamming s'articule à son tour autour de ces grandes étapes.

Ainsi, *In the Castle of My Skin* (1953) transpose-t-il les problèmes inhérents à la société coloniale : école aliénante, conflits de valeur et luttes de classe sont parmi les principaux thèmes que révèle ce récit. *The Emigrants* (1954) et *Water with Berries* (1971) traitent, chacun à sa manière, des causes de l'émigration et des tribulations du colonisé au pays de son (ancien) maître. *Of Age and Innocence* (1958) et *Season of Adventure* (1960) évoquent tour à tour nombre de facettes des luttes de libération nationale et de la recherche d'une identité nouvelle. *Natives of My Person* (1972) est un récit allégorique qui renvoie le lecteur à la période de la traite des Nègres et du commerce triangulaire. Mais il ne s'agit pas pour autant d'un roman tourné exclusivement vers le passé car, de son propre aveu, l'auteur part aussi d'une observation minutieuse de la société contemporaine :

> I was thinking of the House as a symbol of our contemporary situation of the post-colonial world like that of San Cristobal [...]. A country becomes what is called "independent," attempts, like *The Reconnaissance* to set out on a journey of very serious breaking away, but discovers instead the international corporation – that gigantic arrangement of modern life that has the capacity to control or redirect decisions democratically decided by people and their leaders (George Kent, « A Conversation with George Lamming », *Black World*, vol. 22, n° 5, mars 1973, 14).

Il ressort donc que Lamming s'inspire largement des vicissitudes qui ont marqué le destin des peuples opprimés et singulièrement des communautés antillaises. Il faudrait sans doute noter que la publication de nombre de ses ouvrages coïncide – est-ce un hasard ? – avec les périodes dont il transpose les problèmes. *In the Castle of My Skin* paraît au moment où les colonisés des Caraïbes et d'Afrique commencent à comprendre la nécessité de mettre

---

3. Publié dans *Komparatistische Hefte*, Heft 9/10 (1984), 115-121.

en question le système administratif et politique qui prévalait dans leurs territoires respectifs. On sait que l'imaginaire de Lamming reprend dans *The Emigrants* une situation causée par la démographie et les difficultés économiques et géopolitiques dans les Caraïbes au début des années 50. La publication de *Of Age and Innocence* et de *Season of Adventure* coïncide, elle aussi, avec l'explosion des luttes de libération et l'ère des indépendances tant aux Antilles qu'en Afrique. Quiconque suit l'évolution des communautés d'immigrés en Grande-Bretagne ces dernières années se rendra aisément compte que *Water with Berries* est venu à point nommé tant il est vrai que le livre analyse avec acuité le drame de l'immigré antillais établi dans l'ancienne mère patrie. Même *Natives of My Person* qui, à première vue, ne semble pas être l'écho des combats immédiats des peuples dominés, révèle, on l'a dit, une vision allégorique de la société de notre temps. En effet, le Commandant, leader imbu de son autorité, ne représente pas seulement la tendance totalitariste de la société industrielle avancée (lire Herbert Marcuse, *L'Homme unidimensionnel*, Paris, Les Éditions de Minuit, 1968, chapitre 1), mais aussi et surtout le despotisme de nombreux leaders du Tiers-Monde qui, au lendemain des indépendances, se sont retrouvés à la tête des États dont la structure se compare bien à l'empire du Commandant du *Reconnaissance* et à sa conception de l'exercice du pouvoir.

II

Les critiques de George Lamming s'accordent à reconnaître le rôle déterminant de certains événements historiques dans sa création romanesque. Gloria Yarde, dans « George Lamming: The Historical Imagination » (*The Literary Half-Yearly*, vol. XI, n° II, juillet 1970, 34-45), et Ian Munro, dans « George Lamming » (Bruce King (dir.), *West Indian Literature*, London, MacMillan, 1979, 126-235), ont bien établi l'importance des émeutes des années 1930 et de diverses crises qui jalonnent l'histoire des Caraïbes dans l'élaboration de *In the Castle on My Skin*. Mais à côté des faits historiques autour desquels s'articule l'action du récit, il faut souligner que les personnages de *In the Castle of My Skin* s'interrogent de manière continuelle sur les racines et l'identité véritable de l'homme antillais. Les livres et les leçons d'histoire sont les sujets de discussion privilégiés des jeunes protagonistes du roman. Quand G. et ses amis se révoltent contre les méthodes plutôt autoritaires de l'instituteur principal du village, ils s'imaginent d'emblée que l'histoire retiendra leur action de la même façon qu'elle a retenu l'héroïsme d'un Guillaume le Conquérant et autres Richard : « I read 'bout all those who been making hist'ry, William the Conqueror an' Richard an' all these. I read how they make hist'ry, an' I say to myself 'tis time I make some too » (George Lamming, *In the Castle of My Skin* (1953), New York, MacMillan Company, Collier Books edition, 1970, 45).

À Creighton Village, c'est sur un ton souvent enjoué et bon enfant qu'ont lieu des débats d'importance entre jeunes ou entre jeunes et vieux. Il surgit souvent des noms, des concepts et des institutions qui font partie de la personnalité collective des Antillais. Marcus Garvey et l'Afrique ancestrale, l'esclavage et l'émancipation, l'Empire britannique, la conscience raciale sont autant de clins d'œil qui émaillent le texte et attirent l'attention du lecteur sur la toile de fond du récit. Car pour apprécier l'initiative de Slime et les bouleversements qui s'ensuivent, il importe avant tout de saisir la manière dont Creighton Village, sorte de microcosme de la société antillaise, a été façonné. Il ne fait aucun doute, en effet, que la psychologie de ceux qui se considèrent comme les enfants chéris de la Grande-Bretagne a facilité encore davantage l'exploitation coloniale :

> Barbados or Little England was the oldest and purest of England's children, and may it always be so. The other islands had changed hands. [...] But Little England remained steadfast and constant to Big England. Even to this day. Indeed, it was God's doing. [...] One day before time changed for eternity, Little England and Big England, God's anointed on earth, might hand-in-hand rule this earth (32).

Ainsi tissés, les rapports entre Little England et Big England paraissent des plus harmonieux et même des plus fraternels. Tout est mis en œuvre pour que l'Antillais n'ait presque jamais une conscience claire de sa situation. *In the Castle of My Skin* est un regard naïf jeté sur l'histoire et l'évolution des Caraïbes. Pareille technique met efficacement en relief l'action dévastatrice de l'école coloniale, institution malthusienne qui pratique un décervelage subtil en jetant un voile mystificateur sur le passé de ses disciples. Ici, l'écriture lammingienne agit un peu comme un coup de sonde destiné à la maintenir en éveil.

On pourrait également parler de technique de sonde dans l'élaboration de *Water with Berries*. Dans ce roman qui se lit à la lumière référentielle de *La Tempête* de Shakespeare, les personnages, qui évoluent dans un contexte apparemment libre de tout complexe colonial, sont néanmoins hantés par leur passé et par une certaine vision de l'histoire léguée par leurs ancêtres respectifs. Old Dowager, la logeuse de Teeton, n'a pas personnellement participé à l'aventure coloniale ; on pourrait donc croire qu'aucun des stéréotypes qui caractérisent les rapports entre colonisateurs et colonisés ne porte ombrage au pacte qui la lie à Teeton. On se rend malheureusement compte, au fur et à mesure que le récit avance, que la vieille exploite au mieux de ses intérêts l'infortune du peintre. Grâce à Teeton, elle peut échapper à la solitude dans laquelle sa société l'a confinée. Grâce à lui également, elle peut défier les préjugés de Fernando, son beau-frère et amant.

De son côté, Teeton se méfie de Old Dowager et de tous les congénères de celle-ci. Il n'éprouve aucune sympathie pour son milieu de vie et les habitants de Londres. Peintre de son état, il dédaigne de vendre ses tableaux aux Anglais. Qui plus est, il est constamment tourné vers les Antilles, qui semblent être le seul endroit où il croit pouvoir s'épanouir. Dans *Water with Berries*, l'auteur semble suggérer qu'il est difficile aux héritiers de Prospero et de Caliban de se départir des vestiges de leur histoire respective. Faudrait-il conclure à l'impossible dialogue entre les deux communautés ? Le dénouement de *Water with Berries* tend à corroborer cette hypothèse. Tant que les héritiers de Caliban et de Prospero, à l'instar de Teeton et de Dowager, tenteront de *refouler* – Dowager et Teeton ne se connaissent nullement du début à la fin du récit – leur passé plutôt que de développer de nouveaux rapports fondés justement sur la connaissance de soi et la compréhension mutuelle, il ne saurait y avoir de communication véritable.

Pour Lamming, Caliban doit avant tout reprendre le contrôle de son île et l'exorciser du fantôme de Prospero, en faisant appel, si nécessaire, aux dieux tutélaires de la mère-Afrique. Renoncer à être un jouet aux mains de Prospero, voilà la voie qui doit être celle de l'ancien colonisé. On l'a souligné, Lamming paraît extrêmement sensible à la place qui doit revenir à l'Afrique ancestrale et à la *re-création* des mythes propres à enrichir le patrimoine culturel des Caraïbes. À la manière de Charlot dans *Season of Adventure*, les héritiers de Prospero redoutent pareil retour aux sources, car une telle démarche risquerait de réduire l'influence de la culture léguée par l'ancienne puissance coloniale :

> Their passion knew only shades of emphasis, and Charlot felt hurt in every nerve as the ceremony returned him to the origin of its serpent cult on that slave coast, simmering this very moment with dangerous emergencies. Dangerous and emergent beyond the corpse of England's feeling; for those men alive at the heart and edge of that disfigured continent are ripe, forgetful and ripe with intentions that are too loud to hear a liberal, dead whisper from afar.

> In this moment, Charlot was thinking; those Africans will walk the land like adults who are too busy to remember the senile details of arrangements made in their childhood. Hurt in every nerve: Charlot was hurt (*Season of Adventure*, London, Michael Joseph, 1960, 37).

Mais qu'importe que Charlot ou ses semblables se sentent offensés par cette quête culturelle ! La place que Lamming accorde aux rituels vaudou dans *Water with Berries* (voir à ce propos la rencontre entre Teeton et Randa) et surtout dans *Season of Adventure*, montre qu'il s'agit d'un cheminement dont le but n'est pas de culpabiliser l'Europe en faisant ressortir ses horreurs de naguère, mais bien de mettre en relief les splendeurs de l'héritage africain.

La recherche d'une culture nationale et la création des mythes galvanisent le peuple et portent en avant.

On se souviendra à ce propos de la légende des Tribe Boys dans *Of Age and Innocence*. L'auteur tente de ressusciter dans la conscience du peuple l'aventure des Tribe Boys, symbole de l'identité de l'homme caraïbe. Il s'agit d'un mythe des origines destiné à exciter l'imagination en renvoyant à une ère de dignité, d'indépendance et de créativité. Le mythe des Tribe Boys est d'autant plus efficace que son évocation fait contrepoids à l'histoire présente, c'est-à-dire l'échec des luttes de libération que révèle *Of Age and Innocence*. La présence des espions et des laquais (Crabbe, Baboo) ainsi que de nombreuses querelles intestines expliquent, du moins en partie, l'échec de Shephard, leader de la révolution populaire de San Cristobal. Pour Lamming, la faillite des luttes de libération dans la plupart des pays du Tiers-Monde à l'époque contemporaine s'explique dans une large mesure, elle aussi, par l'existence dans les rangs des combattants d'un nombre souvent appréciable d'individus qui sont d'intelligence avec l'ancien maître ou avec les alliés de ce dernier.

On retrouve la même trahison dans *Season of Adventure*, roman dans lequel la bourgeoisie nationale refuse de se reconnaître dans la culture de ses pères et met tout en œuvre pour rompre les liens qui la rattachent à un passé marqué par l'esclavage. C'est l'origine du drame de Fola qui cherche, malgré l'opposition de ses parents, à renouer avec son passé en remontant le cours de son histoire personnelle, « her own backward glance » (225). La bourgeoisie de *Season of Adventure* ignore sans doute qu'à l'instar des personnages de *Water with Berries*, elle risque tôt ou tard d'être trahie par Prospero ou ses héritiers. En effet, l'expérience des Teeton, Roger, Derek et autres immigrés (voir *The Emigrants*) montre bien que l'accueil cordial dont pense bénéficier l'ancien colonisé dans la métropole de son ancienne mère patrie se transforme souvent en véritable cauchemar.

On peut penser que les rapports entre Teeton et Dowager s'apparentent, du moins au début du séjour du révolutionnaire antillais, au genre de liens qui unissent certains colonisés et leurs maîtres. Pourtant, la violence qui clôt le récit et marque en même temps la fin des rapports entre Teeton et sa logeuse semble suggérer qu'une rupture totale est peut-être un préalable nécessaire à la redéfinition d'un nouveau projet de coopération entre l'ancien maître et son esclave d'autrefois ou les héritiers de ce dernier. Le comportement tout de gratitude qui avait conduit Teeton à suivre sa logeuse aux Orcades le condamne et il comprend, mais après coup seulement, le caractère irrémédiablement piégé de son aventure avec Old Dowager. Il faut d'ailleurs rappeler que la

Vieille Douairière, en emmenant le peintre aux Orcades, croyait lui rendre service parce qu'elle le soupçonnait d'être l'assassin de Nicole.

En tout état de cause, méfiance et suspicion continuent de marquer les rapports entre les descendants de Caliban et de Prospero. C'est dire qu'il faut repartir sur des bases nouvelles en se dépouillant de toute forme d'hypocrisie et de paternalisme. Tout indique du reste qu'à l'exemple de Powell dans *Season of Adventure*, l'ancien colonisé devrait considérer sa liberté d'action comme une valeur absolue : « He [Powell] is [...] a man who saw freedom as an absolute, and pure. It was this purity which crippled his mind until he could no longer see the act of giving and receiving as other than a conspiracy against himself and his most urgent need » (330-331).

La même perspective se retrouve dans *Natives of My Person*, où les hommes du fond de cale défient l'autorité d'un homme qui fuit son ombre, pour poursuivre à leurs risques et périls l'itinéraire qui est censé les mener à la Terre Promise. La leçon de *Natives of My Person*, de *Water with Berries* et de la plupart des romans de Lamming semble claire. La même stérilité dont sont victimes les protagonistes de *Water with Berries* guette l'opprimé qui compte sur les bonnes dispositions de l'oppresseur pour s'épanouir. Il importe qu'à un moment donné de son histoire, l'homme dominé reprenne entièrement l'initiative historique et se forge un destin dont il est seul maître. Fanon écrit à ce propos : « La revendication d'une culture nationale passée ne réhabilite pas seulement, ne fait pas que justifier une culture nationale future. Sur le plan de l'équilibre psychoaffectif, elle provoque chez le colonisé une mutation d'une importance fondamentale » (*Les Damnés de la terre*, Paris, Maspero, 1961, 144).

III

Pour Fanon comme pour George Lamming, donc, il ne saurait y avoir d'identité réelle en dehors d'une prise de conscience totale et d'une réappropriation de l'histoire collective. Voilà sans doute ce qui explique qu'au-delà même de ses œuvres de fiction qui privilégient des individus qui luttent pour se libérer et pour modifier l'image de Caliban dans la conscience de Prospero, l'auteur antillais produit des essais sociopolitiques qui montrent la nécessité d'une quête historique approfondie et quasi permanente.

Dans *The Pleasures of Exile* (1960), Lamming procède ainsi à une réhabilitation de Caliban en faisant ressortir les qualités qu'il a léguées à ses descendants. Ces qualités, souligne-t-il, sont constamment niées par l'ordre colonial. Se référant à *Black Jacobins* de C. L. R. James, Lamming présente Caliban comme « a slave who was a great soldier in battle, an incomparable administrator in public affairs; full of paradox but never without compassion, a humane leader of men » (*The Pleasures of Exile*, London, Michael Joseph, 1960, 119).

Ces ressources se sont révélées de manière percutante chez Toussaint Louverture et chez Dessalines dans les batailles d'Haïti. Il n'y a donc aucune raison que l'héroïsme des leaders du passé ne continue pas d'inspirer leurs descendants. Dans *The Pleasures of Exile* également, Lamming insiste sur la présence culturelle de l'Afrique et sur la nécessité d'un pèlerinage que les Noirs de la diaspora devraient entreprendre en Afrique afin de se régénérer. Pareille démarche comblerait les lacunes de l'éducation coloniale à laquelle on les a trop longtemps soumis : « His [The West Indian Negro's] relation to Africa is [...] problematic because he has not [...] been introduced to it through history. His education did not provide him with any reading to rummage through as a guide to the lost kingdoms of names and places which give geography a human significance » (*The Pleasures of Exile*, 160).

Mais dans ses romans comme dans ses essais, Lamming ne va guère au-delà de la période de contact entre l'Afrique et l'Occident pour sa recherche d'une base historique à l'élaboration de la nouvelle identité de l'homme caraïbe. Il ne fait pas de doute qu'une investigation de la conscience africaine précoloniale lui aurait peut-être permis de mieux identifier et de mieux définir encore l'essence de son africanité. Mais l'on ne saurait accuser de partialité un écrivain qui se garde méticuleusement d'attribuer la responsabilité des maux dont souffre l'ancien colonisé aux seuls méfaits de son maître d'hier.

L'analyse que Lamming donne des intellectuels et des différents régimes qui ont pris le pouvoir au lendemain des indépendances est sans aucune complaisance. De même que le Commandant dans *Natives of My Person*, bon nombre de leaders des Antilles et de l'Afrique postcoloniales sont de simples aliénés qui ont constamment recours à des méthodes autoritaires et à un système économique désuet pour tenir en respect des peuples qu'ils auraient dû inspirer et amener à la redécouverte et à la mise en œuvre de son génie créateur. On pourrait, en conclusion, citer une récente remarque de l'auteur :

A dominant class, exclusively white, laid the foundations of a cultural force that would influence all our lives. It was the ideology of racism; a morality whose guiding principle was the excessive privilege of the skin. To be black was to be a commodity identified with the cheapest of labour. White was the symbol and source of all authority. The priest and the planter, school and church, legislation and the law, all gave the weight of their authority to this social and economic arrangement; and they did so in the name of decency, honour, and Christian democracy. And I want to emphasize that *in spite of the*

*modifications which we observe in contemporary West Indian society, we have
never, never been truly liberated from the persistent legacy of this system.*

This system of economic and cultural imperialism remains in profound conflict
with the struggle of labor for an alternative society, a national dwelling-place
which would be the material reward and the spiritual symbol of that labour:
how to transform production into creative forms of social living that derive
from the free and informed choice of those whose labour makes our survival
possible. But the power of the system prevails (George Lamming, « Politics
and Culture », dans Kathleen Drayton (dir.), *The Most Important People,
George Lamming*, Bridgetown, Barbados, Cedar Press, 1981, 2 ; c'est moi
qui souligne).

George Lamming,
lecteur de Frantz Fanon[4]

Frantz Fanon est né le 20 juillet 1925 à Fort-de-France, en Martinique ; George Lamming, quant à lui, a vu le jour le 8 juin 1927 à Saint-Michael, à la Barbade. Voilà deux écrivains ou plutôt deux hommes de lettres, deux intellectuels qui appartiennent donc à une même génération, mais aussi à une même région géographique : les Caraïbes. D'un point de vue traditionnel, il peut paraître paradoxal et même absurde de rechercher l'influence, puisque c'est bien de cela qu'il s'agit, qu'a pu exercer l'un sur l'autre. C'est au XVIIIᵉ siècle que les historiens de la littérature française vont chercher les précurseurs du mouvement romantique. En littérature africaine, on se réfère tantôt à la littérature orale ancestrale, tantôt à la littérature française pour mieux saisir l'univers artistique des écrivains du continent. En tout état de cause, on remonte toujours l'histoire pour enquêter sur les sources de tel ou tel écrivain ou sur les influences qui ont pu marquer telle ou telle œuvre. Or Fanon publie *Peau noire, masques blancs*, son premier ouvrage, en 1952, et Lamming *Îles fortunées* (*In the Castle of My Skin*) et *The Emigrants* en 1953 et 1954. Qui plus est, très conscients l'un et l'autre des enjeux de la libération des peuples noirs et de l'étroitesse de leur île respective, les deux Antillais émigrent à la même époque pour s'installer en Europe. L'un et l'autre y vivent des expériences significatives. Après un diplôme de psychiatrie à Paris, Fanon s'installe à Blida (en Algérie) pour tenter de soigner les traumatismes de l'action coloniale sur les Algériens. Lamming, pour sa part, s'établit en Angleterre où il exerce de petits métiers en poursuivant sa carrière de poète et de romancier.

1956, Paris, *Premier Congrès des Artistes et Écrivains Noirs*. Par-delà les divergences idéologiques qui marquent les travaux de la célèbre rencontre, Fanon et Lamming qui, il faut le souligner, se trouvent être les plus jeunes des participants, se découvrent des sympathies mutuelles et une vision quasi identique du destin des peuples du Tiers-Monde colonisé. Dans un entretien que Lamming m'a accordé le 30 mai 1980, il affirme que les controverses soulevées par les prises de position d'Aimé Césaire, lui-même présent au Congrès, contribuèrent à lui faire découvrir combien lui, Lamming, était proche de Fanon. L'exposé de ce dernier lui fit comprendre qu'ils partageaient une même vision de l'avenir politique de la région Caraïbe. En revanche, Lamming ne comprend pas que Césaire, tout anti-impérialiste qu'il est, n'ait jamais défini la Martinique, non en rapport avec l'ensemble de l'archipel antillais, mais toujours en rapport avec la métropole. À l'époque, je l'ai noté,

4. Publié dans *L'Actualité de Frantz Fanon*, Éditions Karthala, Paris, 1986, 137-145.

Lamming avait déjà écrit *In the Castle of My Skin* et *The Emigrants*. De même, la préparation de *Of Age and Innocence* était bien avancée. L'ouvrage qui bénéficie directement de l'expérience du Congrès de Paris et sans aucun doute des échanges avec Frantz Fanon est donc *Season of Adventure* (London, Michael Joseph, 1960). Au moment où il paraît, le roman est d'une brûlante actualité tant il pose avec acuité la problématique culturelle des pays africains et antillais en voie de libération.

Le présent essai consistera essentiellement à montrer que *Season of Adventure* et même les autres récits antérieurs de Lamming s'inscrivent dans un canevas on dirait prédéterminé par les théories fanoniennes sur l'évolution des pays colonisés des Antilles, de l'Afrique, si ce n'est du Tiers-Monde en général. Il faut du reste souligner que *Of Age and Innocence* (1958), qui précède *Season of Adventure*, est déjà une œuvre fortement militante puisqu'elle traite des luttes politiques dans une île fictive des Caraïbes appelée San Cristobal. *Season of Adventure* se déroule dans un pays indépendant. Mais l'île n'a pas conquis son indépendance ; elle lui a été octroyée. Raison pour laquelle une bataille culturelle va mettre en jeu les diverses forces antagonistes qui sommeillaient dans le pays. On pourrait lire *Season of Adventure* à la lumière des arguments que dégage Fanon dans « Racisme et Culture » (*Présence Africaine*, nᵒˢ 8, 9, 10, juin-nov. 1956, 122-131), communication présentée au Premier Congrès des Artistes et Écrivains Noirs en 1956. Le roman est bâti autour d'un conflit entre le petit peuple qui exalte le retour aux sources originelles de la culture et une bourgeoisie faite de petits fonctionnaires qui méprise tout ce qui pourrait lui rappeler l'Afrique de ses ancêtres. Rivés au rythme du « Steel Band », les laissés-pour-compte de la nouvelle république sont, quant à eux, les dépositaires exclusifs des valeurs d'inspiration africaine. Pendant ce temps, la nouvelle classe dirigeante se tourne résolument vers les métropoles européennes pour ses modèles artistiques et culturels. Au début du récit, le symbole de ladite classe bourgeoise est Fola, mulâtresse bâtarde écartelée entre les aspirations du noyau familial et la réalité historique que lui fait découvrir Charlot, instituteur d'origine anglaise.

De prime abord, les concepts que révèlent « Racisme et Culture » et *Les Damnés de la terre* ne paraissent pas « opérationnels » pour le décryptage de *Season of Adventure*. Dans « Racisme et Culture », Fanon situe son analyse dans un contexte colonial où l'affrontement a essentiellement lieu entre Caliban et Prospero, entre Blancs et Noirs. Mais comment oublier, et c'est là que l'œuvre de Fanon scintille d'actualité, que Prospero a laissé des héritiers qui s'affirment chaque jour davantage et que la dialectique Prospero/Caliban, colonisateur/colonisé, dominant/dominé est plus que jamais vivace en période postcoloniale ?

« Racisme et Culture » se présente comme un cours magistral d'anthropologie culturelle. Fanon y dissèque les différentes attitudes adoptées par les colonisateurs face aux cultures autochtones. Constatant le « choc en retour de définitions égocentristes, sociocentristes », Fanon écrit : « [E]st affirmée d'abord l'existence de groupes humains sans culture ; puis de cultures hiérarchisées, enfin la notion de la relativité culturelle. De la négation globale à la reconnaissance singulière et spécifique ».

À la suite de Fanon, Lamming montre dans *Season of Adventure* que l'indépendance nominale reçue par nombre de pays anciennement colonisés n'entraîne pas nécessairement la reconnaissance ou plutôt la résurrection de la culture nationale. Ainsi, bien que *Season of Adventure* se déroule dans un San Cristobal indépendant, une bourgeoisie naissante tient fermement les rênes du pouvoir politique et économique tandis que le petit peuple, frustré dans ses aspirations les plus légitimes, reste cantonné dans des conditions de vie antédiluvienne. San Cristobal se trouve donc coupé en deux : d'un côté la « Forest Reserve » et de l'autre la « Federal Drive ». Malgré l'omniprésence de petits voleurs et de criminels de tous genres dans la Forest Reserve, c'est là que se manifestent les recherches les plus hardies sur la culture nationale. Les déshérités de la Forest Reserve sont les maîtres du « steel drum » qui fait furie dans la « tonnelle ». Entre cette masse populaire et la classe dirigeante, les rapports sont loin d'être cordiaux. Comment aurait-il pu en être autrement ? Ayant hérité du pouvoir politique de Prospero, les bourgeois de Federal Drive, à l'instar de leurs prédécesseurs hiérarchisants, déstructurent, bafouent ou écrasent les valeurs culturelles ancestrales.

Dans *Season of Adventure*, les détenteurs du pouvoir ne font preuve d'aucune tolérance à l'égard des Powell, Chiki et autres artistes de la « tonnelle ». Le « Steel Band » ne les renvoie-t-il pas à histoire de l'esclavage tout en les éloignant des modèles euraméricains ? Mais alors que le colonisateur proposait un nouveau référentiel culturel, le régime néocolonial n'affirme aucun système cohérent de valeurs. Entre le caporal chargé d'interdire le « Steel Band » et le batteur Jack s'engage un échange extrêmement significatif à cet égard :

"So I teelin' you, Jack", the corporal said, "get rid o' your drums. Tell your Boys not to provoke or play hard 'cause the laws goin' treat it like the crime that man do". [...] "They [the legislator] want to clean all what belong to behin' the times lake drums an' ceremony for the dead an all that". "The Bands don't cause no trouble", Jack said. "Sometimes the Boys fight an' things like that, but the Bands don't cause no trouble".

"Look at it good", he said. "You go see there's more to the Bands than you think".

"But is all we got". Jack said. "Come rain or sun, is all we poor people got to make glad with". [...] "People in Piggot class don't need the Bands [...] except for special celebration an' so. 'cause it have radio an' all o' music box in their house, But the Bands is all we got" (*Season of Adventure*, 314).

On le voit, assis en porte-à-faux sur deux ordres/systèmes de valeur, les nouveaux maîtres de céans, véritables bâtards mal libérés, se « momifient » (le mot est de Fanon) sur le plan culturel et sur celui de la pensée individuelle. Alors que, suggère Fanon, l'oppresseur précédent prenait au moins la peine de mettre en place des « organismes archaïques, inertes, fonctionnant sous [sa] surveillance [...] et calqués caricaturalement sur des institutions autrefois fécondantes..., la nouvelle classe dominante se contente d'exploiter, de torturer et de procéder à des liquidations collectives » (« Racisme et Culture », 131). C'est le sort que subissent les animateurs du « Steel Band », retranchés dans la « Forest Reserve ». Quiconque refuse de suivre les Piggot et leurs semblables sur la voie de l'amnésie collective est arrêté et emprisonné sans autre forme de procès. Menacé de liquidation, Great Gort, le chef d'orchestre, s'insurge vigoureusement contre les forces matérialistes de déstructuration. Fort du tam-tam et de la voix de Jack o'Lantern, son défunt maître, Gort défie la loi martiale et montre sa fidélité à l'esprit des ancêtres en les glorifiant :

Like the afternoon he buried Jack o'Lantern, Gort had now chosen the hymn that would pay hommage to a life beyond the grave. The bass drums heard his meaning, and rolled with the wind towards Freedom Square. Where every drum now joined in praise: every drum and every village like a forest and its leaves, striding with the sound of their chapel days:

Glory, glory, halleluya [...]
Jack o'Lantern, sailing home.
Jack o'Lantern [...]
Lantern sailing home.
Lantern, Lantern'.
Jack o'Lantern sailing home (*Season of Adventure*, 360-361).

C'est la fin de la première république de San Cristobal, c'est-à-dire la victoire presque totale des déshérités de la « Forest Reserve ». On pourrait penser que Lamming retient seulement l'idée fanonienne de la momification culturelle dans laquelle l'oppresseur tente de réduire l'homme dominé. Mais l'auteur de *Season of Adventure* va plus loin et met en relief la détermination et la violence avec lesquelles le petit peuple refuse le diktat de la classe dominante. De la même manière que l'œuvre de Fanon suit un itinéraire cohérent, s'alignant en cela sur son expérience personnelle de la praxis révolutionnaire, le roman de Lamming s'inscrit tout à fait dans le sillage de l'évolution du monde noir. Déjà, la vision pancaraïbe qui se dégage de *Of Age and Innocence* coïncide avec les années de formation de l'éphémère fédération des Caraïbes anglophones. San Cristobal, pays mythique, est pourtant un microcosme des îles autant dans sa configuration géographique que dans son tissu ethnique et culturel :

> San Cristobal which every race has reached and where the sea is silver and the mountains climb to the moon. [...] San Cristobal, coming up by accident one morning from water, the tiny skull of a mountain top which was once asleep under the sea. Here Africa and India shake hands with China, and Europe wrinkles like a brow begging every race to promise love (*Of Age and Innocence*, London, Michael Joseph, 1958, 58).

Of Age and Innocence et *Season of Adventure* posent les principaux jalons d'une société nouvelle dans les pays du Tiers-Monde. L'un traite de la dimension politique des luttes de libération nationale, alors que l'autre porte davantage sur l'aspect culturel. Qui plus est, *Season of Adventure, Of Age and Innocence*, tout comme *Water with Berries* (1971), ou même *Natives of My Person* (1972) de George Lamming, développent une idéologie de la violence tout à fait semblable à celle que révèle la théorie fanonienne de libération nationale.

Pour Fanon, on le sait, « la décolonisation est création d'hommes nouveaux et la chose colonisée devient homme dans le processus même par lequel elle se libère » (*Les Damnés de la terre*, Paris, Maspero, 1966, 30). Ainsi donc, dans le contexte de l'oppression coloniale/néocoloniale, l'homme dominé qui aspire à une reconnaissance pleine et entière de ses droits n'a pas d'autre choix que l'action violente. Dans *Water with Berries*, Teeton subit une pression quasi insoutenable de la part d'Old Dowager. Teeton vit dans la négation constante de sa personnalité. Pour réussir la révolution antillaise, Teeton et ses camarades doivent, à l'instar de Caliban, recourir à une violence meurtrière pour être enfin reconnus du Blanc.

Dans *Natives of my Person* également, les voyageurs de la cale du *Reconnaissance* doivent, eux aussi, passer par l'action violente pour imprimer au bateau une direction qui correspond à leurs propres intérêts. Chez Fanon comme chez Lamming, donc, la lutte violente a une finalité essentielle : se faire reconnaître, faire reconnaître ses droits pour re/devenir maître chez soi. Encore convient-il de souligner que la violence totale est l'étape ultime de la lutte du colonisé tant il est vrai que plusieurs autres stratégies sont d'abord tentées. Il en va ainsi de Teeton qui avait essayé une sorte de coexistence pacifique avec sa logeuse. Alors que Dowager cherche à le détourner, à l'assimiler au monde blanc, Teeton adopte la tactique du leurre et de l'imposture. Il adhère à un pacte que lui suggère Dowager sans pour autant renoncer à son idéal révolutionnaire. Dans *Peau noire, masques blancs,* Fanon écrit à ce propos : « Le Noir a deux dimensions. L'une avec son congénère, l'autre avec le Blanc… Que cette scissiparité soit la conséquence directe de l'aventure colonialiste nul doute… » (*Peau noire, masques blancs,* Paris, Seuil, 1952, 13).

En fait, Teeton est contraint de mener une double vie. Pour parvenir à ses fins, il met un masque et Dowager, qui croit avoir réussi l'entreprise de dépersonnalisation et de domestication du Nègre, devient la victime du simulacre. Parfois, le colonisé défie littéralement le colonisateur en puisant dans ses souvenirs les énergies nécessaires à sa lutte. Quand Fola, dans *Season of Adventure,* découvre le rituel vaudou, elle passe au crible du doute ses relations avec sa mère Agnès dont elle condamne la discrétion et la coquetterie. Fola rejette également l'autorité de Piggot, son père adoptif, et tourne le dos à son ami Charlot. À la cérémonie vaudou, Fola est très marquée par l'apparition du « Houngan », personnage mystique qui vit en parfaite harmonie entre les traditions africaines et les saints de l'Église chrétienne. Elle comprend que l'enracinement dans les traditions ancestrales ne ferme pas nécessairement les portes de la modernité. Désormais, Fola va fuir ce que Fanon appelle la « sénescence » de la classe bourgeoise où ses parents l'avaient enfermée, pour se rapprocher des marginaux, les « Drums Boys », qui croupissent dans les bidonvilles mais qui détiennent les secrets de l'authenticité culturelle. Elle va valoriser les traditions, les croyances et les coutumes que nient ses parents. Pour elle, il s'agit de la découverte d'une nouvelle identité puisque, écrit Fanon, « la plongée dans le gouffre du passé est condition et source de liberté ». On le voit, il y a pratiquement identité entre le chapitre consacré à la culture nationale dans *Les Damnés de la terre* et le cheminement de Fola dans *Season of Adventure.* Fanon et Lamming montrent, chacun à sa manière, comment le colonisé manifeste son désir de reconnaissance et lutte pour y parvenir. Il reste entendu que ce désir de reconnaissance individuelle ne constitue qu'une étape vers la réalisation d'une communauté, d'une nation faite d'individus pleinement souverains. Fanon écrit très justement à ce propos : « [L]a construction collective d'un destin, c'est l'assomption d'une responsabilité à la dimension de l'histoire » (*Les Damnés de la terre,* Paris, Maspero, 1966, 151). En somme, la libération personnelle est le premier pas vers la construction d'une société et vers la définition des valeurs dont l'authenticité ne pourrait plus être mise en question.

L'œuvre de Lamming et celle de Fanon sont l'une et l'autre fortement marquées par les notions de liberté, d'initiative et de prise de conscience politique dans le contexte des sociétés contraintes. Bien qu'ayant emprunté des itinéraires différents et des genres également différents, Lamming et Fanon ont, dans une large mesure, fait œuvre commune. De la rencontre de Paris en 1956, Lamming sort convaincu que le seul lien entre Africains,

Afro-Américains et Antillais est la solidarité politique face à l'exploitation de l'Occident. Fanon, quant à lui, en avait déjà pris pleinement conscience. Voilà qui va accentuer leur vocation de pédagogues de la libération du Tiers-Monde et singulièrement du monde noir.

Rencontres entre
Africains et Africains-Américains à Paris ;
représentations dans *Un sang d'encre*
et *Présence Africaine*[5]

La présence des Africains-Américains en France a été étudiée de diverses manières. On connaît bien évidemment les travaux de Michel Fabre sur le sujet, en particulier *Black American Writers in France, 1840-1980. From Harlem to Paris* (1991). Mais il y a aussi l'ouvrage de Benetta Jules Rosette, *Black Paris* (1998), qui s'intéresse surtout aux écrivains africains, mais qui, par le biais de la Négritude, en vient à analyser les contacts entre Africains et Noirs américains à Paris. Il en va pareillement de *Exiled in Paris* (1995) de James Campbell, qui a un plus large spectre puisqu'il inclut les exilés de toutes origines : Wright, Baldwin, Beckett, les écrivains de la Négritude, etc.

Je voudrais, quant à moi, jeter un regard sur ce phénomène en me restreignant bien sûr aux rencontres entre Africains et Africains-Américains et en me bornant au prisme de deux productions culturelles, à savoir *Un sang d'encre* (1997), film documentaire de Blaise N'Djehoya et Jacques Goldstein, et la revue *Présence Africaine*. Avec Richard Wright pratiquement en contrepoint, *Un sang d'encre* reconstitue avec une certaine finesse le cheminement des Noirs américains du sud profond des États-Unis à Paris en passant par Harlem. Richard Wright ayant été étroitement associé aux débuts de *Présence Africaine*, *Un sang d'encre* se déroule aussi avec l'entreprise d'Alioune Diop en toile de fond, qu'il s'agisse de la maison d'édition, de la librairie ou de la revue. C'est dire que les deux sites que j'ai choisis de revisiter vont s'entrecroiser, se compléter. D'autant plus que je m'en tiendrai essentiellement à la prise en compte de quelques articles de la revue *Présence Africaine*, laissant totalement de côté les aspects édition et librairie de cette institution. De la manière dont il est construit, *Un sang d'encre* s'impose presque naturellement comme le seuil de la présente étude.

Un sang d'encre comme mise en scène de la rencontre

D'entrée de jeu, Blaise N'Djehoya, le narrateur d'*Un sang d'encre*, cite Richard Wright qui, sans doute séduit par les acquis de la Révolution française de 1789 et en particulier les idéaux de liberté, d'égalité et de fraternité, aurait affirmé en 1947 : « J'ai toujours senti que la France signifierait quelque

5. Publié sous le titre de « Encounters between Africans and African Americans in Paris: Representations in *Un sang d'encre* and *Présence Africaine* », *Présence Africaine*, n° 171, 2005, 179-188.

chose pour moi et que j'y vivrais ! ». Blaise N'Djehoya lui-même affirme être né à Bangui, en République Centrafricaine, en 1953, l'année où Chester Himes, nous le rappelle-t-il, débarque à Paris avec, pour seul bagage, l'adresse parisienne de Richard Wright. Romancier d'origine camerounaise[6], N'Djehoya s'est retrouvé en exil à l'âge de vingt ans dans la Ville lumière, juste après avoir fait par hasard la connaissance de Richard Wright, à l'oral du baccalauréat, en tirant un sujet sur *Le Transfuge* (*The Outsider*, 1953). À l'instar de la série noire de Chester Himes qui transpose des scènes de la vie à Harlem, ville noire, les écrits de N'Djehoya s'inspirent de Barbès, le quartier général de l'Afrique sur Seine[7]. Paraphrasant Baldwin par ailleurs, N'Djehoya se perçoit comme l'étranger dont personne ne sait le nom, « dans une cité qui [lui] procure une liberté d'être, une économie, un environnement éditorial introuvable en Afrique noire ».

Ainsi se trouvent tracées dès les premiers moments d'*Un sang d'encre* les affinités et les bases d'une rencontre plutôt prometteuse. Autant Blaise N'Djehoya veut se mettre à l'abri de la chape de plomb qu'une dictature postcoloniale impose à son pays, autant ses congénères africains-américains veulent fuir les pièges d'un pays où la ségrégation raciale les réduit à des citoyens de seconde zone. Dans l'un et l'autre cas, l'exil peut être perçu comme une stratégie de reconnaissance au sens où l'entend Frantz Fanon. L'Africain, de même que son congénère américain, « n'ont pas de valeur propre, ils sont toujours tributaires de l'apparition de l'Autre » (*Peau noire, masques blancs*, Paris, Seuil, 1952, 171). Historiquement inférionisés, autant par le système colonial que par l'esclavage et la ségrégation qui en ont résulté, l'ancien colonisé et le descendant de l'esclavage choisissent l'aventure parisienne comme moyen d'accès à l'épanouissement personnel, à une certaine dignité.

Mais comme le constate très justement N'Djehoya, la communauté de destin transcende les stigmates de l'oppression. Elle est également géographique, le Noir américain étant aussi tributaire du Sud (celui des États-Unis) que l'est l'Africain du continent (situé dans l'hémisphère sud). Bien avant d'échouer dans les ghettos du Nord, Richard Wright, Chester Himes, James Baldwin et nombre de leurs semblables sont partis du Sud profond, une région particulièrement inhospitalière où les Noirs sont massivement victimes de la politique de Jim Crow, pratique de la discrimination légalisée. Mais le Nord se révèle être lui aussi une espèce de souricière puisqu'ils sombrent presque tous dans des ghettos dont Harlem est demeuré l'un des plus représentatifs. Victimes de la discrimination au Sud et pris au piège de la vie des sous-prolétaires dans les ghettos du Nord, les exilés s'installent à Paris

---

6. Voir à ce propos *Le Nègre Potemkine*, Paris, Lieu Commun, 1988.
7. Lire également Blaise N'Djehoya-Massaër Diallo, *Un regard noir. Les Français vus par les Africains*, Paris, Autrement, 1984.

comme dans un paradis. D'autant plus que la ville charrie un certain nombre de mythologies aussi bien sur le plan culturel qu'en ce qui concerne les libertés individuelles. N'Djehoya et Goldstein nous permettent d'apprécier le poids de l'aliénation des uns et des autres et constatent par exemple que pour Baldwin, s'assumer non seulement comme noir mais comme homosexuel aux États-Unis dans les années 1940 était une véritable gageure. Suivre les traces de Richard Wright, Claude McKay et autres Countee Cullen lui apparut comme une véritable renaissance.

Mais à Paris, la race ne suffit plus pour fonder la solidarité entre exilés et *Un sang d'encre* montre les mutations dans les préoccupations des uns et des autres et indique comment se nouent de nouveaux liens. Baldwin fréquente davantage les milieux homosexuels et se réjouit de pouvoir enfin vivre comme écrivain à part entière, libéré des stigmates de la race. Du fait qu'à « New York, il n'existait qu'à travers le regard des autres, celui du préjudice », le film suggère que la vie de Baldwin ne commence véritablement qu'à Paris. Baldwin affirme : « Je suis celui que je suis. [...] Je ne suis pas James Baldwin, l'homme noir. Et je puis être écrivain ». Pour sa part, Richard Wright assume son identité d'écrivain noir américain dont il est la figure la plus emblématique dans les milieux intellectuels et artistiques de la Ville lumière.

C'est d'ailleurs à ce titre qu'il fera la connaissance de Jean-Paul Sartre, André Gide, Alioune Diop, Aimé Césaire, Léopold Sédar Senghor et qu'il participera autant intellectuellement que matériellement à la création de Présence Africaine. Le film suggère également qu'avec son départ des États-Unis, Richard Wright semble tourner le dos à la sociologie de la race telle qu'elle nous est livrée dans *Native Son* (1941) ou même dans *Black Boy* (1945). À Paris, il change de perspective et s'interroge davantage sur le rôle de l'Afrique et sur la manière dont le peuple noir pouvait, lui aussi, entrer dans l'histoire. À ce niveau, le lien avec *Présence Africaine* s'établit presque naturellement puisque les questions qu'il pose sont celles-là mêmes qui vont réunir les écrivains noirs de l'époque autour de l'institution que fonde Alioune Diop. Aimé Césaire, qui est interviewé, avoue, lui aussi, qu'il a survécu à la solitude de Paris grâce à la chaleur du foyer que représentait Présence Africaine, dont la librairie apparaît alors en gros plan dans le film. Césaire précise ainsi sa pensée : « C'est à Paris que j'ai connu l'Afrique. Et pendant que j'étais à Paris, il y a eu la rencontre avec les lettres américaines. [...] La Black Renaissance a été pour nous un déclic, le signal d'une révolution culturelle. C'était une révolution de dire moi aussi je suis Noir. Black is beautiful ! ».

Dans son intervention qui suit immédiatement celle d'Aimé Césaire, Michel Fabre attire notre attention sur quelques-unes des ambiguïtés de ces rencontres parisiennes :

> Wright avait collaboré à la conférence de septembre 1956 [le 1er Congrès International des Écrivains et Artistes Noirs, Paris-Sorbonne du 19 au 22 septembre 1956]. Il s'est aperçu qu'il lui était difficile de faire comprendre aux Noirs américains de la délégation qui allait arriver ce que les Africains voulaient. [...] Il y avait un décalage entre les idéologies des Noirs américains et des Africains. Les Noirs américains œuvraient à l'époque pour l'égalité, l'intégration dans le système américain, alors que les Africains utilisaient le nationalisme, le retour aux valeurs africaines, aux rituels africains pour lutter contre la colonisation. C'était un mouvement plus séparatiste qu'autre chose, alors que le mouvement afro-américain était intégrationniste. Wright lui-même privilégiait la rationalité puisqu'il était marxiste, donc opposé à tout ce qui était religieux. Ce qui l'a empêché de comprendre en grande partie tout le substrat des croyances africaines, des religions africaines, des rituels africains et de leur donner leur juste place.

Les remarques de Michel Fabre indiquent clairement les limites de la solidarité raciale. *Un sang d'encre* montre bien qu'à Paris, Baldwin était beaucoup plus à l'aise dans les milieux homosexuels qu'en compagnie de ses congénères noirs, même si la présence de Wright et autres pouvait représenter pour lui une soupape de sécurité à laquelle il recourait occasionnellement. Par ailleurs, *Présence Africaine*, comme on le verra, se voulait le porte-parole de la Négritude dont Senghor, l'un des pionniers, a écrit avec une certaine conviction que « l'émotion est nègre comme la raison hellène ». On peut alors se demander comment fonctionnait l'attelage *Présence Africaine* avec à son bord des administrateurs aussi dissemblables que Wright le rationnel et Senghor l'émotif !

Ici aussi, les points de vue de Fabre et de Césaire vont nous permettre de resituer les rencontres parisiennes dans une perspective plus juste. Césaire reconnaît que « dans le monde actuel, le danger de l'asservissement de l'homme existe toujours. Vous voyez bien ce qui se passe en France. Le renouveau du mouvement fasciste ou fascisant est là. La page n'est pas tournée ». Fabre confirme que de nos jours, « le racisme est beaucoup plus visible en France ». Mais il ajoute aussitôt : « Ce qui continue d'attirer les Noirs américains, c'est la considération que la France accorde aux écrivains débutants, aux artistes qui ne gagnent pas beaucoup d'argent ; le fait que l'argent n'est pas la mesure du succès ».

Ne pourrait-on donc pas penser que les rencontres entre Africains et Africains-Américains en France se sont en fait bâties sur un quiproquo ? En réalité, la race semble avoir fait illusion alors que l'essentiel était plutôt l'espace parisien qui, plus qu'en Afrique et plus qu'en Amérique, offrait un environnement propice à la créativité. Lieu d'exil, Paris libère l'imaginaire qui étouffe sous les systèmes d'oppression autant aux États-Unis qu'en Afrique. Paris devient un lieu de combat et les productions culturelles qui y voient le jour peuvent être perçues comme autant de formes de résistance contre les diverses formes de domination que l'Europe et l'Amérique imposent aux peuples noirs. De ce point de vue, *Présence Africaine* n'est plus qu'un outil ou une arme si l'on préfère dont chacun se sert comme il peut pour atteindre ses propres objectifs ou tout au moins pour exposer l'essentiel de ses préoccupations. Il peut sembler paradoxal que la France qui n'est pas moins impérialiste devienne ainsi le refuge et même le paradis des combattants de l'oppression.

Présence Africaine comme espace d'échange et de résistance

Lorsqu'on parcourt un échantillon de textes publiés du point de vue des Africains-Américains dans *Présence Africaine* dans les années qui ont suivi sa création, on se rend rapidement compte que la revue d'Alioune Diop est essentiellement une tribune où les Noirs de la diaspora viennent partager leur expérience de la lutte pour la survie. Ce que Cecile McHardy écrit de l'Amérique latine est aussi valable pour l'Amérique du Nord, où l'histoire de l'esclavage est émaillée des révoltes et des violences multiformes :

> Ce qui est arrivé aux Africains dans cette autre Amérique est une partie de l'histoire des peuples africains. Les Africains dans cette Amérique-là ont, en luttant contre leur condition et par leurs souffrances, acquis la dignité. C'est l'aspect le moins connu de leurs tentatives : les « rebelles », les « insurgés », les « Nègres révoltés » opposèrent la violence à l'oppression et à la violence (« The Other America », *Présence Africaine*, n° 63, 1967, 187).

La contribution de John Davis au premier congrès des Écrivains et Artistes Noirs, intitulée « The Participation of The Negro in The Democratic Process in The United States », a des allures d'un cours magistral sur les diverses stratégies qu'ont élaborées les Noirs américains pour s'intégrer dans le système politique du pays. Partant du constat que dans les années 1930, les électeurs noirs étaient courtisés dans les milieux urbains des États du Nord lors des élections locales et nationales du fait que leur participation pouvait s'avérer décisive, Davis remonte le cours de l'histoire pour indiquer comment la minorité noire en est arrivée à faire entendre sa voix : « The story of the struggle of the Negro for full political participation begins with the end of the Civil War and the adoption of the Fourteenth and Fifteen Amendments to the Constitution » (*Présence Africaine*, n°s 14-15, 1957, 130).

L'auteur explique le contenu et la portée de ces amendements et leur impact sur la vie politique du pays, y compris les stratégies mises en place par les États du Sud pour contourner les réformes et continuer à marginaliser la population noire. Il termine son article en soulignant pourtant la naissance et la place d'un électorat noir dans le Sud et en montrant l'importance des élus noirs dans les diverses législations du pays. Quoi qu'il en soit, il s'agit moins pour moi de présenter l'économie de l'article de John Davis, étude fouillée et très bien articulée, que de montrer son caractère informatif, didactique dans le cadre d'une publication comme *Présence Africaine* à l'époque. L'exposé de John Davis confirme le point de vue de Michel Fabre qui a souligné combien, autour de *Présence Africaine* justement, les préoccupations « séparatistes » des Africains étaient passablement éloignées du rêve « intégrationniste » qui était celui des Noirs américains.

On pourrait inscrire dans la même veine l'article de James Ivy intitulé très opportunément « The National Association for the Advancement of Colored People as an instrument of social Change (NAACP) ». Dans une perspective historique, l'auteur fait une présentation de la NAACP, les conditions de sa naissance, ses objectifs et ses réalisations. Poursuivant les explications de John Davis, il explique :

> As a result of the Civil War and the Reconstruction era, the Negro was freed from slavery by the 13th Amendment to the United States Constitution. The 14th Amendment granted him full equality as a citizen, and the 15th Amendment gave him the right to vote. However, between 1870 and 1909 these rights were whittled away. Force, and threats of force, economic discrimination, and various legal devices were used to turn the Negro into a second-class citizen (*Présence Africaine*, n° spécial, le 1er Congrès International des Écrivains et Artistes Noirs, 19-22 septembre 1956, 330).

La NAACP est donc une arme inventée pour lutter contre le maintien des Noirs dans une permanente subalternité : « The original purpose of the Association was to uplift the Negro men and women of this country by securing for them the complete enjoyment of their rights as citizens, justice in the courts, and equal opportunities in every economic, social, and political endeavor in the United States » (*ibid.*, 332). James Ivy offre ensuite au lecteur un bilan plutôt élogieux de l'action de la NAACP avant de conclure :

> Its object when organized was to make fifteen million Americans: Mentally free from ignorance,/Politically free from disfranchisement,/Socially free from insult,/Economically free from exploitation. [...] The job of curing and preventing man's mistreatment of another man because of his race or color in the United States or, for that matter anywhere else in the world, is not done. But we are on our way » (*ibid.*, 335).

Pareils exposés émanant des Noirs américains dans une revue créée pour accompagner la Négritude qui était elle-même un mouvement de revendication culturelle résonnent comme autant de contributions aux luttes de libération de l'homme noir où qu'il se trouve. On aurait pu aussi s'arrêter sur « Africa and the American Negro Intelligentsia » (*Présence Africaine*, n° 5, 1956) de W. E. B. Dubois qui fait l'éloge du panafricanisme et invite les Noirs à se réapproprier le discours sur l'Afrique, un discours totalement confisqué par les Blancs et leurs institutions, question de perpétuer la dépendance tant sur le plan socioéconomique qu'intellectuel. En tout cas, l'article de Dubois s'inscrit dans la même logique que ceux d'Ivy et de Davis, à savoir attirer l'attention de ses congénères sur les enjeux idéologiques du combat en cours.

Il serait cependant utile de présenter deux textes qui traitent précisément du mouvement de la Négritude, ceux de Wendell Jeanpierre, « La Négritude vue par un Afro-Américain » (*Présence Africaine*, n° 39, 1961), et de Samuel Allen, « La Négritude et ses rapports avec les Noirs américains » (*Présence Africaine*, n° 75, 1970). D'emblée, Jeanpierre définit *Présence Africaine* comme « la revue officielle de la Négritude [...] créée pour répondre à un besoin urgent, celui d'un organe d'expression pour les artistes et les intellectuels noirs qui sentaient que c'était le seul moyen d'interpréter correctement eux-mêmes leurs propres traditions, anxiétés, colères, aspirations et visions du monde » (*Présence Africaine*, 39, 104). Par ailleurs, Jeanpierre procède à un décryptage du mouvement de la Négritude pour dire en quoi cette école de pensée peut intéresser le Noir américain. Il en fait donc un bref historique et montre comment la Négritude, malgré certaines tendances antioccidentales, assimile néanmoins des « concepts occidentaux valables et finalement [...] les transcende en atteignant l'essence de son africanitude » (*ibid.*, 103).

Jeanpierre en arrive à une conclusion pratiquement prévisible. La mise en question de nombre de valeurs occidentales observable chez les penseurs de la Négritude est nécessairement problématique pour le Noir américain qui, en dépit de sa marginalité, est un Occidental dont le combat se déroule au cœur même du monde occidental même si un passé lointain le rattache à l'Afrique ancestrale. Saunders Redding va plus loin que Wendell Jeanpierre lorsqu'il étudie les tourments de l'écrivain noir américain et trouve que certains s'identifient tellement à l'Amérique blanche qu'ils finissent même par renier leur négritude[8]. Pour Jeanpierre en tout cas, la priorité pour le Noir américain consiste moins à revendiquer l'hypothétique retour aux sources que prône la Négritude qu'une lutte pour l'intégration, c'est-à-dire pour « l'élimination de toutes les pratiques ségrégationnistes et discriminatoires qui font du Nègre un paria économique en Amérique, ainsi qu'une cible pour tous les groupes et

---

8. Voir « Contradictions de la littérature négro-américaine », *Présence Africaine*, numéro spécial, Deuxième Congrès des Écrivains et Artistes Noirs, Rome, 26 mars-1er avril 1959, 14.

les individus malsains qui ont besoin d'un bouc émissaire afin de pouvoir se sentir sains » (*ibid.*, 116).

Les réflexions de Samuel Allen confirment que *Présence Africaine* est bel et bien un site interactif, un espace privilégié de connaissance entre Africains et Africains-Américains. Certes, les Africains et les Africains-Américains sont victimes de domination contre laquelle lutte chaque groupe. Les échanges qui paraissent dans les pages de *Présence Africaine* prouvent la nécessité de procéder à des mises au point. Mais avant d'unir les forces pour donner l'assaut contre l'ennemi, il convient peut-être de s'assurer que les actants sont d'accord sur les objectifs visés. Allen leur suggère alors des repères à garder à l'esprit :

> Je pense que peu de personnes contestent le fait que la situation culturelle du Noir américain est très différente de celle d'Amos Tutuola, d'Efua Morgue du Ghana, du Sénégalais domicilié à Paris depuis le temps de ses études universitaires, ou de l'écrivain haïtien ou jamaïcain. Le contact du Noir américain avec l'Afrique a été lointain pendant des siècles et le choc, aussi bien naturel que consciemment dirigé, de l'asservissement devait briser en éclats l'héritage culturel africain. D'autre part, le Noir américain, arraché à sa patrie, a été assujetti, d'une manière inégalée, avec d'autres peuples d'origine africaine, à l'empreinte culturelle d'une puissante majorité dominante, sur une terre étrangère et inamicale. Les Ashanti, les Sénégalais, les Yorouba furent écrasés militairement et politiquement, et soumis à une culture étrangère ; mais ils étaient sur leur terre natale, et ils conservèrent le moral qu'assurait l'attachement mystique au sol de leurs ancêtres. L'Européen colonisateur, quoiqu'exerçant une direction, était une minorité, et l'Africain resta en grande partie sénégalais, achanti, yorouba. Et même en Afrique du Sud, le Zoulou, déraciné et poussé de force dans les mines, restait dans son propre continent. L'Antillais, quoique captif transplanté de l'autre côté de l'Atlantique comme le Noir des États-Unis, gardait au moins l'avantage de la supériorité numérique et d'une rareté de contact avec une élite dirigeante relativement peu nombreuse. En contraste, le Noir américain a subi une aliénation physique et spirituelle qui est sans parallèle en histoire moderne (*op. cit.*, 19-20).

Au cours de son histoire, explique Allen, le Noir américain s'est aussi forgé une identité propre en produisant une culture tout à fait spécifique. Il en va ainsi du blues ou de plusieurs autres formes de musique dans lesquelles il excelle. À l'instar des écrivains de la Négritude, le retour aux sources des mythologies africaines – batailles de Chaka, bronzes du Bénin, philosophie bantoue, etc. – peut l'inspirer, mais ce serait une trahison pour lui d'oublier d'intégrer nombre d'éléments de sa passion américaine. Finalement, le lieu de rencontre entre Africains et Africains-Américains se trouve essentiellement être la volonté de réhabiliter l'histoire, la culture et d'émerger de l'aliénation dont les uns et les autres sont victimes de la part du groupe hégémonique, qu'il s'agisse de l'occupant européen en Afrique ou du maître blanc en Amérique.

En définitive, *Un sang d'encre* et *Présence Africaine* révèlent qu'au-delà de la race et de leur origine africaine commune, c'est véritablement l'écriture de la résistance, la recherche d'une visibilité historique, propres aux groupes opprimés, qui ont uni les Africains et les Africains-Américains à Paris. Évidemment, la race et leurs origines communes ont pu aider. Mais, bien qu'on puisse dire que leur condition d'exploités était liée à une perception historique du Noir, fils maudit de Cham, le véritable enjeu de la rencontre parisienne semble s'être ordonné en termes de lutte pour le pouvoir. Autant les Africains-Américains revendiquaient plus d'intégration, plus de pouvoir économique, autant les Africains posaient les jalons de la lutte pour l'autonomie de leurs pays respectifs. *Présence Africaine* s'est trouvée être un instrument d'autant plus utile qu'elle galvanisait l'élite intellectuelle d'alors, une élite qui n'a pas tardé, on l'a vu, à étaler ses contradictions internes, même si, au nom de la solidarité dans la lutte, certains débats soulevés ont pu être occultés.

Chester Himes outre-Atlantique[9]

Bien qu'il soit né aux États-Unis et y ait commencé sa carrière littéraire, Chester Himes est bien plus connu en Europe, où il s'est exilé à l'âge de quarante-quatre ans, que dans son pays natal. Au terme de plusieurs années de nomadisme dans maintes villes du Vieux Continent, Himes s'était finalement établi à Alicante (Espagne) où il est resté jusqu'à sa mort en 1984. C'est en Europe que Himes s'est confirmé comme un écrivain de talent avec son entrée magistrale dans la Série noire chez Gallimard en 1958, lorsque *La Reine des pommes* lui fait gagner le Grand Prix du roman policier. Parler donc de Himes outre-Atlantique peut s'apparenter à une évidence tant il est vrai que pour pas mal de lecteurs américains, Himes occupe une place à part dans l'histoire littéraire africaine-américaine du fait justement de la fortune qu'il a connue en exil.

Himes n'est pas le seul, certes, à avoir vécu aussi longtemps en Europe, mais il est sans doute celui dont l'œuvre la plus connue non seulement fut écrite de l'étranger, mais parut en traduction française peu avant la version originale aux États-Unis. *Ne nous énervons pas* (Paris, Gallimard, 1961) fut publié en France cinq ans avant de paraître pour la première fois aux États-Unis (*The Heat's On*, New York, G. P. Putnam's, 1966). *Une affaire de viol* (Paris, Éditions les yeux ouverts, 1963) a attendu plus de vingt ans pour paraître aux États-Unis (*A Case of Rape*, Washington, D. C., Howard University Press, 1984). *Plan B* (Paris, Lieu Commun, 1983) attend encore d'être publié en anglais ! Puisque Chester Himes était bien plus connu du public français et européen que du lecteur américain, on peut donc penser que sa condition outre-Atlantique ne nécessite plus de démonstration. D'autant plus qu'elle n'a rien de singulier, James Baldwin, Richard Wright et pas mal de ses autres congénères ayant connu le même cheminement, le même destin.

En réalité, mon objectif consiste moins à étudier l'aventure outre-Atlantique de Himes que les effets littéraires que son œuvre a laissés sur quelques romanciers africains qui l'ont découvert, l'ont lu et s'en sont inspirés. L'œuvre de Himes n'apparaîtra donc qu'en filigrane dans mon étude, mais son ombre plane avec une insistance particulière sur les textes qui seront pris en compte dans le présent article.

Avec *Cercueil et cie* (Paris, Lieu Commun, 1985), le romancier camerounais Simon Njami ne met pas simplement en scène les deux inspecteurs de la série noire de Himes, mais reprend également les thèmes majeurs du récit himésien.

---

9. Publié dans *Regards croisés sur les Afro-Américains*, GRAAT, n° 27, Tours, Presses universitaires François Rabelais, 2003, 89-103.

Mongo Beti, quant à lui, avoue dans une interview être « un grand admirateur de Chester Himes, un passionné des romans policiers » (*Mongo Beti parle*, interview réalisée et éditée par Ambroise Kom, Rouen, Éditions des Peuples Noirs, 2003, 102). Et c'est tout naturellement que Himes lui a servi de modèle lorsqu'il a voulu écrire un roman d'angoisse, *Trop de soleil tue l'amour* (Paris, Julliard, 1999), dont le titre, il faut le souligner, a été inspiré par *On the Sunny Side of the Street* de Louis Armstrong[10]. *La Polyandre* (Paris, Le Serpent à Plumes, 1998) de Bolya s'inscrit dans le même registre. D'origine congolaise (Kinshasa), l'auteur qui vit depuis de nombreuses années à Paris reconnaît avoir eu l'idée de son polar au terme de la lecture de mon *Harlem de Chester Himes* (Sherbrooke, Naaman, 1978).

Certes, il n'y a pas de ghetto noir à Paris, mais les rapports entre Blancs et Noirs tels que nous les peint Bolya sont on ne peut plus himésiens. J'aurais pu citer également Blaise N'Djehoya qui a collaboré à *Un regard noir, Les Français vus par les Africains* (Paris, Autrement, 1984) et qui est l'auteur de *Le Nègre Potemkine* (Paris, Lieu Commun, 1988). Mais N'Djehoya se plaît à pasticher le style de Himes et même à calquer quelques-uns de ses personnages sur ceux de Himes sans véritablement aller au-delà. Njami, Mongo Beti et Bolya se présentent comme de véritables disciples qui se nourrissent des techniques élaborées par leur mentor.

Ma démarche consistera essentiellement à rappeler la problématique de l'écriture himésienne pour dégager quelques traits de l'écriture du romancier noir américain qui ont dû séduire ses congénères du continent noir vivant en France et ont contribué à faire de lui un pont, sans doute inconscient, entre l'Afrique, l'Europe et l'Amérique noires. À cet égard, on pourrait, sans forcer la note, parler d'une espèce de renouveau de la négritude tant il est vrai qu'on doit la négritude originelle, celle des années 1930, à la présence pour ainsi dire fortuite des Noirs d'origine américaine, africaine et antillaise sur le sol français, au Quartier Latin à Paris. Kimoni écrit à ce propos :

> *La Revue du Monde Noir* fut la première tribune où les Noirs du monde entier se rencontrèrent pour débattre des problèmes de l'avenir de leur race. La revue qui parut du 20 novembre 1931 au 20 avril 1932 fut fondée par le docteur libérien Sajous et par l'Antillaise Paulette Nardal. Celle-ci tenait un salon qui ménagea des contacts fructueux entre les intellectuels noirs à Paris ; les poètes de la « Renaissance Nègre », des Noirs éminents tels que Price-Mars, Félix Éboué, René Maran auréolé de son prestige de précurseur, et les turbulents étudiants du Quartier Latin, Étienne Léro, René Ménil, Aimé Césaire,

---

10. S'inspirant d'une pratique qui du temps de la ségrégation raciale dans le sud des États-Unis contraignait les Noirs à emprunter le côté non ombragé de la chaussée, Mongo Beti suggère que son titre signifie que le soleil dont bénéficient les pays du Sud n'est pas synonyme de bonheur, d'où *Trop de soleil tue l'amour*.

Léopold Senghor et Léon Damas. Les sujets de conversation qui animaient leur rendez-vous du vendredi convergeaient avec les idées de Claude MacKay (Iyay Kimoni, *Destin de la littérature négro-africaine ou problématique d'une culture*, Ottawa, Naaman, 1975, 33).

Analysant les échanges d'idées qui avaient cours entre artistes et écrivains noirs dans *Black Amerian Writers in France from 1840 to 1980. From Harlem to Paris* (Urbana & Chicago, University of Illinois Press, 1991), Michel Fabre confirme et poursuit l'analyse des fraternités littéraires du monde noir. Il montre comment Richard Wright fit la connaissance de Senghor, Césaire, René Maran et Alioune Diop au milieu des années 1940 : « Wright's works also influenced Frantz Fanon's analysis of the psychological and social plight of the Negro in the New World. In *Black Skins, White Masks*, which he published in 1953, Fanon repeatedly referred to Wright's *Black Boy* and *Native Son* as well as to Chester Himes's *If He Hollers Let Him Go* » (191). Les marques que laisse Himes sur son passage s'inscrivent donc dans la suite d'un mouvement de rencontre qui a certes commencé au XIXe siècle comme le démontre Michel Fabre, mais qui s'est accentué au début du XXe siècle avec l'arrivée en France dans les années 1920 de nombre d'écrivains du *New Negro Movement* tels que Jean Toomer, Countee Cullen, Claude McKay et quelques autres.

Mais alors que le mouvement du début du siècle résulte d'une prise de conscience de l'identité du Noir et répond donc à une espèce de quête délibérée de réhabilitation, les traces de Himes qu'on retrouve dans les productions de ses congénères africains ne sont point le fruit d'une concertation, mais correspondent simplement à l'attrait d'un modèle artistique à la fois captivant et efficace. Avant de passer à l'étude des cas annoncés, il serait utile de revenir un moment sur les aspects de l'œuvre de Himes qui trouvent un écho particulièrement mémorable auprès de ses congénères de l'Afrique au sud du Sahara installés en France. On sera sensible à cet égard au titre du volume II de son autobiographie, *My Life of Absurdity* (1976). Ce titre est certes l'histoire d'une vie qui fut absurde à plus d'un égard. Mais cette absurdité est d'autant plus significative qu'elle semble, du fait du racisme, consubstantielle au destin du noir américain : « Racism introduces absurdity into the human condition. [...] Racism generating from whites is first of all absurd. Racism creates absurdity among blacks as a defense mechanism. Absurdity to combat absurdity » (*My Life of Absurdity*, New York, Paragon House, 1976, 1).

Du racisme au colonialisme, le pas peut être allègrement franchi. D'autant que le colonialisme présuppose presque toujours une certaine dose de racisme ou tout au moins un sentiment de supériorité de la part du colonisateur. C'est peut-être tout cela qui explique l'attention particulière que suscite l'œuvre de Chester Himes auprès de ses congénères africains. La gestion pour le moins absurde des États africains postcoloniaux est incontestablement le thème majeur qui ressort de *Trop de soleil tue l'amour* de Mongo Beti, écrivain camerounais qui a vécu plus de quarante ans en France et qui s'en est retourné au pays natal depuis qu'il a pris sa retraite de la fonction publique française en 1994. En Afrique, le colonialisme a donné naissance à des administrations aux méthodes hasardeuses dont la gestion est pour le moins absurde. Par ailleurs, les rapports entre immigrés noirs et héritiers de l'ancien colonisateur français sur le sol métropolitain engendrent des heurts qui s'apparentent à bien des égards au genre de conflits qui opposent Noirs et Blancs dans la société américaine. C'est de là que Simon Njami, Camerounais résidant à Paris, tire l'essentiel de son inspiration. Et Bolya, qui réside également à Paris, va un peu plus loin que Njami en ce sens qu'il ajoute une dimension historique et anthropologique à son récit.

La *Polyandre* met en jeu les différences culturelles et les préjugés qu'elles engendrent. Le récit stigmatise aussi les multiples délits de faciès qui ont cours dans la société française contemporaine. Aussi bien chez Njami, chez Bolya que chez Mongo Beti, on retrouve des histoires sociales et politiques, mais aucun d'eux ne se contente de n'être qu'un récit de protestation comme le furent les premiers textes de Chester Himes. L'accumulation d'ambiguïtés, de paradoxes, l'utilisation de l'humour, de la farce et du burlesque permettent aux trois écrivains de dénoncer les injustices sociales et de révéler l'absurde de la condition humaine. C'est cela qui constitue l'un des plus grands succès des policiers de Himes. Citant James Sallis qui vient de publier *Chester Himes, A Life* (New York, Walker & Company, 2001), Robert Polito confirme : « Himes's Harlem novels – through the back door of crime fiction – are "literature" as Baldwin styled it, "this Web of ambiguity, paradox, this hunger, danger, darkness" » (« Chester Himes, A Life », *The New York Times Book Review*, March 18th, 2001, 11).

Cercueil et cie[11], Chester Himes en play-back

Le récit de Njami démarre en trombe, et les premières lignes du texte sont un pastiche presque parfait des romans policier de Chester Himes : « Le Dew Drop Inn, au coin de la 129e Rue et de Lennox Avenue, à Harlem, était un endroit où on était sûr de s'amuser. Dans cette partie du quartier que l'on avait surnommée "la Vallée", les Nègres endimanchés venaient chaque soir, en grappes compactes, se payer du bon temps » (*CC*, 5). Tout se poursuit dans ce ton et tout est mis en place pour créer un environnement himésien : style argotique et tout en dialogue, lieux, personnages, musique, aucun des ingrédients auxquels le lecteur de Himes est habitué ne manque. Mais Njami n'est pas Himes et il entend bien écrire un roman bien de son cru. Raison pour

---

11. Les références à ce roman seront précédées de l'abréviation *CC*.

laquelle la partie harlémienne du récit ne dépassera guère le premier chapitre. Les deux policiers, Smith et Dubois, qui se sont toujours fait passer pour Cercueil et Fossoyeur, se font démasquer :

> Je sais qui vous êtes. Je sais que vous avez jamais vu Chester Himes et que vous êtes pas Ed Cercueil et Fossoyeur Jones. Toutes les histoires que vous avez racontées partout, à Harlem, sur vos aventures, elles sont bidons. [...]
>
> Un de mes potes de Columbia vient d'Afrique. Ses parents habitent en France et lui envoient régulièrement des tas de livres. Dans ceux qu'il a reçus ce mois-ci, il y a le dernier Chester Himes [allusion à *Plan B*, roman inachevé de Himes]. Et quand il me l'a raconté, j'ai compris le jeu que vous nous jouiez à tous depuis des années. [...]
>
> Cercueil et Fossoyeur sont morts. Crevés. Enterrés. Doit plus en rester grand-chose à c't'heure (*CC*, 10-12).

Pour en avoir le cœur net, Ed Smith et Jones Dubois alias Cercueil et Fossoyeur décident de traverser l'Atlantique pour « aller voir Himes et le convaincre de ne pas faire traduire le bouquin » (*CC*, 20) de sorte que les Harlémiens ne puissent pas les démasquer et qu'ils continuent à faire semblant, en toute impunité. La stratégie de la traversée permet à Njami de quitter Harlem et de situer la majeure partie de son récit à Paris, un terrain qui lui est sans doute plus familier que New York et les États-Unis. Fidèle à l'effet de réel qu'il veut entretenir dans l'esprit du lecteur, Njami amène ses détectives à faire enquête pour interpeller leur géniteur sur le mauvais tour qu'il leur a joué. À Paris, ils se rendent chez l'éditeur de la Série noire. Mais personne ne peut les renseigner de manière précise. Marcel Duhamel, le directeur de la Série noire qui incita Himes à écrire des « thrillers », n'est plus de ce monde et on leur apprend que Himes ne se fait plus éditer chez Gallimard. Il habiterait, leur apprend-on, du côté d'Alicante, en Espagne. Smith et Dubois se rendent à Alicante mais ne pourront malheureusement pas parler à Himes, qui rend l'âme avant d'avoir pu les recevoir !

Pareille présentation peut faire croire que le roman de Njami s'achève à Alicante, avec la mort de Himes. En réalité, l'aventure de Smith et Dubois cache un autre récit policier, pratiquement mis en abîme. Il s'agit d'un récit qui s'inscrit dans le « Parinoir » et qui s'apparente au « Black Mic Mac ». Le personnage principal de ce second récit en est Amos Yebga, journaliste camerounais exilé à Paris par goût de l'aventure. Dans les cent premières pages de l'ouvrage, les deux récits évoluent en parallèle. Alors que les inspecteurs américains suivent les traces de leur géniteur, Amos Yebga, journalisme oblige, cavale dans Paris puisqu'il s'est donné pour tâche de faire enquête sur la mort de Salif Maktar Diop, petit dealer sénégalo-malien,

« mort comme un chien, écrasé par une voiture que personne n'a vue et qui évidemment, ne s'est pas arrêtée » (*CC*, 65). Qui pourrait bien avoir assassiné Salif Maktar Diop ?

À peine Yebga a-t-il commencé son enquête qu'il se fait agresser rue Lepic par une Mercedes qui roulait tous feux éteints. Smith et Dubois qui passaient par là, en quête de poules françaises pour vérifier si elles « valent tout le boucan qu'on fait autour de leurs culs » (*CC*, 109), ne peuvent souffrir de laisser un « frère » étendu dans la rue. Ce *deus ex machina* est le point de jonction des deux récits initiaux. La rencontre entre Yebga et le tandem Cercueil/Fossoyeur refait de Paris un lieu symbolique de rencontre des exilés noirs de tous horizons depuis le début du XXe siècle. Désormais, le pont est jeté entre le monde de Yebga et celui des inspecteurs américains, une amitié prend naissance. Et c'est ainsi que l'assassinat de Dread Pol, le rastafari qui, en meilleur ami de Salif Maktar Diop, semblait en savoir long sur les activités du proxénète Ndiaye, les surprendra tous au Day and Night, boîte de nuit du Paris noir.

Du coup, Yebga, Ed et Fossoyeur s'engagent tous dans la recherche des assassins. À la fin du récit, la préfecture de police avec l'inspecteur Moreau, Amos Yebga, Cercueil et Fossoyeur se retrouvent tous poursuivant la Mercedes des présumés assassins. C'est alors que l'inéluctable triomphe de l'expérience et de la témérité des anciens inspecteurs new-yorkais. Cercueil et Fossoyeur se font abattre. D'ailleurs, qu'auraient-ils pu faire « à eux deux, en terre étrangère et sans appui logistique, sans l'aide narquoise des hommes du capitaine Brice, sans le fichier de la Criminelle, sans même la couverture du lieutenant Anderson » (*CC*, 240) ?

Cercueil et cie n'est pas facile à raconter même si l'on en a l'intention. Les mondes africain, français, américain et antillais s'y interpellent mutuellement. Les thèmes himésiens s'y enchevêtrent et s'y bousculent tellement qu'il faudrait une étude intertextuelle détaillée pour démêler l'écheveau. Les principaux problèmes sociaux qui émaillent l'œuvre de Himes sont pratiquement tous repris en condensé. Prostitution et proxénétisme ; drogue et trafiquants de drogue ; préjugés raciaux et culturels sont récurrents. Et il convient de souligner que la thématique du roman de Njami ne jure point avec la réalité française. Certes, il n'y a pas de ghetto noir à Paris. Toujours est-il que la concentration des travailleurs immigrés d'origine africaine vivant dans la région parisienne et les problèmes soulevés dans les années 1980 par la phraséologie lepéniste ont rendu possible la naissance d'une littérature qui s'inspire fortement de la condition de la population immigrée, qu'il s'agisse de la littérature beur avec un romancier comme Azouz Begag (*Le Gone du Chaâba*, Paris, Seuil, 1986 ; *Béni ou le paradis privé*, Paris, Seuil, 1989), de la littérature africaine d'immigration comme les textes du Congolais Daniel Biyaoula (*L'Impasse*, Paris, Présence Africaine, 1997 ; *Agonies*, Paris, Présence Africaine, 1998) ou surtout des écrits de la romancière d'origine camerounaise Calixthe Beyala avec son cycle de Belleville (*Le Petit Prince de Belleville*, Paris, Albin Michel, 1992 ; *Maman a un amant*, Paris, Albin Michel, 1993). C'est dans le même registre qu'il faudrait inscrire *La Polyandre* (Paris, Le Serpent à plumes, 1998[12]) de Bolya.

La Polyandre ou comment être Black à Paris

Si le texte de Njami peut avoir des allures d'un roman d'aventures et même ressembler par endroits à un travail de dilettante tant les rencontres y sont fortuites, la construction de *La Polyandre* de Bolya obéit à tous les principes d'un récit criminel classique avec nombre d'ingrédients de ce que Franck Evrard appelle la prééminence du code herméneutique. Evrard écrit à ce propos :

> La lecture d'un roman policier, un puzzle à reconstituer ou un palimpseste à déchiffrer, apparaît comme un acte essentiellement herméneutique. Le désir de retrouver le texte caché sous le texte indiciel, de reconstituer la chaîne des événements et des indices invite à une lecture tendue, orientée par la réponse attendue à la question primitive. Tout énoncé, tout détail le plus anodin acquièrent un sens en étant indexés sur l'explication finale, si bien que le texte policier tout entier est signifiant (*Lire le roman policier*, Paris, Dunod, 1996, 13).

Le roman s'ouvre sur la découverte, rue de la Roquette, à Paris, de trois corps d'ébène nus : « Leur pénis bien ciré – en noir – avait été scié comme un tronc d'arbre. Les poils autour de leur verge étaient rasés. [...] Entre leurs cuisses velues pendaient à l'air libre de grosses boules de testicules. Sur leur ventre trônait un tract : "Nègre = Sida" » (*LP*, 11). D'autres crimes du même genre vont avoir lieu ailleurs dans Paris (*LP*, 132). À une époque où l'immigration africaine est particulièrement mal acceptée en France et où Le Pen ne cesse de faire des émules, pareils crimes font l'objet d'hypothèses multiples. L'assassin est-il un raciste, un psychopathe égocentrique et narcissique, une femme qui a contracté le sida en Afrique, un mari éconduit ? Difficile à dire. L'enquête sera d'autant plus complexe que le policier chargé du dossier, l'inspecteur Robert Nègre, est lui-même un individu au passé plutôt obscur.

Encore enfant, Robert Nègre avait vécu au Congo jusqu'au jour où, s'étant emparé du fusil de chasse de son père, il avait confondu une jeune pygmée avec un chimpanzé et lui avait tiré dessus. Après avoir fait disparaître le corps

---

12. Les références à ce roman seront précédées de l'abréviation *LP*.

à sa manière, le père Nègre avait alors décidé du retour instantané de son fils en France. Tout le long de l'enquête, on a affaire à un Robert Nègre tourmenté par ses méfaits africains (viol, assassinat, etc.) sur lesquels on avait jeté un voile noir. D'autant plus que Makwa, l'un de ses compagnons de chasse resté en Afrique, se doutant de la délicatesse de la situation de son ami d'antan dans la police française, orchestre à son endroit un chantage sans merci. Il lui écrit notamment : « [J]'ai besoin de 15 000 francs français afin de pouvoir acheter mon billet d'Air France pour Paris. [...] Je pense qu'il n'est pas besoin d'insister auprès de toi pour obtenir satisfaction par retour du courrier. À moins que ta mémoire des drames passés se soit effilochée » (*LP*, 86).

Du coup, et comme à Harlem, l'enquête policière se double des considérations raciales qui hantent l'Inspecteur Nègre et renvoie le lecteur aux méandres de l'histoire coloniale et des rapports entre la France et l'Afrique. D'ailleurs, le Paris des immigrés africains où se côtoient Blancs, Noirs et Maghrébins, avec les tensions qu'engendrent les préjugés des uns et des autres, renvoie le lecteur un tant soit peu averti au genre de rapports qu'entretiennent jusqu'à nos jours Blancs et Noirs américains. Mais alors que les affrontements raciaux prévalant aux États-Unis sous-tendent la série noire de Chester Himes, Bolya, quant à lui, exploite davantage ce que Tzevtan Todorov appelle « l'exotisme primitiviste [qui] est l'une des formes les plus caractéristiques de l'exotisme européen, responsable de la figure du "bon sauvage" et de ses multiples avatars » (*Nous et les autres, La réflexion française sur la diversité humaine*, Paris, Seuil, 1989, 358). Et, comme l'écrit par ailleurs Todorov, l'« exemple le plus important de comportement naturel concerne la sexualité » (*ibid.*, 368). Raison pour laquelle Bolya, sans doute pour en rajouter à l'exotisme, pousse pratiquement à son extrême limite le primitivisme de ses « macaques » (*LP*, 25) en plongeant le lecteur dans une atmosphère fantastique de crimes rituels et de mariages polyandriques, « une coutume africaine qui, écrit-il, va dans le sens de la liberté humaine » (*LP*, 51).

Oulématou, autour de qui gravitent nombre de personnages du récit, est une figure exotique, qu'on dirait sortie tout droit des films anthropologiques. Née de la rencontre entre Charles-Henri, un archéologue français (*LP*, 43-45) et une princesse polyandre de la tribu des Lele en Afrique orientale, Oulématou s'était elle-même mariée sous le régime de la polyandrie avant de se retrouver à Paris où elle s'est mise en ménage avec Bourru, journaliste français en quête de reportages à sensation. C'est en des termes précis que la mère d'Oulématou avait expliqué les règles du mariage polyandrique à Aboubacar, le premier mari de sa fille :

Notre fille Oulématou aura plusieurs époux. Toi, tu es le premier mari, tu as le droit et le devoir de lui choisir son second époux. Mais le troisième mari et les autres, l'époux choisi, l'élu, c'est elle-même qui le choisira. Tous les enfants qui naîtront de toi et des autres maris appartiendront à Oulématou. [...] Pour ce qui est du lit, toi comme les autres, vous aurez trois jours pour chaque homme. Sache que c'est Oulématou qui décide de l'ordre des passages de ses maris dans sa case. C'est vous les hommes qui viendrez dans sa case ou dans sa maison. Elle n'ira jamais dans la vôtre. Pendant les règles, tous les hommes sont d'office mis en congé (*LP*, 41).

La France n'est pas l'Afrique, mais Oulématou entend y vivre en gardant son identité et son statut de polyandre, c'est-à-dire en imposant avec une intransigeance sans pareille les mœurs de son pays à Bourru : « C'est toi Bourru, qui dois apprendre les coutumes de chez moi. Moi, j'ai bien fait l'effort d'assimiler les traditions de chez toi pour être acceptée en France. Aussi, chaque fois que je passerai la nuit avec Aboubacar, le lendemain ce sera à toi de laver les draps et de les repasser » (*LP*, 143-144).

Oulématou semble même faire des émules puisque son amie Rosemonde, qui « aime les mâles performants. Les coureurs de fond et non les sprinters » (*LP*, 173), met trois « Blacks » en compétition pour décider du rang de chacun dans le mariage qu'elle a décidé de contracter avec eux : « Bientôt vous allez savoir qui sera le premier, le second et le troisième coépoux. Pour utiliser le jargon des anthropologues et des ethnologues » (*LP*, 173).

Évidemment, ce clin d'œil aux anthropologues n'a ici rien de fortuit. Bolya profite du micmac qu'il a créé pour évoquer subrepticement le malaise né des concepts d'identités et d'ethnicités qui sont à l'origine des complexes divers et qui entravent l'épanouissement des individus. À cet égard, François Laplantine a peut-être raison lorsqu'il suggère :

L'identité est avec l'ethnicité une production idéologique qui a contribué à cautionner l'anthropologie coloniale. Mais n'a aucune réalité opératoire. Elle dissimule plus qu'elle n'éclaire. Mobilisée chaque fois qu'il s'agit d'éviter de penser l'altérité qui est en nous, le flux du multiple, le caractère changeant et contradictoire du réel ainsi que l'infinité des points de vue possibles sur ce qui est potentialité ou devenir, elle leste plus qu'elle ne fait avancer (*Je, nous et les autres. Être humain au-delà des appartenances*, Paris, Le Pommier-Fayard, 1999, 18).

De ce point de vue, Bolya semble avoir choisi de toucher au cœur même de la problématique littéraire de Himes, à savoir le décryptage des relations interraciales ou interculturelles si l'on préfère. L'enquête de l'Inspecteur Nègre révèlera que Bourru (faut-il entendre Bourreau ?), qui ne fréquente que des femmes noires parce qu'avec une Européenne, il a l'impression de coucher avec sa mère (*LP*, 100), est l'auteur des tempêtes sur les verges noires. D'une jalousie pathologique, Bourru ne supporte pas les mœurs polyandriques d'Oulématou et considère tous les Noirs comme des rivaux potentiels. *La Polyandre* se présente ainsi comme une véritable invitation à penser l'altérité puisque le récit met en question le mariage monogamique, institution fondamentale chez les Européens, en lui opposant les pratiques polyandriques venues du Nigeria, du Cameroun ou du Congo belge, autant de contrées où « les femmes peuvent être polyandres et les hommes polygames. C'est l'égalité parfaite » (*LP*, 61).

Riche et divers, l'ouvrage de Bolya s'inscrit avantageusement dans le sillage de la nouvelle littérature africaine qui porte sur les tribulations des anciens colonisés ayant échoué sur les rives de la Seine. Fortement angoissés par les harcèlements qu'ils subissent dans une France où le contrôle faciès est quasi institutionnalisé et les charters toujours prêts à décoller, les immigrés qui refusent obstinément de baisser les bras inventent au quotidien d'étonnantes techniques de survie. Bolya nous rappelle à sa manière que l'intégration n'est pas à portée de main, que le choc des cultures est loin d'être résorbé et que le rapprochement entre les mondes africain et européen, entre « nous et les autres », est plus utopique que jamais.

Trop de soleil tue l'amour[13] ; la postcolonie africaine en polar

Alors que les romans de Njami et de Bolya obéissent globalement aux règles du genre en ce sens qu'il s'agit de « récit[s] consacré[s] à la découverte méthodique et graduelle par des moyens rationnels, des circonstances exactes d'un événement mystérieux » (Régis Messac dans Boileau-Narcejac, *Le Roman policier*, Paris, Payot, 1964, 7), le récit de Mongo Beti, quant à lui, n'est point bâti autour de l'élucidation d'un mystère, bien que le texte n'en soit pas exempt. *Trop de soleil tue l'amour* fait tout à fait partie du genre policier qui, comme l'écrit Daniel Fondanèche, a atteint l'âge adulte et qui « s'inscrit dans le temps et lutte pied à pied avec l'Histoire contemporaine ; le crime n'est plus l'un des beaux-arts, comme le montrait de Quincey dans *Le Club des parenticides*, mais le résultat d'un dysfonctionnement social » (*Le Roman policier*, Paris, Ellipses, 2000, 102).

En effet, bien que Mongo Beti emprunte autant à Chester Himes qu'il cite nommément (*TdS*, 10) et même à Peter Cheyney auquel il fait rapidement allusion (*TdS*, 73), *Trop de soleil tue l'amour* est avant tout une transposition critique de la société africaine postcoloniale, une société dans laquelle triomphent la fraude, la corruption, la prostitution et l'insécurité. Plusieurs

---

13. Les références à ce roman seront précédées de l'abréviation *TdS*.

crimes se disputent la vedette dans le texte. Avant même que Zam, journaliste à *Aujourd'hui la démocratie*, féru de jazz et de l'odyssée des Noirs américains, se fasse voler sa centaine de CD de jazz et retrouve un cadavre mystérieux dans son appartement, le lecteur apprend que plusieurs autres assassinats jamais élucidés avaient eu lieu dans le même environnement. Ainsi en va-t-il du meurtre du révérend père Maurice Mzilikazi, « un grand savant, futur prix Nobel peut-être [qui] est assassiné presque dans l'indifférence, après bien d'autres victimes, y compris de paisibles ecclésiastiques étrangers » (*TdS*, 9). Sans doute le père Mzilikazi a-t-il été victime des escadrons de la mort « qui sévissent impunément de notoriété publique » (*TdS*, 9).

Mais alors que l'enquête sur l'affaire du macchabée découvert dans l'appartement de Zam se poursuit, la maison dans laquelle le journaliste s'est réfugié est détruite par une explosion. Et comme si ces malheurs n'étaient pas suffisamment accablants, il viendra s'y ajouter la disparition de Bébète, sa petite amie.

L'ambiance est d'autant plus sombre que la femme du président de la république est morte, elle aussi, dans des conditions obscures, laissant libre cours à la rumeur populaire qui suggère que ce sont des bandits qui l'ont assassinée. Et un leader politique de l'opposition de s'interroger : « Mon Dieu que peut signifier tout ceci ? Dans quel étrange pays sommes-nous ? Est-ce que nous allons tous y passer ? Et pourquoi ? » (*TdS*, 75).

Chez Mongo Beti, en effet, « les résultats de l'enquête comptent moins que les mobiles mis en jeu » (Fondanèche, *op. cit.*, 103). Bien que la police, tous grades confondus, soit omniprésente dans cette république bananière des tropiques, elle est réduite au simple rôle de figuration. Corrompue jusqu'à la moelle, elle fonctionne sans archives et ne fait jamais d'enquête : « [N]ous, dans notre police, on ne fait jamais d'enquête ; c'est même interdit. [...] Chaque fois qu'on fait une enquête, on tombe immanquablement sur un grand (un homme puissant). [...] Même quand un grand est assassiné, comme le Père Mzilikazi, on ne fait pas d'enquête » (*TdS*, 125-126). À y regarder de près, plus rien n'étonne dans ce monde kafkaïen où l'absurde s'observe à pratiquement tous les niveaux de la vie quotidienne :

> Comment se représenter sérieusement que, dans certains quartiers de [...] notre capitale, qui n'abrite pas moins d'un million d'habitants, l'éclairage public s'allume le jour, mais s'éteint la nuit venue ? Et que dire de la coupure d'eau du mois dernier ? Totale et universelle : pas une goutte du précieux liquide pour les nouveau-nés des hôpitaux et d'ailleurs, rien pour les maisons individuelles où les déjections humaines s'accumulèrent et mijotèrent trente jours durant dans les cuves des toilettes de résidences bourgeoises, empoisonnant l'air respiré par nos pauvres bambins, sans parler des parents (*TdS*, 11).

Le pays a pour ainsi dire tourné le dos au reste du monde et les dignitaires du régime n'en font qu'à leur tête :

> Le pouvoir appliquait une tactique qu'on peut appeler de l'édredon : il ne répondait à aucune accusation, dédaignait les interpellations, faisait la sourde oreille aux propositions de dialogue, s'en tenait aux rigueurs implacables de la répression dès que les opposants faisaient mine de descendre dans la rue, tirant à l'occasion sans états d'âme sur la foule, ce qui avait le don de refroidir les enthousiasmes dans les rangs contestataires (*TdS*, 172-173).

Chez Mongo Beti comme chez Bolya, on retrouve la France en fond de teint. Du fait de la présence dans le récit de quelques intellectuels précédemment exilés en France, le récit est parsemé d'allusions aux lois Pasqua, à la lepénisation galopante (*TdS*, 43) ainsi qu'aux pratiques du charter dont sont souvent victimes les membres de la colonie africaine en France. Pourtant, si les républiques africaines francophones sont un espace où il fait si mal vivre, c'est bien à cause de l'incohérence de la politique française et de l'exploitation éhontée (« les Français dévastent les forêts avec frénésie » – *TdS*, 54) dont les pays ont souffert pendant et après la colonisation ainsi que de la protection et du soutien que les anciens maîtres continuent d'apporter aux tenants locaux du pouvoir.

Si, comme nous le rappelle Yves Reuter, « les romans de Himes se présentent comme autant d'interrogations sur le statut des Noirs aux États-Unis et l'origine de la violence (voir *L'Aveugle au pistolet* en 1969) » (*Le Roman policier*, Paris, Nathan, 1997, 26), l'ouvrage de Mongo Beti s'interroge pareillement sur le devenir des États africains postcoloniaux. L'auteur en profite pour régler ses comptes avec la France, les instances de la francophonie et suggère que les dictatures tropicales ne peuvent s'expliquer que si l'on se réfère aux relations plus ou moins mafieuses entre la France et ses « anciennes » colonies. À telle enseigne que la question « Y a-t-il une vie après le charter ? » (*TdS*, 98), qui se pose au sujet d'Eddie, « homme aigri et amer, sans doute parce qu'il avait été rapatrié par charter » (*TdS*, 98), pourrait tout aussi bien se lire « Y a-t-il une vie après la colonisation ? ».

Et autant Chester Himes jongle avec le *Black English* des ghettos noirs, autant Mongo Beti rompt délibérément avec le style châtié de ses romans antérieurs pour s'abreuver aux sources vives du français africain tout en abusant, s'il le faut, de l'art du dialogue. Qu'on en juge :

> – Norbert, dit le commissaire, c'est comment ? Tu es inspecteur, non ?
> – Oui, monsieur le Commissaire, répondit Norbert. Je vous demande pardon, grand, ajouta-t-il aussitôt.

– Pardon de quoi ? D'être inspecteur ? Mais non, grand. Non monsieur le Commissaire. Mais j'étais absent ; mon père est décédé.
– C'est pas grave, ça, fit l'espèce de sergent Garcia noir, riant aux éclats. Je connais ton dossier, tu sais ? Ton papa-là même, c'est quoi ? Il meurt tous les deux mois ?...
– Ce n'est pas le même, grand, vous savez bien...
– Et il te faut chaque fois une semaine pour l'enterrer ?
– Nous sommes en Afrique, non, monsieur le Commissaire ? Vous êtes même comment, vous aussi !
– Chose remarquable, poursuivit le commissaire en se rembrunissant, ta mère-là même, elle, meurt toutes les six semaines. Et il te suffit de deux jours pour l'enterrer...
– Mais non, grand, ce n'est pas la même ; nous sommes en Afrique non ? Quand je dis ma mère, ce n'est pas toujours celle qui m'a accouché [en note : mis au monde], vous savez bien ; grand, vous êtes africain, non ?
– Laissons ça, Norbert. Prends même six mois pour enterrer chacune de tes mamans, je m'en fous. Quand le grand chef lui-même disparaît de chez nous là pour passer deux mois à Baden-Baden là, tu vas même lui dire que quoi ? Je te demande, Norbert, qui va même lui dire que quoi ? (*TdS*, 119-120).

Tout comme chez Chester Himes, *Trop de soleil tue l'amour* est un livre profondément douloureux, construit autour d'une accumulation intense de situations tellement absurdes qu'il n'y a visiblement pas d'autre façon de les raconter que de recourir au truculent, au burlesque et à l'humour. Mais en plus de la technique du roman noir ainsi empruntée à Chester Himes, l'Amérique noire est présente sous plusieurs autres formes. L'auteur fait montre d'une fine connaissance de l'histoire noire américaine et d'une impressionnante culture jazzistique. Bien que Bébète, la copine occasionnelle de Zam, avoue ne rien comprendre à la musique de son homme, ce dernier se fait insistant : « [T]u as des cousins outre-Atlantique, qui sont des gens merveilleux. Livrés sans recours à l'enfer des champs de coton, les esclaves noirs ont inventé cette musique-là, la plus belle du monde. Tu comprends ça, Bébète ? » (*TdS*, 14). Et l'ouvrage se lit effectivement au rythme de la musique de Bessie Smith, John Coltrane, Stan Getz, Miles Davis, Dizzy Gillespie, Charles Mingus, Nat King Cole, Art Blakey, Joe King Oliver et autres. En clair, Mongo Beti procède à une espèce de retour d'ascenseur. Et s'il emprunte à Chester Himes, c'est aussi pour familiariser son public africain avec l'histoire et la culture de la diaspora noire.

On le voit donc : quoique Chester Himes soit arrivé en France bien longtemps après le mouvement de la négritude, on sera sensible au fait que la rencontre des écrivains noirs qui eut lieu en France au début du XXe siècle et qui aboutit à la naissance du mouvement de la négritude dans les années 1930 a ainsi laissé des traces qui se prolongent et se renouvellent. Aujourd'hui, la négritude est entrée dans l'histoire, les pays africains sont indépendants depuis plus de quarante ans, la France n'est plus pour nombre d'écrivains noirs, qu'ils soient américains ou autres, la terre d'accueil qu'elle fut au début du siècle dernier. Et ni Mongo Beti, ni Bolya, ni Njami ne font partie d'une quelconque fratrie littéraire. Seule leur connaissance directe ou indirecte de l'œuvre de Chester Himes, dont chacun d'eux se réclame à sa manière, ainsi que leur séjour prolongé en France permettent de rapprocher leurs œuvres. Tout indique donc que le séjour outre-Atlantique de Chester Himes aura laissé dans la mémoire de ses congénères des marques insoupçonnées et quasi indélébiles.

Être immigrant sans galérer ;
les recettes de Dany Laferrière[14]

En 1998, en France, on a fait grand bruit du 150ᵉ anniversaire de l'abolition de l'esclavage. À peine a-t-on entendu quelques timides voix s'élever pour se demander au nom de quoi les descendants des Négriers pouvaient se permettre de célébrer avec autant de zèle l'abolition de l'horrible traite. Surtout qu'à aucun moment on n'a eu l'idée de mettre véritablement en relief la contribution des esclaves à la lutte qui allait mettre fin au trafic du « bois d'ébène ». Mais à y regarder de près, on se rend compte que la commémoration de l'acte de 1848 participe, une fois de plus, d'une logique désormais établie. C'est toujours et encore l'Autre qui fait et qui écrit, à sa manière, l'histoire des peuples noirs. Il en fut ainsi de l'esclavage, il en a été de même de la colonisation et il en va pareillement aujourd'hui de l'immigration et de nos mésaventures postcoloniales.

Condamné à la galère, soumis à une précarité sans borne, aussi bien dans son pays qu'à l'extérieur, l'Africain et ses descendants semblent avoir du mal à s'approprier l'histoire. Aussi se laissent-ils nommer, étiqueter et manipuler à souhait. Le continent nord-américain, on le sait, est une société multiculturelle, une terre d'immigration où Européens, Asiatiques et divers autres immigrants se sont installés, chacun avec son identité propre. Assez curieusement, les Africains qui, c'est un fait, y sont arrivés pour la plupart les chaînes aux pieds, semblent s'être maintenus ou sont à tout jamais rejetés dans les marges. Depuis le Sud profond des États-Unis jusqu'aux confins des provinces maritimes du Canada, en passant par tous les ghettos qui ont rivalisé de célébrité – Harlem, Watts, etc. –, le Noir apparaît comme le souffre-douleur de la riche et prospère Amérique.

Haïtien récemment immigré au Canada, Dany Laferrière était sans doute condamné, lui aussi, à vivre d'expédients. Mais en observateur perspicace et en lecteur attentif de l'histoire des peuples noirs, il a élaboré de savoureuses recettes pour échapper à la galère. Il s'est amusé à réunir un certain nombre de stéréotypes coloniaux pour les resservir sous un emballage original à des lecteurs dont il sait que la plupart ont intériorisé nombre de stéréotypes dont sont victimes les peuples noirs. Pascal Blanchard et Nicolas Bancel rappellent très justement à propos des stéréotypes :

---

14. Publié sous le titre de « Comment être immigrant sans galérer » dans *North-South Linkages and Connections in Continental and Diaspora African Literatures*, African Literature Association Annual Series, volume 12, AWP, 2005, 429-440.

Depuis l'Antiquité, l'Occident a construit son système de valeurs et sa culture en prenant comme miroir négatif l'Autre. Du mythe biblique de la malédiction de Cham, fils de Noé, au « barbare » de l'Empire romain, un certain nombre de mythes fondateurs ont irrigué la pensée occidentale, dessinant son rapport à l'altérité et à l'identité. Dans ce long processus, l'affirmation scientifique du concept de « race », au milieu du XIXe siècle, offrira une « légitimité » idéologique aux conquêtes coloniales (*De l'indigène à l'immigré*, Paris, Découvertes/Gallimard 345, 1998, 13).

Et ainsi que le souligne Louis Sala-Molins par ailleurs, les Négriers se sont sérieusement interrogés sur la nature même de cet être maudit qu'est le fils de Cham :

Des Hommes ? Des Bêtes ? Des hommes assurément, puisqu'ils dérivent de Noé et d'Adam et qu'ils ont, par conséquent, terrées et assoupies au plus profondément inaccessible de leur nature, les conditions du salut.

Des bêtes sans l'ombre d'un doute, puisque l'esclavage est leur lot, leur part dans l'héritage, et que la malédiction liminaire les tient inexorablement éloignés de la vie politique, du droit, du pouvoir, de tout ce qui en bonne théologie scolastique – et déjà en bon augustinisme, tout comme en bon aristotélisme – arrime, comme l'attribut à la substance, l'humanité à la cité et la cité à l'humanité (*Le Code noir ou le calvaire de Canaan*, Paris, PUF, 1987, 26).

Au fur et à mesure que l'Occident progresse dans la connaissance de l'Autre, les stéréotypes s'épaississent et contribuent à donner entièrement forme à la vision de l'indigène. Timothy Mitchell, dans *Colonising Egypt*, montre comment l'Europe a profité de l'Exposition Universelle de Paris et de Londres pour représenter l'Autre et même le façonner selon ses propres fantasmes :

The Egyptian exhibit had been built by the French to represent a winding street of Cairo, made of houses with overhanging upper stores and a mosque like that of Qaitbay. "It was intended", one of the Egyptians wrote, "to resemble the old Cairo". So carefully was this done, he noted, that "even the paint on the buildings was made dirty".

The Egyptian exhibit had also been made carefully chaotic. In contrast to the geometric lines of the rest of the exhibition, the imitation street was laid out in the haphazard manner of the bazaar. The way was crowded with shops and stalls, where Frenchmen dressed as Orientals sold perfumes, pastries, and tarbushes. To complete the effect of the bazaar, the French organisers had imported from Cairo fifty Egyptian donkeys, together with their drivers and the requisite number of grooms, farriers, and saddle-makers (Berkeley, California University Press, 1988, 1).

***

L'intention est manifeste. Il s'agit d'installer dans l'imaginaire de l'Européen que son univers en est un de référence. De sorte qu'en se rendant à l'étranger, le monde extérieur soit toujours jugé en fonction des « vérités » occidentales considérées comme universelles. On retrouve ici la vieille démarche ethnocentrique des psychiatres qui nous ont appris, écrit Roland Jaccard, à « juger les autres à partir de nos propres systèmes de valeurs » (*La Folie*, Paris, PUF, 1979, 33). D'ailleurs, le premier roman de Dany Laferrière, *Comment faire l'amour avec un Nègre sans se fatiguer* (1985, Paris, Belfond, «J'ai lu», 1990), s'est écrit et devrait même se lire à la lumière de Freud que cite Bouba, protagoniste quelque peu excentrique, à la fois prêtre et psychothérapeute. En réalité, Laferrière invite l'Occident à se mettre d'abord sur le divan avant de songer à étiqueter l'Autre. En quelque sorte, Laferrière remonte le cours de l'histoire, revisite l'Exposition Universelle et renvoie l'Occident à son propre miroir, en mettant en question, de façon allégorique, son modèle et ses fondements.

À ce propos, Mitchell s'interroge à juste titre :

> If Europe was becoming the world-as-exhibition, I am going to ask, what happened to Europeans who left and went abroad? How did they experience a life not yet lived, so to speak, as though the world were a picture of something set up before an observer's gaze? Part of the answer, I will suggest, is that they did not realise they had left the exhibition. How could they, if they took the world itself to be an exhibition? Reality was that which presents itself as exhibit, so nothing else would have been thinkable. Living within a world of signs, they took semiosis to be a universal condition, and set about describing the Orient as though it were an exhibition (*op. cit.*, 13-14).

Bien évidemment, les voyageurs européens chercheront, partout où ils seront, à retrouver le modèle de référence. La démarche de Dany Laferrière consiste à prendre l'Occident à rebrousse-poil et à lui faire croire que le Nègre assume l'image que l'Autre s'est acharné à lui coller. Mais qu'on ne s'y trompe pas, la démarche de l'écrivain haïtien n'a qu'une lointaine parenté avec celle des tenants de la Négritude qui se sont évertués à produire des œuvres pour faire mentir le colonisateur qui prétendait que le Noir était sans culture et sans histoire. Laferrière s'amuse à assumer l'hypermasculinité du Nègre et autres préjugés, mais il s'arrange pour entraîner l'Autre dans son jeu. Désormais, son héros ne sera pas seul à subir le regard inquisiteur des héritiers du discours « orientaliste » pour reprendre un terme cher à Edward Said.

En effet, si le Nègre a été défini pour que chacun garde sa place et joue le rôle qui lui a été dévolu, on peut se demander de quoi l'avenir sera fait une fois que l'Autre aura, lui aussi, pris plaisir à vivre dans le zoo. Nécessairement, il faudra repenser l'ordre des choses. Mitchell explique :

> The techniques of enframing, of fixing an interior and an exterior, and of positioning the observing subject, are what create an appearance of order, an order that works by appearance. The world is set up before an observing subject as though it were the picture of something, appearing and experienced in relationship between the picture and the plan or meaning it represents. It follows that the appearance of order is at the same time an order of appearance, a hierarchy. The world appears to the observer as a relationship between picture and reality, the one present but secondary, a mere representation, the other only represented, but prior, more original, more real. This order of appearance is what might be called the hierarchy of truth (*ibid.*, 60).

Ainsi pourraient également se présenter l'ordre des choses et la réalité des relations entre l'Autre et nous, entre le dominant et le dominé. La présente étude voudrait montrer comment l'écriture de Dany Laferrière procède de la dérision et d'un désir profond de subvertir l'ordre traditionnel du discours. L'auteur manie avec virtuosité l'ironie et l'humour pour permettre à l'objet d'hier, le Nègre, de reprendre l'initiative, de redevenir sujet de l'histoire. Car pour Dany Laferrière, l'éternel conquis a les moyens de devenir conquérant. Sous un jour apparemment anodin, donc, l'écrivain haïtien tel que nous le révéleront *Comment faire l'amour avec un Nègre sans se fatiguer* (*CFAN*) et *Cette grenade dans la main du jeune Nègre est-elle une arme ou un fruit ?* (Montréal, VLB éditeur, 1993) s'inscrit délibérément dans une perspective de lutte de libération, fût-elle psychologique.

***

Les récits de Dany Laferrière, on l'aura compris, reposent sur deux vecteurs essentiels, les figures de l'altérité et la tyrannie des préjugés. Tout en se refusant à sortir des sentiers battus, l'auteur emprunte une voie qui ne manque pas de singularité. L'objectif consiste à reprendre, du moins dans *Comment faire l'amour avec un Nègre...*, deux types d'individus bien connus dans l'histoire des relations interraciales : l'homme noir et la femme blanche, le domestique surmâle et la belle blonde idiote, mais symbole de liberté. Eldridge Cleaver a écrit à ce sujet : « Every time I embrace a black woman I'm embracing slavery, and when I put my arms around a white woman, well, I'm hugging freedom » (*Soul on Ice*, New York, Bantam Doubleday Dell Publishing Group, Inc., 1968, 160). Mais la comparaison avec Eldridge Cleaver ne va pas bien loin. Et le Noir dont il est question ici ne ressemble pas non plus au spécimen de Frantz Fanon qui, « en plein coït avec une blonde incendiaire au moment de l'orgasme, s'écria : "Vive Schoelcher !" » (*Peau noire, masques blancs*, Paris, Seuil, 1952, 51). En effet, même si chez

Laferrière les jolies bourgeoises de McGill – Miz Littérature, Miz Sundae, Miz Suicide, Miz Sophisticated Lady, Miz Snob, Miz Mystic, Miz Chat, etc. – se laissent souvent prendre dans le piège du protagoniste principal et se font envoyer en l'air dans l'antre sordide qui lui tient lieu de chambre, le Nègre, malgré le poids de ses fantasmes, ne perd jamais le sens de ses objectifs. Autant que faire se peut, il exerce son jugement critique, « de manière à s'élever hors de la caverne des préjugés jusqu'au clair royaume du libre jugement » (P.-A. Taguieff, *La Force du préjugé, essai sur le racisme et ses doubles*, Paris, Gallimard, 1987, 219).

Bien qu'il assume entièrement l'identité du Nègre naïf, cannibale, dragueur et objet sexuel, il sait qu'il est avant tout un écrivain avec une thèse à défendre :

> [D]ans l'échelle des valeurs occidentales, la Blanche est inférieure au Blanc et supérieure au Nègre. C'est pourquoi elle n'est capable de prendre véritablement son pied qu'avec le Nègre. Ce n'est pas sorcier, avec lui elle peut aller jusqu'au bout. Il n'y a de véritable relation sexuelle qu'inégale. La Blanche doit faire jouir le Blanc, et le Nègre, la Blanche. D'où le mythe du Nègre grand baiseur. Bon baiseur, oui. Mais pas avec la Nègresse. C'est à la Nègresse à faire jouir le Nègre (*CFAN*, 50).

Alors qu'hier l'union interraciale était pour le « conjoint coloré une sorte de consécration subjective de l'extermination en lui-même et à ses propres yeux du préjugé de couleur dont il a longtemps souffert » (Fanon, *op. cit.*, 57), Dany Laferrière nous introduit dans un monde où c'est plutôt l'Autre, la Blanche, qui, frustrée et « désespérée de la baise à la petite semaine » (*CFAN*, 18), investit de son propre chef le ghetto, convaincue qu'elle est que

> [b]aiser nègre c'est baiser autrement. [...] En tout cas, il a fallu quasiment tirer des dortoirs nègres les filles aux joues roses et aux cheveux blonds. Le Grand Nègre de Harlem baise ainsi à n'en plus finir la fille du roi du Rasoir, la plus blanche, la plus insolente, la plus raciste du campus. Le Grand Nègre de Harlem a le vertige d'enculer la fille du propriétaire de toutes les baraques insalubres de la 125e [l'avenue Lexington à New York] [...], le forniquant pour l'horrible hiver de l'année dernière qui a emporté son jeune frère tuberculeux. La Jeune Blanche prend aussi pleinement son pied. C'est la première fois qu'on manifeste à son égard une telle qualité de haine. La haine dans l'acte sexuel est plus efficace que l'amour (*CFAN*, 18-19).

On l'a souligné, chez Cleaver, la femme blanche, autant que la noire d'ailleurs, est maintenue dans les ténèbres par le pouvoir blanc : « [T]he white man doesn't want the black man, the black woman, or the white woman to have a higher education. Their enlightenment would pose a threat to his omnipotence » (Cleaver, *op. cit.*, 163). Mais bien que la plupart d'entre elles sentent la poudre pour bébé Johnson, les belles blondes de Laferrière étudient à l'Université McGill, « vénérable institution où la bourgeoisie place ses enfants pour leur apprendre la clarté, l'analyse et le doute scientifique » (*CFAN*, 30). Et Miz Littérature, qui prend plaisir à venir faire la vaisselle dans l'appartement crasseux de la rue Saint-Denis, a pourtant « une famille importante, un avenir, de la vertu, une solide culture littéraire et féministe à McGill – les Sorcières du McGill – dont les membres s'occupent de remettre en circulation les poétesses injustement oubliées » (*CFAN*, 42).

Mais comme on l'a vu avec Timothy Mitchell, on est dans une société où le préjugé dicte sa loi et où chacun est enfermé dans un carcan pour qu'il y ait une apparence d'ordre, de hiérarchie. Taguieff écrit très justement à ce propos : « [O]n peut renverser l'évidence idéologique, en privilégiant le processus d'imputation légitimatoire : "ce ne sont pas les caractéristiques des immigrants qui sont cause de l'antipathie à leur égard, mais [...] on leur attribue plutôt des caractéristiques qui justifie en apparence cette antipathie" » (*op. cit.*, 268). Voilà qui explique l'agression caractérisée dont le protagoniste est victime au bureau de poste lorsqu'il fait montre d'une innocente curiosité en s'intéressant au titre du roman que lit un usager dans la file d'attente :

> La plupart des gens de la file se retournent pour voir le Nègre en train d'agresser la Blanche. Une fille, un peu en avant dans la ligne, les cheveux coupés ras, se retourne, la rage au ventre. Elle élève la voix pour dire qu'ils sont tous des maniaques, des psychopathes et des emmerdeurs qui n'arrêtent pas de draguer. « Tu ne les vois jamais en hiver, mais dès l'été, ils sortent, par grappes, de leur trou juste pour emmerder les gens avec leurs foulards, tambours, bracelets et cloches. Mais moi je n'ai rien à voir avec leur folklore. Si au moins il n'y avait que les Nègres ! Mais non, maintenant, il y a les sud-américains avec leurs dizaines de chaînes au cou, leurs pendentifs, bagues, broches, toute cette bimbeloterie qu'ils n'arrêtent pas de proposer dans les cafés. [...] Si c'est pas un bijou faussement maya, c'est leur corps. Pensent qu'à ça les Latinos » (*CFAN*, 59-60).

Taguieff a certainement raison : « Les préjugés apparaissent ici liés à l'imaginaire collectif ritualisé plutôt qu'aux caractéristiques du réel social : les traits ethniques attribués sont l'effet plutôt que la cause des préjugés » (*op. cit.*, 268). En clair, la réputation des immigrants les précède et point n'est besoin de les voir, de les vivre pour s'en faire une idée.

***

Dans la logique interne de *Comment faire l'amour avec un Nègre...*, tout se passe comme si c'est l'agression gratuite de la fille aux « cheveux coupés ras » (*CFAN*, 59) qui donne au protagoniste la rage d'écrire et de s'inscrire dans le sillage de Chester Himes en empruntant une « Remington 22 » dont on dit lui avoir appartenu. Évidemment, la référence à Chester Himes n'a rien de fortuit. Victime des effets de la ségrégation raciale aux États-Unis, Himes dut émigrer en Europe où il vécut essentiellement de sa plume. Dans ses écrits et surtout dans ses romans policiers, Himes exploite de manière plutôt cocasse les travers de ses congénères de Harlem. Et Himes fut un écrivain à succès, ce dont rêve le je-narrant dont le leitmotiv est « Comment réussir un livre qui se vendra bien ? » (*CFAN*, 63). Le cheminement de Himes paraît alors exemplaire pour le marginal qui veut se tirer d'affaire. Plutôt que de subir passivement l'adversité ou de se lamenter sur son sort, il vaut mieux trouver une recette appropriée pour mettre fin à la galère.

L'image de la grenade dont Laferrière se sert – *Cette grenade dans la main du jeune Nègre est-elle une arme ou un fruit ?* – est hautement significative à cet égard. La grenade, on le sait, est un engin à retardement. Et il arrive qu'une personne visée ramasse le projectile avant son explosion pour le retourner contre l'agresseur initial. C'est l'arroseur arrosé. Symboliquement, la grenade peut représenter l'ensemble des stéréotypes dont le Nègre est accablé, les injures qui lui sont lancées. Mais lorsque l'auteur les recueille, il les remballe, en fait un fruit équivalant à l'ensemble de sa production littéraire et le retourne au public, à l'agresseur virtuel. On pourrait ainsi démontrer que l'œuvre entière de Laferrière n'est qu'un compendium de stéréotypes qu'il ressert à sa manière à un consommateur inconscient de la supercherie. Malgré son âme wasp et son origine bourgeoise, Miz Sophisticated Lady, fille de Westmount, se trouve réduite à une fleur au bout de sa « pine nègre » (*CFAN*, 86). Miz Littérature se met à son école de vol à l'étalage (*CFAN*, 107), mais il ne veut pas du tout de son aide dans la rédaction de son *Paradis du dragueur nègre* : « C'est, prétend-il, le genre de truc qu'il faut faire soi-même » (*CFAN*, 103). Il n'attend rien d'elle, mais ne fait rien pour s'empêcher de dépendre d'elle ou tout au moins d'épouser quelques-uns de ses « vices ». De son côté, Bouba a pris Miz Suicide en charge :

> Bouba est son conseiller en matière de suicide. Elle ne s'intéresse à rien d'autre. […] Bouba l'a repêchée à la Librairie ésotérique, sur Saint-Denis, en face de la Bibliothèque Nationale.

> Assis sur le Divan comme une diva divaguant sans arrêt sur les sentences du vieux maître zen, Bouba crée sans le savoir une ambiance délirante. Il lit, avec sa voix gutturale et mystique, le précieux petit livre du poète à barbiche, Li Po, sur la manière de boire le thé.

> – Tu dois d'abord apprendre, explique Bouba, à respirer le thé avant de commencer à le boire.

Miz Suicide écoute avec le recueillement d'un véritable bodhisattva (*CFAN*, 71- 72).

La technique consiste ici à déployer une stratégie de contrôle et à en vérifier l'efficacité sur des sujets précis. Albert Memmi a montré comment, en situation coloniale, le dominant dicte sa loi en déshumanisant puis en mystifiant le colonisé : « [O]n peut dire, écrit-il, que la colonisation fabrique des colonisés comme nous avons vu qu'elle fabriquait des colonisateurs » (*Portrait du colonisé*, Montréal, l'Étincelle, 1972, 92). Dans l'initiation de Miz Littérature au vol à l'étalage, Laferrière procède par contamination et joue au dialecticien de charme :

Nègres et Blancs sont égaux devant la mort et la sexualité : Éros et Thanatos. Je pense que le couple Nègre/Blanche est pire qu'une bombe. Le Nègre baisant la Nègresse ne vaut peut-être pas la corde qui doit le pendre, mais avec la Blanche, il y a de fortes chances qu'il se passe quelque chose. Pourquoi ? Parce que la sexualité est avant tout affaire de fantasmes et le fantasme accouplant le Nègre avec la Blanche est l'un des plus explosifs qui soient (*CFAN*, 141-142).

De temps à autre dans le récit, la même image est reprise dans des formulations différentes : « Si vous voulez un aperçu de la guerre nucléaire, mettez un Nègre et une Blanche dans un lit. […] Le Nègre était la dernière bombe sexuelle capable de faire sauter la planète. Et il est mort. Entre les cuisses d'une Blanche » (*CFAN*, 19).

***

S'amuser à objectiver le Noir tout en prenant la parole comme Noir sujet au nom du Noir objet fait partie des recettes que Dany Laferrière a mises au point pour captiver le public et écouler sa marchandise. Il s'en cache à peine : « [J]e crève de jalousie, je meurs d'envie. Je veux être riche et célèbre » (*CFAN*, 104). Et ce stratagème qui n'apparaît qu'en filigrane, tout à fait vers la fin de *Comment faire l'amour avec un Nègre...*, devient pratiquement la matière de *Cette grenade dans la main du jeune Nègre...* Après le succès remporté par *Comment faire l'amour avec un Nègre...*, l'auteur choisit de continuer dans la voie de l'exploitation littéraire – et commerciale – des stéréotypes sociaux. Décidé à prendre l'Amérique au mot, c'est un peu en journaliste qu'il croque sur le vif les scènes de la vie quotidienne et nous en offre des tableaux irrésistibles. « L'Amérique, dit-il, n'a qu'une exigence : le succès. À n'importe quel prix » (*Cette grenade...*, 17). Au lieu de faire la fine bouche, autant lui vendre ce que nous avons comme biens : « Toujours les questions raciales et sexuelles. Et leur mélange explosif. L'Amérique aime manger de ce plat. Et je suis prêt à lui en donner pour son argent »

(*Cette grenade*..., 85). Car « ici, c'est pas le secours catholique, ni Oxfam...
Tous les coups sont permis... » (*Cette grenade*..., 98). Dans une longue
conversation avec un chauffeur de taxi d'origine nigérienne à New York, il
conclut en quelque sorte : « La littérature est un métier que je pratique pour
vivre. [...] j'écris pour être connu et pour pouvoir bénéficier des privilèges
uniquement réservés aux gens célèbres. J'écris surtout pour avoir ces jeunes
filles autrefois inaccessibles » (*Cette grenade*..., 68).

En fait, Laferrière dit tout haut ce dont rêvent secrètement nombre
d'écrivains. Et son génie consiste à captiver l'attention en choisissant
délibérément d'embarrasser le lecteur avec des propos effrontés, totalement
inattendus. Mais par-dessus tout, Laferrière surprend du fait que, contrairement
à nombre d'immigrants, il refuse de se faire prendre en pitié. Dans une
révolte qui ne dit pas son nom, il s'engage passionnément dans la guerre
des fantasmes que se livrent colonisateurs et colonisés : « [L]e colonisé, écrit
Memmi, revendique et se bat au nom des valeurs mêmes du colonisateur,
utilise ses techniques de pensée et ses méthodes de combat » (*op. cit.*, 118).
Et Memmi d'ajouter pertinemment : « [C]'est le seul langage que comprenne
le colonisateur » (*ibid.*). Le succès de librairie dont bénéficie l'œuvre de Dany
Laferrière est une incontestable preuve du bien-fondé de cette assertion.

Cinquième partie :
Réinventer l'avenir

S'approprier l'université,
sortir de la subalternité[1]

Il y a trente ans, je commençais ma carrière d'enseignant à Brown University, aux États-Unis. Lorsqu'au bout de dix ans d'enseignement et de recherche aux États-Unis et au Canada, je décide de m'en retourner en Afrique, pas mal d'amis et collègues, complètement médusés, se sont demandé comment je pouvais tourner le dos au Canada qui nous avait généreusement accueillis, ma famille et moi, comme immigrants, pour embrasser la précarité africaine.

Fils de paysan étant allé tout à fait par accident à l'école coloniale, je me devais, répondis-je, de payer ma dette à la société africaine en contribuant, à mon niveau et à ma manière, à la transmission des connaissances acquises. Évidemment, les conditions de travail, au Maroc d'abord et au Cameroun ensuite, ne pouvaient en rien – je le savais – se comparer aux très confortables structures qu'offrent les universités nord-américaines. Mais qu'importe, le choix était le mien !

Lorsqu'au bout de quelques années, les collègues Bernard Mouralis, alors professeur à l'Université de Lille (en mission au Maroc et au Cameroun), et Michel Fabre, de la Sorbonne Nouvelle, Paris III (en mission au Cameroun), vinrent participer aux soutenances des travaux de mes étudiants, ils se firent expliquer les stratégies de recherche que je mettais en place pour faire travailler des jeunes en pays de pénurie. Il s'agissait, rompant en cela avec la pédagogie courante en métropole, de nous familiariser avec le savoir théorique et méthodologique accumulé dans les universités de par le monde pour décrypter essentiellement le réel et les productions culturelles de notre environnement immédiat. Ils en furent édifiés. Michel Fabre n'hésita pas à comparer notre condition à celle des universitaires d'Europe de l'Est qui, bien que coupés du reste du monde à un moment donné de leur histoire, n'ont jamais cessé de produire, d'innover et d'inventer. On peut penser que pareille démarche était somme toute conforme à tout enseignement universitaire, mais évidemment nous allions plus loin et nous interrogions aussi sur l'adéquation des théories euraméricaines au contexte africain. Comment donner aux jeunes Africains une représentation d'eux-mêmes à partir des théories élaborées

1. Conférence publique prononcée le 12 décembre 2003, à l'occasion du 10ᵉ anniversaire de l'Université de Buea, au Cameroun. Armelle Cressent et Eckhard Breitinger ont lu la version préliminaire de ce texte et m'ont fait d'utiles suggestions. L'Université de Bayreuth, en Allemagne, m'a offert le cadre de son élaboration. Je leur en suis reconnaissant. Cette conférence a été publiée sous le titre de « Redesigning the African University, Emerging from Subalternity » dans *Codesria Bulletin*, nᵒˢ 1-2, 2005, 4-8.

ailleurs ? Comment en quelque sorte leur permettre de se réinventer sans jamais s'aliéner ? Comment en définitive s'approprier le savoir pour mieux l'adapter et mieux agir sur notre réel ? Tels étaient les véritables enjeux. Soit dit en passant, Cilas Kemedjio, un de mes anciens thésards, résume[2] notre démarche dans *De la négritude à la créolité* (1999), ouvrage qui se trouve être un des fruits lointains de notre questionnement.

Mais ce n'est point pour un récit de vie qu'on m'a demandé de prendre la parole.

Ainsi que nous l'ont opportunément rappelé Félix-Marie Affa'a et Thérèse Des Lierres (*L'Afrique Noire face à sa laborieuse appropriation de l'université. Les cas du Sénégal et du Cameroun*, Paris/Québec, L'Harmattan/ Les Presses de l'Université Laval, 2002), les modèles d'universités tels qu'ils ont été inventés au Moyen Âge par les Allemands, les Britanniques et les Français ont connu une évolution significative lorsque les Américains les ont adoptés. Ceux-ci ont bâti un système qui ressemble à peine à son ancêtre européen. Le modèle américain a ensuite inspiré le Canada, le Japon et nombre de pays asiatiques (Corée du Sud, Thaïlande, Indonésie, Malaisie, Taiwan, Singapour, Hong Kong, Inde, etc.) qui ont néanmoins construit leur propre système, totalement autonome et adapté à leurs besoins spécifiques.

De l'avis de tous les spécialistes en la matière, l'université est un laboratoire, un espace dans lequel les cultures locales ou endogènes se transforment au contact des cultures exogènes, celles venues d'ailleurs. Il appartient à chaque pays ou à chaque communauté de mettre l'accent sur telle ou telle autre recherche fondamentale ou appliquée, sur tels ou tels autres thèmes de recherche ou de formation et de développer tels ou tels autres

---

2. « Le présent projet est né d'un malaise et d'une volonté de connaissance. En 1989, au cours d'une classe de méthodologie dirigée par le Professeur Ambroise Kom à l'Université de Yaoundé, j'avais posé la question sur l'adéquation des concepts élaborés par Barthes, Genette, Foucault, Jakobson, Bourdieu, Pierce et bien d'autres théoriciens euraméricains dans la critique des textes africains et antillais. Le Professeur Kom avait choisi de laisser le débat se poursuivre sans véritablement faire connaître son point de vue sur la question. Mais, l'examen de fin d'année devait porter sur la même question méthodologique. J'ai pu alors me rendre compte que le problème était plus complexe que je ne le pensais. À partir de ce moment, j'ai commencé à explorer ce qui devait devenir ultérieurement le sujet de ce projet : la question théorique. Une telle question comporte quatre dimensions fondamentales : le problème de la vocation hégémonique des théories euraméricaines dans les champs africains et antillais ; le problème de l'institution qui porte sur les conditions matérielles de production de la littérature et du discours intellectuel ; la définition de la littérature et de son rôle et, finalement, l'élaboration des alternatives aux modèles théoriques suspectés d'hégémonie.

Le projet naît donc d'une déficience et d'un malaise provoqué par l'absence des auteurs africains et afro-américains dans les cours de méthodologie et la conséquente prédominance des auteurs euraméricains » (Cilas Kemedjio, *De la négritude à la créolité. Édouard Glissant, Maryse Condé et la malédiction de la théorie*, Hamburg, Lit Verlag, 1999, 1).

services à la communauté, en fonction de ses besoins ou de ses ambitions présentes et futures. Toujours est-il qu'à la suite de l'Allemand Wilhelm von Humboldt qui, au xixᵉ siècle, a redéfini l'université comme un espace privilégié d'enseignement *et* de recherche, chaque pays, chaque région adapte l'enseignement et la recherche universitaires aux exigences de son développement économique, politique, humain, culturel, social, politique et technologique. Les programmes d'enseignement et de recherche se doivent donc d'être adaptés aux défis qu'entendent relever les sociétés concernées. Ainsi en va-t-il de nombre de sociétés asiatiques, le Japon en tête, qu'on cite comme modèle de communauté ayant réussi à domestiquer la technologie occidentale sans perdre grand-chose de son identité. La rencontre entre cultures endogènes et exogènes s'y est opérée dans une admirable harmonie.

Mais les meilleures leçons en matière d'appropriation et d'inculturation de l'université nous viennent assurément des États-Unis. Ici, l'université est le moteur du changement socioculturel et de l'innovation technologique, économique et politique. Jusqu'à la Deuxième Guerre mondiale, l'intelligentsia américaine était restée accrochée à la vieille Europe, productrice d'idéologies diverses, de captivants mouvements intellectuels et de séduisantes philosophies comme l'existentialisme ou la philosophie de Heidegger. Cela ne signifie point que les universitaires américains étaient, comme nous, enfermés dans des tours d'ivoire et de la médiocrité. Ils engageaient des débats de haut niveau, mais semblaient rechigner, comme le souligne Richard Frye, « à former des dirigeants au "monde réel" de l'action et de la réussite » (« L'Amérique toujours changeante : les universités », *Diogène*, nᵒ 203, juil.-sept. 2003, 104).

À la fin de la Deuxième Guerre mondiale, les programmes d'études dans les universités américaines subissent une transformation en profondeur et de manière extrêmement rapide. Et pour cause :

> les anciens combattants [...] qui terminaient leurs études à l'université n'avaient ni le temps, ni l'envie de s'étendre sur des activités visant à enrichir leur vocabulaire et la connaissance des classiques. Les universités ont répondu par la création de nouveaux domaines d'études : affaires, sciences appliquées et études sociales. Le mot clé était à présent « études appliquées », et par-dessus tout, la ligne directrice appartenait à la technologie. [...] Autrement dit, le nouveau modèle des universités a été l'extension de leurs compétences destinée à inclure la recherche et le conseil pour l'industrie et le gouvernement (*ibid.*, 105-106).

À partir de là, un puissant vent d'émulation et de recherche de l'excellence souffle sur l'université américaine, dont les responsables rivalisent de créativité pour trouver des programmes toujours plus innovants. Ainsi vont naître les écoles de commerce, les centres d'études politiques à l'instar de la célèbre Kennedy School of Government de Harvard. Aujourd'hui, la vieille Europe se trouve pour ainsi dire contrainte de s'arrimer au modèle universitaire américain dont les priorités pratiques ont permis aux États-Unis de s'imposer au monde et même de le contrôler. Aux États-Unis, faut-il le souligner, les politiques sociales, économiques, stratégiques et autres s'élaborent dans les laboratoires d'université puisque nombre de grands décideurs, tous secteurs confondus, s'appuient sur des laboratoires ou des centres de recherche parfaitement identifiables.

Que dire donc de l'université africaine ? Que dire de neuf que je n'aie pas déjà relevé dans *Éducation et démocratie* (Paris/Yaoundé, L'Harmattan/ Crac, 1996) ou que les multiples rapports de l'UNESCO[3], de la Banque mondiale ou de nombreux autres analystes[4] et experts n'aient déjà écrit ? Il convient cependant de rappeler que l'université africaine qui, de l'avis des experts de l'UNESCO, est la moins développée de toutes les régions du monde[5], n'émane point de la volonté des peuples du continent de se doter d'instruments leur permettant de résoudre les problèmes cruciaux de leur espace, de transformer leur environnement. Partant du fait qu'à Dakar comme à Yaoundé ou à Brazzaville, sans oublier Ibadan, Makerere ou Nairobi[6], l'université mise en place par l'administration coloniale n'a subi aucune transformation structurelle d'importance depuis sa création, qu'elle reste peu intégrée à la société, que son contenu n'a guère évolué et qu'elle demeure sans identité propre, on peut montrer sans difficulté que l'université africaine est un legs de la colonisation, extrêmement extravertie. Ce sont des institutions, écrivent Affa'a et Des Lierres, « conçues pour être le couronnement du *projet civilisationnel colonial* [qui] faisaient la fierté tant de ses fondateurs que de leurs successeurs à la tête des jeunes États indépendants d'Afrique noire »

---

3. Lire, entre autres, *Pour une citoyenneté responsable de l'enseignement supérieur. Enquêtes et propositions de PRELUDE*, Paris, UNESCO, 2003 ; *The African University at the Threshold of the New Millennium: Potential, Process, Performance and Prospects*, Paris, UNESCO, 2003 ; *Recent Developments and Future Prospects of Higher Education in Sub-Saharan Africa in the 21st Century*, Paris, UNESCO, 2003.
4. Dans « Refaire ou ajuster l'université africaine », préface à l'ouvrage de Félix-Marie Affa'a et Thérèse Des Lierres mentionné précédemment, le sociologue camerounais Jean-Marc Ela critique la vision qu'a la Banque mondiale de l'enseignement supérieur en Afrique et constate qu'« en prenant le contrôle des institutions de transmission et de production du savoir en Afrique, la Banque mondiale a mis en application les principes de l'économie néolibérale sous-jacents au plan de réforme qu'elle veut aujourd'hui étendre à l'échelle de la planète » (*L'Afrique Noire face à sa laborieuse appropriation de l'université...*, *op. cit.*, 7).
5. *Recent Developments and Future Prospects of Higher Education in Sub-Saharan Africa in the 21st Century, op. cit.*, 1.
6. On connaît les mésaventures de Ngugi wa Thiong'o qui a osé mettre en question les structures coloniales de l'université de Nairobi. Lire à ce propos « On The Abolition of The English Department », dans Bill Ashcroft et autres, *The Postcolonial Studies Reader*, London/New York, Routledge, 1995, 438-442.

(*op. cit.*, 15). Et, poursuivent-ils, « le fait que de plus en plus d'Africains enseignent actuellement dans l'enseignement supérieur du continent ne semble avoir conduit à aucun changement fondamental dans la conception de l'enseignement supérieur et dans le rôle qu'il devrait jouer dans la société africaine » (*ibid.*, 43). De ce point de vue, nous nous sommes à peine éloignés de la prescription de Lord Macaulay. On y reviendra.

Vous comprendrez aisément que j'hésite à procéder à un état des lieux de l'université africaine, car on aura vite fait de m'étiqueter d'afro-pessimiste impénitent. Encore que, comme le suggère Stephen Smith dans son dernier ouvrage, l'afro-optimisme puisse être perçu comme un crime contre l'information tant il inhibe la pensée[7]. Par ailleurs, bien que j'aie ma petite idée sur ce qui pourrait/devrait être fait, j'éviterai délibérément toute approche prescriptive, « donneur de leçon », laissant le champ entièrement libre aux responsables et autres politiques attitrés du domaine pour faire leur devoir. Mon propos ne s'articulera même pas autour de l'histoire de l'université africaine, mais je m'interrogerai plutôt sur sa raison d'être. En dépit de sa nature moribonde, l'université africaine peut être néanmoins perçue comme un lieu privilégié de transmission de pouvoir puisque c'est ici qu'on forme les agents de reproduction et de perpétuation d'une vision de l'Afrique fabriquée ailleurs et une vision qu'on cherche à instituer de manière durable, question de consacrer certaines hégémonies. Car comme l'écrit pertinemment John Beverly, « Power is related to representation: which representations have cognitive authority or can secure hegemony, which do not have authority or are not hegemonic » (*Subalternity and Representation, Arguments in Cultural Theory*, Durham & London, Duke University Press, 1999, 1). En clair, l'autorité coloniale crée l'université en Afrique en tenant le plus soigneusement compte de la représentation qu'elle veut donner d'elle-même à travers les enseignements dispensés, mais aussi en fixant dès le départ l'image que les Africains doivent avoir d'eux-mêmes au terme de leurs études universitaires. Et cette image est solidement inscrite dans la subalternité. Citant Ranajit Guha, Beverly explique :

> [T]he word subaltern is "a name for the general attribute of subordination... whether this is expressed in terms of class, caste, age, gender and office or in any other way". "In any other way" might surely be understood to include the distinction between educated and not (or partially) educated that the apprenticeship in academic or professional knowledge confers (*ibid.*, 26).

---

7. Lire Stephen Smith, *Négrologie. Pourquoi l'Afrique meurt*, Paris Calmann-lévy, 2003. Il écrit notamment : « En dépit des circonstances atténuantes que l'on peut lui reconnaître, l'afro-optimisme est un crime contre l'information. On n'a ni le choix ni le droit. On ne peut pas par sentimentalisme, ou sensationnalisme, "positiver" ou "noircir" les nouvelles du continent. Or, globalement, les nouvelles d'Afrique sont affligeantes » (14).

Pour le colonisateur, en effet, le colonisé, instruit ou non, ne pourra jamais être qu'un subordonné, qu'un subalterne, peu préparé à penser par lui-même et à prendre des initiatives de quelque envergure sans l'avis préalable du maître. La formation universitaire permet simplement de lui confier de nouvelles tâches sans pour autant le laisser entièrement responsable de la gestion de son destin. L'université locale permet simplement de former à des coûts raisonnables des *mimic (wo)men*, car le pouvoir qui leur est concédé doit s'exercer dans la dépendance. Autant l'autorité coloniale définit le curriculum d'enseignement, autant elle exerce un contrôle direct ou indirect sur les produits qu'engendre le système qu'elle a mis en place. Je l'ai écrit ailleurs :

> Prolongeant les recherches de Frantz Fanon sur « l'expérience vécue du noir » (cf. *Peau noire, masques blancs*, 1952), Homi Bhabha, dans *The Location of Culture* (1994), appréhende de manière on ne peut plus pertinente les stratégies de contrôle développées par le Centre pour enfermer la périphérie dans un univers immuable, « fixe ».

> Alors que nous croyions que l'école occidentale était un lieu d'acquisition du savoir pour le développement, que l'université était un vecteur de liberté, force est de reconnaître qu'elle fut aussi un moule chargé de fabriquer des agents propres à favoriser la réussite des objectifs de ses « inventeurs » (« L'Afrique et l'appropriation du savoir : pour une nouvelle énonciation », *Mots Pluriels*, n° 24, juin 2003, 4 ; www.arts.uwa.edu.au/MotsPluriels/MP2403ak.html).

L'université coloniale, tout comme l'école du maître blanc, faisait partie de l'arsenal lui permettant de nous inscrire dans sa « narration », pour reprendre un terme cher à Edward Said, qui écrit précisément : « [N]ations themselves are narrations. The power to narrate, or to block other narratives from forming and emerging, is very important to culture and imperialism, and constitutes one of the main connections between them » (*Culture and Imperialism*, London, Vintage, 1993, xiii).

Partant de ce postulat, Said démontre comment l'Occident chrétien s'est construit à partir d'un projet global de conquête et d'exploitation qui l'a fait prospérer tout en empêchant les autres pays d'en faire autant. Pour parvenir à ses fins, la seule force des armes et la maîtrise de la science n'ont pas suffi. Il lui a fallu s'ériger comme *Centre* et recourir à une puissante stratégie psychologique pour nous convaincre, nous autres de la périphérie, non seulement de notre infériorité, mais aussi de l'intérêt que nous avions à accepter les liens de dépendance vis-à-vis de son génie. Les exemples abondent et il me faut en citer quelques-uns. Débattant de la politique éducative à appliquer en Inde, Lord Macaulay, un parlementaire britannique, prescrit : « [W]e must [...] do our best to form a class who may be interpreters between us and the millions whom we govern; a class of persons, Indian in blood and colour, but English in taste, in opinions, in morals, and in intellect » (« Minute on Indian Education » (1935), dans Bill Ashcroft et autres (éd.), *The Postcolonial Studies Reader*, London, New York, Routledge, 1995, 430).

Former des subalternes pour servir d'intermédiaires entre colonisateurs et colonisés ne fut pas le propre des Britanniques. Au terme d'une analyse serrée de la colonisation française en Afrique dite francophone, Samba Gadjigo conclut : « [L]oin de constituer une tentative d'assimilation, l'entreprise coloniale consiste plus exactement, de la part de l'Européen, à se donner comme modèle mais, en même temps, à bloquer l'autochtone dans la voie d'accès à cet idéal » (*École blanche, Afrique noire*, Paris, L'Harmattan, 1990, 13). C'est ce qu'on appelle en psychologie injonction contradictoire ou « double bind ». Je n'insisterai pas davantage, mais rappelons-nous aussi que dans *Peau noire, masques blancs* (1952), Frantz Fanon souligne qu'à l'école coloniale, le maître est l'ennemi (« notre ennemi c'est l'instituteur », 28) tant il est vrai que l'une de ses missions essentielles consiste à renvoyer à l'apprenant une image mythifiée de l'Autre, et une représentation peu favorable de lui-même, une vision tronquée de son histoire et de son environnement. À cet égard, on peut se demander si, en postcolonie africaine, la pédagogie a évolué de manière significative !

Nous approprier l'université aurait signifié que nous définissions par nous-mêmes et pour nous-mêmes un projet de société et que l'université, comme ce fut le cas partout ailleurs, fasse partie des instruments pouvant nous aider à réussir nos objectifs. Malheureusement, nous nous sommes retrouvés plus qu'heureux dans le moule du maître, en maniant avec dextérité les concepts appris et en nous mettant, consciemment ou inconsciemment, au service de celui qui nous les a appris.

Et pour revenir aux éléments autobiographiques du début, voilà ce dont je me suis douloureusement rendu compte du jour que j'ai pris mon service dans une université africaine. Alors que je me croyais marginal, que je pensais exercer hors contexte en Amérique du Nord et que, pour paraphraser Jacques Lacan, je voulais désespérément m'en aller pour participer plutôt à la grande « narration » africaine, être utile au pays, je me suis retrouvé plus étranger ici que là-bas, surpris de constater que la bataille de la représentation était à peine entamée, sinon entièrement ignorée dans notre postcolonie. Notre intelligentsia semblait et semble encore assumer avec une certaine fierté même sa relégation au rang d'objet de l'histoire et heureuse de jouer les subalternes. Souvenons-nous de la terrible question de Gayatri Spivak : « Can the subaltern speak? ». Bien sûr, le subalterne peut parler, mais qu'on se le tienne pour dit, personne ne lui donnera la parole. Et même lorsqu'on choisit un subalterne pour représenter les siens, pour parler au nom des siens, on prend soin de veiller à ce qu'il ait un discours mesuré, contrôlé, c'est-à-dire qu'il ne soit qu'un faire-valoir. La question essentielle est donc celle de savoir ce que fait le subalterne ou plutôt ce que font les subalternes des espaces, des canaux qui leur sont confiés. Quelle représentation projettent-ils d'eux-mêmes et de leurs semblables[8] ? En clair, qu'avons-nous fait pour que l'université soit un espace où nous construisons une représentation de nous-mêmes à opposer aux autres ? Bien souvent, l'université n'a malheureusement servi qu'à nous approprier le discours de l'autre pour montrer notre aptitude à nous sous-estimer, sinon même à nous détruire de diverses manières. En définitive donc, la question n'est plus de savoir si le subalterne peut parler, mais s'il est capable, une fois qu'on lui a donné la parole ou qu'il a pris la parole, de construire son propre discours, un discours qui projette une certaine représentation de lui-même et de ses semblables. Car, comme le suggère J. M. Blaut (dans *The Colonizers' Model of the World*, Gilford Press, 1993), l'Euramérique[9] demeure convaincue qu'elle seule est historique, qu'elle seule peut parler, tout le reste étant (a)historique, c'est-à-dire incapable d'inventer, d'innover, d'impulser le changement à l'intérieur comme à l'extérieur de ses frontières ! Hegel l'a déclaré formellement :

> Africa [...] is no historical part of the world; it has no movement or development to exhibit. Historical movement in it – that is in its northern part – belongs to the Asiatic or European World...

---

8. On pourrait ici prendre l'exemple de Mongo Beti comme un subalterne qui prend la parole de manière autonome et projette de lui-même et des siens une image qu'il est seul à construire. Raison justement pour laquelle une parole jamais prévisible et quasi « incontrôlable » comme la sienne fut méconnue et même rejetée d'emblée par l'Euramérique et ses mandataires africains attitrés. À preuve, l'université camerounaise – et l'Université de Yaoundé en particulier – n'accepta jamais qu'il en franchisse le portail.
9. Dans un article intitulé « From Berlusconi, a Paean to Bush », Frank Bruni résume ainsi la vision du monde de l'Italien Berlusconi :
> Berlusconi, who currently holds the rotating presidency of the European Union, said that there were many ways for Western countries to promote their values, including placing economic sanctions on totalitarian regimes.
> But, he added, the "community of democracies" must be prepared to use force in certain cases, as in Iraq. He said that such an approach might well require "a change in international law, which previously held that the sovereignty of a single state was inviolable." [...]
> Today the West is the only military power, and within the West there is the incomparable supermilitary power of the United States [...].
> And today we ask if it should be possible, looking to the future, to intervene as exporters of democracy and freedom in the whole world.
> He made clear that he thought it was indeed possible and that his philosophy mirrored – and perhaps even went beyond – President George W. Bush's doctrine of pre-emptive intervention to head off terrorists threats (*International Herald Tribune*, n° 37556, 5 déc. 2003, 1).

What we properly understand as Africa, is the Unhistorical, Undeveloped Spirit, still involved in the conditions of mere nature and which had to be presented here only as the threshold of the World's history...

The History of the World travels from East to West, for Europe is absolutely the end of History, Asia is the beginning (« The Philosophy of History », dans Bill Ashcroft et autres, *op. cit.*, 15).

Libre à vous de penser que depuis Hegel, le monde a évolué et que les perceptions qu'il énonce ont pour ainsi dire changé. Permettez-moi d'être moins optimiste et de croire qu'il serait vain de penser qu'un jour, quelqu'un, par pitié ou par générosité, nous prendra par la main pour nous insérer dans l'histoire qui s'écrit, c'est-à-dire en définitive pour nous sortir de la subalternité ! Mais qui d'autre que nous-mêmes pourra donc faire mentir Hegel à notre place ? De ce point de vue, quand comprendrons-nous que tous les ajustements structurels et autres programmes du genre initiative PPTE (Pays Pauvres Très Endettés) ne sont que des leurres destinés à nous endormir pour mieux nous contrôler afin de mieux nous inscrire dans des projets qui s'élaborent sans nous et pas toujours dans nos intérêts ? Comment expliquer que nous les avalisions sans sourciller, que dis-je, avec orgueil !

Je l'ai écrit ailleurs : l'université qui aurait pu contribuer à la mise en place des instruments d'une construction nationale aurait dû inscrire en bonne place la démystification de l'Euramérique et décrypter la manière dont elle s'est construite, culturellement s'entend. Mais elle aurait aussi dû affirmer sa volonté de nous sortir de la subalternité, de la négativité du regard de l'Autre en donnant de nous-mêmes, à l'instar des Chinois et de nombreux autres Asiatiques, une représentation de voleurs de feu. Comprendre que l'hégémonie, somme toute légitime, de l'Euramérique n'est pas le fait de la spontanéité, que notre misère/pauvreté n'est point une fatalité et qu'il nous est impossible de nous tirer d'affaire si nous ne mettons pas au point une stratégie agressive de reconquête de notre être-dans-le monde. Homi Bhabha n'hésite pas à parler d'une stratégie de la subversion et d'insurrection que le subalterne doit adopter s'il veut avoir voix au chapitre (lire « The Postcolonial and The Postmodern » dans *The Location of Culture*, London & New York, Routledge, 1994, 185).

C'est dire qu'au lendemain des indépendances, il ne nous fallait rien de moins qu'un livre blanc sur l'enseignement supérieur. Pareille initiative aurait non pas proposé une quelconque réforme du système dont nous avions hérité, mais l'aurait totalement déconstruit pour jeter les bases d'une nouvelle institution à la mesure de notre génie, de nos moyens, de nos besoins et de notre ambition collective. Je me demande s'il est trop tard. Le subalterne ne peut devenir sujet de l'histoire que s'il s'insurge contre le discours dominant qui l'a pour ainsi dire étiqueté comme tel : « When Gayatri Spivak makes the claim that the subaltern cannot speak, she means that the subaltern cannot speak in a way that would carry any sort of authority or meaning for us without altering the relations of power/knowledge that constitute it as subaltern in the first place » (John Beverly, *op. cit.*, 29).

Ainsi, tant et aussi longtemps que nous n'aurons pas mis en question le discours dominant, tant et aussi longtemps que nous n'aurons pas défini les termes de notre narration, tant et aussi longtemps que nous n'aurons pas pensé des institutions avec des missions précises, répondant à nos besoins immédiats et futurs, toutes les créations d'universités ou les réformes des institutions héritées du pouvoir colonial, tous les programmes d'enseignement comme toutes les nominations et promotions d'enseignants seront des exercices frisant la futilité. Comme dirait l'autre, les institutions importent plus que les individus. C'est la royauté qui compte et non le roi, la présidence et non le président, le rectorat et non le recteur, le laboratoire et non le professeur qui doivent être respectés et honorés. C'est dire qu'il est urgent de réfléchir à la création d'institutions originales, pouvant résister au temps et pouvant satisfaire nos ambitions collectives. En effet, alors que les Chinois viennent d'envoyer leur premier « thaiconaute » dans l'espace, nous et notre peuple risquons de nous poser pendant de nombreuses années encore la fameuse question que le Néo-Guinéen Yali pose à son interlocuteur américain : « What is it that you white people developed so much cargo [ranging from steel axes, matches, and medecines to clothing, soft drinks, and umbrellas] and brought it to New Guinea, but we black people had little cargo of our own? » (Jared Diamond, *Guns, Germs, and Steel. The Fates of Human Societies*, New York/London, W. W. Norton & Company, 1997, 14). La réponse est pourtant banale, mais il faut y penser : résoudre l'équation de la représentation, c'est-à-dire sortir de la subalternité en s'appropriant l'université.

Université des Montagnes ;
contribution de la société civile camerounaise
à la paix et au développement
durable de l'Afrique[10]

Carte d'identité

Créée en 1994 par l'Association pour l'Éducation et le Développement (AED), association à but non lucratif de droit camerounais, l'Université des Montagnes (UdM) a ouvert ses portes en 2000 avec deux établissements : la Faculté des Sciences de la Santé (médecine, pharmacie) et la Faculté des Sciences et de Technologie (informatique, génie biomédical et télécommunications). Alors qu'elle ne comptait que 43 étudiants et étudiantes[11] en 2000, elle en compte 1239 en 2010, dont 645 filles et 594 garçons répartis dans huit filières : médecine, pharmacie, chirurgie dentaire, médecine vétérinaire, sciences infirmières, informatique et réseaux, génie biomédical et télécommunications. Bien qu'à côté des sept universités d'État, le Cameroun compte de nombreuses universités privées tant laïques que confessionnelles, l'UdM est unique en son genre. Il s'agit d'une institution citoyenne pensée et mise en place par un groupe de professionnels dont l'une des utopies est de pacifier les relations sociopolitiques et culturelles nationales. Elle souhaite aussi contribuer à apaiser le débat intellectuel en créant un environnement où les jeunes recherchent l'excellence à travers une saine émulation dans l'acquisition du savoir-faire.

Contexte en rétrospective

Au moment où se pense l'UdM, le Cameroun est pratiquement en état d'insurrection. Au lendemain de la chute du mur de Berlin, le pays, qui n'avait connu que la dictature du parti unique depuis l'indépendance, s'ouvre à la démocratisation. De nombreux partis politiques naissent et croient pouvoir imposer l'alternance au régime en place depuis 1958. Divers groupes sociaux précédemment bâillonnés croient possibles leurs aspirations à la libre expression. Ainsi en va-t-il des mouvements étudiants, des syndicats, des militants des droits de la personne et de nombreux autres acteurs de la société civile.

---

10. Cet article a été rédigé en août 2010.
11. Dorénavant, seule la forme masculine sera utilisée pour ne pas alourdir le texte.

À l'orée des années 1990, l'Université de Yaoundé, l'unique université camerounaise, compte environ 40 000 étudiants réunis sur un campus prévu initialement pour accueillir un peu plus du dixième de cet effectif à sa création au début des années 1960. Du fait du régime de terreur qui avait gouverné le pays jusque-là, tout écart de comportement était sévèrement réprimé, tout dissident pouvant se voir exclu de l'institution sans aucune possibilité d'appel. Avec l'ouverture démocratique, les étudiants prennent le régime au mot et se mettent en grève. Dans la foulée, ils rendent public leur cahier de revendications sous forme d'un tract de plusieurs pages datant d'avril 1991. Intitulé *Voici pourquoi les étudiant(e)s de l'Université de Yaoundé ont fait grève ou l'incontournable conférence nationale*, le document dénonce pêle-mêle le délabrement des infrastructures (laboratoires, salles de cours, bibliothèque, bureaux des enseignants, etc.) ; l'insuffisance des œuvres universitaires (logement d'étudiants, restauration, allocations d'études, couverture sanitaire, transport, etc.) ; un système académique inadéquat et peu performant (absentéisme des enseignants, inexistence d'une politique de formation des formateurs, système pédagogique désuet, intrusion du politique dans l'académique, tribalisation des compétences et règne de la médiocrité, fonctionnarisation et politisation de l'administration de l'université, etc.).

Peu ou même pas du tout préparé à dialoguer et encore moins à négocier avec des partenaires sociaux, le régime choisit la stratégie de la ruse et de la manipulation politique. Conséquence, des inconnus brûlent vif un étudiant, dénommé Soulé, dans sa chambre. On le soupçonne de pactiser avec le pouvoir. Quelque temps après, un autre groupe s'en prend à l'étudiante Ange Guiadem Tekam qu'il déshabille et promène nue sur le campus. On l'accuse de faire partie du camp des contestataires. Finalement, l'armée occupe le campus et la violence prend des formes diverses, toutes plus inattendues les unes que les autres. La classe intellectuelle nationale ainsi que les partis politiques naissants s'enferment dans des camps retranchés. Une grève générale appelée « Villes mortes » (mai-décembre 1991) déclenchée par Mboua Massok et un mouvement quasi insurrectionnel, « Cap-Liberté » (Comité d'Action Populaire pour la Liberté et la Démocratie), qu'invente Djeukam Tchameni, paralysent Douala, la capitale économique, et plusieurs autres villes de provinces. Le pays se trouve au bord de l'implosion. Tel est le contexte dans lequel commence la réflexion qui conduira à la création de l'UdM.

L'Université des Montagnes comme espace de paix, de dialogue et d'intégrité

Avant de fonder l'UdM, l'AED s'est d'abord donné des idéaux de base qu'elle essaie de transmettre aux établissements qu'elle met en place ainsi qu'aux hommes et femmes que lesdits établissements sont appelés à former. L'utopie fondatrice de l'AED s'inscrit à contre-courant des valeurs sous-tendues par des tensions multiformes qui gangrènent la vie sociale du Cameroun. Persuadés que la paix sociale favorise le développement qui est avant tout l'affaire des Camerounais et des Africains eux-mêmes, conscients de la nécessité d'élaborer des concepts opératoires et des projets à la fois réalisables et viables avec des ressources locales, les membres de l'AED sont également conscients du rôle essentiel que la jeunesse et la formation au niveau de l'enseignement supérieur peuvent jouer dans la construction d'une société camerounaise sereine et harmonieuse, dans un monde en perpétuelle mutation.

Hérité de l'occupation coloniale (voir Ambroise Kom, *La Malédiction francophone. Défis culturels et condition postcoloniale*, Yaoundé/ Hamburg, Clé/Lit Verlag, 2000), le système éducatif au Cameroun et en Afrique ne s'est pas suffisamment transformé pour véritablement s'adapter à son environnement et pour répondre aux besoins spécifiques des populations africaines. Ainsi s'expliquent en partie les secousses qui marquent l'Université de Yaoundé à l'avènement de l'ouverture démocratique. Avec l'UdM, l'AED ne souhaite point faire fonctionner une université qui serait simplement la copie conforme du modèle existant. L'Association souhaite que l'UdM soit un lieu où adhérents, professionnels et bénéficiaires des services offerts aspirent à l'excellence dans la quête du savoir et dans la recherche de solutions adéquates aux problèmes du terroir. Ainsi s'explique le choix des filières. Il s'agit de former des diplômés pouvant, certes, sauver des vies, mais aussi de les former à des principes éthiques et philosophiques respectant la vie humaine dans son essence. L'enseignement des sciences et techniques souhaite privilégier l'appropriation d'une technologie adaptée à l'économie locale. De ce point de vue, l'UdM se veut un instrument de développement endogène, ouvert sur le monde mais prenant en compte l'héritage culturel du Cameroun et de l'Afrique et relevant les défis matériels et moraux qui interpellent leurs habitants. L'AED souhaite que l'UdM et tous les établissements qu'elle crée soient des lieux de recherche constante du Vrai, du Juste et du Beau, en vue de l'édification d'une société respectueuse de la dignité de l'homme et soucieuse de la préservation de son environnement.

L'AED entend donc défendre avec énergie et détermination les valeurs d'égalité et d'équité sans tolérer les discriminations fondées sur l'ethnie, la race, le sexe ou la religion et promouvoir la prise en compte du mérite de l'individu, en tant que partie prenante de la communauté humaine à laquelle il appartient.

L'esprit de tolérance, la liberté d'expression responsable et le respect du bien commun sont les socles sur lesquels l'AED/UdM entend développer ses actions, pour en faire des espaces où tous les membres de la communauté humaine trouveront un épanouissement à la hauteur de leurs attentes.

Au Cameroun, le modèle régnant est, d'une part, le système bureaucratique, un véritable volcan du fait qu'y triomphent la redistribution improductive et la gabegie, et, d'autre part, le modèle de l'efficacité productive, fondé sur la gestion discrétionnaire du ou des propriétaires. Entre ces deux modèles dominants, l'AED/UdM veut en proposer un autre qui permette de faire vivre au quotidien ses idéaux, à savoir : la capacité d'inventer et de promouvoir des réponses innovantes aux défis de notre temps ; la recherche de l'excellence ; l'esprit de responsabilité et d'autonomie financière ; la transparence dans la gestion ; l'absence de gabegie ; le respect d'une éthique, l'avènement d'un environnement de paix et de sérénité pour plus de créativité. Il est impératif que ces valeurs se vivent non seulement au sein des organes de l'association, mais aussi au sein des établissements que l'association a créés ou qu'elle est appelée à créer. Ces valeurs se vivent et s'illustrent d'abord par les gens qui les portent. Ainsi en va-t-il des étudiants que nous formons ou des personnels avec lesquels nous travaillons.

Il s'agit là de la raison pour laquelle l'AED tient à réaffirmer qu'elle valorise d'abord une philosophie humaniste, qui s'exprime dans la croyance en l'humain et dans l'individu pris dans son environnement social (en particulier dans le jeune en devenir) et dans le groupe. Les jeunes doivent se voir proposer une société où ils ont le droit de trouver un accueil vierge de tout ostracisme social ou culturel et où ils ont la possibilité de se voir proposer des formations de qualité sur place au Cameroun. L'expérience des migrations pour des raisons de formation est source de nombreuses frustrations. Aussi pensons-nous que les jeunes doivent pouvoir trouver une place dans la société afin d'y jouer un rôle utile au développement de leur pays et contribuer à y améliorer les conditions de vie. Ils doivent pouvoir exploiter leurs potentialités pour devenir acteurs de leur propre développement, en optimisant leurs capacités d'autonomisation et de responsabilisation.

Les promoteurs de l'AED/UdM ont la conviction que l'on peut faire évoluer des situations, même les plus conflictuelles, par la réflexion et l'action. Une situation donnée n'est pas le fruit du destin ou de la fatalité, mais de facteurs humains et sociaux sur lesquels il est possible d'agir pour les modifier. Les modes d'action privilégiés sont les actions d'auto-prise en charge par les individus ou les groupes d'individus des problèmes qui les concernent. Aussi favorisons-nous par exemple les coopératives et diverses formes de mutuelles permettant aux étudiants de prendre collectivement la responsabilité de gérer leur restauration, leur papeterie/épicerie et toutes autres activités propres à créer des synergies fonctionnelles.

L'AED croit que l'action collective est le moyen à privilégier pour relever les défis de transformation sociale qui se présentent à notre pays. Aussi veut-elle promouvoir, autant auprès des membres que de son personnel et des bénéficiaires de ses services, les valeurs de travail d'équipe, où chacun est partie prenante du projet de société de l'association.

Nous pensons aussi qu'une organisation de la société civile comme l'AED est un lieu approprié et neutre pouvant être admis comme interlocuteur aussi bien par les publics visés par son action que par les autorités de tutelle, ou les autres acteurs de la société (entreprises, ONG, services étatiques, etc.). L'AED veut être un acteur de changement, capable de faire évoluer la réalité sociale, éducative et culturelle. Elle est aussi un lieu de démocratie où, conformément au principe fondamental d'équilibre et de répartition des pouvoirs, le pouvoir des professionnels salariés est contrebalancé par le pouvoir des instances associatives et des administrateurs bénévoles.

En tant qu'association, elle veut promouvoir en l'exemplifiant les valeurs de responsabilité, de transparence et d'intégrité dans la gestion. Elle veut afficher un objectif de résistance par rapport à la détérioration ambiante des valeurs.

Consciente de l'importance de cette question de valeurs, l'AED se propose de développer en son sein une culture d'application et d'évaluation de ses principes par la mise en place d'un dispositif de veille sur ces questions : création par exemple d'un comité d'éthique ; mise en place d'un système de gratification symbolique. Elle voudrait aussi confier à l'Institut d'Études Africaines (IEA), en tant qu'élément constitutif de l'UdM, la mission d'organiser des séminaires périodiques de réflexion sur ces valeurs aussi bien pour les membres de l'association que pour les professionnels. Il s'agira aussi de développer un module de formation à l'éthique auprès des étudiants de l'UdM, question de les amener à inscrire une réflexion éthique dans leur formation et dans leur vie professionnelle à venir.

L'AED/UdM comme espace virtuel (inter)national de réconciliation et de solidarité

Au départ, l'État camerounais pouvait difficilement imaginer un organisme de la société civile s'investissant dans un secteur aussi complexe que l'enseignement supérieur et surtout dans des domaines aussi névralgiques que la formation médicale et technologique. En plus de former des médecins, l'UdM, faut-il le rappeler, fut la première institution du pays et de la sous-région Afrique Centrale à former des pharmaciens. Il est donc aisé d'imaginer la méfiance des autorités face à l'audace de l'AED qui a dû déployer des trésors d'imagination et de stratégie pour éviter les foudres de l'administration. Il aura même fallu faire semblant de battre en retraite à un moment donné en choisissant d'envoyer tous nos étudiants à la Faculté de médecine de Kinshasa (RDC) pour y terminer leur formation et y être diplômés selon une convention signée au préalable. Stratégie payante s'il en fut : étant donné que la formation médicale à l'Université de Kinshasa est homologuée par toutes les instances internationales et que pas mal de médecins et de pharmaciens exerçant au Cameroun y ont été formés, les responsables du gouvernement camerounais ne réussirent véritablement plus à ostraciser nos finissants qui, dans tous les cas, trouvaient à s'employer dans des structures privées ou à poursuivre leurs études dans de nombreuses autres universités de par le monde.

À ce stade, il importe de souligner que l'UdM aura été un lieu de négociation entre les acteurs de la société civile représentée par l'AED et le pouvoir politique camerounais qui continue d'avoir du mal à guérir du syndrome du parti unique. De voir des intellectuels et des professionnels de haut niveau, certains reconnus et même légitimés par eux du fait de leur longue carrière au sein de la fonction publique, s'engager avec abnégation dans le projet AED/UdM n'a pas manqué d'interpeller les responsables chargés de gérer les secteurs de l'enseignement supérieur et de la santé publique. Aujourd'hui, on se rend compte qu'au-delà des soupçons les plus inimaginables dont l'AED a pu faire l'objet au moment de la mise en place de l'UdM, l'expérience pédagogique et managériale de l'AED/UdM est en train de devenir une boussole pour tout le secteur de l'enseignement supérieur au Cameroun. Alors qu'au moment de l'ouverture de l'UdM, l'unique école de médecine de l'État formait moins de cent médecins par an et aucun pharmacien, l'on compte aujourd'hui une dizaine d'écoles de médecine dont près de la moitié est étatique et au moins trois nouvelles écoles de pharmacie, toutes créées par l'État. Bien plus ; un dialogue entre les responsables de l'AED/UdM et les pouvoirs publics des secteurs de l'enseignement supérieur et de la santé publique se fait, et les responsables de l'AED/UDM sont appelés à partager leur expérience dans la création et l'administration d'une institution d'enseignement supérieur laïque et à but non lucratif, unique en son genre dans le paysage universitaire du Cameroun.

Du fait de son fondement associatif, l'UdM semble avoir réconcilié au moins une partie de la diaspora camerounaise avec elle-même et avec le pays natal. La campagne de mobilisation de l'AED auprès de la diaspora camerounaise se fonde sur la possibilité pour l'UdM d'aider à satisfaire l'utopie[12] du retour de nombre de ses membres. Grâce aux relations directes entre l'AED et les Camerounais et Camerounaises de l'étranger, relations qui échappent à la bureaucratie caractéristique de l'administration publique et des universités d'État, la diaspora camerounaise apporte un soutien appréciable à l'UdM, qu'il s'agisse d'équipements pédagogiques ou de contribution aux enseignements sous forme de cours et de séminaires divers. Ladite diaspora n'hésite pas à mobiliser au profit de l'UdM son réseau de relations lorsque celui-ci peut être pertinent dans la poursuite des objectifs de l'AED. De ce point de vue, l'UdM est en train de devenir une plaque tournante des enseignants/chercheurs d'Afrique, d'Europe et d'Amérique qui y viennent pour prêter main-forte à l'AED dans la poursuite de ses objectifs. Au-delà des actions humanitaires classiques, l'AED/UdM est donc en train d'ouvrir un espace où des hommes et des femmes de bonne volonté du monde entier viennent apporter leur appui à une initiative citoyenne qui fait la preuve que l'Afrique peut inventer une manière bien à elle de sortir du sous-développement. Sensibles aux idéaux de l'AED/UdM, de nombreuses associations de droit européen et nord-américain se joignent également à l'AED pour construire l'UdM dans une espèce de joyeuse concorde.

Pareil engouement fait la fierté des étudiants de l'UdM dont les performances rivalisent avantageusement avec les finissants des autres institutions du même genre qui fonctionnent sur le triangle national. Désormais recrutés dans la fonction publique et dans divers secteurs d'activité où leurs compétences peuvent être sollicitées, les finissants de l'UdM sont en passe de devenir les messagers d'une nouvelle vision du pays et de l'Afrique. Équipés d'un *self-esteem* acquis dans un environnement où tout est mis en œuvre pour triompher de la fatalité au profit d'une pédagogie d'appropriation et d'autogestion, le finissant de l'UdM pourrait devenir l'homme nouveau que Frantz Fanon appelait de tous ses vœux, prêt à reprendre l'initiative historique pour la construction de l'Afrique à venir.

Bien plus encore ; tout se passe comme si l'initiative de l'AED/UdM, fortement soutenue par la diaspora camerounaise et son réseau de relations, inspirait le gouvernement camerounais, qui commence à penser différemment ses rapports avec sa diaspora des pays du Nord. Jusqu'à une date récente, le gouvernement camerounais et sa diaspora se regardaient en chiens de faïence. Pour les autorités camerounaises, la diaspora était perçue essentiellement comme un nid d'opposants ou d'agités d'autant plus incontrôlables qu'elle jouit d'une totale liberté d'expression qui se manifeste allègrement à travers

---

12. Lire Ambroise Kom, « Diaspora africaine et utopie du retour. L'exemple de l'Université des Montagnes comme site captatoire d'un rêve », *Présence Africaine*, n⁰ˢ 175-176-177, 1ᵉʳ semestre 2008, 661-674 ; cet article figure plus loin dans le présent ouvrage.

la toile magique de l'internet. Comment ne pas croire à une évolution, fût-elle timide ? Après avoir envoyé une forte mission d'information auprès de ses ressortissants dans plusieurs pays d'Europe et d'Amérique du Nord en mai 2010, le pouvoir vient d'organiser au début de ce mois d'août 2010 à Yaoundé un forum économique et commercial en direction de la diaspora camerounaise de par le monde. De voir le gouvernement camerounais inviter et même courtiser la diaspora à venir investir dans divers secteurs d'activités relève pratiquement de l'inédit. Peut-être a-t-on enfin compris qu'au-delà des divergences politiques, la diaspora camerounaise comme celle du Mexique, de l'Inde, du Sénégal ou de la Chine ne demande qu'à aider au développement et à contribuer à sa manière à la construction d'une société de progrès et de paix. Dans divers ministères dont les responsables ont pris part au forum, on se réjouit déjà « d'un partenariat gagnant-gagnant avec d'un côté le gouvernement qui offre des facilités d'investissements et de l'autre la diaspora qui apporte ses fonds et son expertise pour le développement du Cameroun[13] ».

En tout état de cause, si pareille négociation entre partenaires sociaux relativement aux pouvoirs publics peut effectivement être perçue, ne serait-ce qu'en partie, comme une retombée du modèle de construction socioculturelle initiée par l'AED/UdM, l'histoire pourrait nous attribuer l'ouverture d'inattendus interstices de coexistence pacifique entre Camerounais de l'intérieur et de l'extérieur. Ce ne serait pas un mince mérite.

---

13. http://www.lanouvelleexpression.info/index.php?option=com_content&view=article&id=1 279:forecdia2010-la-diaspora-propose-un-fonds-dinvestissement-au-gouvernement&catid=38: economie&Itemid=91.

Mouvement des idées au Cameroun, une affaire à suivre[14]

Pays charnière entre l'Afrique Centrale et l'Afrique de l'Ouest, entre l'Afrique sahélienne et l'Afrique équatoriale, le Cameroun est une république de 475 000 km² et d'environ 16 millions d'habitants. Historiquement, ce fut un protectorat allemand jusqu'à la fin du premier conflit mondial. Au lendemain de la défaite allemande, le territoire est divisé entre la France et la Grande-Bretagne, qui hérite d'une bande étroite limitrophe du Nigeria. Le pays est alors placé sous mandat de la Société des Nations puis sous la tutelle de l'ONU à partir de 1945. Le *Cameroun français* devient indépendant le 1er janvier 1960. Au terme du référendum de 1961, le *Cameroun britannique* se scinde en deux parties. Le Nord s'unit au Nigeria et le Sud rejoint l'ex-*Cameroun français* pour former ce qui est aujourd'hui la République du Cameroun.

La génération de Camerounais ayant connu la colonisation allemande est en train de disparaître. Mais le pays demeure un espace multiculturel avec sa mosaïque d'ethnies, ses multiples langues locales, ses deux langues officielles (anglais, français). Le Cameroun, entend-on souvent dire, est l'Afrique en miniature. De nos jours, il est surtout connu comme une grande nation de football, mais il regorge aussi d'intellectuels qui, écrit Hélène Dacosta, « parlent comme des livres, au milieu d'ordures omniprésentes » (dans F. Eboussi, *Lignes de résistance*, Yaoundé, Clé, 1999, 15).

Avant de s'appesantir sur la verve dialectique des intellectuels camerounais, il convient sans doute de préciser qu'en ce pays, le débat d'idées prend deux orientations passablement différentes même si en définitive les deux groupes se rejoignent. D'un côté, il y a le débat politique qui trouve ses origines dans le système colonial et ses différentes manifestations. De l'autre, on assiste aussi à un débat culturel qui veut se distinguer des enjeux politiques même s'il s'agit, comme on le verra, d'une autre manière d'énoncer la nation camerounaise.

Entre aujoulatistes et rubenistes

Déjà, pendant la période coloniale, on peut dire que deux idéologies s'affrontent. Les progressistes qui luttent contre l'oppression s'alignent

---

14. « The Development of Ideas in Cameroon: A Process to Watch », *Proceedings of the Indaba 2003*, Zimbabwe International Book Fair, chapitre v, août 2004 ; http://www.zibf.org.zw/pubs/pubs.html.

derrière Ruben Um Nyobé, tandis que les « évolués » et autres notables plus ou moins acquis aux thèses de l'occupant sur l'incapacité de l'Africain à se prendre en charge et sur la nécessité pour lui d'accepter la tutelle du « maître blanc » s'associent à Louis-Paul Aujoulat. Missionnaire français et médecin de son état, Louis-Paul Aujoulat avait fondé le Bloc démocratique camerounais « destiné exclusivement à lutter contre l'Union des Populations du Cameroun (UPC) au nom de la religion et contre l'indépendance, au nom de l'assimilation » et avait « réussi à se faire élire député des autochtones dans la circonscription très catholique de Yaoundé [les Camerounais sont en effet représentés au Palais Bourbon par trois députés] » (Mongo Beti, *Main basse sur le Cameroun* (1972), Rouen, Éditions des Peuples Noirs, 1984, 62).

Ruben Um Nyobé, quant à lui, fonde le nationalisme radical camerounais lorsqu'il crée, le 10 avril 1948, l'UPC. Féru d'histoire de l'Afrique et du marxisme, Ruben Um Nyobé, qui fut assassiné en 1958, environ deux ans avant l'indépendance du Cameroun, demeure un incontournable repère dans l'histoire des idées et dans l'histoire politique du Cameroun. Ainsi que le souligne Mongo Beti, les Camerounais « se répartissent en deux catégories : ceux que le nom de Ruben Um Nyobé fait frissonner d'effroi, ceux qu'il fait frémir d'espérance » (Mongo Beti et Odile Tobner, *Dictionnaire de la Négritude*, Paris, L'Harmattan, 1989, 228). Et pour cause ! Ahmadou Ahidjo, le premier président du Cameroun indépendant, fut un fervent aujoulatiste. Ainsi en va-t-il de Paul Biya qui lui a succédé et qui est au pouvoir depuis 1982. Voilà qui explique que sur le plan politique, le débat au Cameroun, qu'il soit franc ou feutré, puisse toujours se comprendre à la lumière de l'aujoulatisme ou du rubenisme, c'est-à-dire autour de ceux qui croient au libre arbitre des peuples africains et ceux qui préfèrent entretenir des liens de dépendance avec l'ancien colonisateur ou ses héritiers.

Un autre aspect de l'histoire des idées, avons-nous dit, transcende le politique même si la préoccupation politique se profile toujours en filigrane. C'est ainsi que le mouvement de la négritude, né dans les années 1930 à Paris sous la houlette du Sénégalais Léopold Sédar Senghor et du Martiniquais Aimé Césaire, a farouchement alimenté le débat intellectuel au Cameroun. Dans les années 1970, en effet, le Cameroun vit sous la dictature du parti unique, imposé par Ahmadou Ahidjo. Connu pour ses violences répressives, le régime d'Ahidjo, qui était né au moment de l'oppression des nationalistes, ne tolérait aucune forme de dissidence. Et c'est sous le couvert du débat d'idées que les intellectuels de l'époque vont se distinguer. C'est du moins le constat auquel aboutit Richard Bjornson dans *The African Quest for Freedom and Identity, Cameroonian Writing and the National Experience* (Bloomington and Indianapolis, Indiana University Press, 1991).

La Négritude, on le sait, est un concept qui a fait l'objet d'innombrables études et des débats les plus controversés. À ce propos, Wole Soyinka se serait même ironiquement exclamé : Est-ce que le tigre parle de sa tigritude? Il attrape sa proie et la mange : « Wole Soyinka regarded Negritude as the intellectuel luxury of a small francophone elite, and when he remarked that an African has little need to proclaim his Negritude as a tiger to announce its "tigritude", he coined a slogan that has repeatedly been used to ridicule the movement » (Bjornson, 172). Pour Senghor, la négritude est l'ensemble des valeurs culturelles du monde noir. Mongo Beti pense quant à lui que

> le terme peut se définir somme toute comme la conscience que prend le Noir de son statut dans le monde et la révolte dont cette prise de conscience imprègne son expression artistique et ses aspirations politiques.

> La négritude, c'est l'image que le Noir se construit de lui-même en réplique à l'image qui s'est édifiée de lui, sans lui donc contre lui, dans l'esprit des peuples à peau claire – image de lui-même sans cesse reconquise, quotidiennement réhabilitée contre les souillures et les préjugés de l'esclavage, de la domination coloniale et néo-coloniale.

> Derrière le mot « négritude » s'ouvre tout un champ idéologique qui est aussi un champ de bataille avec vainqueur et vaincu, orgueil et humiliation (*Dictionnaire de la négritude*, 6).

La Négritude et ses avatars

Au début des années 1970, le régime d'Ahidjo, en mal de légitimité intellectuelle, s'abrite sous le parapluie que lui offre Senghor avec qui il noue des relations plutôt serrées. Le poète François Sengat-Kuo (*Collier de cauris*, 1970 ; *Fleurs de latérite. Heures rouges*, 1971), reconnu comme l'auteur des discours aux envolées lyriques que lisait le tyran de l'heure, fut lui-même un militant de la négritude et un apôtre de l'authenticité culturelle. De là à penser que Thomas Melone, fidèle allié de Sengat-Kuo alors professeur de littérature africaine à l'Université de Yaoundé, était l'une des têtes de pont de la négritude au Cameroun, il n'y a qu'un pas que pas mal de ses collègues n'ont pas hésité à franchir. Ami personnel de Senghor, Melone était aussi un habitué de la Société Africaine de Culture (SAC) et de Présence Africaine, institutions créées à Paris en 1947 par Alioune Diop et dont l'identité se confondait pratiquement à celle de la négritude. Melone y avait publié son premier ouvrage (*De la négritude dans la littérature négro-africaine*, 1962) et y publiera également ses deux essais suivants (*Mongo Beti : l'homme et le destin*, 1971 ; *Chinua Achebe et la tragédie de l'histoire*, 1973). Ainsi que le souligne Bjornson, la négritude est pour ainsi dire couronnée à Yaoundé lorsque Melone organise en 1973 un colloque international patronné par le gouvernement d'Ahidjo sur « le critique africain comme producteur de civilisation ». Voilà qui confirmait l'inscription sans équivoque d'Ahidjo et de Melone dans le sillage de la négritude senghorienne :

> During the early 1970s Senghor vigorously reaffirmed his belief that cultural authenticity was a precondition for healthy economic and social development in Africa. When a conference was organized on this topic in Dakar, the Negritude concept was staunchly defended by a number of speakers, including Mveng, Melone, and Eno Belinga (Bjornson, *op. cit.*, 195).

Face à l'institutionnalisation presque affichée de la négritude, la critique s'organise et de nouveaux concepts voient le jour, autant dans des ouvrages et des magazines que dans les multiples conférences-débats qui font vibrer les amphithéâtres à l'époque. Nous citerons quelques figures de proue. Dans une série d'articles publiés dans les colonnes de l'hebdomadaire catholique *L'Effort camerounais*, Jean-Marie Abanda Ndengue, alors professeur de littérature française à l'Université de Yaoundé, lance le concept de « négrisme » qu'il reprendra plus tard dans *De la négritude au négrisme* (Yaoundé, Clé, 1970). Il s'explique :

> Le mot Négritude [...] évoque [...] l'état de l'ensemble des valeurs culturelles de l'Afrique Noire avant l'arrivée des Blancs en Afrique [...].

> Dans le Négrisme, il y a à la fois un regard sympathique sur les valeurs culturelles de ce monde négro-africain, et, en même temps, un regard sympathique, un regard conscient, plein de maîtrise et de contrôle sur les valeurs importées, les valeurs culturelles étrangères. Et les efforts du Négriste consistent à concilier ces valeurs, à permettre une rencontre féconde et équilibrée de ces valeurs culturelles du monde négro-africain et du monde occidental ou oriental, surtout de ce monde européen qui nous a colonisés tout d'abord militairement, ensuite politiquement et économiquement, et enfin culturellement (134).

Marcien Towa, professeur de philosophie dans la même institution, assimile, non sans provocation, la négritude senghorienne à la servitude et publie *Léopold Sédar Senghor : Négritude ou servitude* (Yaoundé, Clé, 1971). Si pour Senghor « l'émotion est nègre comme la raison hellène », Towa trouve que « la fonction de l'opposition entre l'émotivité du nègre et la rationalité du blanc [...] fonde la subordination du premier au second » (114). Il conclut alors :

> Ainsi donc, sur les plans : politique, religieux, linguistique, Senghor nous invite, au nom de la fatalité biologique, à nous incliner devant la supériorité européenne.

Nous ne pouvons que constater la coïncidence presque terme à terme entre le racisme colonial et la trame de ce que Senghor appelle « négritude ». Ici et là sont affirmées l'irrationalité congénitale et irrémédiable du nègre, son instinctivité, sa sensualité, son émotivité, ici et là, on déduit de cette commode psychologie, la légitimité, la nécessité de sa subordination (*ibid.*, 115).

Basile-Juléat Fouda, professeur de philosophie lui aussi, emprunte au concept de force vitale de Placide Tempels et d'Alexis Kagame pour formuler sa théorie de « négrité » qui repose lourdement sur la spiritualité. Bjornson résume son projet en ces termes :

Fouda's Negrity also involves the search for a revitalized African culture that would embrace both modern technology and the European ethos of purposeful work without renouncing traditional African spirituality. Although he dismissed Negritude as a "narcissistic senility complex", his own views remain firmly within the Senghorian tradition. According to him, Negrity begins with the recognition that Africa is in a state of crisis, for the contemporary African is like a schizophrenic Janus condemned to gaze toward Europe and Africa at the same time (Bjornson, *op. cit.*, 200).

À la même époque, d'autres prises de position se font entendre. Ebénézer Njoh-Mouellé, lui aussi enseignant de philosophie à l'École Normale Supérieure, s'insurge contre « the quasi-official ideology of neo-colonialism, the cement for the prison where neo-colonialism intends to imprison us » (*ibid.*, 202). Njoh-Mouellé milite pour l'excellence et pense qu'on devrait laisser éclater librement le génie africain, dans tous les domaines. Avec l'entrée en scène de Njoh-Mouellé qui publie plus tard *De la médiocrité à l'excellence. Essai sur la signification humaine du développement* (Yaoundé, Clé, 1970), on comprend le caractère feutré de la critique du régime d'Ahidjo contenue dans nombre de concepts énoncés. Le « libéralisme planifié », doctrine officielle du régime, avait prescrit un développement caractérisé par une politique d'équilibre régional. Pareille stratégie avait abouti à une politique des quotas particulièrement nocive tant elle favorisait arbitrairement certaines régions et certains individus au détriment de certains autres. Ahidjo avait prescrit : « Le ministre chargé de la Fonction publique fixe par un texte particulier, les quotas de places réservés aux candidats de chaque province, compte tenu de l'importance démographique et du taux de scolarisation de leurs provinces d'origine, et aux anciens militaires, sans distinction d'origine » (voir Décret n° 82-407 du 7 septembre 1982 modifiant et complétant certaines dispositions du décret n° 75-496 du 3 juillet 1975 fixant le régime général des concours administratifs, dans Collectif Changer le Cameroun, *Le Cameroun éclaté. Anthologie des revendications ethniques*, Yaoundé, Éditions C3, 1992, 24-25).

Quotas et guerres ethniques

Voilà sans doute qui explique la tonalité violemment ethnique des débats qui, au lendemain de la démission d'Ahmadou Ahidjo le 4 novembre 1982, occupe le devant de la scène. Lui aussi enseignant de philosophie et fervent partisan de Paul Biya, le nouveau président qui a mis son régime sous le signe du Renouveau, Hubert Mono Ndjana ouvre le bal à l'occasion d'un symposium à l'Université de Yaoundé. Dans un exposé extrêmement provocateur, « De l'ethno-fascisme dans la littérature politique camerounaise » (11 mars 1987), Mono Ndjana se pose en défenseur attitré du nouvel ordre sociopolitique et s'attelle à identifier ses ennemis réels ou potentiels. Désormais, le débat sur l'État/Nation se transforme en affrontements ethniques et *Le Cameroun éclaté. Anthologie commentée des revendications ethniques* (595 pages), citée précédemment, rassemble les expressions les plus significatives de ces fantasmes et des discours sur les exclusions réciproques. Par ailleurs, Sindjoun-Pokam, un autre chercheur en philosophie, répliquera à Mono Ndjana dans un opuscule intitulé *La Philosophie politique trahie : le Monofascisme* (Paris, Ateliers Silex, 1987). Il écrit précisément :

> L'ethno-fascisme, c'est la volonté de puissance d'une ethnie, ou l'expression de son désir hégémonique, qui prend soit la forme du discours théorique, soit celle d'une mêlée ouverte dans la polémique, soit celle d'une organisation systématique sous la forme du mercantilisme conquérant. [...] [C]ette volonté de puissance est une figure de la négation totale de l'autre au seul profit du « je veux » [...] [C]ette figure se fait négation physique de l'autre ou négation symbolique. Une sorte de « néantisation ».

> L'ethno-fascisme comme volonté de puissance d'une ethnie ou d'une tribu est donc l'auto-affirmation de cette dernière dans la violence. Il repose sur le ressort de la passion plus qu'il ne s'éclaire par la raison, qui est toujours mise à l'écart ou toujours différée pour permettre l'écrasement ou l'asservissement de l'autre (77).

Dans la même foulée, la fin du parti unique et le retour au multipartisme d'avant l'indépendance entraîne sur le plan politique un débat sur l'opportunité et les enjeux d'une conférence nationale souveraine, question de procéder à un bilan critique des quelque vingt-cinq ans d'indépendance et de jeter les bases d'un nouveau départ. Mais comment concilier l'idée d'une conférence nationale avec les ambitions affichées d'un groupe ethnique qui se veut prééminent ? La conférence nationale était le moyen de s'approprier l'idée de l'État/Nation et de l'énoncer à notre manière, de faire naître une véritable citoyenneté camerounaise :

> Le principe de celle-ci [conférence nationale] est d'inscrire la liberté dans la nécessité, l'objectivité des institutions, sous la forme de pratiques signifiantes

de l'agir quotidien, de la vie ordinaire. Les organisations et les systèmes se voient assigner la vocation de faire apparaître l'initiative et la destination humaine de leurs structures et de leurs procédures, de s'exhiber en forme de parole et de liberté, mais au moyen de dispositifs efficaces, de leur mise en relation exhaustive (Fabien Eboussi Boulaga, *Les Conférences nationales en Afrique Noire, Une affaire à suivre*, Paris Kathala, 1993, 174).

Les voix/voies de la transcendance

Les analyses de Fabien Eboussi vont du reste le situer nettement au-dessus des affrontements ethnicistes. Dans le très animé débat sur la fonction de l'intellectuel, Eboussi traite les prétendus intellectuels camerounais de « ventriloques » qui « parlent du ventre comme d'autres parlent du nez. Ils pensent avec leur ventre comme d'autres pensent avec leurs pieds ou avec leur tête » (*Lignes de résistance, op. cit.*, 17). En effet, le Cameroun s'apparente étonnamment à un désert de la pensée alors que le pouvoir est exercé par des diplômés de haut niveau dont nombre d'entre eux sont des produits des universités les plus prestigieuses du monde occidental. C'est que, écrit Eboussi, « l'intellectuel africain a épuisé et stérilisé son intellectualité et manqué d'établir sa légitimité et sa raison d'être dans l'entreprise mimétique de se donner une histoire, une culture, une pensée nationale, une idéologie de construction nationale » (« L'Intellectuel exotique », *Politique Africaine*, n° 51, oct. 1993, 31).

Eboussi n'est pas seul à s'élever ainsi au-dessus de la mêlée pour interpeller l'élite camerounaise et africaine. Maurice Kamto a les mêmes préoccupations lorsqu'il publie *L'Urgence de la pensée. Réflexions sur une précondition du développement en Afrique* (Yaoundé, Éditions Mandara, 1993). L'essai est une sorte de réponse à la polémique engendrée par le compte rendu qu'en 1985, Maurice Kamto, alors jeune enseignant de droit public, donne de *L'Idée sociale chez Paul Biya* (1985), ouvrage dans lequel Hubert Mono Ndjana posait les jalons de ce qu'il appellera plus tard la dictature du Renouveau dont il s'autoproclame le grand censeur. Terriblement meurtri par la polémique qui lui fit d'ailleurs connaître quelques jours de détention, Kamto conseille à l'intelligentsia camerounaise de faire triompher la raison « pour que recule la nuit, et qu'ainsi le débat sur notre devenir soit sauvé de la cacophonie » car, pour lui, « la pensée comme acte de conscience s'élève sans s'évader, côtoie les cimes sans se dissoudre dans les nuées, prend du recul sans rien quitter, voit loin sans s'éloigner des choses. C'est pourquoi elle devine le futur sans être infidèle à hier et ramasse dans la vie de tous les jours les matériaux pour bâtir l'avenir » (204-205). Il en ira pareillement de Célestin Monga avec *The Anthropology of Anger*, ouvrage dans lequel l'ancien cadre de la Banque Internationale pour le Commerce et l'Industrie du Cameroun (BICIC) souligne que la polarisation des débats en Afrique fait suite au déficit de l'esprit civique ou plutôt à l'absence d'une société civile consciente de ses droits et devoirs :

> I argue that Africa's social capital is dwindling dangerously in some regions not because of the declining number of people in Charity organizations, choral groups, and soccer associations, or the decreasing membership in Rotary Clubs [...] but because of the absence (or weakness) of spiritual capital within civil society. That is why I suggest the concept of a *civic deficit*, which is not the consequence of any kind of cultural gap but rather the product of collective anger (Célestin Monga, *The Anthropology of Anger. Civil Society and Democracy in Africa*, Boulder, Colorado, Lynne Rienner Publishers, Inc., 1996, 5).

Au vu de l'espèce de pourriture mentale qui caractérise le quotidien en postcolonie africaine, Achille Mbembe, lui aussi, écrit dans un ton de relative détresse. Contraint pratiquement à l'errance, il avoue « écrire l'Afrique à partir d'une faille » (*Politique Africaine*, n° 51, oct. 1993, 69-97). Dans sa brève biographie intellectuelle, il en arrive à s'interroger de manière extrêmement douloureuse sur son pays qui fait partie de ce qu'il appelle les « conséquences obscures de l'imbécillité conjuguée des Blancs et des Nègres » (*ibid.*, 85). Il écrit très précisément :

> Qu'est-ce donc que le « Cameroun » – cette contrée d'où je viens et qui ne m'indiffère point – sinon une lourde figure d'os, masque fuyant, derrière des mots minés, et qui, de temps en temps, fait semblant de faire trembler l'air, pendant que l'« autorité » ou ce qui en tient lieu arrache leur gagne-pain aux bouchers et à la foule des vendeurs à la criée, ferme des journaux et persécute les écrivains, bloque la circulation, abat un chauffeur de taxi et tue un proche parent, saisit les biens meubles et incendie les marchés, casse les machines et altère les monnaies, écrase les gens d'impôts, extorque leurs biens et les force à accepter ce qui est mauvais et douloureux alors même que c'est évitable, les empêche de gagner leur vie licitement, de s'assurer le pain journalier par des moyens honnêtes, de se protéger contre les abus de la vie, les laisse moisir dans les cachots, leur défonce et leur vide les reins, leur écrase les testicules, leur tord joyeusement le pénis, la bouche gonflée de vent, et la chair ivre de corruption (*ibid.*, 86).

Pareil environnement politique a contraint pas mal de débatteurs de renom à s'éclipser, à devenir soit des « "ex-patriés" du dedans, [soit] comme [des] "exilés" du dehors, dans les pays d'Occident » (*ibid.*). De ce fait, on a la malheureuse impression que les espaces d'expression sont le monopole des hommes politiques qui rivalisent d'autant plus de maladresses que la plupart d'entre eux se contentent de relayer tant bien que mal les discours fabriqués dans les officines des organisations internationales pour consommation dans le Tiers-Monde. Ici comme dans bien d'autres secteurs, la mondialisation montre ses capacités à stériliser tout esprit d'initiative et toute créativité en pays périphériques. Au Cameroun par exemple, les nombreux magazines tels que *Cameroun littéraire*, *Abbia*, *Ozila*, etc. dans lesquels s'opéraient des empoignades intellectuelles des plus stimulantes ont tous disparu au profit des hebdomadaires et des quotidiens particulièrement éphémères et à caractère essentiellement mercantile. Les organisations non gouvernementales (ONG) se multiplient et leurs promoteurs, tous plus affamés les uns que les autres, ne relaient rien d'autre que les discours fabriqués par ceux dont l'ambition est de mettre l'Afrique sous contrôle.

Au-delà des débats de type politicien, l'un des sujets qui continuent d'occuper l'esprit des Camerounais porte assurément sur l'appropriation de l'anglophonie et de la francophonie. Comment, en d'autres termes, assumer la camerounité en intégrant les héritages de la double colonisation anglaise et française ? La population du Cameroun dit francophone (dans le contexte, la francophonie comme l'anglophonie d'ailleurs sont des concepts d'autant plus flous que la scolarisation dans l'une ou l'autre langue demeure aléatoire) représente environ 75 % de la population globale du pays. C'est dire qu'en plus des rivalités ethniques traditionnelles, les tensions entre anglophones et francophones prennent des formes parfois singulières, certains groupes anglophones revendiquant le retour au fédéralisme à deux États ou même la création d'un État autonome situé entre le Nigeria et le Cameroun francophone. Difficile en effet d'intégrer les divers héritages coloniaux dans la définition de l'identité camerounaise contemporaine.

L'un des grands apôtres de l'intégration des traditions anglophones et francophones et symbole s'il en est du mal-être camerounais fut Bernard Fonlon (1924-1986), encore appelé le Socrate camerounais (lire Nalova Lyonga (dir.), *Socrates in Cameroon. The Life and Works of Bernard Fonlon*, Yaoundé Leeds, Tortoise Books, 1989). Fondateur de la revue *Abbia*, plusieurs fois ministre, Fonlon demeura un intellectuel extrêmement rigoureux. Nanti d'une vaste culture gréco-latine, anglo-saxonne, chrétienne et africaine, son éthique d'intégrité défiait la culture politique du moment tant il est vrai que pour lui, comme le souligne Noam Chomsky, « la responsabilité de l'intellectuel en tant qu'*agent moral* [...] [était] de tenter de révéler la vérité à *des interlocuteurs à même d'intervenir*. Il est difficile d'imaginer une proposition éthique moins sujette à controverse que celle-ci » (*Responsabilités des intellectuels*, *Démocratie et marché*, *Nouvel ordre mondial*, *Droits de l'homme*, Marseille, Agone Éditeur, 1998, 16). Resté incompris des francophones aussi bien que des anglophones qui le respectaient mais le trouvaient peu pragmatique, Fonlon symbolisait déjà ce que Fabien Eboussi appelle l'« intellectuel exotique » dans un univers où triomphent les « ventriloques ».

Mais s'il y a un débat qui continue de sourdre dans le milieu intellectuel camerounais, c'est bel et bien celui qui porte sur la fonction de l'intellectuel. Certains diplômés se définissent comme des intellectuels organiques du pouvoir. Ce sont ces derniers qui, tapis dans les officines gouvernementales ou titulaires des postes ministériels, élaborent les politiques du régime en place. Pour eux, les intellectuels indépendants au sens où l'entend Chomsky apparaissent comme des égarés, des « fous » qui gagneraient à se conformer, à se « normaliser » ! En définitive, pareil débat revient globalement à une recherche sur l'appropriation de la modernité dans le contexte africain. Comment, en effet, construire la nouvelle société africaine en prenant en compte les données de la tradition et celles de la (post)modernité occidentale ? Dès la rencontre entre l'Afrique et l'Occident, l'éducation est rapidement apparue comme le meilleur gage d'accès au développement durable. Comment donc expliquer qu'après plus d'un siècle de scolarisation et qu'en dépit des diplômés de plus en plus nombreux, les perspectives de développement demeurent toujours aussi lointaines ? Comme on le voit, le débat n'est pas sur le point de se terminer.

Le SDF, entre stratèges et tentation messianique[15]

Bien malin qui aurait pu deviner que la chute du mur de Berlin, en 1989, allait non seulement mettre fin à la politique des blocs, mais bouleverser de manière presque radicale la praxis politique dans les pays africains. Du jour au lendemain, les dictatures de droite ou de gauche qui sévissaient sur le continent depuis les indépendances perdaient leur raison d'être et tombaient presque totalement en désuétude. Grâce à la télévision, les Africains assistèrent, pratiquement en direct, à la désintégration des régimes communistes d'Europe de l'Est. Du coup, la mise en question de l'ordre régnant cessa d'être perçue comme relevant de l'utopie. Un peu partout, le peuple réclama une nouvelle forme de gouvernement ou tout au moins la possibilité d'alternance politique. La contestation prit alors des formes diverses : liberté d'expression pour tous ; conférence nationale plus ou moins souveraine ; respect des droits de la personne ; multipartisme, etc. Étant donné que le Cameroun avait connu dans son histoire coloniale et immédiatement postcoloniale la pratique du multipartisme, c'est à cor et à cri que la restauration d'une démocratie multipartite fut revendiquée. Le Social Democratic Front (SDF) est le premier mouvement qui défia publiquement les blocages imaginés par la dictature d'Ahidjo-Biya pour conserver la maîtrise de tout changement politique.

La naissance du Social Democratic Front à Bamenda le 26 mai 1990 est apparue à un moment donné comme l'aboutissement des cogitations d'une bonne partie de l'intelligentsia anticonformiste du Cameroun. Autant dans son concept que dans les stratégies de sa mise en œuvre, le SDF semblait avoir puisé aux sources les plus fécondes de la pensée militante du pays. De ce fait, il disposait d'atouts quasi illimités pour embarquer dans ses wagons les nombreux assoiffés de liberté en quête d'un espace d'expression et d'action. De par son nom, son projet social et ses stratégies, le SDF s'est inscrit de suite dans le sillage de partis patriotiques et progressistes comme l'Union des Populations du Cameroun (UPC) dont tout Camerounais un tant soit peu averti connaît le rôle historique comme mouvement de lutte pour la libération du pays et du continent dans son ensemble. Mais contrairement à l'UPC qui s'inscrit dans une mouvance internationale, la dynamique du SDF est essentiellement camerounaise et, du fait de l'« anglophonie » évidente de ses initiateurs, pas mal de Camerounais ont adhéré sans hésiter au mouvement parce qu'à tort ou à raison, ils croient leurs compatriotes d'outre-Mungo doués d'une capacité de résistance que la terrible répression du colonisateur français leur aurait enlevée.

---

15. Cet article a été rédigé en janvier 2000. Il avait été commandité par un collègue dont le projet d'ouvrage n'a jamais abouti.

La présente étude consiste à analyser le rôle d'une certaine intelligentsia camerounaise dans l'émergence et l'évolution du SDF. Mais pareille analyse ne peut se comprendre que si l'on remonte quelque peu le cours de l'histoire pour dire comment le SDF, loin d'être une génération spontanée, a capitalisé sur le puissant héritage de la pensée contestataire qui a pris corps au Cameroun à partir de la naissance de l'UPC le 10 avril 1948 et les marques laissées par Ruben Um Nyobé, son leader historique (lire à ce propos *Ruben Um Nyobé, Le problème national kamerunais*, présenté par A. Mbembe, Paris, L'Harmattan, 1984). Dès sa création en effet, l'UPC se présente comme un parti de masse avec une option révolutionnaire affirmée. Malgré les injonctions des administrateurs coloniaux chargés du Cameroun, malgré son interdiction en 1955, malgré l'assassinat de Ruben Um Nyobé en septembre 1958 et l'exil de ses autres dirigeants, l'UPC est restée fidèle à sa ligne politique originale. À bien des égards, le parti d'Um Nyobé peut donc être considéré comme l'inspirateur de la pensée militante du Cameroun colonial et postcolonial. Encore qu'on puisse, à la suite d'Achille Mbembe, dire que la question du « nationalisme camerounais » dont semble s'inspirer le SDF « renvoie, généralement, à des périodes aussi différentes que la période allemande (1884-1914), l'entre-deux-guerres (1919-1939) et les quinze années postérieures à la Deuxième Guerre mondiale (1945-1960) » (« Pouvoir des morts et langage des vivants, les errances de la mémoire nationaliste au Cameroun », *Politique Africaine*, n° 22, juin 1986, 37).

Sur les traces de Ruben Um Nyobé

Mongo Beti, nationaliste, upéciste et sdfiste, est l'un des intellectuels qui a le plus popularisé la pensée de Ruben Um Nyobé. Dans ses romans autant que dans ses essais, il met en accusation les forces impériales qui ont contribué à donner naissance au régime fantoche qui gouverne le Cameroun depuis 1958 et qui continuent de le soutenir. En dehors des romans tels que *Perpétue et l'habitude du malheur* (1974), *Remember Ruben* (1974) et *La Ruine presque cocasse d'un Polichinelle* (1979) qui transposent, chacun à sa manière, la lutte camerounaise de libération, l'inscription sans détour de Mongo Beti comme militant rubeniste et finalement comme intellectuel militant du SDF peut s'observer en trois grands moments. Dans *Main basse sur le Cameroun, autopsie d'une décolonisation* (1972), Mongo Beti démontre comment l'ancien pouvoir colonial fabriqua Ahmadou Ahidjo pour lui confier le Cameroun, de manière à en demeurer le maître absolu après une indépendance fictive. C'est dire que *Main basse sur le Cameroun*, qui porte sur les procès Ouandié-Ndongmo, peut aussi se lire comme un prétexte que se donne l'auteur pour révéler au grand public la mainmise de la France sur la gestion des affaires économiques et politiques du Cameroun. L'assassinat de Ouandié et la condamnation de Mgr Ndongmo à la prison à vie ne pouvaient se faire sans l'aval de la France dont les hommes politiques, les principaux médias et l'opinion publique ont, par leur silence, cautionné les atrocités de la dictature tropicale.

Après *Main basse sur le Cameroun* (1972), Mongo Beti reprend avec vigueur le flambeau du militantisme intellectuel en 1978 lorsqu'il fonde *Peuples noirs–Peuples africains* (*PNPA*), revue bimestrielle qu'il anime obstinément pendant une dizaine d'années avec Odile Tobner. *Peuples noirs–Peuples africains* se publie certes à Paris et à Rouen. Mais comme son nom l'indique, la revue traite essentiellement des problèmes du monde noir, de l'Afrique et singulièrement du Cameroun. D'après les explications que donne l'écrivain camerounais de la faillite de *PNPA*, c'est un agent du pouvoir de Yaoundé qui aurait monté un scénario diabolique pour noyer la revue qui visiblement dérangeait pas mal les maîtres du pays. Les détails de son témoignage sont publiés dans un ouvrage opportunément intitulé *Lettre ouverte aux Camerounais ou la deuxième mort de Ruben Um Nyobé* (1986).

En février 1991, Mongo Beti retourne au Cameroun après plus de trente ans d'exil. Dans une espèce de « cahier d'un retour au pays natal » au titre volontiers provocateur, *La France contre l'Afrique : retour au Cameroun* (1993), il procède à un état des lieux en démontant les mécanismes qui ont conduit le pays à l'impasse sociale, culturelle, économique et politique. *La France contre l'Afrique* préfigure le retour définitif de Mongo Beti quelques années plus tard et surtout le rôle qu'il joue au sein des partis de l'opposition camerounaise, y compris son adhésion au SDF.

À côté de Mongo Beti, il faut citer Abel Eyinga comme autre animateur de la pensée militante au Cameroun. Après des études de droit en France dans les années 1950, Abel Eyinga revient au Cameroun au lendemain de l'indépendance et se fait recruter dans l'administration. Mais il se heurte assez rapidement au mur d'incompréhension qui se dresse entre sa vision de l'avenir du pays et l'orientation du pouvoir qu'il était appelé à servir. C'est la rupture. Pendant ses nombreuses années d'exil en Afrique du Nord et en France, Eyinga militera sans cesse pour le changement de régime. Après le mandat d'arrêt qu'Ahidjo fait émettre à son encontre pour avoir osé se présenter à l'élection présidentielle de 1970, Eyinga entretient avec le peuple camerounais une correspondance nourrie qu'il publiera par la suite dans *Mandat d'arrêt pour cause d'élections* (1978). Depuis son retour au Cameroun au lendemain de la chute du mur de Berlin, Eyinga participe activement à la vie militante du pays depuis Ebolowa d'où, en plus de ses nombreuses interventions dans les colonnes de divers journaux nationaux, il publie un bulletin d'analyse politique, *Lettre mensuelle de réflexion et de proposition*, et organise des manifestations culturelles et d'éducation civique.

Il est le fondateur de *La Nationale*, mouvement politique dont l'ambition affirmée est de faire « la politique autrement ».

La flamme de la pensée militante ne fut cependant pas entretenue par les seuls exilés et les militants upécistes de la diaspora qui ont produit de nombreuses analyses sociales, économiques et politiques du Cameroun postcolonial. On connaît par exemple l'ouvrage de David Kom, *Le Cameroun ; essai d'analyse économique et politique* (Paris, Éditions Sociales, 1971), qui fit pas mal de vagues en son temps, ceux d'Elenga Mbuyinga, pseudonyme de Moukoko Priso, *Panafricanisme et néocolonialisme* (Paris, L'Harmattan, 1975) et *Tribalisme et problème national au Kamerun* (Paris, L'Harmattan, 1989), ou encore celui de Woungly-Massaga, *Où va le Kamerun ?* (Paris, L'Harmattan, 1984). À l'intérieur du pays, on connaît les prises de position des intellectuels tels que René Philombe, Mgr Albert Ndongmo et même Bernard Fonlon. D'ailleurs, ce dernier est mort sans avoir jamais intégré véritablement le régime d'Ahidjo dont il fut paradoxalement un des dignitaires. Du fait de ses écrits, Philombe est victime de chantage, d'arrestations, de perquisition, de tortures et d'intimidations de toutes sortes sous le régime Ahidjo. Il est l'auteur de nombreux écrits considérés comme subversifs par le régime camerounais. En plus de son activité éditoriale, de ses articles dans divers journaux, on lui doit notamment *Africapolis* (Yaoundé, Semences africaines, 1978) et *Choc anti-choc* (Yaoundé, Semences africaines, 1979), textes fortement contestataires. Dans sa *Lettre ouverte au Président Paul Biya* publiée dans *Peuples noirs–Peuples africains* (n° 39, mai-juin 1984), il établit pratiquement le bilan de son action politique et montre son impatience face à l'avènement des promesses d'ouverture annoncées par le président Biya :

> Après l'explosion euphorique qui a secoué notre pays ces derniers temps, toute en votre faveur, une atmosphère lourde d'angoisse, de méfiance et presque de déception s'installe barométriquement aujourd'hui sur les masses populaires. Le vent d'un changement tarde à souffler de manière tangible. Les mêmes lois scélérates de l'ancien régime restent toujours en vigueur. Grand est le risque de les voir perpétuer ce climat d'insécurité, de terreur et de peur généralisées qui avait si longtemps sévi parmi nos populations (*Lettre ouverte...*, 11).

Faut-il rappeler que le SDF est, lui aussi, le produit des frustrations nées de l'espoir suscité par l'apôtre d'un Renouveau, annonciateur de la rigueur, de la moralisation et de l'ouverture démocratique ? Avec la publication de *Main basse sur le Cameroun*, le grand public a pu apprécier le rôle joué par Mgr Albert Ndongmo dans la mise en question des méthodes de gouvernement qu'Ahidjo avait imposées au peuple camerounais. Avant d'être connu comme évêque de Nkongsamba, Albert Ndongmo est avant tout le promoteur de *L'Essor des jeunes*, journal mensuel qui, dès le début des années 1960, dénonce subtilement l'autoritarisme régnant et s'inscrit en faux contre l'unidimensionnalité de fait qui caractérise le pouvoir en place au Cameroun. À bien des égards, Ndongmo est arrivé sur la scène politique camerounaise dans des circonstances qui préfigurent les conditions d'émergence du SDF. Mongo Beti écrit très pertinemment à ce propos : « Voici une personnalité pleine de sève, rongeant son frein d'être à l'enclos, impatiente de plonger dans l'action. Justement, jamais agir et créer n'ont paru aussi opportuns, aussi appropriés, aussi adéquats » (*Main basse...*, 94). La suite de l'histoire est connue. Victime de l'une des machinations les plus machiavéliques de l'histoire politique du Cameroun, Ndongmo fut condamné à mort. Sa peine commuée en prison à vie, il passa cinq ans dans un camp de concentration au nord du Cameroun avant d'être exilé au Canada où il est mort en 1992.

Bernard Fonlon (1924-1986), quant à lui, est le cas le plus atypique de la pensée contestataire au Cameroun. Jusqu'à sa mort, il est resté le symbole de l'intellectuel de référence dans le milieu anglophone. Haut fonctionnaire et plusieurs fois ministre d'Ahidjo, fondateur et animateur de la revue *Abbia* et longtemps enseignant au Département de littérature africaine de l'Université de Yaoundé, il a gardé, toute sa vie durant, une indépendance d'esprit avec laquelle le pouvoir a dû composer. Les divers ministres de l'Administration territoriale (Intérieur) le redoutaient, mais sa présence même au sein du pouvoir et ses écrits tels que « Will We Make or Mar? » (*Abbia*, 5), « Idea of Cultural Integration » (*Abbia*, 19), « The Language Problem in Cameroon » (*Abbia*, 23) et même « To Every African Freshman or The Nature of University Studies » (*Abbia*, 23, 24, 26) ont pu souvent servir de caution morale et intellectuelle à la dictature obscurantiste d'Ahidjo. Toujours est-il que Fonlon s'est servi de la tribune qui lui était ainsi offerte pour entretenir au sein de l'élite anglophone du Cameroun l'idée qu'une indépendance d'esprit était encore possible et qu'on pouvait vivre au pays sans totalement s'inféoder à l'ordre régnant du discours. Il n'est pas inutile de rappeler que le pouvoir jouait habilement sur l'ignorance présumée que la majorité de Camerounais avait de la langue anglaise et se disait que les points de vue de Fonlon, si subversifs fussent-ils, avaient peu de chance de bouleverser l'ordre établi. Sans doute le SDF a-t-il, lui aussi, bénéficié de cette négligence du pouvoir central pour organiser sa gestation ! Dans cette mouvance, peut se comprendre le rôle de Siga Asanga, collègue, collaborateur et disciple de Fonlon, comme l'un des pères fondateurs du SDF. La naissance du SDF, on le voit, obéit à une logique historique, sociale, politique, culturelle, intellectuelle et même humaine. En cette veille du 26 mai 1990, le pays entier est comme en gésine et il lui faut accoucher !

D'autant plus, pourrait-on ajouter, que l'émergence du SDF coïncide aussi avec l'entrée en scène d'une nouvelle génération de citoyens dont quelques-uns n'ont de la colonisation qu'une connaissance livresque. Au début des années 1990, en effet, la génération née aux alentours de 1960 est dans la trentaine. La plupart d'entre eux sont des professionnels en début de carrière, d'autres sont responsables de petites et moyennes entreprises. Tous rêvent, au lendemain de la chute du mur de Berlin, du rocambolesque procès Yondo Black (mars-avril 1990), des manifestations pro-Biya orchestrées par Emah Basile et de l'inénarrable « messe pour la paix » d'avril 1990, d'un pays différent de celui que leur ont légué leurs parents et voudraient contribuer, chacun à sa manière, à lui donner forme et peut-être même à recréer les mythologies mobilisatrices de l'UPC. Ainsi en va-t-il de Pius Njawe, fondateur et directeur du journal *Le Messager*, de Benjamin Zébazé, directeur des Éditions Saint-François, fondateur et directeur de *Challenge Hebdo*, d'Emmanuel Noubissié Ngankam, promoteur de *Dikalo*, de Séverin Tchounkeu, directeur-fondateur de *La Nouvelle Expression*, de Célestin Monga, cadre à la Banque Internationale pour le Commerce et l'Industrie du Cameroun (BICIC) et journaliste à ses heures, de Maurice Kamto, professeur de droit public à l'Université de Yaoundé, de Vianney Ombé-Ndzana, cadre à la Société Nationale d'Investissement (SNI) et plus tard, directeur du journal *Génération*. On pourrait en dire autant de Boniface Forbin, promoteur de *The Herald*, des animateurs successifs de *Cameroon Post* et de nombre de jeunes cadres anglophones qui par ailleurs considèrent le SDF comme un bien communautaire. Sans avoir été nécessairement nourris des théories du rubenisme, la plupart d'entre eux rêvent d'un changement majeur, susceptible de bouleverser de manière significative les pratiques sociales, politiques et économiques qui avaient caractérisé les affaires du pays depuis l'époque coloniale.

Du procès Monga-Njawe au rêve déçu du 11 octobre 1992

Malgré toutes les frustrations essuyées par le peuple camerounais depuis l'indépendance, l'élection présidentielle d'octobre 1992 va être perçue comme l'occasion rêvée d'amorcer le changement tant attendu. Raison pour laquelle elle va galvaniser autour du SDF que dirige Fru Ndi une partie appréciable de l'intelligentsia nationale. On a beaucoup écrit sur cet événement riche en péripéties, et grand est le risque pour l'analyste de s'y attarder au détriment de la focalisation sur la participation de ladite intelligentsia. Pour en savoir plus long sur cet événement que certains n'ont pas hésité à appeler « coup d'État électoral », il serait utile de se référer au rapport circonstancié publié par le National Democratic Institute, *An Assessment of the October 11, 1992 Election in Cameroon* (Washington, D. C., 1993), à l'ouvrage du Collectif Changer le Cameroun, *Le 11 octobre 1992, Autopsie d'une élection présidentielle controversée* (Yaoundé, Éditions C3, 1993) et plus récemment, au livre de Fabien Eboussi Boulaga, *La Démocratie de transit au Cameroun* (Paris, L'Harmattan, 1997).

En réalité, l'entrée de l'intelligentsia dans l'action politique derrière Fru Ndi à l'occasion de la présidentielle de 1992 n'est que le temps fort d'un mouvement qui s'est amorcé au lendemain du procès Pius Njawe-Célestin Monga en janvier 1991 pour outrage au Chef de l'État, aux Cours et aux Tribunaux ainsi qu'aux Corps constitués. C'est ce qu'on appela le procès de la liberté puisque Monga était inculpé pour avoir publié, dans le numéro 209 du *Messager* (27 décembre 1990), une lettre ouverte à Paul Biya, lettre dans laquelle l'auteur interpellait le chef de l'État camerounais en dénonçant sa gestion peu démocratique du pays. Le procès fit d'autant plus de bruit que près de cent avocats se constituèrent presque spontanément pour défendre les prévenus. Fabien Eboussi en raconte les temps forts dans *La Démocratie de transit au Cameroun* (68-69) et en tire plusieurs conclusions, dont les deux suivantes :

> L'affaire Monga-Njawe révèle ce que peut être la mobilisation populaire, en dehors des appartenances à des partis politiques, transcendant les clivages ethniques autour d'un objectif civique (70).

> À la suite du procès de Monga-Njawe, des associations sont nées telles que l'Organisation Camerounaise des Droits de l'Homme (OCDH) de Maître Charles Tchoungang, le Comité d'Action Populaire pour la Liberté et la Démocratie (CAP-Liberté) de Djeukam Tchameni, le Human Rights Watch du professeur Ambroise Kom. Mais les partis politiques poussent comme des champignons. Une courte période d'attentisme inquiète les stratèges et les propagandistes du pouvoir : il se passe plus d'un mois et demi sans demande de légalisation (74-75).

Du coup, le pouvoir se dit qu'une véritable société civile peut naître et prendre forme. La création des organisations civiques et le ralentissement de la formation des mouvements politiques inquiètent d'autant plus que nombre de jeunes lettrés, hommes et femmes, manifestent plus d'intérêt pour les mouvements civiques que pour les partis politiques naissants. Lors des réunions de concertation des partis politiques, les intervenants se réclamant des organisations civiques ont des prises de position fondées sur des principes philosophiques et moraux et se révèlent plus radicaux que les plus radicaux des partis politiques. La gêne des mouvements politiques est d'autant plus compréhensible que l'ambition de tout parti politique étant la prise de pouvoir, il se doit d'être prudent de peur d'être éventuellement mis en contradiction avec ses attitudes antérieures. L'étau de la censure se resserre donc de plus belle sur les activités sociales, politiques et culturelles. C'est ainsi que Mongo Beti sera interdit de conférence lorsqu'il débarque au Cameroun en 1991 pour une série d'entretiens prévus les 25, 26 et 27 février au Hilton Hôtel de Yaoundé. Le 13 juillet 1991, Gilbert Andzé Tsoungui, alors ministre de l'Administration territoriale, met hors la loi tous les mouvements de défense des droits de la personne pour activités contraires à leurs objectifs. À l'époque, un bruit se répand même que certains leaders de l'opposition auraient entrepris des démarches auprès du ministre pour obtenir cette dissolution, sans doute parce que les interventions des membres des organisations civiques leur portaient terriblement ombrage et compromettaient leurs objectifs plus ou moins avouables.

A posteriori, tout se passe comme si le SDF de Fru Ndi était alors apparu comme l'unique carte que les intellectuels qui continuaient d'aspirer à un changement véritable pouvaient encore jouer. Dans *La Démocratie de transit au Cameroun*, Fabien Eboussi donne trois raisons fondamentales qui permettent à Fru Ndi de réunir autour de sa personne les conditions d'espérer. Issu de la minorité anglophone, explique-t-il, Fru Ndi symbolise en quelque sorte la revanche des exclus. Depuis l'indépendance, les anglophones ont toujours été seconds. Ce faisant, leurs problèmes économiques, politiques et culturels n'ont jamais bénéficié de l'attention souhaitée. Malgré les deux héritages coloniaux, le régime camerounais est resté largement inféodé à la France et les anglophones soumis au modèle français d'un État autoritaire et centralisé. Pour Eboussi, le problème bamiléké pourrait aussi avoir « un autre cadrage susceptible d'en faire progresser la résolution » (331) avec l'arrivée de Fru Ndi au pouvoir. Pour Eboussi enfin, Fru Ndi pourrait avoir une autre approche de l'Administration-État, car « ce que révèle l'avènement du Social Democratic Front avec son implantation à l'Ouest, dans le Littoral et ailleurs, c'est l'irruption du phénomène urbain dont la question bamiléké n'est qu'une manifestation partielle, mais typique » (333). Ces atouts justifient le charisme de Fru Ndi, charisme qui, d'après Eboussi, est une « institution » :

> [U]n homme n'est pas charismatique parce qu'il entraîne les foules ou en conséquence des actes qu'il pose et qui le dénoncent comme tel. Mais, il exerce un ascendant ou une emprise sur les foules parce qu'il est reconnu et institué charismatique et des actes conformes accompagnent et confirment nécessairement cette reconnaissance. Celle-ci est une délégation de la foi, de l'espoir et du pouvoir de tous à un seul (328).

Sans le dire expressément, Fabien Eboussi explique ainsi la décision de l'*Union Pour le Changement*, coalition des partis de l'opposition d'alors, de soutenir la candidature du chairman à la présidentielle d'octobre 1992. Pius Njawe l'affirme encore plus clairement lorsqu'il tente de justifier son propre engagement à l'époque :

> [E]n 1992 la candidature de Fru Ndi était portée non pas par le seul SDF son parti, mais aussi et surtout par ce qu'on avait alors appelé « Union pour le Changement », un regroupement certes de partis politiques de l'opposition, mais davantage d'associations de défense des droits de l'homme, de

personnalités de la société civile dont par exemple le Professeur Kamto Maurice ; bref de tous ceux qui aspiraient à un changement démocratique dans notre pays. C'est donc ce regroupement à mon avis citoyen qui, ayant décidé de mener une campagne présidentielle thématique, m'avait sollicité pour parler aux Camerounais de la situation chaotique que connaissait la presse indépendante à cette époque précise. Ce que j'avais fait en prenant la parole au cours du meeting de Buéa (« Critiques contre *Le Messager*, Les réponses de Pius Njawé », *Le Messager*, *Spécial 20ᵉ anniversaire*, 24 nov. 1999, 57).

À la lumière de ce qui précède, on pourrait même dire qu'entre le SDF et une certaine intelligentsia camerounaise, il y eut sinon un profond malentendu, du moins une alliance stratégique essentiellement précaire, aux contours diffus. Alors qu'autour de Fru Ndi certains dignitaires s'inscrivent dans la logique d'un parti politique aux aspirations classiques, nombre d'intellectuels, faut-il dire d'experts, qui soutiennent ledit parti le perçoivent plutôt comme un mouvement de transformation sociale. Chemin faisant, chaque groupe va chercher à se servir de l'autre, les deux conceptions de la politique vont alors s'affronter et les contradictions surgir.

Le rôle discret d'une intelligentsia de l'ombre

Les analyses de Fabien Eboussi Boulaga épousent la logique de la pensée militante du groupe d'intellectuels qui s'est signalé par une action discrète auprès du SDF et qui a cherché à imprimer au parti du chairman John Fru Ndi une autre conception de la politique. Mais peut-être convient-il de dire avant tout ce qu'il faut entendre ici par intellectuel puisqu'il s'agit d'un terme qui n'est pas facile à cerner, aucune définition ne faisant l'unanimité. Analysant l'affaire Dreyfus et ses multiples répercussions dans *Le Siècle des intellectuels* (Paris, Seuil, 1997), Michel Winock en arrive à isoler les deux mots clés qui permettent de caractériser un combat intellectuel : « Les deux maîtres mots du combat intellectuel au cours de l'Affaire sont lâchés : justice et vérité. Les antidreyfusards leur opposent, à l'instar de Barrès, préservation sociale, défense de la nation, raison supérieure de l'État. Valeurs universalistes contre valeurs particularistes » (30-31). Plus près de nous, George Lamming, qui analyse la fonction de l'intellectuel dans le bassin caraïbe, en donne quatre définitions dont la suivante : « [A]n intellectual may be considered to be a person who is primarily concerned with ideas – the origin and history of ideas, the ways in which ideas have influenced and directed social practice » (*Coming Home, Conversations II*, St. Martin, House of Nehesi Publishers, 1995, 12). Lamming complète son analyse en donnant à l'intellectuel du Tiers-Monde un rôle de médiation entre le peuple et la pensée hégémonique de l'Autre (17). Il serait difficile de prétendre que l'élite intellectuelle qui sera prise en compte ici était nécessairement en quête de justice et de vérité au sens où l'entend Winock, mais au moins voulait-elle servir de médiation, d'interprète et surtout de stratège pour le compte d'un mouvement perçu comme ultime recours vers l'avènement d'une nouvelle société, quitte, ce faisant, à tourner le dos à un intellectualisme classique, de type sartrien pourrait-on dire. De ce point de vue, le SDF aura eu dans ses rangs deux types de stratèges. La première catégorie pourrait être appelée intellectuels de l'ombre, ceux qui n'ont fait qu'une apparition furtive – à l'occasion de la présidentielle d'octobre 1992 – dans les rangs du SDF, mais qui ont contribué par leurs analyses à proposer au parti, directement ou indirectement, une orientation idéologique. Le deuxième groupe sera constitué des cadres organiques qui, au quotidien, se sont dévoués à mettre leur bagage « intellectuel » au service du parti ainsi qu'on l'a vu avec l'équipe d'Asanga, celle de Sengat-Kuo ou les clins d'œil de nombreux sympathisants sans affiliation précise.

On pourrait chercher à la loupe le nombre de fois où le sigle SDF apparaît de manière partisane dans les écrits de Fabien Eboussi Boulaga, de Maurice Kamto ou même de Célestin Monga. Bien que Mongo Beti ait été officiellement membre du parti du chairman et ait même tenté d'être candidat du SDF aux élections législatives de 1997, il est resté, lui aussi, relativement distant des instances dirigeantes et des activités quotidiennes du mouvement. Tout indique cependant que les réflexions de ces essayistes ont été, pendant un temps au moins, sous-tendues par les espoirs que suscitait le SDF. En plus de *La Démocratie de transit au Cameroun* cité précédemment, Fabien Eboussi a publié *Lignes de résistance* (Yaoundé, Éditions Clé, 1999), qui contient une vingtaine de textes parus entre 1991 et 1997 et portant presque exclusivement sur des sujets d'intérêt national. En réalité, Fabien Eboussi, qui a siégé à la commission de communication du chairman à l'occasion de la présidentielle d'octobre 1992, n'a cessé de produire des analyses dont la plupart peuvent se lire comme autant de notes destinées à asseoir, à accompagner ou même à orienter l'action du SDF. Déjà en 1991, Eboussi, qui est par ailleurs auteur d'un ouvrage sur les conférences nationales (*Les Conférences nationales en Afrique noire : une affaire à suivre*, Paris, Karthala, 1993), épouse l'idée d'une Conférence nationale souveraine alors perçue comme l'un des chevaux de bataille du SDF. Dans un article intitulé « La mer à boire », il donne d'une telle conférence les fondements historiques, sociologiques, politiques, économiques et humains et conclut, dans le ton caustique qui lui est propre, que « faire l'économie de la conférence nationale ou la rater, c'est vraiment la mer à boire » (*Lignes de résistance*, 52). Dans son analyse des municipales de 1996, il dégage les forces et les faiblesses des partis en présence et dit du SDF :

> [Il] a encore à prouver qu'il peut surmonter son provincialisme, accepter dans la discipline le débat contradictoire, abandonner le monarchisme interne et l'intolérance au-dedans comme au-dehors. Il doit surtout montrer que l'accusation de populisme est infondée, qu'il n'est pas un simple dérivé

de parti unique sans autre philosophie politique que le patrimonialisme clientéliste, ethniciste et prébendal, qu'il a des programmes précis et crédibles, « une méthode » et des hommes à la compétence et à l'intégrité connues pour redresser ce pays immédiatement, dans l'ordre, de façon créative et productive. Il a à se doter d'une présomption de bonne gouvernance éventuelle, à l'image tout à la fois rationnelle et raisonnable. Vaste et exigeant programme, qui suppose que le sommet de sa hiérarchie en reconnaisse l'impérieuse nécessité ainsi que ses propres limitations intellectuelles et dans le domaine particulier de la culture politique et démocratique (*ibid.*, 81).

Plus loin, on essaiera d'expliquer comment il se fait qu'avec une telle dose de sympathie pour le parti de John Fru Ndi, Eboussi se soit jusqu'ici gardé de devenir un intellectuel organique du parti, et n'ait même jamais songé à devenir membre à part entière du mouvement. Il en va pareillement de Célestin Monga qui, lui aussi, participa à la campagne présidentielle de 1992 derrière le chairman et qui s'est inscrit comme *brain-trust* bénévole auprès de Fru Ndi. Économiste averti et passionné de stratégie politique, Célestin Monga a mis son talent d'analyste dans les multiples notes et les nombreuses communications orales à l'intention de Fru Ndi et de son personnel.

À la différence de Fabien Eboussi, qui depuis octobre 1992 a préféré limiter sa contribution aux analyses écrites et dûment publiées, Célestin Monga a fait plusieurs fois le pèlerinage de Ntarikon et a multiplié les interventions personnelles auprès de Fru Ndi dans le but de l'aider à ne négliger aucun des paramètres qui lui semblent importants dans ses prises de décision. Sans doute serait-il fastidieux d'analyser ici toutes les notes de Monga à l'adresse de Fru Ndi. On pourrait s'en tenir à l'important mémorandum du 24 septembre 1996, « Strategy paper for the Chairman Ni John Fru Ndi, Preparing for the 1997 Elections in Cameroon », une véritable radioscopie dans laquelle l'auteur aide Fru Ndi à faire son bilan :

> It may sound shocking to you to hear this. But my duty is to let you know that you are viewed unfavorably by a sizable minority of Cameroonians and international policymakers in France, Germany, and the United States. I believe that these negatives can be greatly reduced when people come to know the real John Fru Ndi. From wide-ranging discussions with people in Cameroon and abroad, I have learned that many of them perceive you as a "radical" politician, an "extremist", or even a "violent" leader. Of course, you are also seen as being tough on issues, committed to the poor, honest, trustworthy, but some people wonder whether you [...] would be able to negotiate any political agreement with anyone. It is important to change this image, not only because it is a wrong one, but also because otherwise, the international media will keep portraying you in these terms for the next years – which is a pity, since it weakens your struggle (1).

À partir de ce constat, Monga lui propose, en trente-cinq points fortement articulés, des pistes d'action tant sur les plans politique et économique qu'en ce qui concerne le social et le marketing des idées. Habitué à confectionner des dossiers en cabinets d'études, l'auteur suggère une programmation des activités en tenant le plus grand compte de l'environnement national et international. Bien plus, Monga s'offre pour rédiger des « aide-mémoires » (*ibid.*, 10) sur des questions économiques pertinentes et formule un projet de campagne électorale pour la présidentielle de 1997 :

> In 1990, you became known to your people as *Mr. Courage* as you stood up against bullets to obtain the right of the Cameroonian people to political pluralism. In 1991, you were *Mr. No*, as you refused to sign the infamous document of the Tripartite. In 1992 you were seen as *Mr. Power*, because of your stolen electoral success... Today, you have to position yourself as *Mr. Specific*. This can only be done through concrete solutions to the existing problems, with an effective communication campaign (*ibid.*, 15).

Autant Fabien Eboussi fonde ses analyses sur un *background* de philosophe, autant Célestin Monga met en jeu son bagage économique et son talent de journaliste féru d'enquêtes pour aider Fru Ndi à se positionner avantageusement sur le marché du leadership politique.

Quant à Maurice Kamto, il a, lui aussi, fait campagne pour Fru Ndi lors de la présidentielle de 1992. De plus, il est l'un des promoteurs de *Génération*, puis de *Mutations*, journaux qui militent fortement pour le changement. Certes, Kamto officie plus souvent dans sa Faculté et dans « Brain Trust », son bureau d'études, que dans les états-majors des partis politiques. Toujours est-il que ses actes et ses prises de position le situent au cœur même du mouvement global de lutte pour l'avènement d'un nouvel ordre social et politique dont Fru Ndi est apparu comme le porte-parole. Dans *L'Urgence de la pensée* (Yaoundé, Éditions Mandara, 1993), qui peut être considéré comme sa profession de foi, Kamto invite l'intellectuel à redevenir « un être de transcendance » :

> Au nom d'une morale de l'action qu'imposerait l'urgence du développement, « réalisme » et « pragmatisme » dominent le champ de notre discours. Les « lettrés » emboîtent le pas aux politiques et se posent en complices d'une politique de stérilisation des esprits : il faut survivre et faire survivre les siens, dans des systèmes où l'on ne peut passer à table qu'à condition de savoir tenir sa langue. Démission ou cynisme, le silence règne, à la faveur d'une conspiration générale. Les générations précédentes se déchargent honteusement sur les générations suivantes, et ainsi de suite... Philosophie du ventre et « à-plat-ventrisme » philosophique. L'idéal a déserté le champ de nos rêves stériles. Ce qui compte, c'est aujourd'hui, c'est maintenant, c'est tout de suite. Le sommeil de la raison a fait le lit de l'unanimisme. Notre histoire ne

s'écrit pas au pluriel. Par le décret d'un homme, l'itinéraire de la société tout entière est tracé à l'avance. On ira au salut ou à la dérive par une seule voie et en psalmodiant d'une même voix. Il n'y a pas de place pour l'alternative : Ce n'est pas l'un ou l'autre, c'est l'un ou le néant.

Nous vivons une époque de troubles de la raison en raison de l'inversion des logiques naguère établies ; une époque où la pensée n'a cessé de subir des revers, où le vrai est faux parce qu'il est subversif (le mot terrible ! qui torture la raison, brise la logique et « suicide » la pensée), où le faux devient le vrai parce qu'il assure la quiétude des êtres installés dans le confort du non-être, de la non-pensée, de l'opinion (13).

Ainsi aurait pu se résumer l'action de l'intellectuel auprès d'un parti qui s'était donné pour objectif de lutter pour l'avènement de la démocratie en défiant un régime répressif. Si l'homme politique est au front, Kamto croit que l'intellectuel doit penser son action, penser la démocratie et lui donner forme. Tout indique, on le verra, que le dialogue entre le parti de Fru Ndi et l'intelligentsia se déroule sous le signe d'un malaise du fait de l'existence d'une zone d'ombre sur le rôle de l'intellectuel d'une part et celui des dignitaires du SDF d'autre part.

D'ailleurs, le rôle qu'a joué Mongo Beti auprès du SDF est emblématique des rapports que le SDF a entretenus avec l'intelligentsia camerounaise. Dès son retour au Cameroun au début des années 1990, Mongo Beti ne tarit pas d'éloges pour le chairman et son parti. Contrairement à Ahidjo et à Biya qui ont hérité leur pouvoir du colonisateur, Fru Ndi, disait-il, méritait tous les égards parce qu'il a lui-même frayé son chemin. Comme Eboussi, Monga, Kamto et tant d'autres intellectuels, il soutient la candidature de Fru Ndi à l'élection présidentielle de 1992. À l'occasion des législatives de 1997, il se déclare candidat du SDF à Mbalmayo, la ville de sa région de naissance. Sans doute le pouvoir paniqua-t-il devant la perspective de voir ainsi Mongo Beti, symbole unique en son genre, entrer en politique active au Cameroun. Andzé Tsoungui manœuvra confusément pour le disqualifier (lire à ce propos Mongo Beti, « Lettre ouverte à Andzé Tsoungui, Grand-prêtre autoproclamé de la camerounité », *Génération*, n° 105, 24-30 mars 1997, 10). Il n'empêche que le SDF peut s'enorgueillir d'avoir compté Mongo Beti comme un de ses membres à un moment donné de son histoire.

Mais comme il fallait s'y attendre, l'idylle fut de courte durée. Et pour cause ! Plutôt que de créer un espace pour canaliser les réflexions de l'intelligentsia locale, le SDF semble avoir plutôt perçu l'offre de ce groupe social comme un dû. Oubliant ou ignorant combien certains intellectuels peuvent être jaloux de leur liberté, le SDF s'est même comporté par moments comme si ces derniers devaient se considérer comme privilégiés, bénis des dieux si le parti, plutôt que de faire la moue, acceptait volontiers leurs offres de service. L'espèce de désinvolture avec laquelle le parti gère la présence de Mongo Beti dans ses rangs est symptomatique de son attitude vis-à-vis de toutes les offres bénévoles de contribution intellectuelle. À preuve, le National Executive Committee (NEC), l'organe dirigeant du SDF, se permet, à la suite des péripéties des législatives, de coopter l'écrivain en son sein sans aucune négociation préalable. Ce qui devait arriver arriva : « Tout ce que je peux dire, affirme Mongo Beti, c'est que cette cooptation au NEC me rappelle un peu la méthode d'Ahidjo, dont les ministres apprenaient leur nomination par voix de radio » (« On ne dialogue pas avec un monstre », *Le Messager*, n° 719, 23 janv. 1998, 5). Les choses se gâtent d'autant plus rapidement que le parti de John Fru Ndi décide, aux termes de la présidentielle d'octobre 1997, d'engager des pourparlers avec le pouvoir en place. Du coup, Mongo Beti va porter sur la place publique un débat que le parti aurait eu tout intérêt à organiser en son sein en mettant justement à contribution les cogitations de ses experts :

> Il me semble qu'il y a beaucoup de carriéristes, des gens qui veulent entrer au Parlement, au gouvernement, etc. Quand j'ai connu ce mouvement, quand j'ai apporté mon adhésion au chairman, ce n'était pas du tout ça. Je n'ai jamais fait carrière. Si je voulais le faire, je me serais rallié à Ahidjo ou Biya, et j'aurais été ministre. Mon problème n'est pas là. C'est de contribuer à la libération réelle du peuple camerounais. Nous ne pouvons pas continuer à nous amuser tant que notre souveraineté reste menacée, tant que nous sommes toujours gouvernés par les réseaux occultes ou maffieux tels que Pasqua, ELF, Jean-Christophe Mitterrand, etc. (*ibid.*).

Mongo Beti dit ainsi à haute voix ce que pensent nombre d'intellectuels qui ont, à des degrés divers, apporté leur soutien au SDF et à son chairman. Kamto, Eboussi, Monga, Mongo Beti et tous les autres rêvaient, un peu à la manière des théoriciens de la modernité occidentale, de participer à l'élaboration d'un grand projet narratif digne du Cameroun, c'est-à-dire de développer un corps d'idées susceptible de servir de boussole aux dirigeants du pays pendant de nombreuses années à venir. De ce fait, la difficile coexistence entre Mongo Beti et le SDF apparaît comme la partie visible de l'iceberg. D'autant qu'à l'intérieur même du mouvement, la sérénité ne semble avoir jamais été de mise entre les apparatchiks et les intellectuels qui ont renoncé à leur indépendance pour faire carrière en son sein.

Intellectuels organiques à l'épreuve des faits

Revenons à la présidentielle de 1992 pour souligner qu'à peine né, le SDF se trouve à la croisée des chemins au lendemain de cette consultation électorale. L'euphorie engendrée par la campagne d'octobre 1992 grise quelque peu les dirigeants du parti qui ne semblent pas avoir suffisamment mesuré ce que Kamto appelle la dialectique de « l'un ou le néant ». Aussi se laissent-ils prendre de court par les violentes mesures auxquelles recourt le pouvoir en place pour assurer sa survie. Le parti s'embourbe dans la gestion de l'instant au lieu de s'appuyer sur le momentum de la campagne électorale pour continuer de réunir autour de lui l'essentiel des intellectuels militants qui ne demandaient qu'à aider à la mise sur pied des stratégies de riposte, y compris la constitution d'un « shadow cabinet » (lire Fabien Eboussi, *Lignes de résistance, op. cit.*, 220-221) chargé de répondre du tac au tac aux provocations d'un gouvernement dont l'appareil avait organisé la fraude électorale à ciel ouvert. Mais sans doute y avait-il à l'intérieur même du parti une élite intellectuelle capable de faire face à toutes les éventualités ?

Siga Asanga (1940-1998), alors secrétaire général et l'un des fondateurs du parti, est lui-même un intellectuel militant, avide de changement. Lorsqu'au lendemain de la chute du mur de Berlin, Siga Asanga, qui était mon collègue au Département de littérature africaine de l'Université de Yaoundé, me montra pour information et avis les statuts du SDF en gestation, je lui demandai comment on pouvait concilier notre rôle d'enseignant avec celui d'acteur politique dans un contexte où les règles du jeu sont on ne peut plus floues. Asanga me répondit sans hésiter : « Je n'ai pas d'ambition politique, mais je crois que le pays est dans l'impasse et qu'il convient de faire quelque chose pour promouvoir l'avènement de nouvelles règles du jeu ». Paradoxal d'entendre un fondateur de parti se défendre d'avoir quelque ambition politique ! Socio-démocrate par idéologie, patriote, lecteur assidu de Mongo Beti, disciple de Fonlon et admirateur de Pierre Elliott Trudeau, ancien premier ministre du Canada et promoteur d'un Canada bilingue et multiculturel, Asanga n'était pas un père fondateur comme n'importe quel autre. Anglophone ayant séjourné une dizaine d'années au Canada comme stagiaire et comme étudiant, Asanga était peu sensible aux thèses autonomistes de ses congénères anglophones. Jean-Marc Soboth résume en ces termes son credo politique :

> Siga Asanga, comme Trudeau, est fermement convaincu qu'il n'y a « pas de valeur dans les petites nations. Pour avoir la technologie, il faut avoir la population ». [...] Le problème en Afrique, nous confia-t-il, est « un problème de gouvernement local. Nous sommes liés à un modèle qu'on ne comprend pas. Nous devons proposer notre modèle ». Tout cela est sans doute trop compliqué lorsque la foule veut simplement que Paul Biya s'en aille se faire voir ailleurs (« Le Dr Siga Asanga n'est plus... », *L'Expression*, n° 258, 8 avril 1998, 2).

Dès le départ, on le voit, le ver est dans le fruit. D'autant plus que, raconte Jean-Baptiste Sipa, Fru Ndi devient leader presque par défaut :

Écoute, Ni John, tu n'as qu'à signer ce document comme Chairman et moi comme Secrétaire Général. Cette phrase, rapportée plus tard par John Fru Ndi, fut prononcée à Ntarikon, le 15 mars 1990, par le professeur Siga Asanga, alors que les pères fondateurs du SDF réunis, cherchaient parmi eux lequel aurait le courage d'aller présenter à la préfecture de la Mezam la déclaration légale de création du parti politique et celui d'en répondre pour la postérité.

Le magistrat Nyo Wakai qui présidait la réunion aurait dû prendre cette responsabilité. Mais il était encore juge en activité à la Cour Suprême. Les deux autres personnes qui semblaient tout indiquées pour la fonction, Albert Mukong et Vincent Feko, étaient en prison avec Yondo Black. Chacun des autres membres présents ayant prétexté, qui de ses fonctions dans l'administration publique, qui de ses affaires qui seraient mises en péril, il ne restait plus que John Fru Ndi et son jeune oncle Siga Asanga pour prendre les choses en main. Fru Ndi le libraire [...] accepta la suggestion de Asanga, professeur à l'Université de Yaoundé. C'est ainsi qu'ils devinrent respectivement les premiers Président et Secrétaire Général du Social Democratic Front (« Les Founding Fathers font la guerre aux francophones », *Afrique Horizon*, n° 9, 4).

Très rapidement cependant, Fru Ndi va s'imposer comme un redoutable tribun dont le discours hypnotise littéralement les foules qui investissent en masse le nouveau parti. Son courage, son franc-parler et son populisme le mènent tout droit au *hit-parade* des leaders politiques du pays. Malheureusement, son impétuosité rappelle à bien des égards l'analyse que Fanon nous a donnée de la grandeur et des faiblesses de la spontanéité dans les luttes anticoloniales :

[C]ette impétuosité volontariste qui entend régler son sort tout de suite au système colonial est condamnée, en tant que doctrine de l'instantanéisme, à se nier. Le réalisme le plus quotidien, le plus pratique fait place aux effusions d'hier et se substitue à l'illusion d'éternité. La leçon des faits, les corps fauchés par la mitraille provoquent une réinterprétation globale des événements (*Les Damnés de la terre*, Paris, La Découverte, 1961, 96-97).

Qui donc aura la responsabilité, au sein du NEC, de réinterpréter les événements auxquels fait face le parti ? Les forces centrifuges prennent place et désormais le pouvoir charismatique, messianique même du chairman va subrepticement se poser comme un rival aux forces du savoir de certains intellectuels qui ne vont pas hésiter à tourner en dérision le populisme du chairman. Bernard Muna, alors directeur de campagne, fait allusion, écrit Sipa, « au confort intellectuel de son charismatique chairman » (*Afrique Horizon*, n° 9, 4). Au sein du parti, de véritables camps se forment dont « ceux qui veulent constituer une cour autour de Fru Ndi, et le cas échéant, ramener le parti à sa dimension anglophoniste [...] ; ici, on trouve aussi les ambitieux qui intriguent pour occuper les postes que laisseront vacants leurs victimes.

Ils sont maîtres dans l'art de persuader le Chairman que les "longs crayons" veulent sa place » (*ibid.*, 5).

La première victime de cette tension qui va aller grandissant en est l'avocat Bernard Muna qui, après la présidentielle de 1992, suggère une politique de rapprochement avec la France, proposition quasi hérétique à l'époque. Bâtonnier de l'ordre des avocats au moment de l'affaire Yondo Black, il avait contribué à mobiliser les membres de l'ordre pendant ce procès considéré à juste titre comme un temps fort de l'avènement du pluralisme politique au Cameroun. Nanti de cette aura de fraîche date, Muna se présente à la fois comme un partisan du réalisme politique et comme un démocrate soucieux d'instaurer un débat contradictoire au sein du SDF. Il se rend assez rapidement compte que Fru Ndi est pris au piège des lobbys qui l'enserrent. Au mépris des stratégies pouvant aboutir à des changements institutionnels, certains conseillers occultes du chairman souhaitent jouer la carte de l'Union pour le changement pour se distinguer comme le parti vedette de l'opposition alors que d'autres tiennent avant tout à utiliser le SDF comme la tribune des revendications culturelles de la minorité anglophone. Ainsi marginalisé, Muna est destitué de son poste de directeur de campagne en 1993. Il démissionne du SDF en 1995 pour des raisons de convenance personnelle.

Chargé de répondre au premier chef du limogeage de Muna, le secrétaire général Siga Asanga se fait remarquer par son embarras. En stratège discret, Asanga s'interroge sur « la capacité de l'instance dirigeante du parti à gérer [...] les effets d'une sanction maximale infligée au mis en cause » (*ibid.*). Pendant ce temps, quelques intrigants exploitent la situation à leur avantage : « L'objectif ultime [...] serait, soupçonne-t-on, de constituer un lobby pour obtenir la suppression du poste de secrétaire général, afin de concentrer tous les pouvoirs entre les mains du Chairman, qui pourrait alors les distribuer à sa discrétion » (*ibid.*). Quoi qu'il en soit, l'affaire Muna divise profondément le parti de John Fru Ndi. Progressivement se fait sentir le poids d'un groupe qui se fait appeler « comité des pères fondateurs » et qui voudrait « avoir le droit de veto sur toutes les décisions du parti, y compris celles adoptées en congrès. En outre, c'est désormais lui qui désignerait le candidat du parti à l'élection présidentielle. [...] Siga Asanga s'y opposera vigoureusement, allant jusqu'à dire [...] qu'il faudra lui passer dessus pour instituer ce comité des pères fondateurs » (Thomas Eyoum'a Ntoh et Jacques Mangué, « Que se passe-t-il au SDF ? », *Dikalo*, n° 127, 30 mai 1994, 5).

Ces remous entraînent divers commentaires et d'aucuns ne tardent pas à accuser Fru Ndi de tentation monarchique. Après Muna, Asanga devient le mouton noir du parti, « l'empêcheur de piéger en rond, dans la mesure où il semble avoir fait obstacle depuis novembre 1992 à toutes les tractations secrètes conduites notamment par le clan Omgba Damase et Sadou Hayatou d'un côté et le Dr Tchwenko de l'autre. Ces tractations visaient à amener le SDF au "power sharing" avec le système en place » (J. B. Sipa, « Les Founding Fathers font la guerre aux francophones », *Afrique Horizon*, n° 9, 20). Nous voilà bien loin du rêve d'un changement institutionnel qui avait mobilisé l'intelligentsia camerounaise à la veille de l'élection présidentielle d'octobre 1992. Le limogeage prévisible de Siga Asanga en mai 1994 parachève l'inscription du SDF dans le registre des partis africains classiques, prêt à négocier, comme on le verra au lendemain de l'élection de 1997, une petite place auprès de la Grande Mangeoire qui nous tient lieu de gouvernement national.

Conclusion

Invité à se prononcer sur le sort réservé aux intellectuels au sein de son parti, Fru Ndi utilise une image extrêmement significative : « Si j'ai un cancer au bras et que je dois absolument le couper pour guérir et servir la nation, croyez-vous que je ne le ferai pas ? Voilà comment il faut voir les choses. Si les gens que vous citez [Mbock, Asanga, Dorothée Kom] n'ont pas fait appel à la convention pour contester leur sanction que vouliez-vous que nous fîmes [*sic*] » (Ni John Fru Ndi, « Je ne peux empêcher personne de démissionner du SDF... », *La Messagère*, n° 35, 9 oct. 1995). Et l'on pourrait presque conclure à la manière de Wamba Sop, qui écrit : « [L]e SDF semble fonctionner à la manière de ce que les physiciens appellent un cyclotron : les particules sont accélérées et, dès qu'elles se rapprochent du sommet, expulsées à grande vitesse. Cette machine infernale broie tous les "intellectuels" » (« Les "plus durs" épurent », *Mutations*, n° 107, 13 avril 1998).

Sans doute me reprochera-t-on d'avoir laissé dans l'ombre pas mal d'autres figures de proue qui ont à un moment ou à un autre travaillé pour le compte du SDF ou qui ont intellectuellement participé aux débats engendrés par le parti de Fru Ndi. Ainsi en va-t-il de François Sengat-Kuo (1931-1997) dont le rôle de conseiller auprès du chairman est resté ambigu tout le long. Après avoir été l'éminence grise d'Ahmadou Ahidjo et de Paul Biya pour qui il conçut *Pour le libéralisme communautaire* (1986), il s'est mis au service de Fru Ndi en enfermant sa démarche dans un discours délibérément mystérieux. Comment oublier Charly-Gabriel Mbock qui remplaça Muna auprès du chairman comme directeur de campagne ? Analyste méticuleux et à la plume volontiers acerbe, Charly-Gabriel Mbock de même que Dorothée Kom, un temps responsable de la communication du parti, furent des « asangaïstes ». Raison pour laquelle leur carrière au sein du SDF se termina presque en même temps que le limogeage du premier secrétaire général du parti. Il reste qu'ils avaient fortement contribué à la visibilité du SDF en affichant ses préoccupations à la manchette de la plupart des journaux camerounais. On se souviendra aussi de l'épisode Basile Kamdoum, autrefois responsable provincial du Centre, qui brigua sans succès le poste de secrétaire général en remplacement de Siga Asanga et abandonna assez rapidement le bateau SDF en accusant le parti d'obscurantisme, de tribalisme et de machine d'exclusion permanente.

En conclusion, on serait tenté de faire le bilan du SDF, dix ans après sa création. Dix ans, c'est relativement court dans la vie d'un mouvement politique. Toujours est-il qu'au regard de ses atouts de départ, le parti aurait pu mieux orienter son action s'il voulait véritablement être le moteur du changement social et institutionnel au Cameroun. Tout se passe comme si les injonctions de son très charismatique chairman et les forces de la « realpolitik » l'avaient peu à peu emporté sur le rêve de construction d'une société nouvelle. Aujourd'hui, constate Mongo Beti, « le SDF n'est plus ce qu'il était [...] En acceptant de dialoguer avec le RDPC, le SDF semble [...] accepter que Biya règne encore pendant sept ans dans ce pays. [...] Je dis que c'est une erreur rédhibitoire. On ne dialogue pas avec un monstre » (« On ne dialogue pas avec un monstre », *op. cit.*, 5). Et Christian Tabetsing, un cadre de l'intérieur, de renchérir :

> L'avènement du SDF a fait naître un espoir immense auprès des Camerounaises et Camerounais. Neuf ans après son avènement, que reste-t-il de cet espoir ? Nos compatriotes désemparés ne comprennent plus très bien quel est le véritable projet du SDF [...] [Aujourd'hui], le SDF n'est plus que l'ombre de lui-même à cause d'habitudes introduites par un clan qui n'arrive plus à renouveler ses idées. De démocratie, de liberté, de sens de l'État, de transparence, il n'est plus question dans le fonctionnement du SDF. Notre parti est devenu incapable de prendre une quelconque initiative. Il est pratiquement à la remorque du RDPC. [...] Nous sommes à notre corps défendant l'allié objectif du RDPC, la caution démocratique du régime (cité par Djeukam Tchameni dans « Mythe ou mythomane ? », *Cameroun Actualité*, www.iccnet.cm, 2 mars 1999, 3).

Tournant le dos à la « politique des principes » que Fabien Eboussi lui suggérait fortement dans « La chienlit électorale et le Tiers exclus » (*Le Messager*, n° 620, 2 juin 1997), le SDF a finalement choisi de siéger au Parlement, sans doute pour gagner « de plantureuses indemnités, des avantages, des facilités et des licences pour "les affaires". [Désormais, ses députés sont] à l'abri de [leurs] créanciers et des tribunaux, l'immunité parlementaire étant synonyme d'impunité ». Mais, écrit encore Eboussi, ils se trouveront « toujours devant une majorité mécanique sur les dispositions destinées à pérenniser les forces d'inaction, d'inertie qui nous immobilisent, nous condamnant à l'enlisement et la décomposition économique et sociale. [...] Pourquoi [...] jouer aux héros ? » (*Lignes de résistance*, *op. cit.*, 216-217).

Un sursaut est toujours possible, mais force est de constater qu'en attendant l'éventuel retour de la force des principes ainsi que le renouvellement que souhaitent Tabetsing et tant d'autres avec lui, le SDF, dans le paysage politique camerounais actuel, n'est plus le point de focalisation ni encore moins de constellation de ce que le pays compte d'essentiel en lumières intellectuelles aux idées novatrices.

Promouvoir un militantisme culturel[16]

J'aurais pu commencer cette contribution en m'appuyant sur le dossier qu'en août 2004, le quotidien camerounais *Mutations* a consacré à la culture camerounaise et qui, d'entrée de jeu, met fortement en cause la gestion de Ferdinand Léopold Oyono, ci-devant romancier camerounais des années 1950 et surtout ministre de la Culture du régime dit du Renouveau qui gère le pays à sa manière depuis novembre 1982. Qu'il s'agisse du secteur de l'édition et du livre, du domaine des droits d'auteur ou même du monde de la musique, l'activité culturelle au Cameroun semble avoir du plomb dans l'aile. La seule éclaircie dans le sombre tableau que *Mutations* nous donne à lire se révèle être l'ambiance créée par le « Dream Team » qui, à l'occasion de la semaine ivoirienne au Cameroun, a fait vibrer le public au rythme du décalé-coupé. À l'instar des Sapeurs (du verbe se saper, s'habiller) congolais dont la passion est de se pavaner dans de beaux habits au milieu des rues et de se faire acclamer par la foule, le « Dream Team » affiche une philosophie un peu simpliste : « On a été, disent-ils, les précurseurs du mouvement sagacité. Il s'agit d'une philosophie, d'une façon d'être, de se déplacer, de s'habiller. Même si t'as rien, faut être propre. Vaut mieux faire envie que de faire pitié » (*Mutations*, 5 août 2004). Notre culture est-elle donc condamnée à se dérouler exclusivement sur le mode du folklore, sinon de la banalité[17] ?

Quiconque observe pourtant le Cameroun de l'extérieur pourrait raisonnablement envier le pays d'avoir le Vieux Nègre[18] comme premier responsable de son développement culturel tant il est vrai que celui-ci peut se targuer d'être des premiers, avec Mongo Beti, à avoir inscrit le pays en bonne place dans les bibliographies de la littérature africaine moderne. Mais la comparaison ne va guère plus loin. Oyono, qui est retourné au Cameroun au lendemain de l'indépendance du pays et s'est mis au service d'un régime postcolonial passablement réactionnaire, a par ce fait même refusé de reconnaître que le pouvoir au service duquel il mettait ses talents n'était que le prolongement du système colonial qui l'avait engendré et qu'il avait lui-même condamné, du moins aurait-on pu le penser en lisant *Une vie de boy* (1956) et *Le Vieux Nègre et la médaille* (1956).

---

16. Cet hommage à Eckhard Breitinger rédigé en août 2004 a été traduit et publié sous le titre de « Kritische und gesellschaftspolitisch engagierte Kultur fördern! Beispiele aus Kamerun und Deutschland » dans *Kreatives Afrika*, Wuppertal, Peter Hammer Verlag, 2005, 233-242.
17. Quelques jours plus tard, le même quotidien nous apprend que le « Ministre de la culture [qui se montre si difficile lorsqu'il faut inaugurer des manifestations culturelles de vraie envergure] [...] s'est déplacé pour aller accueillir la femme [Chantal Biya] de son patron à sa descente de voiture » parce qu'elle avait décidé d'aller au théâtre (*Mutations*, 10 août 2004).
18. Pseudonyme que le petit peuple donne à Ferdinand Oyono, en souvenir du titre de son fameux roman, *Le Vieux Nègre et la médaille* (1956).

Fidèle à ses principes de militant sans concession, en revanche, Mongo Beti, malgré les sollicitations dont il fut l'objet[19], n'accepta jamais de pactiser avec le régime néocolonial de Yaoundé. Bien plus, lorsqu'il rentre au Cameroun à la faveur du vent d'Est qui, au lendemain de la chute du mur de Berlin, voit l'effondrement des blocs et impose la démocratisation aux pouvoirs autoritaires du continent, Mongo Beti, pour sa part, poursuit son travail d'appropriation et de promotion de la culture. Dès son installation à Yaoundé au milieu des années 1990, il se remet à l'écriture et renouvelle même de manière marquante sa créativité[20]. En plus de participer activement aux débats d'idées qui ont cours dans la société en intervenant sur les sujets les plus divers dans les colonnes des journaux locaux, Mongo Beti crée la Libraire des Peuples noirs, qui devient rapidement à Yaoundé un lieu de rencontre et de promotion de la lecture.

Au Cameroun, Mongo Beti est surtout perçu comme un militant politique de premier plan, mais pour lui, politique et culture sont intimement liées. Aussi s'est-il toujours attelé à la création des structures d'éclosion d'une parole africaine inscrite dans la modernité. La revue *Peuples noirs–Peuples africains*, les Éditions des Peuples Noirs, la Librairie des Peuples noirs et la radio « Alternances » à la promotion de laquelle il travaillait et que le destin ne lui aura pas permis de mettre en place étaient autant de domaines où il s'investissait sans compter. Qui plus est, susciter la création culturelle faisait partie intégrante de sa pédagogie et, comme le témoigne un de ses anciens disciples, Mongo Beti n'hésitait pas à transgresser la discipline en cours dans le lycée où il enseignait à Rouen, pour encourager l'expression du génie. Christophe Chomant écrit très justement à ce propos :

> Le souvenir le plus fort que j'ai gardé de lui [Mongo Beti] est cette fois où il m'a proposé de ronéoter les poèmes que j'écrivais alors. C'était l'année 1979 ou 80. Comment savait-il que j'écrivais ? Peut-être parce que nous publiions avec quelques camarades une revue dans le lycée ?

> Toujours est-il qu'il a ronéoté mes textes, les a distribués à chaque élève de la classe et m'a invité à gagner le bureau du professeur pour présenter ces textes, parler de mon travail d'écriture, répondre aux questions, etc. Les autres étaient médusés. Ce fut une séance passionnante. Lorsque la sonnerie retentit, nous avions encore les uns et les autres mille choses à nous dire… Mongo

---

19. Lire à ce propos « Quand Paul Biya fait une ouverture vers Mongo Beti… c'est une chausse-trape ou l'histoire d'une machination », *Peuples noirs–Peuples africains*, n° 43. Mongo Beti y explique comment il a été approché par les agents du système Biya qui lui « annonçaient que le successeur d'Ahmadou Ahidjo désirait faire une ouverture dans [s]a direction, qu'il allait incessamment [lui] envoyer un émissaire à cet effet » (*PNPA*, n° 43, janv.-fév. 1985, 2). Évidemment, l'affaire s'est révélée n'être qu'une « chausse-trape ».

20. *Trop de soleil tue l'amour* (1999), qui s'inspire du genre policier, est significatif à cet égard.

Beti jubilait d'avoir chamboulé l'ordre ordinaire et suscité quelque chose « d'inouï » dans une salle de classe.

C'est pour moi un souvenir très fort, une sorte de « naissance » comme auteur. Je lui en sais toujours gré. C'est pourquoi je lui ai dédié mon premier roman publié.

[...]

La séance de discussion sur mes textes offerte par Mongo Beti m'a encouragé à écrire encore : écrire des nouvelles, puis des romans... puis à m'auto-éditer, puis éditer les autres, tout en fabriquant moi-même les livres. C'est aujourd'hui une passion qui ne s'arrête pas (« Enseignant et mentor », dans Ambroise Kom (dir.), *Remember Mongo Beti*, Bayreuth, BASS, n° 67, 2003, 81-82).

On se souviendra que par fidélité à ce principe de promotion de la production culturelle, Mongo Beti, au moment de son retour au pays natal, pose dans *La France contre l'Afrique : retour au Cameroun* (Paris, La Découverte, 1993) les jalons de son action. Il y met en cause la stratégie de la France qui, tout en développant de grands et beaux discours sur le développement de l'Afrique, maintient en captivité ses anciennes colonies. En cela, la France, comme l'Occident tout entier, pense pour l'Afrique et lui invente même « sa » tradition. Commentant les écrits de Mongo Beti, Bernard Mouralis nous le rappelle fort opportunément :

La tradition africaine se révèle en fait être pour une très large part un produit de l'Occident. Thème central du discours ethnologique, elle permet au colonisateur ou au néo-colonisateur de maintenir les Africains à l'écart du changement véritable et de les empêcher de reprendre l'initiative. Cette perspective apparaît en particulier dans le portrait que Mongo Beti trace des chefs « traditionnels » par exemple dans *Mission terminée* ou *La Ruine presque cocasse d'un polichinelle*, qui ne sont dans la réalité que des créatures mises en place par un pouvoir étranger (« Le savoir et la fiction », *Présence Francophone*, n° 42, 1993, 31).

Ce qui transparaît ainsi de l'activité pédagogique et des créations littéraires de Mongo Beti s'affirme avec force et précision dans *La France contre l'Afrique*. Le régime Biya au sein duquel officie Oyono est, dit-il, totalement dépourvu d'imagination, caricaturalement docile à l'Élysée et en même temps dominé par un entourage qui n'écoute que sa cupidité : « Paul Biya [...] trône en autocrate à Yaoundé [...], gouvernant sans partage, fusillant, bastonnant, détenant arbitrairement, censurant à tour de bras, détournant les fonds publics, en un mot jouant les Noriega » (*La France contre l'Afrique*, 159). Comment aurait-il pu en être autrement lorsqu'on sait qu'Oyono est l'un des principaux conseillers et un proche de Biya. De ce point de vue, le portrait que Mongo

Beti donne d'Oyono est significatif tant il permet de montrer la distance qui sépare l'intellectuel postcolonial soucieux de la création et de l'appropriation du savoir de celui qui se contente de n'être qu'un agent du pouvoir impérial. Pour Mongo Beti, en effet, Oyono est le symbole de l'anti-intellectuel qui a cédé aux sirènes de l'ambition individuelle et personnelle. Passe encore qu'il ait pour ainsi dire renié ses écrits anticoloniaux pour se mettre au service des régimes antipopulaires (Ahidjo/Biya) de Yaoundé. Mais alors, comment comprendre le rôle qu'il joua dans la censure de *Main basse sur le Cameroun* de Mongo Beti ?

> [Q]uand *Main basse sur le Cameroun* a été saisi et interdit en 1972, c'est Oyono qui était ambassadeur du Cameroun à Paris. Ahidjo a demandé qu'on saisisse mon livre, qu'on l'interdise et c'est Oyono qui en a été chargé parce que les Français disaient : « Nous, on ne peut pas censurer sans quelque chose, un document quelconque, pour nous couvrir. Il faut que vous nous en fassiez la demande ». Et c'est Oyono qui l'a rédigée, la demande ! (*Mongo Beti parle*, interview réalisée et éditée par Ambroise Kom, Bayreuth, BASS, n° 54, 2002, 79).

D'après Mongo Beti, la correspondance d'Oyono au gouvernement français aurait pas mal circulé dans les milieux d'extrême gauche à l'époque !

***

J'aurais pu poursuivre longuement sur cette lancée et comparer sous divers angles les itinéraires des deux ancêtres de la littérature camerounaise. Mais mon intention consiste surtout, dans le cadre d'un hommage au collègue Eckhard Breitinger, à partir d'une discussion de ce genre pour montrer l'importance du travail accompli par Breitinger en tant qu'enseignant et chercheur bien sûr, mais aussi, avant tout, en tant que directeur fondateur de Bayreuth African Studies Series (BASS), une maison d'édition destinée exclusivement à la promotion de la culture africaine.

Eckhard et moi avons fait connaissance au milieu des années 1980, à l'occasion d'une mission qu'il effectuait à Yaoundé. Par la suite, lorsque je séjourne à Hamburg au début des années 1990 comme boursier du DAAD, il me fait l'honneur de m'inviter pour une intervention dans son université à Bayreuth. Mais c'est au printemps 1997, lorsqu'à l'invitation du collègue Janos Riesz, je dispense un semestre de cours à l'Université de Bayreuth, que notre collaboration prend davantage forme. Je découvre alors ses Bayreuth African Studies Series qui éditent en français, en anglais et en allemand des ouvrages sur presque tous les aspects de la culture africaine : histoire littéraire, critique littéraire, histoire, langues et linguistique, éducation, religions, droit, musique, etc.

Raison pour laquelle je m'adresse sans hésiter aux BASS lorsque j'envisage de publier l'interview que m'accorde Mongo Beti vers la fin des années 1990. Eu égard au contenu de l'interview, j'avais imaginé l'accueil que pouvaient lui réserver les maisons spécialisées dans l'édition des textes d'origine africaine en France[21], l'édition proprement africaine n'ayant jamais décollé. Comme l'a d'ailleurs montré Elsa Schifano (dans *L'Édition africaine en France : portraits*, Paris, L'Harmattan, 2003), Présence Africaine dont le déclin est de notoriété publique est la seule maison véritablement spécialisée dans la production des textes africains. Toutes les autres structures développent des collections africaines plus ou moins importantes. Ainsi en va-t-il de L'Harmattan, Karthala, Le Serpent à plumes ou même Gallimard et Actes Sud. On sait aussi que des maisons généralistes sans collection africaine particulière comme le sont Le Seuil, Buchet-Chastel, 10/18 UGE, Albin Michel et Julliard peuvent occasionnellement publier des auteurs africains.

Étant donné ses démêlés avec Mongo Beti, Présence Africaine avait refusé l'interview avant même d'en avoir pris connaissance. Par quel angle donc affronter les autres maisons surtout avec un texte passablement iconoclaste ? D'autant que je soupçonnais Mongo Beti d'être rebelle à tout remaniement qui pouvait s'apparenter à la censure d'un texte pour lequel il m'avait déjà donné son imprimatur. Heureusement, les négociations avec BASS se déroulent dans la plus grande sérénité et sous le signe du respect mutuel. Ce qui retient mon attention et qui séduit Mongo Beti dans l'approche des BASS, c'est surtout que le directeur ne se présente à aucun moment comme un donneur de leçons. Bien que Breitinger se charge exclusivement de l'édition des textes africains, il n'affiche à aucun moment l'attitude du coopérant ou de l'assistant technique connu pour sa suffisance, voire son arrogance. À preuve, le responsable des BASS explique à Mongo Beti que sa maison est moins une aventure en quête de profit à tout crin qu'une structure de service et qu'il était tout à fait disposé à négocier la gestion des droits avec l'auteur. D'ailleurs, ajoute-t-il, celui-ci pouvait même envisager, après la sortie du livre aux BASS, de republier à sa guise le texte de l'interview. Pareille attitude, je dois l'avouer, rassura Mongo Beti, connu pour sa méfiance à l'égard des éditeurs.

Dommage que le destin ne lui ait pas permis de voir sortir l'ouvrage envoyé à l'imprimerie une semaine seulement avant sa disparition soudaine. Mais le directeur des BASS respectera tous les engagements pris. À telle enseigne que je n'ai pas hésité, une fois de plus, à lui proposer *Remember Mongo Beti* (2003), le mémorial préparé en souvenir du disparu. De fil en aiguille, je me suis retrouvé l'invité du collègue Breitinger en septembre-

---

21. Ma présomption sera d'ailleurs vérifiée lorsque, le premier tirage épuisé, on approche les éditeurs français pour une réédition du volume. Aussi bien Présence Africaine que La Découverte jugent les propos de Mongo Beti trop osés et susceptibles d'engendrer des procès qu'elles ne sont pas prêtes à assumer.

octobre 2003 et ai pu apprécier son hospitalité, son « africanité » si l'on peut s'exprimer ainsi.

L'Université de Bayreuth, on le sait, est un pôle reconnu de recherches africanistes. Bayreuth est donc devenu un lieu de rencontre pour de nombreux étudiants et chercheurs africains. Pour plusieurs d'entre eux, le bureau – et même la maison – du professeur Eckhard Breitinger est à la fois un point de chute et un incontournable espace de ressourcement. Évidemment, il ne manque pas d'aventuriers prêts à abuser de la disponibilité dont fait montre le professeur Breitinger. Toujours est-il que ce dernier ne s'en laisse jamais conter. Se gardant de toute attitude paternaliste, le professeur Breitinger gère avec une rigueur exemplaire ses relations avec les chercheurs africains, rappelant sans cesse à quiconque aurait tendance à l'oublier l'objectif de sa mission à Bayreuth, à savoir travailler pour l'avancement de la recherche africaniste et du savoir africain.

De ce fait, on se rend bien compte que la création des BASS et la publication de nombreux textes qui ne risquaient pas de trouver un accueil favorable auprès des éditeurs classiques s'inscrivent dans une perspective volontariste de promotion de la culture africaine. Il s'agit d'une activité essentiellement militante, qui vient compenser fort heureusement les défaillances de nombreux responsables africains de la culture. Au lendemain du décès de l'écrivain et militant camerounais René Philombe[22] (1930-2001), par exemple, ce sont les BASS qui volent au secours du patrimoine culturel de ce pays en proposant à la famille du disparu de publier *Bedi-Ngula, l'ancien maquisard* (BASS, n° 65, 2002), un récit engagé qui dormait dans les tiroirs de l'auteur depuis de nombreuses années. Philombe, on le sait, était un infatigable promoteur des institutions littéraires nationales qui avait toujours rêvé de pouvoir éditer son livre localement. Aussi avait-il tout mis en œuvre pour voir paraître *Bedi-Ngula, l'ancien maquisard*, sans jamais y parvenir. Et les prétendus responsables de la culture nationale n'avaient jamais rien fait pour l'y aider !

On le voit en tout cas, bien qu'installées en Europe, les BASS peuvent aisément s'intégrer dans la problématique du livre africain contemporain. Grâce à l'environnement technologique allemand, la maison BASS peut se contenter de petits tirages, quitte à les multiplier autant de fois que ce sera nécessaire. Le professionnalisme avéré du directeur et le soutien de

---

22. Du fait de son activisme politique et culturel, Philombe, malgré son sévère handicap – il était cloué sur un fauteuil roulant –, fut persécuté sa vie durant par les régimes qui se sont succédé à Yaoundé. Eckhard Breitinger le découvre au cours d'une tournée que des amis de l'écrivain organisent en Allemagne et garde contact avec lui jusqu'à sa mort. René Philombe a publié une quinzaine d'ouvrages dont *Lettres de ma cambuse*, *Un sorcier blanc à Zangali*, *Africapolis*, *Choc anti-choc*, etc.

l'université lui évitent de tomber dans les pièges qui guettent tout éditeur dans un monde et à une époque où, écrit Kotei, « the book trade is regarded as the most risky business [...] after film-making » (« The Book Today in Africa », dans Bill Ashcroft et autres (éd.), *The Postcolonial Studies Reader*, London/ New York, Routledge, 1995, 481).

Sous prétexte de travailler au développement économique, nombre de dirigeants des pays africains ont pour ainsi dire renoncé à leur mission de promotion de la culture nationale. Voilà qui donne à l'initiative du professeur Breitinger, qui publie des travaux de base, des « grassroot materials », une dimension tout à fait salutaire. Africanistes et Africains de tous bords devraient lui rendre l'hommage qu'il mérite et l'encourager à densifier ce patrimoine.

Diaspora africaine et utopie du retour ; l'exemple de l'Université des Montagnes comme site captatoire d'un rêve[23]

Lorsque, dans les années 1990, un groupe d'intellectuels camerounais s'organisent en association à but non lucratif, à savoir l'Association pour l'Éducation et le Développement (AED), pour créer l'Université des Montagnes (UdM), ils inscrivent en bonne place la contribution intellectuelle, matérielle et humaine de la diaspora camerounaise d'Europe, des Amériques et de partout ailleurs dans le monde. Ils étaient partis de l'observation qu'il arrive que de nombreux Africains établis à l'étranger rêvent, à défaut de retourner s'installer au pays, de contribuer à l'effort de développement en apportant leur soutien à une initiative communautaire locale sans nécessairement emprunter le canal des institutions publiques dont la gestion des ressources est souvent loin de la transparence attendue. L'ouverture de l'UdM en octobre 2000 a permis d'expérimenter ce concept en la proposant comme un cadre susceptible de canaliser l'utopie du retour et d'offrir un espace pour en gérer les manifestations. Par utopie du retour, il faut entendre les divers mirages qui habitent les membres de la diaspora en fonction des conditions de vie qui sont les leurs dans les pays d'accueil.

Il peut arriver que certains expatriés vivent leur départ comme une trahison de la mère patrie et éprouvent de ce fait une culpabilité difficile à évacuer. Dans le film *Clando* (1996) de Jean-Marie Teno, Sobgui vit son exil en Allemagne comme une désertion et en perd littéralement le sommeil. Après son retour au Cameroun dans les années 1990, Mongo Beti, confesse à son tour :

> Moi, j'étais passionnément attaché à mon pays […] j'étais passionnément attaché à mon village où vivait ma mère.

> […] une nuit sur deux, je rêvais que je revenais au village. Et quand j'y suis retourné en 1991 après plus de trente ans d'absence, j'ai vraiment eu l'impression que je vivais un événement qui ressemblait à ce que je vivais la nuit à Rouen. C'était comme un songe parce que je n'arrivais plus à distinguer le rêve de la réalité. Ça veut dire que je suis vraiment resté très attaché à mon village et que je souffrais le martyre de ne pas pouvoir revenir au Cameroun. Donc je suivais pratiquement au jour le jour ce qui se passait chez nous.

23. Je me dois de remercier Cilas Kemedjio, Alain Laffitte et André Ntonfo pour la relecture de ce texte et pour leurs judicieuses remarques. Cet article a été publié dans *Présence Africaine*, n°s 175-176-177, 1er semestre 2008, 661-674.

J'étais en proie à une espèce de schizophrénie (*Mongo Beti parle*, interview réalisée et éditée par Ambroise Kom, Bayreuth African Studies Series, n° 54, 2002, 104).

En revanche, d'autres exilés voudront plutôt jouer aux Ulysse et retourner montrer qu'à force d'expériences et d'épreuves, qu'en dépit de leur incroyable odyssée, ils ont accumulé un tel savoir, une telle fortune et ont réussi une telle carrière qu'ils peuvent maintenant rentrer au pays pour se faire légitimer et au besoin revendiquer une nouvelle position sociale. Il en va ainsi de certaines élites africaines qui étudient et travaillent occasionnellement en Occident, mais aussi des ouvriers comme les Sénégalais de Barbès qui peuplent *Le Ventre de l'Atlantique* (Paris, Anne Carrière, 2003) de Fatou Diome. Ces derniers oublient vite le foyer de la *Sonacotra* où ils vivent entassés les uns sur les autres et jouent aux héros lorsqu'ils débarquent au pays, nantis de quelques économies et des pacotilles, symboliques du matérialisme occidental. Comme l'écrit la romancière au sujet de l'un d'entre eux, « il avait été *un nègre à Paris* et s'était mis, dès son retour, à entretenir les *mirages* qui l'auréolaient de prestige » (101).

Je n'insisterai pas outre mesure sur une autre catégorie, plus discrète celle-là, qui, au terme de sa carrière dans certains pays du Nord, s'en retourne humblement passer sa retraite dans son pays d'origine. D'autres encore éprouvent le besoin de revenir au pays natal en se donnant une mission de type messianique, un peu à la manière de Manuel dans *Gouverneurs de la rosée* (1946)[24] de Jacques Roumain. Il arrive ainsi que certains individus développent des initiatives pour un groupe social en particulier ou fassent parvenir de l'aide en matériel, souvent sans même prendre la peine de s'assurer de sa pertinence, de sa véritable utilité pour le bien-être du groupe cible. L'Afrique étant perçue essentiellement comme un espace où triomphe la misère, l'envoi de ce type de biens positionne le donneur, bienfaiteur et distributeur, comme un missionnaire de type nouveau. Il permet aux siens d'accéder à l'Occident matérialiste et le donneur peut donc s'attendre à bénéficier légitimement de la bénédiction du groupe.

Évidemment, je n'entrerai pas dans tous les méandres de ces divers projets de retour, mais en s'appuyant sur quelques expériences historiques, la présente étude se propose de montrer comment l'UdM agit comme une sorte de réceptacle de l'utopie du retour des exilés ou des immigrants de la postcolonie camerounaise et africaine essaimée dans le monde.

---

24. Après un exil de 15 ans à Cuba, Manuel retourne dans son village de Fonds-Rouge, qui est totalement divisé et qui souffre de la sécheresse. Aussi décide-t-il d'organiser un « coumbite » pour forer un puits et refaire l'unité de la communauté. La démarche de Manuel est emblématique d'un type de parcours christique qu'adoptent certains anciens « négropolitains » comme les appellerait Achille Ngoye dans *Sorcellerie à bout portant* (1998).

***

Depuis la fin de l'esclavage aux États-Unis, le retour en Afrique a fait l'objet d'un débat et d'une quête multiformes. Après l'abolition de l'esclavage, une bonne frange de la population noire ne se pensait véritablement libre que si elle retournait en Afrique (lire Bell I. Wiley (dir.), *Slaves No More, Letters from Liberia 1833-1869*, Lexington, Kentucky, The University Press of Kentucky, 1980). Et pas mal d'anciens maîtres blancs ont aidé leurs anciens esclaves à partir pour la Sierra Leone d'abord et pour le Liberia plus tard. On sait d'ailleurs qu'un courant de pensée aux États-Unis trouvait les Noirs libérés incapables d'assumer la citoyenneté américaine et croyait qu'il valait mieux, pour l'intérêt des uns et des autres, encourager les anciens esclaves et leurs descendants, indignes d'après eux de la vie américaine, à s'en retourner au continent ancestral. À ce propos, on connaît le rôle que joua la très controversée American Colonization Society,

[a] creation of Robert Finley that has been endorsed with enthusiasm by President James Madison and former president Jefferson. Its mission, according to its founder, is to redress the evils of exploitation visited upon Negroes in Africa, and to establish on that continent a homeland for American people of color, a place to which they can emigrate, live free from white persecution, and pursue their interests without interference. The idea has great popularity these days, among both blacks and whites, who question whether the Negro, once released from bondage, will ever be accepted in or assimilated by American society (*Philadelphia Liberator*, January 16, 1817, dans Charles Johnson et autres, *Africans in America, America's Journey through Slavery*, WGBH Educational Foundation, 1998, 281).

De son côté, Marcus Garvey (1885-1940), un bouillonnant activiste, s'est illustré comme l'un des premiers Noirs à imaginer un retour aux sources qui devait aller de pair avec une renaissance du continent. La Black Star Line, sa compagnie de navigation maritime, devait certes servir à mener ceux des Noirs qui le voulaient au Liberia, mais il s'agissait avant tout d'une vaste entreprise commerciale. Un tantinet mégalomane, Garvey était aussi un populiste et un mystique qui se croyait investi d'une mission historique, celle de travailler à la promotion de la race noire, à défaut de la sauver. Né à la Jamaïque, son ambitieux Universal Negro Improvement Association (UNIA) va rayonner sur les États-Unis où il immigre, sur l'Angleterre où il s'établit quelque temps après son expulsion des États-Unis et sur l'Afrique qui est l'essence même de son activisme. Comme le témoignent ses nombreux écrits et la ligne éditoriale de *The Black Man*, son journal, Garvey était un fervent panafricaniste qui croyait au décollage de l'Afrique, l'impulsion de la diaspora aidant (voir Marcus Garvey, *The Black Man, A Monthly Magazine of Negro Thought and Opinion*, textes réunis et présentés par Robert A. Hill, Millwood/New York, Kraus-Thomson Organization Limited, 1975).

Véritable père fondateur du panafricanisme et de loin moins tenté que Garvey par le messianisme, W. E. B. Dubois (1868-1963) fut pourtant le premier intellectuel du monde noir à penser la solidarité qui doit lier les Africains américains (voir *Souls of Black Folk: Essays and Sketches* (1903), New York, Fawcett, 1964) à leurs congénères du continent. Partant de l'oppression que subissent les peuples d'Afrique de part et d'autre de l'Atlantique, il jette les bases d'une renaissance nègre et milite pour que les peuples noirs se connaissent mutuellement. Il contribue à l'organisation des congrès panafricains de Paris (1919), de Londres (1921 et 1923), de New York (1927) et de Manchester (1945). Bien que le panafricanisme soit aujourd'hui devenu l'affaire des Africains, il convient de garder à l'esprit qu'il s'agit d'un concept élaboré en diaspora. Lorsqu'à l'âge de 91 ans Dubois est invité à prendre la parole devant ce qui devait être la sixième conférence panafricaine, mais qui s'est plutôt appelée la « All-Africa Conference » d'Accra, au Ghana, il rédige à l'intention des participants un discours-testament en adoptant un point de vue qui mérite d'être médité : « My only role in this meeting is one of advice from one who has lived long, who has studied Africa and had seen the modern world » (*The Autobiography of W. E. B. Dubois. A Soliloquy on Viewing My Life from the Last Decade of Its First Century*, International Publishers Co, Inc, 1968, 402). Il ne fait plus l'ombre d'un doute aujourd'hui que le développement de l'Afrique ne peut être que l'affaire des Africains eux-mêmes, toutes les coopérations et différents ajustements structurels ayant tour à tour montré leurs limites. Toujours est-il que dans cette aventure qui sera nécessairement longue et périlleuse, l'expérience que les Africains peuvent accumuler en diaspora peut être d'autant plus utile qu'elle leur permet, comme le suggère Dubois, de tenir compte des défis des sociétés technocratiques (post)modernes et d'une certaine prise en compte des réalités du milieu culturel des pays du continent.

Mais revenons à Dubois pour souligner qu'à la fin de sa vie, il s'établit au Ghana, en adopte la citoyenneté et y meurt à l'âge de 95 ans. Il apporte donc son auréole au régime de Nkrumah, un régime qui bénéficie déjà du soutien idéologique de l'intellectuel trinidadien George Padmore (1901-1959), lui aussi grand théoricien du panafricanisme et de la libération noire. À l'époque, il s'agissait d'un symbole d'autant plus fort qu'on pouvait difficilement imaginer la dérive autoritaire dans laquelle allait sombrer le régime du très panafricaniste et du conscienciste Kwame Nkrumah. On se souviendra d'ailleurs que Richard Wright contribuera lui aussi à l'auréole de Nkrumah lorsqu'après son voyage au Ghana, il rend compte de son séjour dans *Black Power* (1954) que la critique considère comme « the most up to date, hopeful and valuable picture yet written of the most important experiment in democratic living which is taking place in Africa or anywhere else in the world » (*New York Herald Tribune Book Review* cité par Michel Fabre, *The Unfinished Quest of Richard Wright*, William Morrow & Company, Inc., New York, 1973, 405).

Au-delà de ces exemples historiques, la problématique du retour en Afrique a été transposée sous diverses formes dans nombre de productions littéraires de la diaspora noire. Sous le personnage de Deke O'Malley, Chester Himes la reprend à sa manière dans *Cotton Comes to Harlem* (*Retour en Afrique*, 1964), tandis que dans *La Rue Cases-Nègres* de Joseph Zobel, le vieux Medouze reste convaincu que même au-delà de la mort, il ira en Guinée (Paris, Présence Africaine, 1974, 58). Depuis l'accession des pays du continent aux indépendances au début des années 1960 et à la suite des mouvements des droits civiques qui permettent aux Noirs américains d'être reconnus comme citoyens à part entière, le continent africain est devenu un point focal et une destination privilégiée pour de nombreux intellectuels noirs américains. Mais ils ne revendiquent pas moins pour autant leur identité d'Africains-Américains ! C'est donc dire qu'il est aujourd'hui admis qu'on peut être à la fois africain et occidental ! Il est important à cet égard de méditer la démarche du Guyanais Walter Rodney, dont l'intérêt pour le continent l'emmena à la publication du puissant ouvrage d'histoire *How Europe Underdeveloped Africa* (1982) ou encore de l'itinéraire très d'actualité de Barack Obama (né en 1961 à Hawai de père kenyan), le seul sénateur noir du Congrès américain qu'on dit être un prétendant sérieux à l'investiture démocrate pour la présidence des États-Unis. Tout se passe comme si sa légitimité passait par une espèce de pèlerinage qu'il a effectué en Afrique et au cours duquel il a visité non seulement le village natal de son père, mais aussi Robben Island où Nelson Mandela, premier président de la République sud-africaine post-apartheid, passa près de trente ans de sa vie.

***

Du côté des anciens colonisés d'Afrique exilés en métropole, le rêve du retour est demeuré tenace. Certes, son cas est un peu particulier, mais comment expliquer que Senghor, professeur agrégé parfaitement intégré dans les rouages du système français puisqu'il fut professeur de Lycée, parlementaire et même secrétaire d'État sous Edgar Faure, se soit retrouvé présidant aux destins du Sénégal ? Et n'est-ce pas justement son intégration et sa parfaite maîtrise du système français qui ont fait illusion en faisant croire qu'il était le meilleur risque pour le Sénégal postcolonial ? L'exemple de Senghor avec son inféodation à l'idéologie néocoloniale est sans doute la preuve que, contrairement à l'affirmation de Dubois, un intérêt pour l'Afrique associé à une connaissance de l'Occident ne sont pas nécessairement des gages que la personne va se comporter en patriote dévoué.

Heureusement, l'exemple de Mongo Beti, un autre Africain qui a servi dans le système français et le connaissait de manière tout aussi intime sans jamais trahir son dévouement pour la cause africaine, est là pour nous rassurer. À aucun moment de son séjour de plus de trente ans en France, Mongo Beti n'a arrêté de militer pour la libération de l'Afrique. Ses nombreux essais, *Main basse sur le Cameroun* (1972), *La France contre l'Afrique* (1993) et autres, ainsi que sa revue *Peuples noirs–Peuples africains* (*PNPA*), qui lui ont valu pas mal de démêlés avec la censure tant en France qu'en Afrique, témoignent de son infaillible engagement en faveur de la libération du continent. En 1981, il publie un numéro spécial de *PNPA* (n° 20, mars-avril 1981) sur les retours et constate que « les retours ne sont plus ce qu'ils étaient » et qu'il n'y a plus vraiment de retour heureux. Mais, rejoignant à certains égards les réflexions de Dubois, il réaffirme la nécessité pour les Africains de ne point démissionner :

> Noyés sous les flots de l'indignation commerciale dont les médias français soi-disant de gauche submergent actuellement le continent noir, sans jamais donner la parole aux victimes toujours tenues pour mineures dans tous les sens du terme, les Africains, dépossédés d'une parole qui eût dû être leur apanage prioritaire sinon exclusif, se retrouvent comme toujours dépouillés d'eux-mêmes, mais cette fois par le brouhaha rituel des snobs fainéants, des professionnels charismatiques, des gourous psychédéliques.
>
> Aussi avons-nous décidé de nous orienter de préférence désormais vers l'étude de problèmes et de situations que nous seuls pouvons comprendre et décrire, parce que nous seuls avons eu le tragique privilège de les vivre. Ainsi pourrons-nous peut-être enfin nous ressaisir en redevenant les sujets d'une réflexion sur nous-mêmes, quand les docteurs de la prosopopée humanitariste s'ingénient plus ou moins inconsciemment à nous maintenir à la place abjecte d'objets (Mongo Beti, « Les retours ne sont plus ce qu'ils étaient », *PNPA*, n° 20, 12-13).

Voilà sans doute qui explique qu'au lendemain de sa retraite de la fonction publique française en 1994, il retourne aussitôt au pays natal où, jusqu'à sa mort, non seulement il essaie d'apporter sa contribution au développement socioéconomique de son coin de pays, mais il devient le catalyseur du débat sur les libertés et la démocratie tant par ses écrits (voir *La France contre l'Afrique, Retour au Cameroun*, Paris, La Découverte, 1993 ; Philippe Bissek (dir.), *Mongo Beti à Yaoundé 1991-2001*, Rouen, Éditions des Peuples Noirs, 2005) que par ses faits et gestes dans la vie publique.

En ce qui concerne la production culturelle, les années 1980 marquent pourtant un tournant dans les perceptions que les Africains de la diaspora installée en France donnent d'eux-mêmes. Alors qu'en dépit d'un exil de plus de trente ans en France, avons-nous dit, Mongo Beti s'est très peu préoccupé dans sa production littéraire du sort des immigrés africains, on voit naître à partir du milieu des années 1980 toute une littérature qui transpose l'expérience des immigrés du continent noir[25]. Phénomène plus nouveau encore, des immigrés africains vont au-delà du simple mal-être immigré et commencent à revendiquer leur appartenance, leur intégration à la France, mais aussi leur francité. Ainsi en va-t-il de Calixthe Beyala ou de Gaston Kelman. Après avoir un temps interpellé « ses sœurs occidentales » à voler au secours des pauvres Africaines, Beyala revendique des droits précis pour les immigrés dans leur nouveau « pays ». Elle écrit précisément :

> Aujourd'hui, les minorités demandent à renaître. Une renaissance qui leur permettra, après mille souffrances, de connaître le vaste monde. Ils [les gens qui composent ces minorités] veulent aimer et être aimés, et cela passe par le respect, donc le travail. Ils veulent oublier mille hurlements, quantités de ressentiments, et cela passe par la prise en compte de leur existence dans leur pays. Ils ne veulent finalement qu'une chose : se tourner vers les étoiles, puis des étoiles, et encore des étoiles (*Lettre d'une Afro-Française à ses compatriotes*, Éditions Mango, 2000, 95).

Gaston Kelman, qui se dit noir et bourguignon, se demande si « l'on a tanné le cerveau du petit Sarkozy, du petit Devedjian ou du petit Gomez avec les histoires de Hongrie, d'Arménie ou du Portugal » (*Je suis noir et je n'aime pas le manioc*, Paris, Max Milo Éditions, 2003, 31). Il développe une théorie de l'appartenance à laquelle il prétend d'ailleurs donner un fondement philosophique en récusant même le droit des Noirs américains de se faire appeler Africains-Américains :

> Ce qui détermine mon existence, ce n'est pas tant d'où je viens que ce que je deviens. [...]
>
> Je suis Bourguignon comme ceux qui y sont nés parce que j'en ai un jour décidé ainsi. [...] Et si vous tenez tant à vous fier aux apparences, celle de mon nom ferait de moi un Alsacien, un Allemand, un Israélien, un Américain et à force d'être tout, je finirais par ne plus être du tout. Alors je me contente d'être Bourguignon.
>
> Je suis Bourguignon parce que j'en ai pleinement le droit, parce que l'existence précède l'essence, parce que j'ai absolument le droit de choisir ma nationalité comme je choisis ma religion et mon lieu d'ancrage [...].

---

25. Dans un ouvrage récent, Odile Cazenave étudie cette production littéraire sous le titre significatif d'*Afrique sur Seine, Une nouvelle génération de romanciers africains à Paris*, Paris, L'Harmattan, 2003.

Je suis Bourguignon parce que je ne vais plus laisser une couleur de peau que je n'ai même pas choisie, me bousiller la vie, déterminer mes origines, ma destinée terrestre, puis mon profil professionnel [...].

Je suis bourguignon [sic] par choix. Tu es essonien mon fils [...] alors que ta sœur est parisienne. Elle est parisienne comme un Afrikaner parfaitement blanc est johannesbourgeois au même titre que le Zoulou, sans que l'on cherche toujours à le rattacher à sa lointaine Hollande originelle ; et qui le ferait aurait tort. Je suis bourguignon comme un Noir de Harlem est aussi américain qu'un WASP des beaux quartiers, ou un rital pizzaïolo, ou encore le flic d'origine irlandaise, bien que le Noir s'entête à être africain-américain, comme si l'on disait européen-américain (op. cit., 57-59).

Évidemment si les choses étaient aussi simples que semble le suggérer Kelman, le débat n'aurait véritablement plus de raison d'être. Et il est dommage que ni Beyala ni encore moins Kelman ne prennent le recul nécessaire pour tenir un tant soit peu compte des travaux précédents et surtout de la théorie de la « double consciousness », de la « twoness » (double appartenance) développée par Dubois, puis abondamment reprise et expliquée par Paul Gilroy dans The Black Atlantic (Cambridge, Harvard University Press, 1993). L'esclavage, la colonisation et la modernité sont des éléments auxquels aucun Africain informé ne peut prétendre se soustraire. Mais comment l'ancien esclave/colonisé peut-il ou doit-il se penser et s'intégrer dans le progrès et la modernité au nom desquels il a été asservi ? Sans renier son américanité, Dubois se sent profondément attaché à l'Afrique :

As I face Africa, I ask myself: what is between us that constitutes a tie that I can feel better than I can explain? Africa is of course, my fatherland. Yet neither my father nor my father's father ever saw Africa or knew its meaning or cared overmuch for it. My mother's folks were closer and yet their direct connection, in culture and race, became tenuous; still my tie to Africa is strong... (Dubois, Dusk of Dawn, cité par Paul Gilroy, The Black Atlantic, 126).

Aussi suggère-t-il de s'interroger sur les racines africaines de la civilisation occidentale de manière à comprendre que la modernité n'est pas aussi étrangère à l'Afrique que les tenants de la suprématie blanche ont voulu le faire croire. Et c'est un peu cela la théorie de la double conscience/appartenance qui, pour lui, doit fonder les mouvements panafricanistes. Pour lui d'ailleurs, le Noir américain, du fait de son histoire, doit être à l'avant-garde de cette conquête de la modernité :

This the American black man knows: his fight here is a fight to the finish. Either he dies or wins. If he wins it will be no subterfuge or evasion of amalgamation. He will enter modern civilisation here in America as a black on terms of perfect and unlimited equality with any white man, or he will not enter at all. Either extermination root and branch, or absolute equality. There can be no compromise. This is the last great battle of the West (Dubois, *Black Reconstruction in America*, cité par Gilroy, *ibid.*, 70).

Dubois sous-entend évidemment que la conquête de la modernité de la part du Noir américain ne pourra que rayonner sur ses congénères du continent et d'ailleurs.

***

Et c'est justement ce que les promoteurs de l'Université des Montagnes (UdM) au Cameroun ont voulu établir avec sa diaspora installée en Occident, une diaspora dont certains membres maîtrisent les effets de la modernité. Un peu à la manière de certains Juifs qui suivent attentivement l'évolution d'Israël et y contribuent parfois intensément, nombre d'immigrés africains, bien qu'installés dans la (post)modernité occidentale, continuent d'être passablement interpellés par les turbulences sociopolitiques que vit l'Afrique et de s'interroger sur le développement social, politique, culturel et économique de leur pays d'origine.

Fondatrice de l'UdM (www.aed-UdM.org), l'Association pour l'Éducation et le Développement (AED) a, dès le départ, ouvert largement ses portes à la diaspora en prévoyant dans ses statuts (*II*, 15) la création des associations affiliées. Bien que l'UdM soit une institution de droit camerounais, créée par une association camerounaise, la diaspora camerounaise d'Europe et d'Amérique s'est mobilisée de manières diverses pour soutenir la mise en place et l'équipement de l'institution. Depuis octobre 2000, date officielle de l'ouverture de l'UdM à Bangangté, au Cameroun, plusieurs conteneurs d'équipements pédagogiques, d'ouvrages de bibliothèque et de mobilier de bureau nous sont parvenus d'Allemagne, de France et du Canada. Profitant des lois de leurs divers pays de résidence et s'inspirant du rôle qu'y joue la société civile, des associations se sont mises en place ici et là pour penser les contributions susceptibles d'améliorer les offres de formation sur place à une époque où les frontières des pays du Nord se ferment résolument aux ressortissants des pays du Sud.

Soulignons à cet égard que dans une longue interview accordée à *ICIcemac*, journal publié en ligne depuis Montréal, Dieudonné Mouafo, le coordonnateur de l'Association pour l'aide à l'éducation et au développement (AAED), s'explique longuement sur sa compréhension de l'appel lancé par l'Association pour l'Éducation et le Développement, fondatrice de l'UdM. Dans un premier temps, Dieudonné Mouafo définit son association, présente ses objectifs et explique l'intérêt de ladite association pour l'UdM :

L'AAED est un organisme à but non lucratif enregistré selon les lois du Québec et du Canada. Quand il a fallu trouver un projet-pilote à parrainer en Afrique, l'AAED a aussitôt été séduite par l'expérience, unique en son genre dans le contexte africain, de l'Université des Montagnes (UdM), une initiative non étatique et sans but lucratif. Nous avons donc décidé de parrainer ce projet éducatif de l'AED du Cameroun avec qui nous partageons des objectifs communs.

Notre vocation est de soutenir des initiatives dans les domaines de l'éducation, de la santé et du développement dans les pays du Sud, et de sensibiliser le public au Canada sur cette problématique. [...]

Les organismes non gouvernementaux (ONG) sont devenus les canaux privilégiés de l'aide dans les pays du Sud par leur efficacité à atteindre directement les populations dans le besoin en évitant les tares de bureaucratie. Par ailleurs, les diasporas africaines, naguère à la traîne, sont en train de prendre conscience du potentiel de développement qu'elles peuvent mobiliser en s'organisant mieux. C'est dans cette double perspective qu'il faut placer la création de l'AAED. Nous intervenons sur le terrain en mobilisant les ressources disponibles au Nord (Canada) pour satisfaire les besoins énormes, au Sud. Nous collectons de l'information, du matériel didactique ou pédagogique (livres, ordinateurs, équipement de laboratoire, etc.) pour les bénéficiaires du Sud (www.ICIcemac.com, 9 juin 2006).

Mouafo livre ensuite quelques détails sur les réalisations concrètes de son association en faveur de l'UdM :

Faisant suite à une demande de l'UdM en vue de l'ouverture de son centre hospitalier, l'AAED vient de faire expédier vers le Cameroun un conteneur de 40 pieds cubes contenant du matériel médical et de laboratoire et des médicaments d'une valeur de plus de 120 000 $ (cent vingt mille dollars) grâce à la mobilisation de la diaspora, de ses membres et sympathisants, à l'appui financier de la Fondation Roncalli de Montréal et au partenariat avec l'organisme Collaboration Santé Internationale de Québec (CSI) qui a affrété ce conteneur pour nous.

Le responsable de l'AAED en arrive à inscrire les activités de son association dans une perspective historique beaucoup plus large :

Sachez par exemple qu'un tiers du produit intérieur brut d'un pays comme l'Égypte provient de ses travailleurs de la diaspora. Tout le monde connaît l'importance vitale de la diaspora juive pour la survie et la prospérité d'Israël. [...] Si vous faites référence à l'Université des Montagnes et au système éducatif du Cameroun en général, je dirais que les canaux comme l'AAED sont en train de montrer leur efficacité. On pourrait aller encore plus loin en s'organisant mieux pour monter des projets et aller trouver des financements, créer des partenariats et aussi faire profiter le système éducatif ou sanitaire local de l'expertise des membres de la diaspora dont le potentiel est énorme (*ibid.*).

Ainsi que le suggère Dieudonné Mouafo, capter le potentiel intellectuel de la diaspora a aussi été inscrit en bonne place dans les stratégies de construction de l'UdM. En plus de la place faite aux enseignants missionnaires et à l'accueil des expertises diverses que pourrait offrir la diaspora, que ce soit en matière d'organisation, de planification, de gestion de ressources et autres, l'AED a adopté le concept de doyens assesseurs, postes réservés à des professionnels de haut niveau exerçant dans des domaines pertinents dans des pays du Nord. En plus des accords de partenariat qu'ils peuvent négocier ès qualité, des missions d'enseignement qu'ils peuvent effectuer à l'UdM, leur rôle consiste aussi et surtout à veiller à ce que les programmes et les stratégies de formation répondent aux besoins du pays et correspondent à des normes internationalement reconnues.

En France, c'est d'ailleurs un des doyens assesseurs, Homère Nkwawo, enseignant à l'Université de Paris XIII, qui préside aux destinées de l'Association pour l'Éducation et le Développement–France (AED-F) créée en 2000 pour accompagner la mise en place de l'UdM ainsi qu'il est stipulé dans le préambule des statuts de cette association : « Dans le but de soutenir les projets de l'AED au Cameroun, et plus particulièrement de l'UdM, il est créé en France l'Association pour l'Éducation et le Développement-France, en abrégé AED-F ».

En quelques années, l'AED-F a fait preuve de beaucoup d'imagination, a déployé une grande énergie et a mobilisé un nombre important de Camerounais de France et leurs réseaux de relations autour de l'UdM. De ce fait, plusieurs conteneurs d'équipements divers (livres, matériel pédagogique, équipements de bureau, de laboratoires, de clinique médicale, etc.) ont débarqué à Bangangté. Des équipes d'enseignants et des techniciens correspondants aux spécialités offertes par l'UdM ont fait le voyage de Bangangté pour prêter main-forte aux initiateurs du projet. Sur place en France, plusieurs campagnes de sensibilisation ont été organisées. Hormis des rencontres de promotion auprès de diverses associations de ressortissants camerounais établis à Paris, des soirées de gala et des journées portes ouvertes au profit de l'UdM ont été organisées. Homère Nkwawo explique :

> De nombreux Camerounais/Africains sont installés à l'étranger, et pas mal d'entre eux ne savent pas qu'il se met en place dans nos pays des projets comme celui de l'UdM, projets auxquels ils peuvent contribuer. Le développement de l'Afrique nous interpelle, surtout nous autres qui travaillons à l'étranger et qui

devons avoir le souci de notre pays natal. De plus, les initiatives de la société civile sont un must dans le contexte postcolonial où on a trop compté sur l'État dont les moyens sont passablement limités. Nous voulions donc attirer l'attention des Camerounais et des Africains de la diaspora, ainsi que leur réseau de relations, sur l'existence de l'UdM et solliciter leurs contributions, qu'elles soient matérielles, intellectuelles ou humaines (Présentation de l'Université des Montagnes. Rencontre avec Homère Nkwawo, président de l'AED-France, enseignant chercheur à l'Université Paris 13, www.bonaberi.com, 14 nov. 2005).

Hormis ces initiatives collectives qui ambitionnent de s'inscrire dans la durée, des actions ponctuelles, qu'il s'agisse des initiatives de groupes ou d'actions individuelles, ont permis à l'UdM de densifier de manière remarquable son outil pédagogique et d'améliorer le cadre de formation de ses étudiants. Comment oublier que le premier conteneur d'équipements pédagogiques fut organisé par de jeunes professionnels et étudiants en fin de formation résidant à Berlin (Allemagne) ? Et comment ignorer les apports de nombreux vacanciers qui, à l'occasion d'un séjour au pays natal, n'oublient pas de prendre avec eux un paquet de livres ou un appareil électronique pour l'offrir à l'UdM avec le sentiment d'avoir accompli un devoir civique !

Pour renforcer le personnel d'encadrement à l'UdM, l'association Marchez Nord-Sud (MNS) est en train de se mettre en place en Belgique. Son objectif, d'après Christian Ngongang Ouandji, médecin d'origine camerounaise exerçant justement à Marche (Belgique) et initiateur du projet, est le suivant :

> [M]ettre, au service d'un échange nord-sud, un savoir-faire technique dans le domaine de la santé à travers un partenariat avec l'Université des Montagnes « UDM » […]. Comme principaux OBJECTIFS de l'ASBL « MNS », basés sur le bénévolat, la disponibilité, le dévouement, nous pouvons retenir :
>
> • La PARTICIPATION à la FORMATION CONTINUE des Médecins et personnels de la santé locaux
> • L'AIDE à LA MISE SUR PIED et à LA PRÉSERVATION d'un Centre médical d'EXCELLENCE de capacité régionale (Afrique Centrale)
> • La Maintenance d'appareils médicaux (dont certains proviendront de Belgique sous forme de DONS) et l'Aide à la Formation de TECHNICIENS locaux (www.mns2006.be, 4 mai 2006).

Tout aussi ambitieux est le projet de contribuer à la construction des infrastructures à partir d'une campagne de financement initiée en diaspora. En décembre 2005, Célestin Monga, économiste camerounais en poste à la Banque Mondiale, a rédigé un argumentaire d'une dizaine de pages pour inviter des Camerounais de bonne volonté et leurs réseaux de relations à cotiser environ 360 000 $ US pour construire à Banekane, site définitif de l'UdM, un pavillon qu'il propose de baptiser Pavillon des connaissances. Monga écrit précisément :

> Ce premier pas important dans le domaine de la construction des infrastructures devra être suivi rapidement par d'autres avancées. C'est la raison pour laquelle les responsables de l'AED m'ont demandé d'organiser une campagne nationale et internationale en vue du financement d'un bâtiment important, baptisé le Pavillon des Connaissances. Ayant eu la chance et le privilège d'étudier et d'enseigner dans quelques-unes des meilleures universités privées occidentales et de percevoir le poids de leur contribution à la prospérité économique, il m'était évidemment impossible de décliner la requête des dirigeants de l'AED, ceci malgré l'ampleur de la tâche. J'ai donc engagé cette campagne pour inviter des hommes et femmes de bonne volonté qui partagent la vision d'une université d'envergure internationale à Bangangté à contribuer à l'histoire du Cameroun et du continent africain – *Being Part of History* ! (Célestin Monga, *Being part of History, argumentaire en vue du financement du Pavillon des Connaissances de l'Université des Montagnes (Cameroun)*, Washington, D. C., 2005).

Comme on le voit, Monga emprunte une stratégie souvent utilisée pour le financement et l'équipement des institutions communautaires aux États-Unis et dans une certaine mesure au Canada et en Israël. En Afrique en général et au Cameroun en particulier, les individus hésitent à contribuer ainsi aux infrastructures collectives d'une certaine envergure de peur de se noyer dans l'anonymat des donateurs, de contribuer à des structures dont la gestion peut leur échapper ou de s'associer à des personnes de classe ou d'obédiences différentes. Si jamais elle prenait forme, si jamais elle se concrétisait, l'initiative de Monga serait une grande première au Cameroun et pourrait avoir une immense portée symbolique. La diaspora camerounaise se positionnerait désormais comme une voix avec laquelle il faudrait compter. Une fois réalisé, le Pavillon des Connaissances donnerait à l'Université des Montagnes une dimension nouvelle en la confirmant comme une institution véritablement collective et la singulariserait auprès des institutions publiques ou privées à caractère commercial.

De ce point de vue, il faut dire que l'aventure de l'UdM est déjà le lieu d'une expérience et d'un débat d'un type tout à fait nouveau dans le contexte social, politique et culturel du Cameroun. Nombre de Camerounais, qu'il s'agisse d'intellectuels ou d'hommes d'affaires, souffrent de manière aiguë de l'excroissance de leur ego personnel, un mal qui les rend presque totalement incapables de participer à une entreprise collective sans en revendiquer individuellement la paternité, ou en tout cas sans vouloir se placer aux premières loges[26]. Même en diaspora, tout indique que les précieuses leçons de W. E. B. Dubois n'ont pas encore porté tous leurs fruits et que nombre d'Africains, bien qu'installés au cœur de la (post)modernité occidentale, hésitent à assumer leur double identité en continuant certes à rêver de l'Afrique et à en garder certaines valeurs essentielles, mais aussi en empruntant auprès des pays du Nord où ils vivent quelques-unes des stratégies qui leur ont permis de se développer et de s'imposer au reste du monde.

***

De ce point de vue également, il faudrait sans doute pousser encore plus loin la réflexion de Mouafo sur le rôle de la diaspora juive et méditer aussi sur la vision ou plutôt l'attitude de l'être juif dans le monde, qu'il habite Israël ou qu'il soit installé ailleurs sur la planète. Certes le contexte historique est différent, mais n'est-ce pas la diaspora juive qui a permis effectivement à Israël, un État né dans des circonstances problématiques, de se construire et de devenir une force avec laquelle il faut compter ? Lorsque la diaspora africaine aura réussi à tirer quelques leçons de ce qu'on pourrait appeler la condition juive, il est tout à fait possible que sa propre vision du monde connaisse une certaine mutation et que ses stratégies de survie prennent une trajectoire tout à fait autre.

On pourrait, en conclusion, discuter de quelques pièges qui encombrent les rêves de retour lorsque les concernés empruntent les voies associatives à l'ère de la communication cybernétique. Il faut souligner que l'AED-UdM est née dans un contexte sociopolitique très favorable à la reconnaissance des acteurs de la société civile, les organisations politiques ayant montré leurs limites. Grande peut être la tentation pour les associations créées en diaspora de se servir du projet éducatif et sociétal de l'AED-UdM pour satisfaire une utopie personnelle de retour. L'excroissance de l'ego dont il a été question plus haut peut ainsi, consciemment ou inconsciemment, amener les uns ou les autres à confisquer une aventure collective, c'est-à-dire l'utopie associative, au profit d'un besoin individuel. Pareille confiscation peut être d'autant plus attrayante à l'époque contemporaine qu'avec les nouvelles technologies et la communication cybernétique justement, il est tentant de profiter d'un projet qui existe effectivement pour donner corps à une réalité virtuelle, imaginée à partir de quelques données collectées sur le terrain. Dans les pays du Nord, le virtuel se substitue aisément au réel africain, comme peuvent le témoigner certains sites Internet ou les débats par courriel entre exilés. C'est dire

---

26. Voilà sans doute qui explique la multiplicité des partis politiques dans un pays comme le Cameroun et la difficulté, voire l'impossibilité pour les hommes d'affaires locaux de se regrouper et de faire naître des consortiums pour faire face à la concurrence des multinationales.

que les responsables de l'AED-UdM et leurs associations affiliées doivent être particulièrement vigilants pour que l'internet ne soit pas un espace où s'invente une AED-UdM sans grand rapport avec la réalité du terrain. Bien que la diaspora camerounaise et son réseau de relations doivent être invités à s'organiser pour véritablement s'approprier l'UdM en contribuant malgré les embûches à ériger à Banekane un campus du futur, elle doit aussi s'informer à bonne source et s'imprégner des tenants et des aboutissants de l'utopie associative qui est le fondement du projet.

En attendant le messie : de Mgr Albert Ndongmo au cardinal Christian Wiyghansai Shaaghan Tumi[27]

Le cardinal Christian Wiyghansai Shaagan Tumi occupe une place inédite tant au sein de l'Église catholique du triangle national que dans la société camerounaise dans son ensemble. Premier fils du pays à être consacré cardinal, il passera protocolairement avant les autres évêques, mais il n'est nullement leur supérieur hiérarchique comme d'aucuns pourraient le croire. La sacralité de l'autonomie des diocèses dans l'Église catholique romaine est de rigueur. Qu'à cela ne tienne ; depuis que le Cameroun s'est engagé dans une interminable transition démocratique au début des années 1990, le cardinal Tumi, du fait de la densité de sa pensée, de ses talents de communicateur, de son franc-parler et de sa maîtrise de la dialectique, occupe une telle place dans le débat sociopolitique qu'il doit régulièrement se faire le devoir de rappeler aux uns et aux autres qu'il est avant tout prêtre et qu'il s'exprime toujours en tant que pasteur de l'Église catholique qui est au Cameroun. C'est donc dire qu'il n'est pas aisé de parler de Tumi sans glisser dans le mélange des genres, sans se laisser entraîner dans des considérations à la fois religieuses et politiques. Mais comme il aime à le répéter lui-même, c'est aussi en tant que citoyen qu'il s'exprime sur divers sujets qui interpellent le pays. Et en cela, il rejoint quelque part Mgr Albert Ndongmo, qui ne se lassait jamais de rappeler que « l'Église ne peut conduire l'Homme au ciel comme si la terre n'existait pas ! ».

À partir d'un bref regard sur l'histoire des rapports entre certains ouvriers de l'Église catholique et l'administration publique, tant coloniale que postcoloniale, je voudrais montrer que les tensions qui caractérisent lesdites relations, depuis Mgr Albert Ndongmo jusqu'au cardinal Tumi, sont caractéristiques de la manière dont le peuple camerounais gère son destin et entrevoit sa libération. En effet, bien que la construction du pays soit l'enjeu ultime du discours de Tumi comme le fut d'ailleurs celui de Ndongmo, tout se passe comme si les Camerounais se posaient davantage en spectateurs de leur devenir, surtout depuis que l'assassinat de Ruben Um Nyobé en septembre 1958 a sérieusement compromis les chances d'une victoire du camp des patriotes en ouvrant les portes du pouvoir à des satrapes qui se succèdent à la tête de l'État depuis lors.

---

27. Cet article a été rédigé en avril 2009.

Colonat et missionnaires : une inavouable alliance

Assez tôt, de nombreux écrivains du continent africain, dans leurs productions littéraires, ont attiré l'attention du lectorat sur la nature problématique des rapports entre missionnaires et administrateurs des colonies. *Le Pauvre Christ de Bomba* (1956) de Mongo Beti est sans doute le premier texte jamais publié par un Camerounais qui met en exergue la flagrante complicité entre l'action missionnaire et l'entreprise coloniale. Vidal, le patron de l'administration française, est convaincu que le révérend père supérieur (RPS) Drumont et lui-même n'ont qu'une seule et même vocation : « [M]odeler une race, comme on fait d'un vase, lui imposer la forme que l'on désire… » (Mongo Beti (1956), *Le Pauvre Christ de Bomba*, Paris, Présence Africaine, 50). Certes, après son cuisant échec dans l'évangélisation des Tala, le père Drumont a tout perdu de sa superbe. Mais Vidal ne perd pas espoir de lui remonter le moral pour qu'ensemble ils continuent de faire comprendre aux Bantous que leur « civilisation à laquelle ils aspirent tant, ce n'est pas seulement les bicyclettes, les machines à coudre, c'est surtout le christianisme » (*ibid.*, 51). Et il ajoute : « N'ayez crainte, mon Père ; je veille sur vous. Je vous ai toujours dit que nous étions embarqués dans le même train, vous et moi. » (*ibid.*, 141). Déjà dans *Ville cruelle* (1954) cependant, Eza Boto (Mongo Beti) signale la collusion entre l'administration coloniale et le père Kolmann qui invite ses fidèles à dénoncer, au nom du Christ, le syndicaliste Koumé, en révolte contre M. T…, le patron blanc qui l'exploite sans vergogne mais bénéficie de la protection de tout le colonat et de la mission catholique locale dont il est prétendument un bienfaiteur.

Dans « Les auteurs africains parlent du christianisme », une longue étude publiée dans *À contretemps. L'enjeu de Dieu en Afrique* (Paris, Karthala, 1991), Fabien Eboussi Boulaga analyse avec une quasi-exhaustivité la manière dont nombre d'écrivains africains traitent de l'installation du missionnaire dans divers espaces du continent noir. Eboussi cite entre autres *On Trial for My Country* (1966), roman historique de S. Samkange, où un homme de Dieu, le révérend C. D. Helms, participe à la spoliation du roi Lobengula en aidant Cecil Rhodes à lui extorquer ses terres : « Parmi les agents qui abuseront le roi illettré, il y aura le Rev. C. D. Helms […] [qui] n'hésitera pas à traduire et à lui interpréter mensongèrement le sens d'un traité qu'on lui faisait endosser […]. » (*À contretemps…*, 117). Et de même que dans *Things Fall Apart* (1959) de Chinua Achebe, on observe une solidarité agissante entre le missionnaire et le colonisateur européen, Eboussi montre comment, dans le Matabeleland, au Zimbabwe, missionnaires et administrateurs des colonies travaillent main dans la main : « Au lendemain de la victoire des coloniaux, dont il se sent partie prenante, un missionnaire écrit : "Les croyances superstitieuses, la foi aux sorciers ont reçu un coup sérieux, tournant à notre avantage... La longue résistance des Shona au christianisme est enfin brisée." » (*ibid.*, 118). Voilà qui amène Eboussi à parler d'un christianisme colonial qui ne peut évidemment pas soigner les maux qu'a engendrés la colonisation : « L'évangélisation est ainsi liée à la colonisation, d'une liaison dangereuse et d'une mortelle équivoque. En effet, le christianisme appelle la colonisation pour forcer les peuples et les pays qui lui sont fermés ou hostiles. Il a besoin du protectorat et de l'appui matériel et diplomatique de la puissance coloniale. » (*ibid.*, 120-121).

Les transpositions qu'on observe dans les œuvres littéraires vont malheureusement se confirmer dans le vécu quotidien des deux groupes, comme l'a démontré l'abbé André Seguè dans sa thèse de doctorat sur *L'Église et l'État au Cameroun (1890-1972). De l'affrontement au dialogue*[28]. Seguè décrit ce qu'il appelle « la conscience patriotique des missionnaires » et établit, sur la base des correspondances puisées dans diverses archives, l'intime intelligence qui régnait entre les missionnaires et les administrateurs des colonies. Dans l'exercice de leurs fonctions, les missionnaires français, écrit-il, « ont eu conscience de travailler aussi bien pour l'Évangile que pour leur patrie » (83). L'auteur nous offre de nombreux morceaux choisis de correspondances traduisant une collaboration étroite, une complicité active entre les missionnaires et les divers niveaux de l'administration coloniale. Ainsi en va-t-il du père Malessard qui, en 1922, écrit pour revendiquer les biens des Pères Pallotins allemands auprès de l'administration coloniale française :

> Comme nous travaillons au Cameroun au moins autant pour la France que pour Dieu, nous pensions que le Gouvernement ne songerait pas à réaliser un gain sur le bien de mission, mais qu'il nous les passerait en toute propriété, avec de plus les bénéfices réalisés par le séquestre durant six ans. Ce qui me paraît d'ailleurs être selon l'esprit du Traité de Versailles (*ibid.*, 84).

Aussi bien au niveau des prêtres, représentatifs de divers ordres religieux, qu'à celui des évêques d'alors, on retrouve le même genre de préoccupations, à savoir collaborer au mieux avec l'administration française et au besoin la protéger contre l'agression des indigènes. Il en est ainsi du père Vuachet, qui se défend de parti pris en faveur de ses ouailles et explique combien sa loyauté envers le pouvoir colonial ne saurait être mise en doute :

---

28. André Seguè, *L'Église et l'État au Cameroun (1890-1972). De l'affrontement au « dialogue »*, thèse de doctorat de troisième cycle, Université des Sciences humaines de Strasbourg, faculté de Théologie catholique, nov. 1983. Cette importante étude de Seguè n'ayant jamais été publiée, je prends la liberté d'en citer de larges extraits dont les références seront présentées avec le numéro de page seul.

[M]a conscience, écrit-il, [...] m'interdi[t] de jeter le discrédit sur l'Administration française au Cameroun ; je suis Français, en effet, Mr le Gouverneur, et il m'est pénible de voir comment un Missionnaire Français est traité par un Administrateur également Français. J'ai toujours considéré comme un devoir de ma Mission de consoler et de réconforter moralement les indigènes nombreux malheureusement qui viennent se plaindre à moi des mauvais traitements qui sont infligés par le chef de Subdivision de Kribi (88).

Au terme d'une analyse fortement documentée des écrits des prêtres et des évêques (Mgr Vogt, Mgr Le Mailloux, Mgr Leroy et Mgr Le Hunsec) ayant participé à la gestion de l'Église camerounaise pendant la période 1916-1931, Seguè, visiblement interloqué, se demande « si les affirmations relevées chez l'un ou l'autre des missionnaires sont le fait d'individus isolés et mal pensants. » (90). Mais eu égard à la suggestion de Georges Goyau, auteur de *La France missionnaire dans les cinq parties du monde* (1948), suggestion selon laquelle « le fait pour les missionnaires de mettre leur *ascendant moral* au service de la colonisation est tout à fait normal » (*ibid.*), Seguè se dit qu'il y aurait même lieu de « conjecturer que ceux qui n'ont rien dit ou rien fait de spectaculaire n'en pensaient sans doute pas moins » (*ibid.*).

Comme on peut le constater, le rapport entre le clergé et le pouvoir colonial est on ne peut plus ambigu. Seguè explique aussi comment l'Église missionnaire a parfois servi de bouclier en s'opposant à la politique des administrateurs lorsqu'elle estimait que cette politique était préjudiciable à ses ouailles. C'est donc dire que le clergé colonial aurait aussi légué à l'Église du Cameroun postcolonial une fonction tribunitienne, concept que Seguè, citant Louis Ngongo, définit comme suit : « [E]n l'absence des forces politiques ou syndicales organisées parmi les indigènes, l'Église catholique, avec les autres forces religieuses, a assumé certaines revendications qui sont celles d'un syndicat ou d'un parti politique » (*ibid.*, 171).

Mgr Albert Ndongmo, martyr de la fonction tribunitienne de l'Église ?

Né en 1926 et ordonné prêtre en 1955, Mgr Ndongmo est donc entièrement formé à l'école des missionnaires dont certains, on l'a vu, étaient solidaires de l'administration coloniale. Mais en 1964, le promoteur de *L'Essor des jeunes*, un bimensuel qu'il avait créé en 1960 et qui était passablement critique du pouvoir et du système de gouvernance hérité de la colonisation, devient évêque en remplacement de Mgr Paul Bouque, de nationalité française. À défaut de collaborer avec le pouvoir ou d'assumer sa fonction tribunitienne, le diocèse de Nkongsamba s'était jusque-là contenté d'afficher vis-à-vis du pouvoir une bienveillante neutralité.

Sous prétexte de pacifier le pays qui avait connu de violentes turbulences à la veille et au lendemain de son indépendance, Ahmadou Ahidjo avait instauré un régime liberticide. Son pouvoir entretenait une armée de mouchards qui semaient la terreur sur l'ensemble du territoire. Sur simple dénonciation, on pouvait être détenu sans jugement dans des Brigades Mixtes Mobiles (BMM), se voir condamné à de lourdes peines de prison ou subir des internements menant souvent à la mort dans des camps inaccessibles tels que le furent Mantoum, Tchollire et Yoko.

De son sacre en 1964 jusqu'à la machination qu'orchestre la police politique, alors appelée Sedoc (Service de la documentation), qui l'envoie en prison en 1971 et à l'exil par la suite, Mgr Albert Ndongmo était reconnu non seulement à Nkongsamba mais pratiquement sur l'ensemble du territoire comme un des rares individus libres de leur parole. Ses homélies du dimanche et ses conférences publiques dans la fameuse salle Jean Dehon située non loin de sa cathédrale ou occasionnellement au Centre Catholique Universitaire de Yaoundé attiraient des foules compactes. À tous les coups, Mgr Ndongmo se lançait dans une déconstruction en règle de l'unidimensionnalité régnante et n'hésitait pas à prendre position sur les questions sociales les plus brûlantes telles que la liberté d'expression, l'arbitraire et la violence comme méthodes de gouvernement, le statut des écoles catholiques, etc. Qui plus est, ses prises de position à l'endroit d'un régime monolithique qui se fait appeler « Démocratie gouvernante » étaient relayées par *L'Essor des jeunes* que dirigeait le journaliste Célestin Lingo, un anticonformiste[29] à la plume acerbe.

Bénéficiant d'une entente cordiale avec l'Église catholique, le régime aujoulatiste[30] d'Ahidjo, qui avait hérité d'une administration coloniale répressive, considère comme un défi l'esprit de fronde qui vient de Nkongsamba. Le pouvoir est d'autant plus chatouilleux que le Mungo est assimilé au pays bamiléké dont les populations étaient plutôt favorables à l'Union des Populations du Cameroun (UPC) et avaient contribué sous diverses formes aux luttes pour l'indépendance nationale. À tort ou à raison, Ndongmo, son journal et toute son équipe sont désormais perçus comme

---

29. Après l'arrestation de Mgr Ndongmo le 22 août 1970, Célestin Lingo est lui aussi mis aux arrêts le 24 septembre 1970. Entre septembre 1970 et avril 1971, on le traîne dans les Brigades Mixtes Mobiles de Nkongsamba, Douala et Yaoundé. Le 8 avril 1971, il est transféré, sans jugement, à Mantoum, dans ce qu'on appelait « Centre de rééducation civique ». Il n'en sortira que le 22 mai 1975, une semaine après la libération et l'envoi en exil de Mgr Ndongmo.
30. Laïc missionnaire et médecin de nationalité française, Louis-Paul Aujoulat s'établit au Cameroun dans les années 1940-1950 comme homme politique, incarnant le refus de négocier avec l'UPC, mouvement indépendantiste du Cameroun. Pour en savoir plus, lire Mongo Beti, « Présidentielle anticipée ou Paul Biya et la malédiction aujoulatiste », *Mongo Beti à Yaoundé 1991-2001* (2005), textes réunis et présentés par Philippe Bissck, Rouen, Éditions des Peuples Noirs, 110-113.

une menace pour le pouvoir en place, comme une espèce de cinquième colonne. À défaut ou plutôt en attendant d'inventer une stratégie pour mettre sous éteignoir celui qui se faisait appeler l'Évêque du Tonnerre, la censure s'acharne sur son journal, *L'Essor des jeunes*, pour l'empêcher de répandre la « subversion ».

La tâche du pouvoir va être facilitée par l'incohérence qui caractérise les divers responsables de l'Église catholique. André Seguè explique : « [I]l est difficile de parler d'action concertée au niveau de l'ensemble de l'Église du pays : l'évêque de chaque diocèse [...] définit ses priorités sur la base d'analyses plus ou moins approfondies. Bref, avant l'indépendance, les évêques ne se concertaient pas souvent ; après l'indépendance, ils ne le font pas davantage. » (282-283). Le régime d'Ahidjo n'aura donc aucun mal à manœuvrer pour se trouver un ou plusieurs alliés dans la hiérarchie de l'Église et s'en servir, le moment venu, pour jeter l'opprobre sur le mal-pensant. Ainsi, lorsqu'au milieu des années 1960, on fait obligation aux chrétiens du diocèse de Nkongsamba de se soumettre à des pratiques contradictoires à leur foi en prêtant un « serment anti-terroriste », aucun autre évêque ne vient au secours de Mgr Ndongmo dans ses protestations auprès des pouvoirs publics. Il en va de même des atteintes à la liberté religieuse dans la partie nord du pays. Sans doute pour plaire à Ahidjo, le musulman au pouvoir, préfets et sous-préfets s'associent aux barons de l'Islam pour freiner la christianisation du Nord. Là encore, les évêques du Sud se gardent bien de voler au secours de leurs confrères du Nord. Seguè conclut à cet effet : « [D]ans les relations entre eux-mêmes comme dans leur collaboration avec l'État, [...] nous dirons que chacun des divers chefs de diocèse "fait son petit métier". » (284).

Ce n'est évidemment pas ici le lieu de recenser toutes les controverses qui opposent l'Église et l'État ou les évêques entre eux à cette époque. Il y eut, entre autres, la question de l'intégration nationale des écoles ou le transfert des écoles catholiques à l'État, celle de la transformation des écoles catholiques d'infirmières en écoles d'État ou encore la fameuse affaire du « train de la mort », où 25 prisonniers politiques moururent asphyxiés dans un wagon métallique sans aération au cours d'une opération de transfert entre Douala et Yaoundé. Certes, Ndongmo n'était pas encore évêque en février 1962 quand eut lieu la tragédie du train de la mort, mais il prend bel et bien parti dans l'affaire des écoles où il s'oppose à Mgr Jean Zoa et s'associe à Mgr Thomas Mongo pour dénoncer les velléités d'étatisation des écoles catholiques qu'appuyait Mgr Zoa. Le moment venu, le pouvoir saura exploiter les divergences de l'épiscopat pour isoler Mgr Ndongmo et l'accuser de tous les maux. La suite de l'histoire est connue (lire Mongo Beti, *Main basse sur le Cameroun, autopsie d'une décolonisation*, Paris, Maspero, 1972). L'« Affaire Ndongmo » (accusation de « complicité avec la rébellion » et « tentative de coup d'État ») est une mise à l'épreuve de l'Église catholique qui est au Cameroun. Le pouvoir l'ayant infiltrée pour la diviser en s'attachant les faveurs de quelques membres du groupe, il devient possible de transformer l'un d'entre eux en bouc émissaire et de le jeter en pâture à la vindicte publique. Seguè écrit de manière on ne peut plus concluante :

> L'« Affaire Ndongmo » est comme le test final de la capacité de résistance de l'Église ; et le test a révélé que les capacités de la hiérarchie catholique [...] sont nulles : à l'occasion des autres conflits avec l'État, quelques-uns parmi les autres évêques (dont Mgr Ndongmo) avaient au moins élevé la voix pour protester, mettre en garde, exprimer d'autres points de vue, suggérer, etc. ; mais à l'occasion de l'arrestation de Mgr Ndongmo, et surtout après sa condamnation, les autres évêques, faute sans doute de pouvoir tenir un même langage, se sont tus (346).

Il importe néanmoins de rappeler qu'un collectif d'évêques anglophones du pays, tout en sachant qu'il s'agissait d'une parodie de procès, se fit le devoir de recruter un groupe d'avocats pour défendre Mgr Ndongmo devant le tribunal d'exception mis en place pour la circonstance. Quoi qu'il en soit, il est permis de penser que Mgr Ndongmo fut victime de la fonction tribunitienne de l'Église. Aussi bien sur le plan social qu'économique, il énonçait un discours et développait des projets dont la finalité était l'autonomie du citoyen, du chrétien démuni face à un pouvoir néocolonial sans perspective d'avenir et une église totalement dépendante. Comme le souligne justement Mongo Beti, le clergé dont il hérite « n'a aucune autonomie morale ni spirituelle ; confiné dans la passivité et l'imitation routinière, il attend de l'extérieur ses modèles et même ses règles de comportement. » (*Main basse sur le Cameroun*, Paris, Maspero, 1972, 93).

Ndongmo fut non seulement le fondateur de *L'Essor des jeunes*, mais aussi le promoteur de Mungo-Plastique et autres entreprises génératrices de revenus. A posteriori et eu égard à la longue passion du prophète, on peut s'étonner de l'indifférence des élites, de l'apathie du peuple et des chrétiens qui pourtant semblaient l'aduler. Reconnaissons cependant qu'il fallait être aussi fou que Ndongmo pour oser s'opposer à un régime de terreur qui considérait le moindre acte de dissidence comme un crime punissable de mort. D'autant plus qu'il était déjà considéré comme le mouton noir de la conférence épiscopale que présidait Mgr Jean Zoa, l'unique archevêque de l'époque. Le tableau que nous en donne Mongo Beti est on ne peut plus éclairant :

> L'hostilité de Mgr Jean Zoa, archevêque de Yaoundé et chef de l'Église camerounaise, à l'égard d'Albert Ndongmo, tenait sans doute à la rivalité traditionnelle des Bamilékés et des Ewondos (autochtones du pays de Yaoundé,

appelés aussi Beti) ; mais elle était née aussi de l'opposition des tempéraments des deux hommes. Autant Albert Ndongmo est téméraire, conquérant, actif et enthousiaste, autant l'archevêque de Yaoundé apparaît frileux à force de timidité, comme recroquevillé, noué même, très nonchalant. C'est le conflit du fruit sec contre le créateur, du chapelain solennel jaloux de l'auréole du moine défricheur. L'archevêque de Yaoundé est l'avatar ecclésiastique et néo-colonial de l'Oncle Tom, vrai monument du conformisme (*ibid.*, 141).

Cardinal Christian Tumi, comme sur le fil du rasoir !

Bien que l'on ait affaire à deux personnalités tout à fait différentes, on peut néanmoins se risquer à dire que du point de vue de leur rôle social, Mgr Ndongmo et le cardinal Tumi se ressemblent par bien des côtés. Des journaux ont d'ailleurs tendance à comparer l'attitude du cardinal vis-à-vis du pouvoir à celle de Mgr Ndongmo. Mais il ne faut surtout pas perdre de vue que l'on a affaire à deux contextes historiques qui certes se ressemblent, mais sont loin d'être identiques. Bien qu'il s'agisse du même régime à quelques variantes près, Biya et Ahidjo sont néanmoins deux personnalités tout à fait singulières. Qui plus est, au moment de ce qu'on pourrait appeler la montée en puissance du cardinal Tumi, lorsqu'il est justement consacré cardinal (1988) et nommé quelque temps après archevêque de Douala (1991), l'Église catholique qui est au Cameroun ressemble peu à celle des années 1960-1970. Avec l'indigénisation de l'épiscopat, la multiplication des diocèses et surtout la création des archidiocèses qui suppriment le monopole de la présidence de la conférence épiscopale, certains problèmes insoupçonnés ont fait surface.

Ainsi en va-t-il de la fameuse lettre dite des « prêtres bassa » du 16 mars 1987, mémorandum adressé à Rome par des prêtres de l'archidiocèse de Douala, à la suite de la nomination de Mgr Gabriel Simo comme un des évêques auxiliaires de l'archevêché de Douala. Accusant Mgr Ndongmo, qui à l'époque vit en exil au Canada, d'avoir convaincu le Vatican d'une théorie de son cru qui visait essentiellement à imposer l'hégémonie des Bamiléké au sein de l'épiscopat en procédant à la « mutabilité des Évêques », le mémorandum dénonce avec une violence peu chrétienne la nomination de Mgr Simo à Douala : « Vouloir imposer un Allemand comme empereur du Japon, c'est chercher à détruire la nature[31]. » Accusé d'être le bras armé de Mgr Ndongmo, le Pro-Nonce est vivement pris à partie : « Le Pro-Nonce, en découvrant à l'ethnie Bamiléké les vertus de la race Aryenne, n'est-il pas en train de ressusciter une histoire ? » (*Le Cameroun éclaté...*, Yaoundé, Éditions C3, 1992, 166). Paradoxalement, les auteurs du mémorandum suggèrent que « toutes les ethnies dans notre diocèse se sentent chez elles et

---

31. On peut lire un éclairage nouveau sur la situation qui prévaut actuellement dans l'archidiocèse de Douala dans *Le Cameroun éclaté. Anthologie commentée des revendications ethniques*, Yaoundé, Éditions C3, 1992, 164.

peuvent prier et louer Dieu chacune en sa langue » (*ibid.*, 171), mais ils sont nostalgiques de l'église des missionnaires européens et préfèrent les Polonais aux Bamiléké[32].

Comme il fallait s'y attendre, ce mémorandum suscite des vagues dans tous les coins du pays. Dans un document non daté, mais portant le numéro 0075/CL/87 et signé de Simon Pierre Tchoungui, Florent Etoga Eily et François-Xavier Elle Ntonga, le Cercle Clavis (Catholiques Laïcs pour l'Animation des Valeurs d'Intégration Sociale) de Yaoundé appuie indirectement le mémorandum en tirant à boulets rouges sur Mgr Ndongmo, en étrillant le Pro-Nonce Apostolique puisqu'il affirme qu'il est « surprenant que la Pro-nonciature n'exprime pas davantage de réserve vis-à-vis du déplorable travail auquel procède un Prélat particulièrement agité, et vis-à-vis du tort que son activisme est capable de causer à la cohésion nationale et à l'image constructive de notre christianisme. » (Cercle Clavis, dans *ibid.*, 18).

Dans une réaction signée par trente de ses membres et datée du 22 juin 1987, l'Assemblée du Clergé Indigène de Bafoussam (ACIB) décrypte avec minutie le mémorandum, en montre la substance, les affirmations erronées, les incohérences et les contradictions. Elle en dégage aussi le caractère anti-évangélique et anti-ecclésial, en établit le message politique et en tire une série de conclusions sous forme d'affirmations solennelles. En voici des exemples :

> Si une structure de dialogue existait entre les prêtres, un document comme le Mémorandum de certains prêtres autochtones de Douala aurait subi, avant sa parution, l'épreuve de la critique des autres prêtres soit de l'Archidiocèse de Douala, soit de notre Province ecclésiastique, soit de l'ensemble du pays.

> Qui peut prétendre que les prêtres Bamiléké soient tellement assoiffés de pouvoir, qu'assis autour d'une table ronde avec les autres prêtres autochtones du pays pour un débat franc carte sur table, ils ne puissent dénoncer avec leurs confrères d'autres ethnies la « bamilékisation de la hiérarchie de l'Église au Cameroun » si la preuve en est vraiment établie (« Point de vue de l'Assemblée du Clergé indigène du diocèse de Bafoussam (acib) sur le mémorandum des prêtres autochtones de l'archidiocèse de Douala intitulé : "Un éclairage nouveau" », *Le Cameroun éclaté...*, *op. cit.*, 206)?

Dans une lettre en date du 24 août 1987 adressée au Cercle Clavis, Mgr Christian Tumi, alors archevêque de Garoua, répond à la fois aux thèses contenues dans le document du cercle Clavis ainsi qu'à celles du

---

32. On se souviendra également de la fronde de certains chrétiens de l'archidiocèse de Yaoundé lorsqu'en 1998, Mgr André Wouking, précédemment évêque de Bafoussam, y est nommé pour succéder à Mgr Jean Zoa, décédé. L'idée de voir nommer un évêque d'origine bamiléké en pays beti leur semblait impensable, inacceptable.

mémorandum des prêtres de l'archidiocèse de Douala. Ferme dans le ton et hautement pédagogique dans l'approche, le document est un savant dosage de morale chrétienne, de mise en perspective de certains faits et de certains enseignements de l'Église. L'auteur conclut :

> Notre Église a besoin surtout de témoins de l'Évangile. Cherchons la vérité. Elle seule nous libérera. Elle est le Christ lui-même (Jn 14,6). Soyons les dispensateurs intègres de la parole de vérité (2 Ti 2, 15). Ne détournons pas l'oreille de la vérité (2 Ti. 4, 4). Que l'Église de Dieu qui est au Cameroun soit une colonne de la vérité (1 Ti. 3, 15). Et surtout, mes frères en Jésus-Christ, ne condamnons jamais sans connaître la vérité (Dan 13, 48). Si nous aimons cette Église et notre pays, vivons dans l'unité d'esprit, dans le lien de la paix (Ep 4, 2-6), marchons du même pas (Phi 3, 16), pratiquons un amour fraternel sincère (1 Pi. 1, 22) ; « dites une parole constructive et bienveillante » (Ep 4, 29) et Dieu de vérité et de paix sera toujours avec vous (Christian Tumi, Archevêque de Garoua, « Le Bureau. Le Cercle CLAVIS B. P. 6698, Yaoundé », dans *Le Cameroun éclaté...*, *op. cit.*, 194).

Comme on peut s'en rendre compte, le ver est dans le fruit ! Les documents ci-dessus présentés sont loin d'être exhaustifs tant il y en a eu à l'époque. Quoi qu'il en soit, ils indiquent que les tensions internes à l'Église locale sont aussi nombreuses et aussi profondes que celles qui peuvent l'opposer aux pouvoirs publics. Comment dès lors envisager que la hiérarchie d'une maison aussi déchirée puisse faire corps et protéger ses ouailles contre d'éventuelles agressions du politique ? C'est pourtant le défi que le cardinal Tumi tente de relever. D'autant, avons-nous dit, qu'il est muté à Douala au lendemain de l'ouverture démocratique et de la renaissance du multipartisme, deux événements qui engendrent des turbulences sans précédent sur l'ensemble du territoire tout en ayant Douala comme épicentre.

Les circonstances auraient pourtant pu faire de Tumi un ami du régime en place. Certes, il se trouvait un peu dans l'œil du cyclone depuis 1977, année durant laquelle il s'était permis, en tant que recteur du Grand Séminaire Régional de Bambui, d'organiser un séminaire pour commenter la Lettre pastorale des évêques de Buea et de Bamenda sur « Pot de vin et corruption ». Nommé évêque de Yagoua, puis archevêque de Garoua, il sera nécessairement en conflit avec les autorités administratives du Nord dont on peut dire que leur mandat a toujours été de protéger les religions dites du terroir contre la pénétration chrétienne. Tout compte fait, l'attention que le régime lui porte quand il est promu au cardinalat aurait bien pu le faire basculer : tapis rouge et accueil triomphal à son retour de Rome, mise à son service de l'avion présidentiel entre Douala, Yaoundé et Garoua, audience au Palais d'Etoudi, don d'un véhicule de luxe en cadeau et passeport diplomatique. Parfois, il en faut beaucoup moins pour impressionner certains esprits et même pour les retourner. Mais la manière dont le cardinal gère les honneurs qui lui sont faits et le cadeau qu'on lui offre ne permettent point de douter de sa transcendance :

> Avant que je n'aille à Rome, le Président m'avait envoyé une lettre de félicitations. Après, il m'a offert une Mercedes. Je l'ai remercié pour tout cela. Mais, comme je venais d'acquérir une Peugeot 504 neuve à l'occasion de la visite du Pape et que le coût élevé d'entretien d'une Mercedes risquait de peser sur notre modeste trésorerie, j'ai vendu la Mercedes et versé le revenu de la vente dans la caisse du Diocèse, qui avait des difficultés financières (Entretiens avec Edouard Oum, *Christian Cardinal W. Tumi : le Normalien devenu cardinal*, Sl, NE, 2006, 80).

Malgré l'ouverture que lui fait le pouvoir en l'invitant en consultation durant la réforme constitutionnelle ou en le nommant dans le comité *ad hoc* en décembre 1994, le cardinal Tumi ne transige nullement avec son autonomie de pensée et claque la porte de la Tripartite organisée en octobre-novembre 1991. Voilà qui explique sans doute pourquoi son installation comme archevêque de Douala en 1991 fait croire au peuple en révolte contre la misère et la dictature qu'il peut, lui aussi, s'en servir comme bouclier pour s'attaquer au capitole en l'investissant comme rédempteur. De nombreux journaux n'ont pas hésité à suggérer que le cardinal Tumi était le candidat idéal pour déboulonner Biya. Pendant ce temps, le pouvoir, du fait de l'espèce d'indifférence qu'il affiche face à ses clins d'œil, se demande s'il n'est pas effectivement un rival. Mais à Douala comme au Nord où il était constamment pris en étau entre les autorités administratives et le clergé composé pour l'essentiel de missionnaires expatriés[33] qui le percevaient comme un simple faire-valoir ou même comme un intrus sur leur territoire, le prélat de Douala doit avant tout s'occuper de la gestion d'un archidiocèse aux problèmes humains, matériels et spirituels insoupçonnables.

Son ouvrage *Les Deux Régimes politiques d'Ahmadou Ahidjo, de Paul Biya et Christian Tumi, prêtre (éclairage)* (Douala, imprimé par Macacos, 2006), qui rend compte de ses nombreuses interventions dans divers médias et des controverses qu'elles ont pu susciter, témoigne de ce qu'il est toujours

---

33. S'agissant du diocèse de Yagoua, Mgr Tumi affirme :
Nous n'étions que deux Camerounais, l'Abbé Jean Pagu et moi-même. La quasi-totalité du clergé est missionnaire, des missionnaires blancs, quelques pères Spiritains mais surtout des Oblats, Français et Canadien, y compris des Évêques des deux diocèses voisins, celui de Pala, au Tchad, et celui de Maroua-Mokolo où se trouve Mgr Jacques de Bernon, un Oblat français. [...] Sur place, j'ai bénéficié de l'expérience et du soutien sans faille de mes deux homologues des Diocèses voisins (Maroua-Mokolo et Pala), qui étaient respectivement Français et Canadien, tous deux des Oblats. Mais, je dois aussi à la vérité dire que j'ai vécu des moments très difficiles avec certains missionnaires (Oblats) de mon Diocèse (Edouard Oum, *op. cit.*, 58).

resté attentif à l'actualité nationale et n'a jamais hésité à se prononcer sur les questions essentielles qui interpellent le pays. Mais il s'empresse de préciser : « Tout ce que je dis, je le dis en tant que pasteur, et citoyen à part entière de ce peuple. J'ai comme tout citoyen, le droit et le devoir de faire savoir publiquement ma pensée sur la vie socio-politique de mon pays sans aucune prétention. En le faisant, je ne revendique aucun monopole de la vérité qui sauve. » (*Les Deux Régimes...*, 135). On ne pourrait être plus clair. Tumi n'est pas le messie qu'on attend ou qu'on souhaite voir. Toujours est-il qu'il prêche par l'exemple et invite chacun de ses compatriotes, quel qu'il soit et où qu'il soit, à jouer son rôle et à bien le jouer. Car si le pouvoir accomplissait ses missions pour l'intérêt général, si l'opposition était de bonne foi et si chaque citoyen s'attelait comme il le faut à ses tâches quotidiennes, notre condition ne pourrait que s'améliorer. Sans doute s'agit-il là d'une position morale qui explique d'ailleurs que pour faire bonne mesure, le cardinal Tumi s'en prend autant aux détenteurs du pouvoir qu'aux voleurs et aux braqueurs (« Lettre ouverte aux voleurs et braqueurs », *ibid.*, 60-64). C'est dire qu'il marche véritablement sur le fil du rasoir, conscient qu'il est que même l'Église dont il se veut le messager ainsi que les autres ouvriers qui la servent sont loin d'être irréprochables[34] !

* * *

Et l'on pourrait presque conclure qu'en dépit de ses talents de communicateur, on assiste à un véritable dialogue de sourds entre le cardinal Tumi et ses compatriotes. Pris en étau entre l'échec de l'État postcolonial et l'irresponsabilité sinon la trahison de l'opposition politique, de l'élite du pays, le peuple désespéré se tourne vers lui et demande à l'investir comme son sauveur. Tumi reçoit parfaitement le message, mais, en guise de réponse, il demande humblement à tous et à chacun d'assumer ses responsabilités, autant que lui essaie d'assumer les siennes. Il n'y a pas, semble-t-il suggérer, d'autres voies du salut.

---

34. Une enquête menée par l'hebdo *Golias.fr* et reprise dans *Le Messager* (n° 2818, 19 mars 2009), donne de l'Église catholique qui est au Cameroun un visage bien désolant. *Le Messager* écrit :
> Nos confrères de Golias.fr ont eu le courage de porter la plume dans la plaie. Qui aurait imaginé tout ce que ces Occidentaux ont révélé sur des prélats tels que M⁹ʳ Tonye Bakot, Ntep, ou même le nonce apostolique. Nos confrères dévoilent le côté caché de nos évêques, en mettant en exergue leur appétit pour les plaisirs du monde (argent, femmes, appartenance sectaire, mauvais culte, corruption, clientélisme, etc.).

À ce rythme, ce que suggère Gianni Vattimo, analysant l'expérience postmoderne de la foi et de la métaphysique, pourrait bien s'appliquer à l'Église catholique qui est au Cameroun : au lieu d'un « Dieu-Fondement ultime », on n'a plus affaire qu'à un Dieu « mensonge superflu » (Gianni Vattimo, *Après la chrétienté. Pour un christianisme non religieux*, Paris, Calmann-Lévy, 2004, 15).

Qu'il s'agisse du cardinal Tumi aujourd'hui ou de Mgr Ndongmo hier, aucun d'eux ne semble douter de la prééminence de sa voix auprès du grand public et de la frilosité des tenants du pouvoir. Bien plus encore ; les missions que l'un et l'autre se sont données semblent s'inscrire dans l'esprit de l'ontologie herméneutique que développe le philosophe italien Gianni Vattimo dans *Après la chrétienté. Pour un christianisme non religieux* (Paris, Calmann-Lévy, 2004). En mettant fortement en question les diverses pratiques héritées de l'Église coloniale et en inventant des stratégies pour assurer une relative autonomie matérielle de leurs diocèses respectifs, les deux prélats entrent en rupture avec ce que Vattimo appelle la sécularisation du message chrétien car, écrit-il, « [t]oute sécularisation n'est pas bonne et positive, de même que toute interprétation n'est pas valable ; il faut qu'elle apparaisse comme telle à une communauté d'interprètes » (*Après la chrétienté...*, 105). Et Vattimo de poursuivre en précisant même que dans cet ordre d'idée, le protestantisme et l'esprit qu'il a engendré ne furent pas nécessairement mauvais pour la communauté des croyants :

> Dans un langage plus explicitement spirituel, on pourrait dire que la seule limite à la sécularisation est l'amour, la possibilité de communiquer avec une communauté d'interprètes. Ce n'est pas un paradoxe que d'affirmer que l'histoire de l'herméneutique moderne, dont la Réforme protestante a constitué un moment si important, est aussi un long chemin de redécouverte de l'Église (*ibid.*, 105).

Évidemment, Vattimo engage là un débat théologique que l'économie de la présente étude ne permet pas d'approfondir. Il nous faut simplement constater que les prises de position du cardinal Tumi, du fait sans doute de son prestige ou même peut-être de l'époque où il entre en scène, suscitent, dans une certaine mesure, moins de tension au sein du collège des évêques et créent moins de panique dans les cercles du pouvoir que le furent celles de Mgr Ndongmo en son temps. Dans l'un et l'autre cas cependant, on se rend compte que les deux prélats ont des objectifs semblables, à savoir la « redécouverte », la transformation de la communauté chrétienne locale ou même, pourrait-on dire, l'appropriation par les Camerounais de l'Église catholique qui est au Cameroun.

Postface

Les leçons d'un critique engageant

Le parcours dont les textes constituent ici un vrai procès-verbal a aujourd'hui valeur d'exemple – au sens rhétorique de ce mot. Bien qu'il soit généralement admis dans la logique du raisonnement (argumentatif) que l'exemple montre et ne démontre pas, il faut bien admettre que sans monstration il n'est point de démonstration qui vaille. De l'œuvre d'un critique – qu'on nommera tout de suite « engageant » à cause Sony Labou Tansi – exposée tout au long de ce livre, il se dégage de nombreuses leçons. En voici quelques-unes.

Dans « l'avertissement » de *La vie et demie* publiée en 1979, Sony Labou Tansi refusait l'étiquette de « l'écrivain engagé » et proposait plutôt celle de « l'écrivain engageant ». Partant de sa position inconfortable d'être vivant dans l'absurde des sociétés forgées par la colonisation et sous les soleils des indépendances bâtardes, l'écrivain cherche ses mots parmi tant d'autres, conscient que « même » ses mots sont des traîtres potentiels de sa pensée. « D'où voulez-vous que je vous parle [...] sinon de l'absurdité de l'absurde » avançait-il en paraphrasant Ionesco. Le critique littéraire africain partage avec l'écrivain africain cette commune situation de l'absurde. Mais si l'écrivain est confronté au choix des mots pour parler « du dedans de l'absurde », à la création d'un monde qui en serait le reflet le moins hideux à défaut de le concurrencer, ou le plus hideux « afin qu'il fasse peur en lui », de faire absurde avec ses propres mots, le critique « engageant » ne peut s'arrêter à ces considérations qui relèvent de l'indicible. Sa fonction l'oblige à un double engagement politique – au sens très large que le philosophe Jacques Rancière donne à ce mot dans ses différents ouvrages *Aux bords du politique, Le partage du sensible* ou *La Mésentente* : une certaine idée de l'organisation des cités ; une manière de dire par les mots (le verbe) un tel fonctionnement ; une opposition singulière entre le discours qui dit le réel et se nourrit de discours et celui qui dit le réel pour le transformer. La politique, au demeurant, ne saurait accepter l'indicible ou le silence : elle ne peut se forger que dans et par le verbe et c'est même à travers lui qu'elle prend tout son sens. Le double engagement du critique relève donc tout autant d'une politique de la critique que d'une critique de la politique.

Une politique de la critique. L'enjeu ici est de taille. Pour le critique littéraire africain, le front de la littérature est son premier lieu de combat. Faire admettre cette chose – devenue aujourd'hui banale... quoique –, à savoir que dans des pays africains, il existe une littérature africaine de langues européennes, n'a pas été chose aisée. Longtemps, dans ces pays issus de la colonisation, la seule littérature admise, acceptée, critiquable, était française –

de langue française ! Si le critique africain partage ce combat avec nombre de ses confrères européens qui constatent, eux aussi, la peur que suscite dans les milieux autorisés l'avènement des littératures africaines de langues européennes, sa situation est encore plus complexe. Il est soumis à un double déni résultant d'une double contrainte : la contrainte de ne pouvoir lire les textes produits de l'intérieur ; la contrainte de ne devoir lire que des textes produits de l'extérieur et qui ont la fâcheuse habitude de ne pas se retrouver en terre africaine dans des versions autres qu'abrégées...

L'expérience de cette double contrainte illustre, si besoin était, la nature du choix de l'objet critique d'Ambroise Kom : la littérature africaine. Elle résume parfaitement la situation de nombreux critiques africains de sa génération. En ce sens, ses préoccupations se lisent comme le compte rendu des problèmes cruciaux qu'ont dû affronter dans leurs propres pays ceux qui entendaient se consacrer à l'objet « littérature africaine ».

Le combat autour de l'objet critique dont on ne retracera pas l'archéologie ici a pour conséquence immédiate celui autour de la méthode critique. Dès 1973, une conférence organisée à Yaoundé par Alioune Diop, fondateur de la Société Africaine de Culture (SAC), de la revue *Présence Africaine* et de la maison d'édition éponyme, intitulée *Le critique africain et son peuple comme producteur de civilisation* (publiée en 1977), soulevait amplement et avec concision le problème. Plus de dix ans après l'accession des pays d'Afrique noire à l'indépendance, la question de l'autonomie de la critique littéraire retenait l'attention des intellectuels du continent. Ce colloque signait en réalité l'émergence sur le continent d'une figure nouvelle, celle du critique littéraire, dont il fallait circonscrire la place et la fonction dans une Afrique nouvelle, comme l'indiquait explicitement le projet du colloque ; mais un critique nouveau qui devait se distinguer de ses pairs (notamment européens) par une approche critique endogène. La civilisation nouvelle à produire était à ce prix.

Les travaux d'Ambroise Kom poursuivent en réalité ces mêmes préoccupations autour de la méthode. Hier on se demandait : ladite méthode devait-elle être endogène ou exogène ? Africaine ou européenne ? Sans nier leur pertinence, A. Kom ne s'embarrasse pas aujourd'hui de ces questions qui masquent en réalité des interrogations plus brûlantes et des sujets autrement pertinents. Comme le montrent ses essais, ses prises de position et ses approches épistémologiques, son choix est clair. Il plaide de toutes ses forces et par tous ses pores et postures pour la sociocritique : non pas celle qui conduit dans sa forme minimale au décompte des livres et à leur circulation, et dans sa forme plus élaborée aux questions de la lecture publique ; mais celle, vigoureuse, qui place la société et ses réalités au cœur du discours esthétique et des préoccupations critiques. Ce n'est plus en tant que producteur de civilisation que le critique s'exprime, mais en qualité d'interrogateur de cette civilisation.

On peut lui reprocher son systématisme, sa froide répétition, son absence de nuance parfois. Mais ces reproches s'annulent d'eux-mêmes si l'on se souvient de la nature des débats initiés dans de nombreux pays africains durant ces vingt dernières années autour des méthodes critiques – débats auxquels le champ universitaire national camerounais a largement et admirablement contribué. Ces débats ont opposé les tenants de la sémiologie ou de la sémiocritique aux défenseurs de la sociocritique ou de la critique historique. Les premiers tenaient pour acquise l'universalité de leur science, seule capable de permettre que soit lu par tous, partout et en tout lieu tout texte littéraire. Les seconds fondaient leur démarche sur la nécessité d'un besoin de compréhension autre que la seule jouissance de la science et le seul plaisir du texte. Exigence de scientificité en deçà du texte… erreur au-delà.

Derrière ces combats – qui ne sont pas à négliger loin de là… – se cachait en réalité un enjeu plus grand que les positions d'A. Kom exposent au grand jour. Les tenants de la critique sémiotique prenaient en réalité le parti de composer avec l'existant. L'universalité dont ils se réclamaient n'était envisageable qu'à peu de frais : l'acceptation de l'impossibilité de se doter de manuels critiques ; la reconnaissance de l'inéluctable pénurie des bibliothèques universitaires ; la consécration comme fait acquis de l'absence de tout espace de lecture contemporaine. De telle sorte qu'ils avaient rêvé – pour certains ingénument – qu'une critique universitaire, c'est-à-dire universelle, pouvait être faite grâce au seul livre critique à leur disposition : le seul livre critique susceptible d'être le passe-partout ; la seule méthode critique susceptible de tout éclairer. Comme chez Mallarmé, le rêve du seul livre qui expliquerait le tout de tous les univers littéraires. L'honneur du critique était sauf, l'activité critique faite, le discours de science assuré.

En optant pour une sociocritique quasi systématique, pour une critique historique sans concession, viable et fiable, A. Kom montre qu'un autre choix est possible. Que la critique efficace passe par une rénovation des bibliothèques – personnelles et publiques – ; par une attention accordée au développement des méthodes et discours critiques dans le monde ; par une ouverture sur ce dernier et une confrontation intellectuelle sans peur avec les tenants des discours critiques du monde ; par un refus de la sclérose imposée, de la clôture supposée, du entre-nous rassurant ; bref, par une liberté plus grande que peut se donner le critique dans l'activité intellectuelle qui est la sienne.

À ce titre, les exigences intellectuelles dont fait preuve A. Kom sont exemplaires... et inquiétantes ; effrayantes et interrogatives. Elles plaident pour le faisable dans l'absurde et non seulement pour la monstration de l'absurde. Elles ouvrent la voie vers ce qui est constructible (dans l'absurde) pourvu que nous sachions garder notre dignité d'homme, préserver notre liberté ou, pour parler le langage clair de Césaire dans *Cahier d'un retour au pays natal*, « [nous] ceindre les reins comme un vaillant homme ».

La seconde leçon à tirer de cette œuvre trouve ici sa justification : une critique de la politique. Celle-ci est inhérente à l'entreprise critique. « L'homme est un animal politique parce qu'il est un animal littéraire qui se laisse détourner de sa destination "naturelle" par le pouvoir des mots ». Nulle part ailleurs qu'en Afrique, cette formule de Rancière (*Le Partage du sensible*) ne s'illustre avec autant de clarté. Dans nos démocraties naissantes, la critique littéraire est affaire de fonctionnaire – et même de haut fonctionnaire. Il n'est pas nécessaire de rappeler qu'ici, le professeur d'université partage avec l'administrateur civil et le commis ou le planton – sans aucune dévalorisation pour ses fonctions, rassurez-vous – le même employeur ; qu'il remplit comme ces derniers une « fonction publique » ; qu'il est donc appelé à ce titre à fonctionner sinon à « haut-fonctionner » publiquement. On attend de lui l'excellence dans l'activité critique, c'est-à-dire non pas seulement qu'il sache lire scientifiquement et correctement les textes qui lui sont confiés ; qu'il sache les faire partager avec une rigoureuse pédagogie ; mais également qu'il sache leur donner une dimension morale.

On attend de ce fonctionnaire qu'il établisse une grille de lecture esthétique et qu'il définisse également une norme de production sociale. On attend encore de lui qu'il rende des comptes à une hiérarchie à laquelle il est soumis. Sa tâche n'est pas aisée. Kafkaïenne parfois, elle ne saurait l'être (aisée). Contrairement à ces confrères (européens ou euraméricains) qui font ailleurs œuvre de critique – littéraire – et qui peuvent – le loisir aidant – s'éloigner de toute approche sociale – ou politique –, le critique africain qui exerce sur le continent noir est pris entre le marteau et l'enclume.

Cette métaphore du forgeron s'impose d'elle-même. Pour le critique, il s'agit bien de forger ; de faire ; de fabriquer : de fabriquer un discours de bienséance littéraire qui pourrait être le pendant d'un discours de bien-pensance politique ; de forger un discours sur un sujet dont il faut imposer en permanence et faire reconnaître la haute importance sociale – sujet méconnu ou non reconnu comme certains discours politiques récents le montrent encore – ; de forger tout à la fois une science de la représentation et de l'analyse dans le langage qui n'est pas celui de l'endogène et une discipline de la critique qui devrait s'imposer comme telle aux yeux des autorités politiques.

Dans ce domaine vaste où les questions d'esthétique et d'épistémologie de la littérature sont sans limite clairement établie, l'enjeu, on le voit, est bien celui de l'autorité – au sens latin d'*auctoritas* : de la garantie (et accessoirement du garant) de la chose écrite. Contrairement à ce que certaines prises de position critique d'A. Kom – celles en faveur de Mongo Beti par exemple – peuvent laisser supposer – mais y a-t-il de véritable critique sans une certaine empathie ? Et celle pour Mongo Beti n'est-elle pas respectable aux yeux de l'histoire ? –, ce n'est pas tant contre une autorité administrative ou gouvernementale qu'il construit son discours. C'est, au contraire, en allant plus loin que tous ces épiphénomènes, pour la défense d'une certaine autorité du critique et d'une certaine autonomie discursive. C'est pour affirmer que la fonction de critique – et *a fortiori* de critique universitaire – ne peut supporter la contrainte de l'obligation à dire, au risque de se dévoyer... voire de se délégitimer. Subrepticement, A. Kom expose le paradoxe vécu par certains critiques africains qui affirment l'existence d'auteurs de textes tout en méconnaissant leur propre statut d'auteur critique. Subrepticement aussi, il plaide pour que se constitue dans le champ social une véritable classe de critiques capables par leur entreprise – parfois normative – d'indiquer les voies et moyens d'accéder à une autonomie de la pensée qui n'est rien d'autre qu'un des aspects des libertés individuelles.

À y regarder de près, les articles réunis par Ambroise Kom dans cet ouvrage montrent que ce qui n'est de prime abord qu'une entreprise de haut fonctionnaire est en réalité une entreprise à haut risque. Elle témoigne sans cesse du dilemme devant lequel se trouvent tous ceux qui prennent leur travail avec passion et sérieux. La passion de bien faire ; de bien forger ; de bien fabriquer comporte sans doute de nombreuses contraintes inhérentes aux réalités sociales de nos pays en voie de démocratisation. Entre le peuple et la jeunesse estudiantine qui affrontent le réel avec la naïveté de l'illusion – gloire à elle ! – et exigent un langage du vrai et les autorités administratives qui exigent du critique un langage qui déparle, se joue justement et précisément le grand conflit de la modernité des sociétés africaines contemporaines.

Bien que l'expérience dont résulte le présent procès-verbal ne soit saisissable, appréhendable et même compréhensible que dans son entière singularité, c'est en définitive une vigoureuse et revigorante leçon d'optimisme qui s'en dégage. On peut y entendre qu'il est possible de forger en Afrique noire aujourd'hui un discours critique autonome qui soit politiquement respectable : scientifiquement valable et moralement satisfaisant. Les prises de position d'A. Kom ne sont pas des *vade-mecum* ; des prêts-à-faire ou des prêts-à-penser (comme on dit des prêts-à-clicher ou des prêts-à-porter). On peut y entendre aussi la recherche des voies et moyens de redessiner en permanence la carte du critiquable – le littéraire offrant de ce point de vue un spectre infini – ; d'établir les possibilités du pensable – l'imaginaire offrant pour sa part un territoire aussi grand qu'insondable – ; de lever les ambiguïtés et les interdits (ou les tabous) qui se logent au cœur de l'activité critique. Les montrer, les exposer, c'est en démontrer leur pertinence. Y adhérer, pour le lecteur, c'est prendre le pari d'accepter d'en payer le prix fort.

Albert Camus disait de Sisyphe condamné à rouler sa pierre qu'il fallait l'imaginer heureux. Il en est de même pour la figure du critique qu'Ambroise Kom a construit dans (et par) son œuvre. Libéré de toute contrainte, autonome, il ne songe qu'à ce seul objet dont les mouvements ascendant et descendant ne procèdent jamais de la même forme et ne remplissent jamais la même fonction malgré leur répétition apparente. Il faut imaginer le critique littéraire africain libre et passionné heureux. Et ceci n'est pas complètement absurde.

Romuald Fonkoua
Université de Strasbourg

Remerciements

Qu'il me soit permis de rendre hommage aux amis qui ont, chacun à sa manière, contribué à la réalisation de ce projet. L'avis d'Hervé Tchumkam a été déterminant dans l'ordonnancement des chapitres de l'ouvrage. Comme à son habitude, Nathalie Viens s'est dévouée pour assurer la relecture de l'ensemble des textes tandis qu'Éric Dufresne en a assuré le graphisme avec patience et doigté. Romuald Fonkoua a joué à l'interprète auprès de la maison d'édition et c'est avec générosité que Madame Yandé Christiane Diop, la directrice de Présence Africaine, a accueilli l'ouvrage.

Une bonne partie des frais de publication ont été supportés par l'« Eleanor Howard O'Leary Chair in French and Francophone Studies » du College of The Holy Cross, situé à Worcester, MA, aux États-Unis.

Aux uns et aux autres, j'exprime ma profonde reconnaissance.

INDEX DES AUTEURS

JOUVE
1, rue du Docteur Sauvé - 53100 Mayenne
Imprimé sur presse rotative numérique
N° 876181G - Dépôt légal : avril 2012

Imprimé en France